[MIRROR]
理想国译丛
053
imaginist

想象另一种可能

理
想
国
imaginist

理想国译丛序

"如果没有翻译,"批评家乔治·斯坦纳(George Steiner)曾写道,"我们无异于住在彼此沉默、言语不通的省份。"而作家安东尼·伯吉斯(Anthony Burgess)回应说:"翻译不仅仅是言辞之事,它让整个文化变得可以理解。"

这两句话或许比任何复杂的阐述都更清晰地定义了理想国译丛的初衷。

自从严复与林琴南缔造中国近代翻译传统以来,译介就被两种趋势支配。

它是开放的,中国必须向外部学习;它又有某种封闭性,被一种强烈的功利主义所影响。严复期望赫伯特·斯宾塞、孟德斯鸠的思想能帮助中国获得富强之道,林琴南则希望茶花女的故事能改变国人的情感世界。他人的思想与故事,必须以我们期待的视角来呈现。

在很大程度上,这套译丛仍延续着这个传统。此刻的中国与一个世纪前不同,但她仍面临诸多崭新的挑战。我们迫切需要他人的经验来帮助我们应对难题,保持思想的开放性是面对复杂与高速变化的时代的唯一方案。但更重要的是,我们希望保持一种非功利的兴趣:对世界的丰富性、复杂性本身充满兴趣,真诚地渴望理解他人的经验。

理想国译丛主编

梁文道　刘瑜　熊培云　许知远

[法]让·哈茨菲尔德 著　　龙云　孙旋 译

与屠刀为邻：
幸存者、刽子手与卢旺达大屠杀的记忆

JEAN HATZFELD

AUPRÈS DES MACHETTES:
LA TRILOGIE DU GÉNOCIDE RWANDAIS

北京日报出版社

DANS LE NU DE LA VIE by Jean Hatzfeld
Copyright © Editions du Seuil, Octobre 2000
All rights reserved

UNE SAISON DE MACHETTES by Jean Hatzfeld
Copyright © Editions du Seuil, Septembre 2003
All rights reserved

LA STRATEGIE DES ANTILOPES by Jean Hatzfeld
Copyright © Editions du Seuil, Août 2007
All rights reserved

北京出版外国图书合同登记号：01-2021-6577
地图审图号：GS（2021）6916号
国审字（2021）第7481号

图书在版编目(CIP)数据

与屠刀为邻：幸存者、刽子手与卢旺达大屠杀的记忆 /（法）让·哈茨菲尔德著；龙云，孙旋译 . -- 北京：北京日报出版社，2022.3（2024.10 重印）
　　ISBN 978-7-5477-4171-9

　　Ⅰ.①与… Ⅱ.①让…②龙…③孙… Ⅲ.①国内战争－史料－卢旺达 Ⅳ.① D742.71

中国版本图书馆 CIP 数据核字 (2021) 第 249660 号

责任编辑：许庆元
助理编辑：姜程程
特约编辑：魏钊凌
装帧设计：陆智昌
内文制作：李丹华

出版发行：北京日报出版社
地　　址：北京市东城区东单三条 8-16 号东方广场东配楼四层
邮　　编：100005
电　　话：发行部：（010）65255876
　　　　　总编室：（010）65252135
印　　刷：山东临沂新华印刷物流集团有限责任公司
经　　销：各地新华书店
版　　次：2022 年 3 月第 1 版
　　　　　2024 年 10 月第 3 次印刷
开　　本：965 毫米 × 635 毫米　1/16
印　　张：36.75
字　　数：497 千字
定　　价：118.00 元

版权所有，侵权必究，未经许可，不得转载

如发现印装质量问题，影响阅读，请与印刷厂联系调换：0539-2925659

出版说明

本书由让·哈茨菲尔德的三部作品构成：《赤裸生命》（*Dans le nu de la vie*, 2000）、《屠刀一季》（*Une saison de machettes*, 2003）、《羚羊战略》（*La Stratégie des antilopes*, 2007）。

这三部作品之间存在很强的连续性和整体性，有"卢旺达大屠杀三部曲"之称，但法语原版是分册写成、独立出版的，后两部作品中存在少量与前作相重复的内容。此次出版，我们将这三部作品合为一本，为它拟定了一个新的书名，并在不影响原作完整性的前提下，对上述重复内容加以精简，以提升中文版读者的阅读体验。中文版的书名及其法语译名、全书章节结构，以及涉及的每一处省略和精简，我们均已事先征得作者的同意。特此说明。

理想国译丛编辑部
2022 年 2 月

目 录

第一部 赤裸生命

引 言 003

01 尼亚马塔的清晨 007
02 两个集市 016
03 布盖塞拉的道路 025
04 基本戈山区 035
05 里拉琴形状的牛角 044
06 寡妇之家 055
07 金合欢下的载客自行车 065
08 主干道上的一家店 085
09 里利马监狱 096
10 秘密逃亡 107
11 纪念馆的陈列架 114
12 途中的说明 126
13 克洛迪娜的土墙铁板房 136
14 "永久"的黄昏 147

第二部 屠刀一季

15	清晨	171
16	组织	177
17	三座山丘	183
18	第一次	186
19	小团体	193
20	学习杀人	200
21	团队精神	205
22	好恶	210
23	付诸行动	216
24	农活	223
25	熟人屠杀	229
26	惩罚	234
27	关于金属板的遐思	240
28	抢掠	245
29	封闭的空间	251
30	村子里的庆祝	255
31	人情网络的绝迹	260
32	女人	269
33	追求正义	275
34	熟人	280

35	牢狱之墙	286
36	痛苦	290
37	身强体健	297
38	上帝无处不在？	302
39	金合欢下的长椅	310
40	内疚和悔恨	317
41	约瑟夫—德西雷·比泰洛	325
42	组织者	335
43	公房背后	342
44	生活重新开始	347
45	关于宽恕的交易	352
46	宽恕	357
47	高贵的气质	363
48	对图西人的仇恨	371
49	非正常的杀戮	377
50	不要宣之于口的话	381
51	杀手眼中的死亡	390

人物生平及判决结果 399

第三部　羚羊战略

- 52　还有问题吗？ …………………………… 409
- 53　高唱颂歌的大队伍 …………………… 413
- 54　宿命的神启 …………………………… 424
- 55　在主干道上 …………………………… 431
- 56　说什么呢？ …………………………… 439
- 57　不仅仅是一个画面 …………………… 453
- 58　与死亡和死者为伍 …………………… 457
- 59　鸟儿啁啾 ……………………………… 468
- 60　这不公正 ……………………………… 477
- 61　巫术 …………………………………… 484
- 62　非洲的黑色观念 ……………………… 489
- 63　明显的伤痕 …………………………… 500
- 64　繁星满天 ……………………………… 505
- 65　上帝不离不弃 ………………………… 516
- 66　皮奥和若西亚娜 ……………………… 527
- 67　让他们和解吧 ………………………… 538
- 68　曾经美好的日子 ……………………… 550
- 69　从那边带回了什么？ ………………… 557

卢旺达大屠杀年表 ………………………… 569

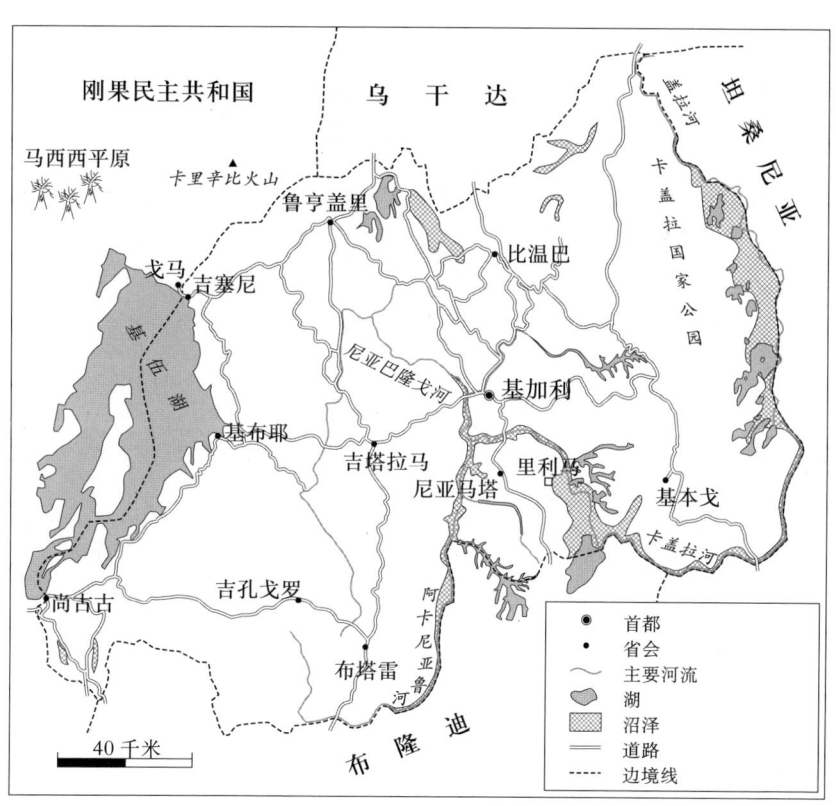

大屠杀期间的卢旺达地图（1994）

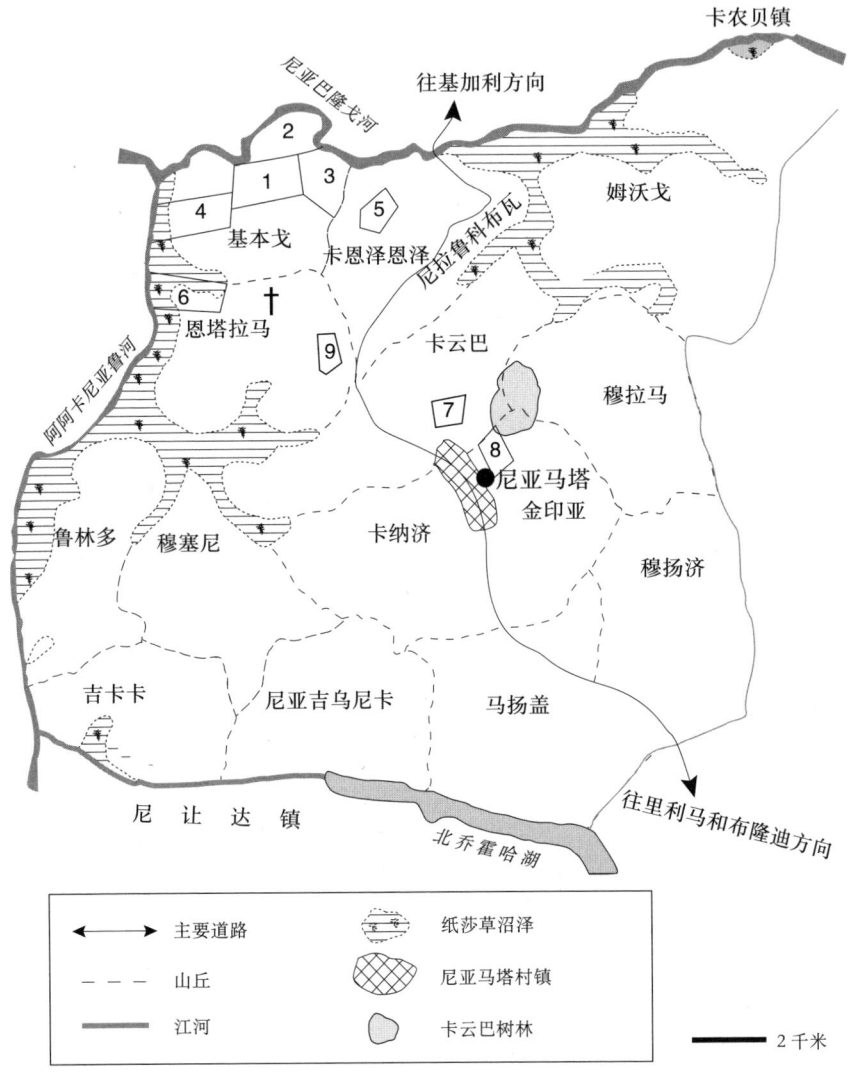

尼亚马塔地图

三镇地名

基本戈
1. 鲁亨盖里（潘克拉斯，阿达尔贝尔）
2. 基干瓦（菲尔让斯）
3. 尼亚鲁纳济（皮奥）
4. 恩干瓦（伊尼亚斯）

卡恩泽恩泽
5. 尼亚马布耶（阿方斯）

恩塔拉马
6. 鲁贡加（让-巴蒂斯特）

鲁贡加和鲁加拉马

其他地名
7. 穆扬盖（利奥波尔）

尼亚马塔
8. 加塔雷（约瑟夫-德西雷）
9. 卡扬济

第一部

赤裸生命

引 言

发生在卢旺达尼亚马塔（Nyamata）的大屠杀开始于1994年4月11日（周一）11点，一直持续到5月14日（周六）14点。这期间的每一天，从上午9点30分到下午4点，胡图族民兵和平民在尼亚马塔的山岗上屠杀图西人。图西族约59,000人口中，有近50,000人死于屠刀之下。这就是本书的起点。

1994年4月6日晚，卢旺达共和国总统朱韦纳尔·哈比亚利马纳（Juvénal Habyarimana）的专机在首都基加利（Kigali）的机场上空爆炸。这次袭击点燃了已筹谋数月之久的大屠杀的引信。屠杀于第二天黎明在基加利街上爆发，并迅速蔓延到整个国家。

尼亚马塔坐落于遍布山丘和沼泽的布盖塞拉（Bugesera）。四天之后，大屠杀从这个小镇的主干道上开始。大批图西人有的立刻跑到教堂里避难，有的逃进香蕉园、沼泽地和桉树林中躲藏。仅4月14日到16日的三天里，在尼亚马塔和恩塔拉马（N'tarama，位于尼亚马塔20公里开外的另一座小村庄）的教堂中，就分别有5,000名图西人被胡图族民兵、士兵和众多邻居杀害。由此，这片干旱的红土地上的大屠杀拉开了帷幕。屠杀一直持续到 5 月中旬。在这整整一个月里，训练有素的暴徒们带着屠刀、长矛和大棒，在卡云巴（Kayumba）的桉树林和尼扬维扎（Nyamwiza）的纸莎草沼泽地中，一边高声歌唱，一边包围和追捕那些逃跑的人。当地六分之五的图西人死于他们之手，而在整个卢旺达农村，图西族人口被屠杀的比例也差不多如此，远高于城市中的比例。

在此后的岁月里，这里的大屠杀幸存者同别处侥幸活下来的人一样，都变得沉默寡言。他们的沉默和纳粹集中营幸存者的沉默一样令人费解。一些幸存者解释说，"生活崩溃了"；另一些人说"生活停止了"；还有一些人觉得"生活必须要重新开始"。但所有人都承认，关于大屠杀的那段往事成了他们之间唯一的话题。

所以我才要回到卢旺达，到玛丽-路易斯的店里喝几瓶啤酒，或在基本戈（Kibungo）的酒吧里喝点香蕉酒*，去土墙房中、小酒馆露台上或金合欢的阴凉下和他们聊天。在那里，我拜访了卡修斯（Cassius）、弗朗辛（Francine）、安热莉克（Angélique）、贝尔特（Berthe）以及其他幸存者。他们起初还很腼腆，后来渐渐和我熟悉起来。我也有了更多信心，去说服他们讲出自己的故事。他们中有很多人表示疑惑，不明白为什么要对一个外国人讲述大屠杀，或是不理解为什么一个外国人想要倾听他们的故事，但是他们并没有拒绝我。

他们解释了自己长久沉默的原因。比如，"感觉自己在大屠杀里陷得太深而被边缘化了"或是"不敢再信任别人了"，他们感到

---

* 一种比普通啤酒便宜三分之一、但浓烈三倍的酒，在山上非常受欢迎。制作方法主要是将香蕉在一个坑里埋三天，使其过熟，然后压榨出汁，再与高粱面混合，发酵三天。根据酿造的时段、水平不同，香蕉酒的浓度、酸涩度也多少有些不同，制作完成后的三天内可以饮用。香蕉酒装在玻璃瓶中，瓶中插一根芦苇，购买者可以跟其他人轮流饮用。当旱季漫长、香蕉匮乏时，人们就喝一种叫 ikigage 的高粱酒，也很好喝，但香味逊色一些。——作者注

灰心丧气、孤苦伶仃，"被彻底毁了"。还有人因为自己占据了亲朋好友生存的机会而活下来，或者因为重新开始适应正常的生活而感到不安，甚至觉得自己应该受到谴责。

农妇、牧民、商人、教师、社会工作者、泥瓦匠帮工……他们在尼亚马塔或附近的山上，每天向我讲述自己的故事，坦承他们的疑虑或回忆带来的痛苦，并且回答我聆听过程中提出的新问题。虽然他们当中的大部分人并不认可历史能给我们以教训，或对此并不关心，但还是试图与他人分享自己持续至今的不解、惶恐和孤独。

大屠杀不是一场伤亡惨重的残酷战争，而是一项灭绝计划。战争过后，幸存者会有强烈的欲望去做证和讲述；但屠杀过后却恰恰相反，幸存者无比希望闭口不言。他们的闪避令人困惑。

书写这段历史需要很多时日，但本书无意于为那些已经公开发布的调查、档案和故事添砖加瓦（其中一些非常出色），只希望将这些幸存者令人震惊的讲述带给读者。

借用一位女性幸存者的话来概括，大屠杀是由人类策划出的反人类事业，它太过疯狂又太过缜密，让人无法理解。克洛迪娜（Claudine）、奥黛特（Odette）、让−巴蒂斯特（Jean-Baptiste）、克里斯蒂娜（Christine）以及他们的邻居，这些幸存者在沼泽地里逃生的经历，他们居无定所、穷困潦倒并被羞辱和边缘化的故事，他们对他人目光的恐惧，他们的困扰和默契，他们对自己那段记忆的探寻和审视，他们作为幸存者、村民及非洲人的反思，这一切都让我们能够尽量走近大屠杀的历史。

01
尼亚马塔的清晨

灰鹤用号角般嘹亮的歌声,最先宣告了加塔雷(Gatare)街区夜晚的落幕。很快,冠蕉鹃也加入喧闹的队伍。太阳如约升起。清晨的薄雾中,白颈鹳和鹈鹕百无聊赖地在池塘上空盘旋。山羊跃跃欲试地要从房屋旁的围栏中跳出来。奶牛也开始了新一天的旅程,它们被赤身披着长衫、握着长棍的放牛娃们驱赶着,三三两两地消失在卡云巴的灌木丛中。

尼亚马塔城区高处,最边缘的几条有土房的小道错落地通向一块开阔的场地,在那里延伸成一个足球场,成为尼亚马塔主街道的终点。球场配有铁制的球门,但地面随着交替的旱季和雨季,或是热得变形,或是泥泞不堪。不过这些都从未影响踢球者的热情,来这里踢球的人有老有少,整日里络绎不绝。城区低处散布着寥寥几座独栋小楼,那里住着很多教师、官员和商人。

埃迪特·乌万尼利吉拉(Édith Uwanyiligira)在这里经营着一个小旅馆,这座砖房坐落在一小丛芒果树和木瓜树的树荫中。宽阔的后院成天到晚都挤着一大群住在附近的小孩子,他们是来排队打水的，因为这儿有附近唯一的自来水龙头。院子两边是用作厨房的窝棚和帮工住的棚屋。厨房的大锅里从白天到黑夜都炖着老板娘用小推车从市场带回来的蔬菜。每到饭点，这些孩子被大锅里食物的香味吸引，会再聚集到这里。

站在阳台上，能听到右边的树枝上有锡嘴雀和绿咬鹃在鸣叫；能看到路对面的破旧土砖房、种植豆子的园子和几条深沟，建造土砖房所用的砖头便是在这些沟里用稻草和黏土做成的；还能看到母鸡在散步，以及树枝、篱笆上晾晒着衣物。

镇政府的黄色大楼围着一圈高大的花篱，楼前的路上满是行人和骑着自行车、摩托车的人。院子里，身着白衬衣的公务员与前来办事的村民们聊着天。镇长的越野小卡车和回收垃圾的拖拉机停在停车场上，很多摩托车和自行车则成排停靠在牛油果树边。

伊诺桑·鲁维利利扎（Innocent Rwililiza）就在镇政府工作，几百米外是西尔维·乌姆比耶伊（Sylvie Umubyeyi）简陋的办公室。

* * *

西尔维·乌姆比耶伊是一位社会工作者，也是我在尼亚马塔认识的第一个人。我在基加利了解到，一些幸存下来的孩子组成了一个个小家庭，生活在沼泽地附近的灌木丛中。于是我去找了西尔维，问她有没有可能让我见见那些孩子。她有点犹豫，或者说还不太信任我，所以不想让一个陌生人和这些孩子们建立直接联系。但是，在我回基加利的路上，我们在纪念馆门口再次邂逅并简单地交谈了一会儿。这个机缘似乎改变了她的想法。她没说原因就突然提议，让我坐她的小卡车穿过香蕉园。她把我引荐给让内特·阿因卡米耶（Jeannette Ayinkamiye），她是一位青年农民，就是她带着那些孤儿。我们聊了一上午。西尔维带我去山上看了好几次。与此同时，她也渐渐愿意谈论起自己，一开始还很谨慎小心，后来就常常主动讲起自己的事情。她很有魅力，所以我就选择将注意力集中在发生于尼亚马塔山区的故事上。

我第二次到访那里时，西尔维请伊诺桑·鲁维利利扎接替她。伊诺桑也同样认真小心且善解人意。他们俩都成了我的向导和朋友，如果没有他们，我就不可能进行对山区的这些探索，也不可能认识那些幸存者。

很多时候，他们还是出色的口译员。这里的人们一般用三种语言：卢旺达语是农民的母语，卢旺达法语是其他人及翻译者使用的语言，第三种就是纯正的法语。卢旺达法语很讲究，非常好地借用了法语的词汇。通过它，我能够原原本本地记录一些叙述和想法，很少出现表达生涩的问题，而且也不会减损表达效果。

* * *

镇子出口处的马路向左通向曾经的教堂。这座教堂曾是这个小镇上唯一的现代建筑。如今，它的残垣断壁和破损的尖顶都留存着被榴弹轰击过的痕迹。梵蒂冈教廷曾多次计划修复它，把它重新开放，以供人们在此祷告，但是尼亚马塔的居民决定保留它的现状。当地建有两座纪念馆，其中一座就是这里，因为大屠杀正是从这里开始的。5,000人在这里被杀害，继而引发了在整个布盖塞拉的狩猎。

教堂的院子里，几只山羊在咀嚼小灌木的叶子。牧羊人是个12岁的男孩。他坐在树荫下，手里拿着一根树枝，脚下踩着一个球。他叫卡修斯·尼永萨巴（Cassius Niyonsaba），正在和看守纪念馆的人聊天。人们每天都能在教堂附近看到他，因为教堂就在他姨妈特蕾莎（Thérèse）家去往学校的路上。有时他和小伙伴会来这里一起打球，有时会像今天这样来放羊，有时他会独自坐在教堂后边的

矮墙上,盯着一个墓穴发呆。他的头上有一道深深的疤痕,划过整个头顶,分开了他卷曲的短发。

卡修斯·尼永萨巴
12岁,小学生

于恩塔拉马山上

我的爸爸是一名教师,妈妈是农民。父亲的亲人中只有我一个人活了下来,母亲那边也一样。我不记得以前有多少兄弟姐妹了,因为我的记忆里死的人太多了,我对数字已经不再敏感了。这让我在学校里也变得迟钝了。

但我还能历历在目地回忆起在教堂发生的屠杀和胡图族民兵的凶残。我们把胡图族的杀手叫作"联攻派"*。屠杀开始之前,我们已经习惯了他们在路上冲我们吼叫,发出威胁。当时,我们觉得情况不妙,但并不相信会真的发生什么。后来,总统的飞机出事之后,山上的那些胡图族邻居每天都到人们原来居住的街区杀人,甚至在没有发生口角或矛盾的时候就会动手。于是人们明白,这不是闹着玩儿的,就往树林或教堂里逃。我下山去了尼亚马塔的姐姐家,所以才没有死在恩塔拉马。

尼亚马塔屠杀从大集市所在的那条街道开始。那天,我们逃到了教堂里。那儿已经聚集了一大群人。这是卢旺达的风俗,当发生屠杀时,人们就会去教堂这个上帝的居所避难。我们得了两天清静,

---

* 联攻派(Interahamwe),原词意思是"一致",是胡图族极端分子民兵部队的名字,这些部队在总统朱韦纳尔·哈比亚利马纳的党派的倡议下成立,接受卢旺达军队的训练,有时也在当地接受法国军队的训练。这些部队聚集了几十万极端分子,招募了卢旺达屠杀中的杀手并领导他们开展屠杀。一部分联攻派于1996年秋天爱国阵线军队进攻刚果时被消灭或击溃,一部分和胡图族难民返回了卢旺达,向新政权投降。——作者注

然后镇上的士兵和警察就来教堂周围巡查监视了，还喊叫说我们所有人都会被杀。我记得，当时我们都不敢呼吸和说话。还没到中午，联攻派民兵踏着歌声来了。他们投掷榴弹，拆除栅栏，冲进教堂，开始用砍刀和长矛砍人。他们头发上挂着木薯叶，他们放声吼叫，开怀大笑，抡圆了胳膊，只管一股脑儿地砍人。

没有受伤的人身上也沾满了他人的鲜血。于是，开始不断有人死去，人们不再抵抗。那个时候，教堂中同时既喧嚣吵闹，又寂静沉默。下午，联攻派民兵在门前烧死了一些孩子。我亲眼看着他们在烈火中扭动挣扎，直至被活活烧死。我闻到了浓烈的汽油味和肉被烧焦的气味。

找不到姐姐，我完全不知所措。傍晚的时候，有人用锤子砸了我一下，我摔倒了，但我设法爬出去，和一些男孩子藏在栅栏后面。在杀手们结束了这一天的屠杀之后，我们当中那些还有体力向丛林中逃跑的年轻人，把我一起背走了。

联攻派民兵在教堂结束为期两天的杀戮后，立刻就带着大棒和砍刀，循着我们的踪迹追到了丛林里。他们放狗跟踪，自己跟在后面，寻找藏在枝叶下的逃跑者。我就是在那儿被抓住的。我只听到一声尖叫，看到一把砍刀向我砍来，我头上被重击了一下，然后摔进了一个洞里。

起初我以为自己死定了，但我还是活了下来，却不记得是怎么坚持下来的。一位叫玛蒂尔德（Mathilde）的女士路过时发现了我，并把我带到大树下藏身。每天晚上，借着黑夜掩护，她给我送水送食物。头上的伤口溃烂了，我感觉像有虫子在啃我的脑袋一样。我觉得厄运笼罩了我。但这位女士用一些非洲草药敷在我的伤口上，为我疗伤。这个善良的女人来自尼亚马塔，但我不知道她姓什么；之前跟您说过，我来自恩塔拉马，所以对她并不熟悉。后来我才得知，她是图西人，她的丈夫是胡图族长官，当她的丈夫知道她在照顾一个图西族的孩子后,把她带到一公里外的鲁瓦基-比里济(Rwaki-Birizi)水塘边,一刀杀死了她。后来,他加入了逃亡到刚果的队伍,再没有人见过他。

由于头部受伤,我不记得大屠杀是怎么结束的了。我已经用尽了所有力气,几乎无法思考。家里的房屋也已经被毁。我得了很严重的疟疾,全身上下只剩一条内裤。因为几乎所有人都被杀死了,所以我没法跟谁一起去教堂或者沼泽地避难。于是我回到尼亚马塔,住在靠种地为生的姨妈特蕾莎那里。

现在我和姨妈的几个孩子还有其他跟我一样的孤儿住在一起。我们这些孩子聊天的时候,有时会有人谈起大屠杀,于是每个人都开始讲述自己目睹的事情。有时一聊就是很久。有时会有人想更正一些细节,但我们常常都是在不断重复讲述相同的记忆。这样的对话会帮我们缓解一些痛苦。

我又回到了学校,上小学四年级。学校里有些胡图族孩子,但我跟他们并没有什么矛盾。有时我会踢会儿球,但通常都是来自布隆迪的男孩子们带球来,穿着拖鞋在校园里踢球。我很喜欢和一个小伙伴聊天,也喜欢散步。只有当我独自去拾柴火的时候才会有点害怕,因为那地方离我家有点远,还住着从刚果回来的几家人。轮到我放羊的时候,我会跟着放牛的人们一起去。

但我最喜欢的是在教堂的院子里消磨时光。那是我逃脱大屠杀的地方。教堂在去上学的路上,每天我都会去,包括周六和假期。有时我在那儿放羊,有时我和伙伴们在那儿踢球,有时我就一个人坐着。每天我都盯着墙上的那些窟窿看。我走近罪证,凝视那些头骨和尸骨,这些人当初就是在我身边被杀害的。

起初,看到这些没有名字、没有眼睛的头骨,我特别想哭,但渐渐地就习惯了。我久久呆坐在那儿,思绪完全被这一切带走。我努力不去想这些头骨生前的面孔,因为一旦想到某个亲朋好友,恐惧就会吞噬我。我只能粗粗怀念一下这些散落在各处且未被埋葬的死者。这些尸骨的样子和气味让我难受，但同时却能安抚我的精神。无论如何，它们萦绕在我的脑海，让我心绪不宁。

在学校里，我们没有时间正儿八经地讨论这些事情。我也听到很多人劝我忘掉这些记忆，就像忘记不好的事情那样。但我之所以经常回到教堂，是因为我很喜欢这种宁静，我很喜欢放学后和纪念馆的看守长篇大论。他叫埃皮马克·鲁韦马（Épimaque Rwema）。他给我讲，尼亚马塔在大屠杀之前是那么美丽，贸易兴隆，车来车往，还有一支特别顽强的足球队。这里的生活是那么平静，只有旱季时比较艰难。他给我讲人们在大屠杀中如何卑微求生，讲邻里之间为什么不愿再互相关心。他给我解释为什么很多人即使被解救了还是一蹶不振，还给我讲那些来纪念馆参观遗骸的善良外国人，甚至包括那些忘记留下些小礼物的人。

我听说整个布盖塞拉和全国都发生了屠杀，但尼亚马塔的屠杀更为骇人听闻，因为那些匪徒敢在十字架下杀害妇女和儿童。正因如此，政府允准我们建造一座纪念馆。

在教堂发生屠杀的时候，我认出了一个正在行凶的邻居。他是恩塔拉马人。他当时打人打得好像已经停不下来了一样，上气不接下气。他没穿衬衣，虽然当时身处屋顶的阴凉下，全身还是挂满了汗水。如今，我常在集市附近碰到他的家人，他们又回到了自己的土地上生活，这让我觉得很不舒服。我知道他被关在里利马（Rilima）监狱。我觉得他没法再活下去了，因为对于一个曾挥舞大棒疯狂打人的人来说，他的所思所想只剩下他杀过的人以及他是如何杀掉他们的，而且杀人的欲望永远不会离开他了。在教堂屠杀中，我看到残暴可以取代温良，迅速占领人的内心，比疾风暴雨还快。这个痛苦的焦虑如今让我备受折磨。

我觉得邻国的人们，无论是白人还是黑人，都无法完全相信我们这里发生过的事情。他们只会接受零星的真相，忽略其他的。即使在我们国家，当听到别人描述我们未曾亲眼看到的屠杀时，我们也依然会感到震惊。因为，大肆屠杀图西人这个事实超出了我们所有人的理解范畴。因此，当我想到杀了我父母和全家的那些凶手的时候，我希望他们被枪决，只有这样我才不会总想着亲人们的悲惨命运。

在我看来，胡图族杀手们没法给出一个正当理由来解释他们为什么仇视图西人。他们只会重复什么威胁啊、指责啊之类的话。他们自称害怕隐藏在图西人天性中的某种东西，害怕潜在的危险。事实是，他们觊觎图西人的财富，他们担心有一天自己会缺衣少食，会变成向我们乞讨的人。即使图西人比他们更贫穷，胡图人还是想掘地三尺，把图西人抢得一干二净。贪婪和盲从惯坏了他们的心灵。

长大以后，我不会再去做弥撒。我不会再走进任何一座其他教堂。我想成为一名老师，因为在学校里，我能从他人身上得到慰藉，也因为，我的爸爸就是一名老师。

02
两个集市

　　教堂百米外是尼亚马塔的主干道，路两边栽种着高大的树木。因为人们常在这些树下解决矛盾纠纷，所以它们被称作"法庭树"。城镇里唯一能看到的标语，是一块木牌上宣传预防艾滋病的广告。这个木牌就是集市广场的入口。除了酷热的午休时分，这块空地上总是挤满了踢足球的人，来来回回踢着一个香蕉树叶做成的球。

　　尼亚马塔有一大一小两个规模不同的集市。大型集市每周三和每周六举办。天刚蒙蒙亮，商贩们就在地上铺好摊位，摆上商品。像非洲所有的集市一样，这个集市也是按照商品类别来分区。这一角是渔妇们聚集的区域，她们身边摆放着用藤条穿起来的干鱼或熏鱼，上面还撒了一层防蝇粉末；另一边，是农妇们的地盘，堆放着成堆的甘薯、成串的香蕉和成袋的红豆。稍远处是鞋摊，几堆鞋中有成双的也有单只的，有全新的也有二手的。在几摆T恤衫和内衣旁边，是豪华货架，上面放置着从中国台湾或刚果进口来的布料。

　　从大清早开始，这里就人满为患，以致细长的木制小推车都进不来，端着柳条筐来补货的女工也没有地方下脚。售卖音乐制品的摊位被挤到了稍远的一旁，摆在了街边。小板凳上放着供顾客试音的录音机，三张桌子上铺满了录音带，有的是圣歌，有的是大湖区（Grand Lacs）的民歌，有的是刚果和非洲南部的流行舞曲，还有卢旺达著名艺术家阿侬西亚塔·卡马利扎（Annonciata Kamaliza）的忧伤歌曲，以及以席琳·迪翁（Céline Dion）和朱利奥·伊格莱西亚斯（Julio Iglesias）为代表的世界音乐。

这是个宜人质朴的集市，没有珠宝商、旧货商、绘画雕塑商和乐器商，也没有太多讨价还价和口角之争。

而小型集市呢，则是每天都开，开在广场后面一块凹凸不平的空地上，主要是售卖食物。磨坊小屋周边围着成堆的木薯。山羊市场挨着屠宰场，屠宰场前面就是肉铺。不远处是动物药店、诊所和镇上兽医常去的小酒馆。柴火商的摊位毗邻着木炭商的摊位。在集市上，我们还能见到修鞋摊、一桶桶香蕉酒、一罐罐炼乳、泥炭、肥料、一群群捆着的母鸡、白糖、盐巴和随处堆放的一袋袋豆子。

集市广场周边的商店被刷成绿色、橙色和蓝色，但在炎热天气和灰尘的影响下已经褪色了。战争开始之后，有一半商店已经关门和毁坏了。另一半是几家理发店和昏暗的小酒馆，人们会去那里喝点香蕉酒。尼亚马塔已经没有报刊亭或非教会的书店了。如果要复印东西就只能去宗教书店。在照相馆和布料橱窗附近，缝纫女工坐在商店的房檐下面，俯身在胜家牌或蝴蝶牌的黑色和金色缝纫机上做工。她们趁顾客去教堂、诊所或镇上的时候，缝补扯破的裤子，裁剪合身的衬衣，或给缠腰布扎边。

每周当中有两天，让内特·阿因卡米耶会从卡纳济（Kanazi）的山上下来，去集市上做点针线活儿。二十几台缝纫机咔嗒咔嗒响着，女工们安静地做工，偶尔发出笑声或给顾客提一些建议。做工的日子里，让内特会穿上有肥大袖子的礼拜日长袍，长袍上没有饰品、花边或细绳，因为这些东西是被她的五旬节派牧师禁止的。

除了做针线活儿的两天和周日，其他日子里，让内特耕种着一小块土地。大屠杀之后她就辍学了。她和两个妹妹和两个孤儿一起住在一座打理得无可挑剔的砖房里，要负责照料这两个孤儿，给他们提供衣食，送他们去上学。此前，她从没有和外国人说过话，但我们第一次相见时，她就毫不犹豫地同意讲述自己的故事。每次在讲述母亲的死亡时，她都得忍受反复的痛苦，却总是有惊人的勇气继续讲下去。

让内特·阿因卡米耶

17岁，农妇、缝纫女工

于马拉尼温多（Maranyundo）金印亚（Kinyinya）山上

我有七个哥哥和两个妹妹。大屠杀的第一天，爸爸就被砍死了，但我们不知道他死在哪儿。很快，哥哥们也都被杀害了。我和妈妈还有妹妹们躲进了沼泽地。整整一个月，我们都躲在纸莎草的枝叶下，几乎看不到也听不到外界的任何动静。

白天，为了躲过胡图族民兵的袭击，我们躺在泥沼里，与蛇和蚊子为伴。夜里，我们在废弃的房子之间游荡，在田地里找点吃的。我们找到什么就吃什么，所以有很多人拉肚子。但还好，那些普通的病痛、疟疾和雨季常见的发烧，这次似乎打算放我们一马。我们对活着已经没有任何感知了，只知道镇子里的图西人都被杀害了，只知道我们应该也很快就都要死了。

通常，我们是一小群人藏在一起。有一天，那些刽子手在纸莎草下发现了妈妈。她站起来，递给他们钱，请他们能一刀了结她。他们把妈妈的衣服扒光，拿走了系在缠腰布上的钱。接着，他们先砍了她的两只胳膊，然后是两条腿。妈妈念叨着："圣赛西莉亚（Sainte

Cécile）*，圣赛西莉亚。"但她没有求饶。

这些回忆让我很悲痛。但对我来说，大声讲出来和默默回忆是一样痛的，所以我并不介意给您讲述这件事。

我的两个妹妹当时就躺在妈妈身边，所以目睹了全过程，而且也都被砍伤了。瓦妮莎（Vanessa）的脚踝受伤了，玛丽-克莱尔（Marie-Claire）的头受伤了。凶手没有把她们大卸八块，可能是因为他们着急，也可能是故意这么做的，就像对妈妈做的那样。而我，因为被藏在一个稍远的洞里，所以我只听到了吵闹和尖叫。胡图族民兵离开之后，我从藏身之处出来，喂妈妈喝了一些水。

第一天晚上，妈妈还能说话。她对我说："让内特，我就要死去了，而且我很绝望，因为我知道你也将随我而去。"她伤得很重、很痛，但她一直重复说我们都会死去，这让她更加难受。我不敢跟她一起过夜。我首先得照顾两个妹妹，她们都伤得很重，但不会死。到了第二天，我就更没法跟妈妈待在一起了，因为我们必须要躲起来。这就是沼泽地里的生存法则：出于安全考虑，我们必须遗弃受重伤的人。

妈妈在死之前躺了三天。第二天的时候，她只能轻声说"孩子们永别了"，然后要水喝，却仍不能就此结束生命。因为担心胡图族民兵来袭，我不能跟她待得太久。我明白，对她来说，这一切结束了。我知道，对被一切都抛弃的人，对最后的陪伴只有痛苦的人而言，死亡是一件非常辛苦、毫无意义的事情。第三天，她咽不下东西了，只能哼出几个简单的词，只有眼睛还能看看。直到死后，她也没有闭上眼睛。妈妈叫阿涅丝·尼拉布古齐（Agnès Nyirabuguzi）。在卢旺达语里，"尼拉布古齐"的意思是"多子的母亲"。

---

* 基督教圣人，据说是罗马的贵族之女，音乐尤其是基督教圣乐的主保圣人。——译者注

如今，我常常梦到她，梦到我们在沼泽地里的情景：我看着妈妈的脸，听她说话，给她喂水，但是水没有进入她的喉咙，而是直接从唇边流出来；杀手们又开始追捕了，我站起来开始逃跑；当我再回到沼泽地的时候，我向人们打听妈妈的消息，但没有人认识她……然后我就醒了。

大屠杀的最后一天，当前来解救我们的人在沼泽地边呼喊我们的时候，一些人拒绝从纸莎草下面出来，他们觉得这应该是凶手们的新诡计。当天晚上，我们聚集在尼亚马塔的足球场上。最强健的那些人负责去附近的房子里搜罗一些像样的衣服。尽管我们终于吃上了有咸味的食物，但也高兴不起来，因为在想着那些被我们留在沼泽地里的人。我们感觉自己还在沼泽地里，只是没有人在后面追我们了而已。死亡不再威胁我们，但生活还在折磨我们。

妹妹们的伤口感染了，所以我们得找个容身之处。她们在医院里住了三个星期，我们才能够上路回家。房屋已经被毁了。在灌木丛里，我们遇到了尚塔尔·穆卡谢马（Chantal Mukashema）和她的表弟让—德—迪厄·穆伦盖拉尼（Jean-de-Dieu Murengerani），他也被叫作瓦利（Walli）。最后我们在一个舅舅的房子里会合了，房子已经被洗劫一空，没有屋顶，没有床铺，甚至没有一块布料。我们的生活就在那里重新开始。

如今，我们靠种地为生。每天忙于糊口，能笑的时候就笑一笑，也让孩子们觉得愉快一些。但我们不再过生日了，因为生日让我们觉得痛苦，而且花太多钱了。我们从不争吵，哪怕是偶尔的一次半次都不曾有，因为我们既不知道怎么吵，也不知道为什么吵。有时我们会哼唱在学校学的歌。两个妹妹都回到学校上学了。让—德—迪厄自从头上挨了一刀之后，就满腹心事。他就喜欢坐在那儿，支着下巴陷入长久的沉思。尚塔尔和一个叫弗朗索瓦（François）的人结婚了，就离开了这个大家庭，但我们还是会互相串门。我不觉得自己会结婚，因为得照顾两个妹妹，还有一些其他阻碍。我觉得自己太过优柔寡断。说实话，我觉得生活让我不太舒服，除了当下，我想不了其他事情。

去年，舅舅的房子彻底塌了，我们就搬到了卡纳济，住到了这间用砖块和铁板盖起的耐久性建筑里，这里有一张桌子、几把椅子和几张带抽屉的床。住在这里，我那些糟糕的念头消散了一些。周一、周二和周四，我就在自家的田里耕作，或者给邻居种地，他们给我食物或者一些小钱作为回报。周三和周六，我去尼亚马塔的集市上，用一台蝴蝶牌缝纫机做缝缝补补的活计。一个叫安热莉克的姑娘在她旁边给我腾出了一个位置。我给过路的人做点针线活儿，靠这个糊口。我很遗憾没有机会学习缝纫这门手艺，那样就不用种地了。

孩子们已经把很多悲惨的记忆从脑海中清除了出去，但身上的伤疤还在，他们还会头疼和痛苦。当他们特别难受的时候，我们就花点时间，好好回忆一下那段不幸的日子。两个小女孩说得最多，因为她们全程目睹了妈妈的遭遇。她们常常讲述的都是同一个场景，而忘记了其他部分。

我们的记忆会随着时间渐渐改变。我们会忘记细节，会弄错日期，会把不同的袭击弄混，会把不同的名字记岔，还会对某个亲朋好友是如何死去的产生分歧。但我们亲身经历的种种可怕时刻却始终历历在目，仿佛就发生在去年。时光流逝，我们保存下来一份非常具体的记忆清单，过不下去的时候就再互相讲述这些回忆。这些事情变得越来越真实而确凿，但我们几乎不再能够按照正确的顺序讲述它们。

当我自己在地里耕作的时候，有时会有回忆起这些事情的倾向，无尽的悲伤会涌上心头。于是我就放下锄头，去邻居家串门聊天。我们一起唱歌，一起喝果汁，会感觉好一些。周日，我去教堂唱圣歌、做祈祷。我想，撒旦之所以选择胡图族来犯下这些滔天罪恶，只是因为他们人多势众，他们能在短短几个月间散布更多的恶行。当从广播里听到非洲这些战争的消息时，我特别担心。我觉得，上帝离开非洲大陆太久了，于是撒旦借此机会大开杀戒。我只希望，遭受这些不幸的所有非洲人的灵魂在天堂能够得到应有的对待。

胡图族和图西族之间的故事就好比该隐和亚伯的故事，双方本是亲兄弟，却因为一些微不足道的事情而反目成仇。但我认为，虽然图西人和犹太人一样遭受过屠杀，却又和犹太人不一样，因为我们从来没有像希伯来人那样，成为聆听上帝之音的天选之子。图西人只是生活在山上、因为高尚气质而倒霉的人。

在沼泽地的时候，瓦妮莎曾亲眼看到杀害妈妈的凶手们。两年之后，她认出了其中一个，那个人从刚果安然归来。这个小伙子来自卡云巴，是我们牧师的长子，个子很高，教养很好。现在他被关在基多戈湖（lac Kidogo）附近的里利马监狱。

如何对待这些囚犯，是个折磨人的问题。如果把他们的仇恨都囚禁起来，那仇恨就永远无法随风而去。但如果放任仇恨传播，屠杀就会卷土重来。我曾看到，有的妇女为了免于血腥而抱着孩子一起投河自杀。女性尤其备受折磨，因为妇女儿童受到的摧残比男性更多。我知道，如果上帝不能追上那些凶手去训导规劝他们，他们总会想要再次发动屠杀。我相信上帝，是因为我太担忧了。

我知道，当我们看到自己的妈妈被如此残忍地砍伤，还要忍受如此煎熬的折磨之后，就会永远失去对他人的信任，不仅不再信任图西人，也不再信任其他人。我想说的是，目睹过巨大痛苦的人，再不能像从前那样生活，他会始终保持警惕，即使别人什么都没做，他也会怀疑。我想说，妈妈的死是最让我难受的，但给我的创伤最深的是她经受的长久痛苦，这创伤是不可能被治愈的。

我还明白了，一个人可以突然变成十恶不赦的坏人。直到最后我也不能相信大屠杀这个事实。我也不相信有些人说我们以后再也不会经历这么严重的暴行了。大屠杀这种事只要发生过一次，如果根源还在，而且我们不了解根源是什么，将来不管何时何地，无论是在卢旺达还是在别处，就还会再次发生。

03
布盖塞拉的道路

    从基加利出发,沿着一条蜿蜒的大路南下,可以去往布盖塞拉。这条大路总是拥堵嘈杂,与通往坦桑尼亚的公路相接。基加利路段的最后一个加油站里挤满了长途出租车司机、外汇兑换商、西非播棋玩家和香烟商贩。过了加油站,就不走大马路了,转而向南,拐上一条又脏又破的土路。这条土路穿过基加利的市郊,连接起几座稀疏分散的村落,还越过小山,路过山上的学校和教堂。顺着路继续走,山丘就会在视野中缩小。

    灰黄色的小路渐渐变成了赭石色。很快,在阳光的照耀下,藏红花色、浅红色和紫红色交相辉映。不同于尚古古(Cyangugu)山丘茶园的碧波荡漾,也不同于基布耶(Kibuye)热带森林的绿荫繁茂,这条小路蜿蜒穿过的风景,是冈峦起伏的黏土大地和尘土飞扬的灌木丛林。种植豆子和甘薯的田地与荒芜的香蕉园交替出现。人们有时得停下车,让无精打采的奶牛们先通过,那些放牛娃还没有奶牛高;有时还会路过一队步行的妇女,她们头上顶着大盆木薯,腰间系着婴儿。偶尔会碰到罕见的小卡车和小巴士,由于超载,它们的底盘都被压下沉了。

浑浊的尼亚巴隆戈河（Nyabarongo）上有一座步行桥，桥的一端，一群游客坐在小包裹上，等着有空位的过路车辆。向桥两边放眼望去，芦苇中栖息着黑色圆尾沙鸡和紫水鸡，不可胜数的圣鹮在它们之间觅食。再远处就是布盖塞拉，那里是尼亚马塔的地界。

尼亚马塔被三条沼泽性河流包围。北边和东边是尼亚巴隆戈河，河两边是布塔姆瓦沼泽（Butamwa）；西边是阿卡尼亚鲁河（Akanyaru）及周边的尼扬维扎沼泽；南边是乔霍哈湖（Cyohoha），湖滨是穆拉戈沼泽（Murago）。这些长满了纸莎草和大朵睡莲的泥泞河谷，与尼亚马塔的15座山丘纵横交错在一起。

进入尼亚马塔的地方，拦路拉着一根细绳，指出这里是个军事岗哨。随后，小路延伸向一片红绿相间的景色。赭红色，是可能会粘在衣服上、皮肤上和地面上的黏土；而绿色，是香蕉园、纸莎草、灌木林和荆棘丛。首先经过的村落是卡恩泽恩泽（Kanzenze），这里的房屋都是土墙铁板房。两个货栈对面是三家小酒吧，这里是当地社会生活的核心区域。

向右走，一条勉强可通行的道路向上延伸，经过一片金合欢树林，一直爬到基本戈山区那么高。更远处，一条小道向下通向求加罗小学。因为这里曾被用作避难所，所以它将在后面的叙述中经常出现。小道继续延展，就到了让内特讲到的尼扬维扎沼泽。那里，虎皮鹦鹉和弯嘴灰鹦鹉的叫声在纸莎草的枝叶间此起彼伏。

基本戈村很久不通车了。检察官、镇议员、学区秘书长都是骑公务摩托去那里。学校的校长和老师、一些商人和饲养员则是骑自行车去，通常还要载着大桶和货箱。其他人呢，比如从集市采购回来的妇女、放学的青少年、教堂合唱团员、出门售卖山羊或背包的农民等，都是步行穿过树林，所以这条来来往往的人流总是看不到头。在最后一个分岔路口，步行的人们可以抄一条近道，越过山间溪流的河床，然后从最先看到的几座土房那里再回到大路上。

村子的空地上，一位妇女背靠房子坐在长椅上。她叫弗朗辛·尼伊泰盖卡（Francine Niyitegeka）。她微笑着介绍怀里抱着的小婴儿邦菲斯（Bonfils）。她的身边是外甥女克莱芒蒂娜（Clémentine）。她穿着一条绿底带花的缠腰布，头发上系着一块与之相配的包头巾。即使从远处看，她的美丽也很夺目；从近处观察，她所有的动作都带有一种难以言说的优雅。因为小婴儿突然得了疟疾，所以她正要步行去20多公里外的诊所。恰在这时出现的外国汽车，对她来说是这个酷热午后的意外之喜，也让她克服了自己的腼腆。她笑了，并且跟我们商量，她跟我们聊天，我们用汽车送她往返诊所。我们第一次聊天时，她讲述了一个悲惨的故事，但微妙地略过了一些部分，只是十分简略地回忆了一些片段。随着后续的接触，她的犹疑渐渐消散，她甚至变得很健谈，而且有时候看起来很愉快。

弗朗辛·尼伊泰盖卡
25岁，商人、农妇

于基本戈山上

国家独立的那年（1962年），我的父母从故土被赶了出来。一辆比利时官方的卡车把他们拉到了基本戈山上，来开垦一块灌木丛生的土地。在这里，我们从来没有真正和胡图族邻居聚居在一起。人们都活在自己的族群里，也不会发生口角。其实也有很多不平等关系，但不管怎么说，还算相处融洽。

大屠杀开始的一两个月前，就已经有一些可怕的消息在邻里之间流传。胡图族邻居在背后冲我们喊："这些图西人，那些图西人，都是该死的人！"还向我们发出其他类似的威胁。这附近出现了一些陌生的面孔，而且我们听到有胡图族士兵在树林里操练，他们还

相互加油打气。

　　4月10日，胡图族民兵开始在山上驱赶图西人。因为他们以前从没有过分到敢在教堂里杀人，于是当天我们成群结队地离开住处，前往恩塔拉马的教堂里避难。我们在那里等了五天。不断有我们的同胞逃到这里来，教堂里聚集了一大群人。袭击开始后，完全是一片喧嚣，根本看不清发生了什么。但我认出了很多正在疯狂杀人的胡图族邻居。很快，我感觉自己被打了一下，在一片混乱中摔倒在两把长椅之间。再次清醒过来的时候，我先确认自己确实没死。然后，我从满地的尸体中逃出去，躲进了灌木丛。在那里，我遇到了一队逃亡者。我们一直跑，跑到了沼泽地里，我在那里待了一个月。

　　在那里度过的日子真是惨上加惨。每天早上，我们把最小的几个孩子藏在纸莎草下面，然后自己坐在干草上，尽量平静地交谈几句。当听到胡图族民兵靠近时，我们就安静地四散开来，跑到树丛的最深处，藏身在泥浆里。晚上，杀手们收工离开之后，我们当中还活着的人就从沼泽里出来。受伤的人只能躺在潮湿的岸边或者树林里，身体还好的人就上山去求加罗小学，睡在干爽的地方。

　　第二天一大早，我们又下山钻进沼泽地。我们给最虚弱的那些人盖上叶子，帮他们隐藏起来。在沼泽地里，我们会碰到很多赤身裸体的女性，因为胡图人杀人之后会把还不错的缠腰布据为己有。说实话，见到这些事让我们流出了愤怒的眼泪。

　　我和未婚夫泰奥菲勒（Théophile）重聚了。于是我们一起逃跑，路上也会相互对视，但不再感觉到亲密。我们感觉彼此之间特别疏远，无法说出心里话，也没有合适的方式接触对方。我想说的是，虽然我们碰巧遇到了，但这对两个人来说已经无足轻重，因为彼此首要的事情都是让自己活下去。

　　有一天，我在水中藏身时被抓住了。那天早上，我跟在一个认识的年迈妇女后面跑进了沼泽地，我们安静地蹲在水里藏起来。杀手们先发现了她，我亲眼看到，他们甚至都没费功夫就把她从水里拉出去砍死了。然后，他们开始仔细搜寻周围的叶丛，因为他们知道，一个女人绝不会独自藏身。于是他们发现了我。他们先杀死了我怀里抱着的孩子。我要求从水里出去，到草丛上去，希望不要死在那位老妇人已经葬身其中的泥巴和血污之中。他们有两个人，我还记得他们的长相特征。他们把我拉到纸莎草下面，当头一棒就把我放倒了，但没有砍断我的脖子。他们常常把受伤的人留在泥浆里放一两天，然后再回来了结他们。但到我这儿，我想他们是忘记了，所以没有完成这一步。

我昏迷了很久，然后泰奥菲勒和一些逃亡者发现了我，看我已经垂危，赶快喂我喝水，帮我缓解痛苦。我只剩不到半条命，还发着高烧，胡思乱想。但我不再害怕死亡。不过那些伤口最终没能要我的命，我自己痊愈了。那时，泰奥菲勒每天晚上照顾我，拿给我地里找到的食物。我终于又活了过来，恢复了活动能力，再次回到队伍中，又踏上逃亡之路。在沼泽地的时候，我们尽量一直待在同一个熟人队伍中，彼此之间可以有更多安慰。但如果死掉的人太多，我们就不得不加入一个新的队伍。

晚上聚在一起的时候，我们听不到任何新消息，因为播音机都停用了，只有杀手家里的还能用。但我们还是通过口耳相传得知，大屠杀已经蔓延到整个国家，所有图西人都遭受着同样的厄运，没有人会来救我们。我们觉得所有人都会死掉。对于我来说，既然所有人都会死，我就不再担心自己什么时候死了，但我忧心自己会被如何袭击、痛苦要持续多久，因为我对屠刀带来的折磨还心有余悸。

后来我听说，有一小撮人自杀了。尤其是感到自己力量弱小的妇女，她们更愿意投身江河而不是被大卸八块。一定是绝望到疯狂的程度，才会做出这个选择，因为在去往尼亚巴隆戈河的路上，遭到屠刀袭击的风险更大。

解放的那天，爱国阵线*来到沼泽边，喊我们出来，但没有人愿意从纸莎草下面出来。爱国阵线的人喊破了嗓子安抚我们。但我们始终躲在叶丛下面，一声不吭。我想，在那个时刻，我们这些幸存者不会相信这世上的任何人。

爱国阵线这边呢，当看到我们终于出来，浑身上下如泥塘里的流浪汉一般时，他们好像大吃一惊。他们不知所措，似乎在想这些人是否还是人类。我们身体虚弱，浑身恶臭，这让他们感到很不舒服。尽管如此，他们还是努力向我们表示极大的敬意。有的人在队伍里整装立正，向我们行注目礼。还有的人走过来，搀扶最虚弱的幸存者。他们显然觉得难以置信。他们想要表现得热情友好，但又几乎不敢同我们说话，仿佛我们再不能理解任何事情。当然，我们还是听到了一些温柔的鼓励。

大屠杀结束四个月之后，我和泰奥菲勒结婚了。虽然发生了那么多事，但我们就像什么都没有改变一样相处。我们就这样回到家，该小声说话时就小声说话，该大声说话时就大声说话。我们带着自己的两个孩子和四个孤儿，住在一座有三个房间的土墙铁板房子里。对于那些孤儿，没有必要再教他们关于大屠杀的事情，因为他们已经看到了最残酷的事实。我的两个孩子呢，他们之后会了解到必要的真相。然而我觉得，在那些曾躺在沼泽地里逃生的人和从没有这个经历的人之间，就比如您和我之间，将会存在一道理解上的鸿沟。

我们几乎每天都和邻居谈论屠杀的事，否则夜里就会做梦。聊天并不能减轻心里的负担，因为言语没法把我们带回从前的生活。

---

* 卢旺达爱国阵线。1988年起逐渐在乌干达成形，1990年开始其军事行动。借哈比亚利马纳总统被杀害之机，于大屠杀暴发那天，他们发动了大规模进攻并最终于1994年7月4日占领全国，听命于后来成为国家总统的保罗·卡加梅（Paul Kagame）。卢旺达爱国阵线自此成为卢旺达的常备军，其主要活动区域为基伍湖（lac Kivu）地区一带。——作者注

但沉默会助长恐惧、疏离和不信任的感觉。有时候我们会拿这些事情开玩笑，但开怀大笑之后，最终还是会回到那些生死攸关的时刻。

* * *

我不想复仇，但我希望正义能给我们带来应得的那一份平静。胡图人的所作所为，尤其是对我们这些图西族邻居的所作所为，让人难以置信。胡图人总是认为，图西人更高傲、更开化，但这实在是蠢话。图西人只是比较温和，无论身处顺境还是逆境都比较谨慎。没错，图西人也比较懂得未雨绸缪，这是我们的传统。无论如何，在布盖塞拉，图西人从来没有伤害过胡图人，甚至从没有说过他们的坏话。在山上生活的图西人同样很贫穷，他们并没有比胡图人更大的土地、更好的身体和更优质的教育。

我不知道现在说这些还有没有意义。我是很不安的，因为太多人已经死了，不能再为自己说话，而命运给了我这个机会，来发出自己的声音。

胡图人现在依然对图西人有负面的看法。事实上，我们的外貌特征是一切问题的根源：我们有更健硕的肌肉、更精致的五官和更矫健的步伐。我们与生俱来的样貌——这是我能想到的唯一原因。

胡图人的所作所为，远不是恶毒、残酷和野蛮可以形容的。我不知道如何才能说得更具体，因为尽管我们可以通过对话谈论种族灭绝，但没有办法用合情合理的方式解释它，哪怕是经历过的人也没办法说清楚。总有意料之外的新问题涌现出来。

我的家人都死了。我因为头部被重击，所以不能在太阳下干农活了。我当时已经准备就死，不知道为什么上帝决定让我幸存下来，我很感激。但我会想起所有那些被杀的人和杀人的人。我心想，我以前不相信会发生这一次大屠杀，那将来是否可能发生第二次呢？

我无法回答。说实话，我希望在我们这一代不会再有对图西人的屠杀了，至于以后，谁也没法预言。我知道，很多胡图人是因为觉得自己应该谴责屠杀而谴责。我也看到有些胡图人因感到内疚而低眉顺眼。可是那些再次回到山上生活的胡图人，我几乎看不到他们心中的善意，也没有听到谁请求原谅。不管怎么说，我认为没有什么能被原谅。

有时，我独自坐在阳台的椅子上，我会想象：如果在遥远的某一天，一个邻居慢慢走近我，对我说"弗朗辛你好，也向你的家人问好，我来跟你说几句话。我就是当年砍死你妈妈和妹妹的人"或"我就是那个在沼泽地里想要杀死你的人，我想请求你的原谅"，那么对于这个人，我大概没什么好话。如果一个人喝醉之后动手打了他的妻子，他可以请求原谅。但如果他整整一个月间，甚至包括礼拜日，都在努力杀人，他怎么能希望得到原谅呢？

既然生活注定要继续，那我们现在唯一要做的就是重新开始生活，农民应当别让地里长杂草，老师应当回到讲台教书育人，医生应该回到诊所治病救人。市场上应当有强壮的奶牛、各色布料和一袋袋的豆子。在这种情况下，我们是需要很多胡图人的。我们不能把所有杀手都一概而论。那些被制服的人将来会从刚果归来或从监狱里出来，回到他们的土地上。我们又会一起打水、聊家常、买卖种子。20年后、50年后，或许年轻人会从书本里了解大屠杀。然而对我们来说，这一切无法原谅。

当我们真切地经历噩梦又醒来时，我们将无法像从前那样区分开白天的想法和夜里的思绪。自从大屠杀以来，不管白天黑夜，我总感觉惴惴不安。躺在床上时，我得转过身去，背朝周围东西的阴影；走在路上时，我也时常回头看身后的影子。当遇到陌生人的目光时，我就会担心我的孩子。有时在河边，我看到一个胡图族民兵的面孔，心里会想："弗朗辛，你看，这个人，你在梦里见过。"后来才会想起，这是沼泽地里的那场噩梦，它早已经过去了。

我想，我将因为自己图西族的血统而一直受到鄙视。又想到我的父母，他们以前在鲁亨盖里（Ruhengeri）时也总有被驱逐的感觉。仅仅因为身份就要终生受到困扰，这让我感到耻辱。可当我闭上眼睛不去看这些事情的时候，我的心里又会因痛苦和羞辱而哭泣。

04
基本戈山区

　　弗朗辛是基本戈镇议员泰奥菲勒·姆皮林巴（Théophile Mpilimba）的妻子，她经营着村子里的小酒吧。酒吧就开在她家隔壁的小房子里，非常简朴，土墙、泥地、小窗，没有任何招牌。酒吧最里面，堆满了佩里姆斯*酒柜、油瓶，还有成袋的土豆或豆角。沿墙摆着几张长凳，下雨时顾客会在店里坐坐。天气好的时候，则可以坐在门口的凳子上。人们最常喝的酒是一种辛辣的烈性香蕉酒，或是一种口感稍差的高粱酒。装酒的容器在吧台后面整齐地陈列着。

　　香蕉酒是按照古方酿造出来的未蒸馏的酒。酿造这种酒，先要把香蕉在坑里埋三天，让它们熟透，然后压榨成汁，和高粱粉混合促进发酵，再放置四天，让它变成介于甜酒和酒糟之间的酒精饮品。香蕉酒必须要在一周之内喝掉，否则就会变酸。以前，基本戈的香

---

* 源自比利时的啤酒品牌，非常受欢迎。它出产于卢旺达西部城市吉塞尼，只以1升瓶装的规格售卖。味道微苦，通常含有酒精，一般喝常温的，价格低廉。它把卢旺达的饮酒者分成了两个阵营。其支持者完全无法接受佩里姆斯啤酒的竞品——酿造于布隆迪的缪泽格啤酒（Mutzig），或是淡而无味的阿姆斯特尔啤酒（Amstel）。——作者注

蕉酒是当地最出名的。基本戈山区由于有沿河的淤泥，曾是一片最肥沃的土地。大屠杀之前，山的一面居住着图西人，他们的牧场上遍布家畜，一直延伸到谷地；另一面是胡图人的聚居地，当地的酒大多是他们酿造的，大部分豆子也是他们种植的。如今，这片地方已经失去了三分之二的人口，灌木之间的家畜零零散散，弗朗辛的小酒馆里也总是无酒可卖。

村庄坐落于山顶的一片平地上。一进村，就能看到一座小教堂、几所学校和镇政府。这些砖砌建筑环绕着几棵高耸入云的大树，每逢公众集会或者公民信息通报会，人们就被叫到这里来，坐在树荫下。村子外围有一些大树，打盹的人常去那里。

房屋之间的空地上，一群踢足球的小子占据了放羊的场地，踢一个绳子系着的泡沫球。花园里没有狗，因为战争开始后都死了或者逃走了；为数不多的几只母鸡是野猫的猎物。村子的出口处，小路下延向河边，沿途有几个用树干和藤条围起来的奶牛圈，最终通向几个胡图族的小村落。这里的胡图族居民除了卖香蕉酒之外，都不常去山顶的村庄了，当然，那些去踢球的小伙子除外。

丹尼丝（Denise）是一位18岁的胡图族少妇，她和姐姐雅克利娜（Jacqueline）、两个弟弟妹妹还有自己的孩子住在河边的一座房子里。她的父母和四个哥哥去往刚果之后再没回来。丹尼丝表现得殷勤好客又周到体贴。她讲述了自己在山上度过的幸福少年时光，回忆了合唱团、学校联欢会和男孩子们的故事。她也讲了如今的凄凉境况，讲她对找到真正的丈夫再也不抱希望，讲她如何成为一个富农——也就是她孩子的父亲——的情妇，那个人住在海拔低200多米的地方。她把孩子们送到镇上的学校上学，但不会陪他们进入村庄。每个礼拜，她穿过树林去尼亚马塔的集市上卖鱼。

从她家的平台望下去，林木繁茂的山丘峰顶尽收眼底，山谷中延展开的那片绿色正是尼扬维扎沼泽，就是让内特和弗朗辛提到的藏身处。虽然离得这么近，但丹尼丝称大屠杀期间从未看到或听说过任何情况。她说她不知道1994年4月时家人在哪里，也没有收到任何消息说他们被流放了。一说起大屠杀，她就会沉默。她的胡图族女邻居也都是这样的反应。

丹尼丝家的木薯地旁有一条路，通往阿孔纳卡马什约扎（Akonakamashyoza），一个有神话色彩的芦苇小岛，尼亚巴隆戈河和阿卡尼亚鲁河在这里交汇，河面上有细长的黑色小船划过。渔民们说，白尼罗河这两条支流的交汇处以前是由两位图西族国王轮流统治的，白天是继承者"在世国王"统治，晚上是已故国王木乃伊统治。

下午3点左右，所有人都从地里回来了，妇女们坐在花园里边剥豆子边看着孩子和烧饭的锅。男人们则径直去往小酒吧。在弗朗辛的店里，啤酒比较贵，人们点得很少。最富裕的那些人会买一瓶香蕉酒，弗朗辛会在酒瓶里插一根芦苇。人们喝酒时，把酒和香烟传递着轮流享用。最拮据的人则到柜台后面，在弗朗辛亲切的目光中，拿根长吸管从酒桶里吸一口。

天色渐暗时，能听到奶牛的叫声。牧民们回来了，也加入了喝酒的队伍。他们当中有个小伙子叫让维耶·蒙扬内扎（Janvier Munyaneza）。让维耶给他哥哥和一个邻居放牛，所以没能回学校上学。他把牲畜关在圈里，给它们清除虱子，之后就会去酒吧坐坐。他还不能喝烈酒，就用贪婪的微笑换取一杯甜酒喝。他有一种卢旺达人特有的腼腆。坐在一群孩子和青少年中间，他看着大人们喝酒、讲故事，直到深夜。他的眼中有种挥之不去的忧郁，从他一开口说话那木讷的声音中就能听得出来。

让维耶·蒙扬内扎
14岁，牧民

于基本戈的基加纳（Kiganna）山上

在学校里，我从没听到过种族方面的指责。只要天气好的时候，我们就一起踢球，没有任何矛盾。4月10日那天，做完弥撒之后，一些胡图族邻居来到我们河边的住处，要求我们离开，因为他们想侵占我们的房子，但没有杀我们。我们立刻就去了基本戈山上，住到了爷爷家。

第二天，胡图族民兵来了。我的叔叔试图逃走，但被他们一枪打死在了门边。于是爸爸妈妈、八个哥哥姐姐、爷爷奶奶和我一起向恩塔拉马教堂逃去。胡图族民兵在教堂周边的小树林里游荡了三四天。一天早上，他们跟在军人和当地警察后面，成群结队地进了教堂。他们开始四处乱窜，在教堂内外砍人。被杀的人什么都没来得及说就死了。在砍刀和杀手们的喊叫中，我们只能听到袭击的喧嚣，几乎瘫在原地。在迎来致命一击前，我们就已经离死不远了。

我的大姐向她认识的一个胡图人请求，希望能痛快地被杀死，不要受折磨。他同意了，于是他拽着姐姐的胳膊，把她拖到草地上，用大棒打了她一下。这时，有个叫哈基齐马（Hakizma）的近邻大喊说她怀孕了。于是那个胡图人拿刀一下子划开姐姐的肚子，就像打开一个背包似的。这是我亲眼看到的，绝对没错。

我在尸体之间落荒而逃。不幸的是，有个男孩还是用棍子打中了我。我摔在那些尸体上，动弹不得，我看到了死神。有一瞬间，我感觉自己被提起然后扔了出去，接着就有其他人落在我身上。当听到胡图族民兵的头儿发出撤离的命令时，我已经完全被埋在死人堆里。

天快黑的时候，几个之前跑到树林里的胆大的图西人回到了教堂。爸爸和哥哥把我和我的小妹从死人堆里救出来，小妹已经浑身是血，后来不久就死在了求加罗。在学校里，人们给伤员敷上了一些草药。第二天早上，大家决定去沼泽地里避难。于是之后的一个月里，每天都是如此。

我们总是很早就下山。小孩子们最先藏起来，大人们放哨，谈论发生的事情。当胡图人快到的时候，他们再藏起来。接下来，就是一整天的杀戮。起初，胡图人会在纸莎草丛中耍一些诡计，比如，他们会说"我发现你了，快出来吧"，最天真的那些人就会站起来，然后立刻就被杀掉了。有时，小孩子们因为忍受不了泥泞而发出微弱的哭喊，胡图人就循声而来。

当他们找到富人的时候，就会把他们带走，让他们交代把钱藏在了哪里。有时，杀手们会等抓到一大群人然后再一起杀掉。或者，他们把一家人带到一处，让人们亲眼看着自己的亲人被杀掉。沼泽地里血流成河。侥幸存活下来的人会再去那里，在水洼的尸体中辨认不幸遇难的亲属。

晚上，人们在求加罗找熟人们相聚，比如邻居们聚一堆，年轻人聚一堆……起初，还有一小群人聚在一起祈祷。即使对以前没有长期祈祷习惯的人来说，相信一个看不到的东西似乎也可以让他们得到安慰。但后来就没人祈祷了，他们失去了力气或信仰，也可能单纯是忘了。

老人们喜欢聚在一旁讨论发生的事情。有年轻人给他们送来足够的食物。但也有一些失去了孩子的老人，没人帮助他们了。而他们没有足够的力气刨开土地找食物果腹，因而每天夜里，他们都感觉自己明显衰弱下去。他们都上了年纪，也不好意思张口乞食。某天晚上，他们就说："好了，我现在完全没用了，明天就不下山去沼泽地了。"于是他们一大早就靠在树上，坐以待毙，直到生命的最后一刻都不再反抗。

有时候，凶手们白天没有杀太多人，我们晚上就能聚在火堆周围，吃点熟食；而其他时候则非常难过。第二天黎明的沼泽地，前一天的鲜血还留在泥里，前一天的尸体还在原地腐烂。杀手们喜欢尽可能多地杀人，且只管杀不管埋。他们可能是觉得，反正他们以后有的是时间，或者是觉得自己已经劳动过了，就不用再负责埋人这件苦差事了。他们还认为，泥沼里这些污秽的尸体会让我们不敢在附近躲藏。而我们呢，我们尽了全力，也只能把几个亲属的尸体埋起来，这已经很不容易了，因为总没有足够的时间。甚至连吃死人的那些动物也因为杀戮的喧嚣而远远逃开。

这些尸体对我们造成了很大的精神创伤，以至于我们根本不敢说起。它们触目惊心地向我们展示了生命将如何终结。我想说的是，这些尸体的腐烂让死亡变得更加残酷。因此每天早上，我们唯一的愿望就是能再一次活到晚上。

当爱国阵线下山来到沼泽地，对我们说大屠杀已经结束、我们活了下来的时候，我们都不愿意相信。即使是最虚弱的人，都拒绝走出纸莎草丛。爱国阵线一言不发，又回去了。后来他们带来了一个恩塔拉马的男孩，他对我们喊："这是真的，他们是爱国阵线的人。联攻派民兵已经四散奔逃啦。出来吧，你们再不会被杀害了。"这时我们才站起来。这是一个月以来，我们第一次能在下午的时候起身。

集合在一起之后，一位军人用斯瓦希里语向我们解释："你们得救了，现在需要把砍刀和各种刀具放在这儿，你们不再需要了。"我们当中有个人回答："砍刀？我们自始至终就没有。我们有的东西，只是一身病痛，这可没法放在这儿。我们甚至连衣服都没有。"我身上只有一条穿了很久、已经扯得破破烂烂的短裤。

我们把最虚弱的幸存者安置在阴凉处，之后有车来接他们。我们一直被护送到尼亚马塔，在那儿等了几天，然后我和哥哥回到了我们在基加纳的住处。但父母留下来的房子已经塌了，我们就来到了基本戈,在这里安顿下来,住在祖父家,祖父在大屠杀中被杀害了。总之,以前全家人生活在河边是一种幸福,但现在对我们来说却是一副重担。

爸爸以前有 24 头奶牛和 5 只山羊。幸好奶牛身上有鲜明的斑点,我们得以从树林中追回了三头。如今,我和哥哥樊尚·扬巴巴利耶(Vincent Yambabaliye)一起生活。每天早晚,我给他准备吃的,他去种地的时候,我就去小树林里放牛,包括我们的三头牛和邻居们的三头牛。我不喜欢下山去山谷里放牛,担心我们的奶牛会走进尼亚马塔商贩的牛群里。我们的奶牛不够多,不能雇一个牧民来专门放牛。所以我就没法继续上学,每天都很痛苦。

在基本戈,我差不多又过上了正常生活,但失去亲人的痛楚总是突然袭来,日子过得特别凄凉。放牛的时候,小树林里有一点响动我都会很害怕。我想回去上学,重新开始校园生活,在那里还能看到一点自己的未来。

我发现,一到晚上,基本戈的人们就变得颓废。很多男人迫不及待地去喝酒,喝香蕉酒或者啤酒。一喝酒,他们就不再想任何事了,只是说些醉话,或者什么都不说。似乎他们只是想把那些被杀死的人的那份也喝了,替那些不能再一起喝酒的人喝了,最重要的是,他们似乎不愿意忘记。

对于基本戈的大屠杀,我们有着共同的回忆,所以不会忘记这个史实的任何一个片段。晚上,我们经常谈论它,尽量精准地复述一些细节。有时,我们会讲到最恐怖的那些时刻,讲到可怕的胡图族民兵;有时又会想起他们不在沼泽附近时比较平静的时刻。我们也会互相开玩笑,但很快就又回到那些最痛苦的情景中。

然而随着时间流逝,我明显感觉很多回忆都肆意溜走了,而我无能为力。其他人也是如此。有些片段被讲了很多次,每个人都添油加醋,于是它们就愈加鲜明,历历在目,好像就发生在昨天或是去年。而另一些被丢掉的片段就越来越模糊,好像发生在梦中。要我说,就是有些记忆被完善了,而有些被忽略了。但我知道,相比过去,我们现在能更好地回想起发生在自己身上的事情。我们不像刚被解救时那会儿喜欢臆想、夸大或隐藏什么,因为我们不再因为害怕屠刀而感到混乱迷茫。很多人对于自己经历的事情,也不再感到那么恐惧或难受。但有时我们聊得太多的话,当我躺在床上时还是会感到害怕。

路过恩塔拉马教堂的时候,我会避开那个小纪念堂,而看向另一边的篱笆。我不想看到那些不知名的骷髅,它们当中很可能有我的亲人。有时,我下山去沼泽地边,坐在草垛上,凝视那些纸莎草。于是我好像又看到胡图族民兵挥舞屠刀砍向他们发现的任何东西。这唤起我内心的悲伤和紧张,但没有仇恨。

如果要感到仇恨,就需要能够确切地向某个人、某张脸、某个名字;比如那些杀人时被我们认出来的杀手,他们应该遭到诅咒。但是在沼泽地里,杀手们成群结队地杀人,我们躲在草丛下,几乎从没看到过他们的样子。不管怎么说,我想不出什么可辨认的面孔。甚至连杀害我姐姐的凶手,我也不记得他长什么样子了。我想,对于一群不认识的人,仇恨无从谈起。而恐惧则恰恰相反。可以说,这就是我的亲身感受。

当我试着给这些屠杀找一个解释,或者当我试着了解为什么我们该被杀的时候,我就感觉自己的精神饱受创伤,对周遭的一切事情都踌躇不决。我永远不能理解胡图族邻居的想法,包括那些虽然没有直接杀人却一言不发的人。这些人想加速我们的死亡,好占有我们的一切。我只能认为,贪婪和暴力是这场罪恶的根源。

我不明白为什么我们是被诅咒的民族。如果不是因为贫穷,我会远行,去一个我每天都可以上学的国家,去一个可以在美好的足球场上踢球的国家,去一个没有人会怀疑我和杀死我的国家。

05
里拉琴形状的牛角

在布盖塞拉,如果想给一头奶牛拍照,那就不得不先跟它的主人来几场严肃的论辩,再给放牛人送一件礼物,否则这是不可能的。这里的奶牛随处可见,灌木丛中、树林里、空地上、学校草坪上、花园菜园之间、大街上……到处都是。但是在卢旺达,奶牛远不只是一种牲畜。在当地的众多谚语中,有一条是这样说的:"奶牛是至高无上的馈赠。"

奶牛可以作为寄托情感的礼物,表达友谊,也可以出借,或作为补偿、酬劳和嫁妆。还有可能是几家人的投资,大家出钱养一头奶牛,好让孩子们有牛奶喝。两头奶牛就算一个牛群。如果奶牛的数量大于二,人们就不会说出具体的数字了,因为这不吉利。通常,养牛户能凑五头甚至二三十头奶牛,但要找一个衣衫褴褛的放牛人来照看,这样才不会太遭嫉妒。

卢旺达奶牛的品种是安科莱(ankolé),安科莱是乌干达一个地区的名字,这种牛曾在那里生存过很久。追根溯源,它可能发源于中国西藏的高原,穿越古波斯,在古埃塞俄比亚时期大规模迁徙到了非洲大湖区，然后传到了塞内加尔和南非。一些欧洲历史学家认为，这种奶牛传入卢旺达的时间可以追溯到12世纪末。据说，当时含米特的游牧部落，也就是图西族的祖先，把大量牛群赶到了山峦之间，并在山顶上安营扎寨，统治生活在山下的胡图族和生活在树林中的特瓦族*。这个论断被策划大屠杀的理论家们拿来，试图将他们灭绝图西人和残害牛群的行为合法化。但是，且不说意识形态的偏差，这个论断本身已经被越来越多的非洲和欧洲历史学家质疑。大湖区众多史前遗留下来的岩画（与美索不达米亚岩画同时期）其实都表明，公元初班图人和苏丹人大迁徙的时候，那里就已经存在奶牛和饲养行为了。

安科莱牛体形中等，肌肉结实精壮。颈部略微凸起，让它看起来像瘤牛。它的毛皮是单一的黄褐色，抑或有灰白相间，或者间杂黑色、棕色的斑点。最有特色的还是它那对壮观的牛角，尖锐有力，像里拉琴的形状。几个世纪以来，给动物选种和配种的唯一标准就是看它的角是否美丽。这正与兽医们的主张相反，兽医们宣扬要与欧洲的品种杂交，用富含更高能量的食物喂养，不过没人听他们的。

安科莱牛是半家养、半野生的品种，既不是很好的奶牛也不是很好的肉牛。布盖塞拉的人们很少吃牛肉，偶尔吃一次也会很失望，因为它多筋、难嚼，完全不同于街角美味的烤羊肉串。卢旺达的饲养者非常不喜欢杀掉他们的牛，或让它们变种。还有一句俗语是这么说的："养一头牛和养一群牛的责任是一样大的，比养一个女儿还大。"饲养者喜欢展示它们，喜欢把它们赠送人，尤其喜欢让它们繁衍。

---

* 在加蓬他们被称作"Bakas"，在刚果被称作"Mbutis"，在中非被称作"Akkas"，最通俗的称呼是"侏儒"。特瓦族是卢旺达的第三个民族，人数非常少，只占总人口的不到1%。这个群体个子很小，不太开化，持续被社会制度边缘化，一直以来都从事林业和手工业工作。大约三分之一的特瓦人在种族灭绝中被联攻派杀害。——作者注

胡图人骨子里是农民，所以觉得对于这样一个干旱而人口众多的山丘之国来说，畜牧业是不该有的奢侈。在卢旺达共和国成立之前，他们更加蔑视牛的存在，尤其因为那时，牛象征着图西族国王的权力，每逢重大节庆，国王都要连日举行盛大的牛群游行，那些牛都有光滑油亮的牛角，阵仗之大堪比其他国家的阅兵仪式。

正是由于这个原因，从布盖塞拉大屠杀开始的第一天起，胡图族民兵也会对图西人的牛下手，把它们吃掉或者宰掉。时至今日，很多胡图人还记得当时的场景，他们当着图西族养牛人的面大肆屠宰，以此让他们在死前受尽羞辱。一些亲历者还提到，在大规模屠杀当天的晚上，胡图人会举办丰盛的烧烤宴。在布盖塞拉和卢旺达的其他地方，三分之二的牲畜在大屠杀期间死掉，不过后来数量又恢复了。幸存者们找回丢失的牛，又从布隆迪和乌干达带回一些牛，让它们产崽，把它们养在僻静的山上，送给失去亲人的孤独的朋友，这一切都彰显出这一传统的生命力。

很多人种学家、援外人员和记者都善意地弱化胡图人和图西人之间的特征差异。但农村人根本不喜欢外国人对他们的刻板印象。阿根廷的加乌乔牧人、普罗旺斯的水产商贩和大溪地的土著女人都是如此，图西族的饲养者也不例外。你绝不会看到手里拿着长棍、头上戴着毡帽的胡图族农民，但你会经常看到这样装扮的图西人。晚上或周末，当你看到走进咖啡馆的校长、办公室主任、商人或医生手握棍子、头戴帽子时，这没什么好惊讶的，这说明他拥有一头奶牛。

让－巴蒂斯特·蒙扬科雷（Jean-Baptiste Munyankore）是一位60多岁的绅士，从27岁起就在求加罗学校里教书。他一直坚持着这个习惯。在教室上课的时候，他穿一件白色的短袖衬衫，穿梭在光滑整洁的课桌之间，抚摸着它们，就像葡萄园主巡视自己的酒窖时那么骄傲。去开教学会议的时候，他就换上西装外套，打上领带。

但当他去小酒馆或者周六下山去市里的时候，他就会拿上他放牛的长棍。让-巴蒂斯特是令人尊敬的老者，因为他逃脱了图西族国王统治结束时的那些大屠杀，是首批先驱者之一。

让-巴蒂斯特·蒙扬科雷
60岁，教员

于尼塔拉马（Nytarama）的求加罗山上

我们流亡到布盖塞拉的时候，我还年轻。那是1959年，图西族国王穆塔拉三世（Mutara III）刚刚离世，卢旺达举行首次公民投票后，胡图族掌了权。我那时已经从扎扎师范学校毕业，在维龙加（Birunga）火山地区找到一份教书的工作。但工作没多久，我就被赶了出去，而且听到越来越多让人担心的言论。

那真是险恶的一年，12月，胡图族的极端分子白天在图西人家的门上做好标记，半夜再来放火把这些房子都烧了。鉴于这种情况，我们和邻居一起躲到天主教会避难，那时候没人敢追到那里去。但日复一日，聚在那里的人越来越多，摩肩接踵。比利时人想要帮助我们，但他们很担心恶劣的卫生条件。有天早上，一个比利时官员来了，让我们在一张单子上登记我们想流亡到哪个国家。我不知道国外有什么好的，在布隆迪和坦桑尼亚也没有亲戚，所以我就写了自己的国家卢旺达。有一大群人都是这么写的。长官最后说："好吧，你们去布盖塞拉吧，那里没人住。"

对于布盖塞拉，我们除了它的名字，其他一无所知。那些人把军队的卡车开到教会的院子里。我和妻子、两个弟弟还有祖母上了其中一辆有木箕斗的卡车。我们只被允许带一些衣服，除此之外，生活用具、被子、书等东西都不让带，就这样坐了一晚上车，中途没有歇息，不知道等待我们的将是什么。我完全没有回头看身后的

路，也永远不会再回到我成长的地方。次日一早，我们跨过了尼亚巴隆戈河上的桥。那个时候，过桥只能靠拉着两根树干。桥的另一边还有卡车在等我们。

到达布盖塞拉后，我们打量着这个满是草原和沼泽的地方。我想："把我们塞在这里，这是把我们活生生地扔到死神怀里。"毫不夸张地说，苍蝇多到遮天蔽日。我仍然觉得，当局可能认为这可怕的苍蝇将会是我们的归宿。路上看不到任何生物，但随后出现了几间稻草屋。在尼亚马塔，只有教会办公室、地区法院、行政长官住所和加科（Gako）树林的一个军营是木板房。

一周后，我们几个熟识的教员组团出去了一次。穿越茫茫草原时，突然就正面遭遇了一群大象。我们转头撒腿就跑。在此之前，我们的生活中只有鸡和羊这种小动物。

后来，我们很高兴地听说，在布隆迪那边偏僻的山上，各处的图西族饲养者和胡图族农民能够和谐相处。我们在户外扎营住了一年，依靠用纸板和铁板建成的窝棚遮风避雨。其实我们要呵护的，是心中微小的希望，希望局势稳定下来，希望我们能回到故土。唉，可是来自各省的图西族难民和糟糕的消息越来越多。

虽然贫穷，但我们还是活了下来。1961年，为了庆祝共和国成立一周年，当地政府允许我们分散居住，并且可以去灌木丛里分地。于是我们在受益人名单上登记，轮到谁，谁就去选两公顷的土地，这些地就划给他，可以自己开垦。

那时的生活实在是很艰难。我们要在飞扬的尘土中拔除灌木，用木制工具挖开厚重干硬的地皮，种下高粱和香蕉树，用泥浆和棕榈叶盖起棚屋。我们还要抵御野兽，却只有矛、弓和棍子可用。在土地附近，我曾看到过狮子、豹子、斑鬣狗和水牛。那时没有活水，而我们的肠胃还不适应沼泽里的死水。所以很多人都死于伤寒症、痢疾和疟疾。为了生存下去，人们就必须磨粗双手辛勤劳作，无论晴雨都不敢有丝毫懈怠,还要生更多的孩子。然后我们开始去集市上挣点钱过活。我们把微薄的收成卖给基加利的商铺,再用挣来的一点小钱买几只小羊羔。当地的图西族原住民也开始送给我们一些奶牛,这或者是出于善心,或者是为了娶到我们最漂亮的姑娘。

我们向来都是熟识的人聚集在一起。恩塔拉马山上住的是从鲁亨盖里新来的居民,对面山坡上住的是从比温巴(Byumba)来的,山下住的是从吉塔拉马(Gitarama)来的。在山上,我们以大家庭为单位住在一起,用你们的话来说,就是宗族。几年之后,来到这里的胡图人越来越多,他们在其他山上也是这么住的。由于距离比较远,我们没有很多交集。当时一些高层官员发现,布盖塞拉的灌木丛有人烟了,能耕种了,于是农业部下达了指令,胡图人就来了。1973 年,胡图人的数量已经和图西人一样多。这些胡图人强壮且勤劳,有些人还是带着积蓄来的。很快我们就打成了一片,因为我们需要他们的钱或劳动力。

我们农民之间是很少共喝一瓶啤酒的,但聊天总是知无不言、言无不尽。我们从事同样的农业劳动:用锄头和砍刀耕作,种植豆子、木薯、香蕉和山药。胡图人更擅长种植。而图西人呢,则是养牛,且不像胡图人那么急躁。

由于每个市镇都有限制,所以我们这里没有很多对图西人开放的学校。于是我们这些教员找个大树下的阴凉地,让学生们围坐四周,就在飞扬的尘土中上课。那时,布盖塞拉的政府由胡图人掌握,军人、镇长、会计和校长也都是胡图人。所以,图西人只要受过教育,就会去当老师,教图西族孩子读书。

这样一来,我们这些教师就被统治当局仇视,他们明显是妒忌。他们不敢直接不让我们说话,但只要发生屠杀,教师绝对首当其冲,他们的借口是教师与爱国阵线过从甚密。爱国阵线是布隆迪游击队里的图西族抵抗军,他们经常对卢旺达发动袭击。只要爱国阵线袭击了胡图人，军队就会杀一些图西人作为惩罚。

事情就是这样。他们杀人是有一定顺序的：首先是在布隆迪参加过袭击的那些人的家族；然后是教师，原因我已经解释过了；最后是生活富裕的农户，为的是把他们的土地和庄稼分给新来的那些胡图人。如果某一年特别动荡，那接下来的一年就会很平静。比如，1963年，因为抵抗军出征过很多次，所以有几千人被杀。1964年就比较平静。1967年又死了特别多人，军人们把几百个图西人活生生地扔进了布隆迪附近一个满是淤泥的水塘，现在我们还可以在那里打捞到证据。1973年，他们甚至在课堂上杀害学生……这些屠杀都是难以预料的。所以，即使局面看起来平静如常，我们的双眼也从不会同时闭起。

我们图西人赶走了野兽，战胜了苍蝇，并且学会了服从统治。虽然时有矛盾，但我们的村庄不断增多，图西人和胡图人的数量一样多了，而且有越来越多的奶牛。有些图西人变得富裕了一些，胡图人就开始给他们干活。尼亚马塔很快发展起来，开了各种商店，但生意最好的还是图西人的店。小酒馆也出现了，很快就顾客盈门。生活不易，但似乎也不算太糟。

胡图族曾有很多好人。我记得有一天，我被一队武装军人抓住并绑在了树上，因为他们发现我的姓氏和一个抵抗军头领所在部落的名字是一样的。虽然只有死路一条了，但我还是力证自己的清白。碰巧一位正在巡查的上尉路过，无意间发现我正身处鬼门关，就对那些士兵喊话："我认得这个人的声音，他是求加罗的让-巴蒂斯特，一位很好的老师，跟抵抗军一点关系都没有。"然后他就让他们给我松了绑。然而，还是有很多胡图人因为爱国阵线，越来越怀疑图西人。除此之外，还有土地的原因，因为能耕种的土地越来越少了。

1991年实行多党制之后，这种矛盾进一步激化了。随着各种集会举行，公开讨论变成了非常危险的事情。这种情况很快就变得白热化了，每次都会有人受伤。一些联攻派民兵开始在大街小巷巡游，大摇大摆地出现在小酒馆里。广播里把图西人称作蟑螂，胡图族政客在各种会议上放言图西人都会死。其实他们无比害怕爱国阵线和外国军队的入侵。我想，他们从这时起就开始酝酿大屠杀了。

1992年，有400名图西人横尸树林，但警察当局没有做出任何惩罚。两年后战争开始时，我们已经对屠杀司空见惯了。我当时揣测这将又是一次常见的悲剧，仅此而已。我想："情况太危险了，不能去主干道，但如果我们不下山的话，应该能应付过去的。"但教堂的屠杀发生之后，我明白这次是真的特别严重。当天，我也加入逃亡的队伍，跑到尼扬维扎沼泽，蜷伏在淤泥里藏身。

最初，躲在纸莎草深处的我们还寄希望于有援助到来。但上帝自己似乎都已经遗忘了我们，那白人就更有理由不管我们了。于是接下来的每一天，我们都只希望自己能撑到第二天。在沼泽里，我看到过毫无怨言的妇女在泥泞中匍匐前行；我看到过婴儿睡在已经被砍死的妈妈身上；我还听到过已经没有力气走路的人说想最后再吃一次玉米，因为他们知道第二天自己就会被杀死；还看到人们的皮肤经过一周又一周的时间而在骨头上起皱；还听到有人为缓和死亡的呻吟而轻声唱歌。

在树林里，我得知哥哥的两个孩子都死了，那时他们都已经被大学录取。在沼泽地里，我又得到了妻子多米内·卡班亚纳（Domine Kabanyana）和儿子让−索弗尔（Jean-Sauveur）的死讯。在沼泽地里奔跑时，我的二儿子就死在我的身后。当时我们落入了一次突袭的陷阱，正试图脱逃。他被一丛灌木绊了一下，喊了一声，我只听到最初几下击打的声音，就已经跑远了。他那时才上小学四年级。

要明白的是，我们这些逃亡者，如果说晚上露营休息时是"所有人对所有人负责"，那么在沼泽地里时就不得不"自己对自己负责"。当然，除非是带着孩子的妈妈们。

晚上，四家人聚集于我在求加罗的房子里。我们已经没有席子或者床垫可以用，因为联攻派民兵都偷走了。我们交谈几句，主要是聊白天逃亡的一些细节或是说一些安慰的话。我们不争吵，不开玩笑，也不会嘲笑被强奸了的妇女，她们都预想到了会是这样。我们逃离同样的死亡，也承受同样的厄运。即使以前是仇敌的人也不再找理由争吵，因为这毫无用处。

那些日子里，我们会聊聊为什么要面对那样一个悲惨的局面，大家的答案是一样的。布盖塞拉曾荒无人烟，后来变得人满为患。执政当局害怕被"乌干达"的爱国阵线赶下台，胡图族又觊觎我们的土地……但这些都不足以解释为什么要发动大屠杀，时至今日仍然无法解释。

我想指出一个历史的古怪。比利时殖民统治编写的历史书告诉我们，是矮小的特瓦人最先带着他们的弓箭在卢旺达定居，后来，胡图族带着锄头来了，再后来是养牛的图西族，图西族因为牛群众多而占用了过多土地。但事实上这几个民族先后到来的顺序是完全反过来的，是一无所有的图西人最先来到这里开垦土地。然而，发生在布盖塞拉的大屠杀却比其他地方都更凶残。所以我不同意历史书的解释。我认为殖民统治者授意编写的历史杜撰了胡图族对图西族的奴役，这种杜撰——如果我可以这么说的话——不幸演变成了大屠杀。

* * *

如今，我生活的方方面面都一无所有。我的妻子死了，我失去了家人，只剩两个孩子。我曾有6头牛、10只羊和30多只鸡，而现在圈里空空如也。我隔壁的邻居死了，送给我第一头牛的人也死了。学校的9位老师中，6位都被杀害了，2位在监狱里。对于失去了曾经的亲朋好友的人来说，虽然过去了这么多年，但依然很难和新同事成为真正的朋友。我和亡妻的一个妹妹再婚了，但生活对我来说不再有意思了。夜里，我置身于众多死去的亲人之间，但他们只是互相交谈着，完全忽略我，甚至都不看我一眼。而白天，我又承受着孤独的痛苦。

在尼亚马塔教堂、沼泽地和山上发生的这些事情，是完全正常的人做出的非正常的行为。我为什么这么说呢？我们学校的校长和我所在部门的督学都挥舞着狼牙棒，参与了大屠杀。还有两个同事，过去我们常在一起喝啤酒、聊学生，但他们竟然也助纣为虐。还有镇长、区长、一个牧师和一个医生，也都亲手杀了人。

这些知识分子并没有经历过图西族国王统治的时期，也不曾被偷窃或欺辱，也没有受人胁迫。他们可以穿棉质的裤子，可以正常作息，可以乘车或骑摩托出行，他们的配偶都有珠宝可戴，都熟悉城市的生活习惯，他们的孩子也可以在白人学校里上学。

这些受过良好教育的人都曾是平和的人，但他们却撸起袖子挥起屠刀。对于像我这样教了一辈子人文学科的人来说，这些罪犯着实是一个可怕的谜团。

06
寡妇之家

用砖重建的求加罗小学今天有 25 个班级开课,胡图族和图西族的学生都在一起上课。这个村子里,大部分土房都开裂或者坍塌了,花园一片荒芜。学校和沼泽之间相距五公里,二者之间以仅有的一条道路相连,这条路穿过木薯地,途经两座被烧毁房子的残垣断壁。草原上点缀着开黄花和红花的大树,还有一群群搜寻野菜的孩子。然后,道路隐没在一片桉树林中,树木很高,光照很充足。

树林的另一边又是广阔的绿色。从陡坡走下去,过了一片野香蕉树,就是沼泽地了。一眼望过去,只看到纸莎草和水生芦苇交错生长。但使劲儿拨开一丛丛植物的茎秆,还是可以走进沼泽地里的。旱季时,土地龟裂如海绵状,雨季时又泥泞不堪,散发着腐烂泥土的味道。每走一步,小腿都深陷泥潭。苍蝇、蚊子、蜻蜓的嗡嗡声不绝于耳,在这背景音之上,还有圣鹦悦耳的鸣叫,以及猕猴和黑色小长尾猴尖锐的喊叫,可以想象到这些猴子正在林间灵活穿梭。驻足时,如果足够有耐心,还可以听到视线外野猪的呼噜声和小型羚羊掠过草丛的窸窣声。

离开沼泽地的时候，我们碰到一个15岁左右的小伙子，他背着烧火用的泥炭。每天下午，他都要深入沼泽地中，花几个小时捕捉水鸟或收集泥炭。他邀请我们到他家里做客，这是一座被棕榈叶篱笆环绕的土房，坐落于小山丘上，能俯瞰整个沼泽地。他叫让-克洛德·卡扎菲（Jean-Claude Khadafi）。他在木碗里倒了些香蕉酒给我们喝，接着去看了看埋放香蕉的坑，然后坐在旁边讲述大屠杀的过往。那个时候，他家里住过一些上了年纪的难民，他们都没有力气翻过山坡去求加罗小学里避难，有时他们甚至放弃去藏身泥塘，就在房子中度过生命的最后一天，等待必然到来的杀手们来结束他们的性命。让-克洛德的记忆里充斥着很多这样的人。

现在，他和家庭中另一位幸存者——他的父亲住在一起。父亲每天一大早就去森林里游荡，直到晚上才回来，一言不发。让-克洛德更喜欢住处的与世隔绝，它位于桉树林和沼泽地之间，在纳尔逊·曼德拉（Nelson Mandela）居住区中的一座新楼阁中，挨着道路，离学校和朋友家都不太远。他解释说，自己每天都会去沼泽地里，无论是酷暑难耐还是疟疾肆虐，都不会阻挡他的步伐。不仅如此，他的目光似乎从没有长时间离开那片总是奇怪地窸窣作响的绿色泥潭。

从他家出来，一条灌木小道通向卡恩泽恩泽的岔路口。以前村子里有个热闹的集市，现在只有个简陋的小巴站点。离小路稍远的地方，是玛丽·穆卡鲁林达（Marie Mukarulinda）的小酒馆，这里曾是谈生意会面的常用地点。和所有的公共场所一样，酒馆里的墙刷成了非洲特色的绿，有点掉漆和褪色。座椅已经旧了，装佩里姆斯啤酒和芬达酒的桶靠着墙层层摞起。

玛丽瘦高的背影很好辨认。上午，她在地里劳作。下午，她努力经营着亡夫留下来的小酒馆，她的经营模式非常简单：不论何时收到顾客付的啤酒钱，都会立刻用这些钱给一位生活拮据的老主顾买一瓶啤酒。酒馆烟雾腾腾的后院是玛丽形影不离的好朋友彼得罗尼耶（Pétronille）的地盘，她也是一位寡妇，高个子。她在露天火盆上精心做着布盖塞拉最好吃的羊肉串。

玛丽的小酒馆名叫"寡妇之家"，因为附近的很多妇女都喜欢聚在这里，她们当中大多数人都因为大屠杀而变成了寡妇。她们在这里一起喝几瓶佩里姆斯啤酒，纯粹是为了无目的地闲聊、随便开开玩笑尤其是自嘲一番而已。比如今天，一位从基加利来帮牧民给山羊做人工授精的兽医，在任务完成后被邀请去小酒馆，他被玛丽的女伴们围攻，她们要求他下次再来的时候给她们也做一下。兽医惊呆了，僵在原地……直到她们集体大笑，他才明白这是个玩笑。鉴于自己这么轻易就上当了，他觉得应该请大家喝一轮酒。

在走廊的一角，有一个笔直而单薄的背影，那个男人坐在高脚凳上，躲在一边，脸上刮得很干净，灰色的胡须梳得很有条理，黑色的双排纽扣西服虽然有点旧，还打了好几个补丁，但十分整洁。他是加斯帕尔（Gaspard）先生，是这个街区的元老。他的与众不同在于对80年人生的简明记忆。作为家里12个人中唯一的幸存者，他不失尊严地承受着自己的孤独。他从不抱怨，但是承认如今的生活只剩贫穷和凄凉为伴，在自己简陋小屋的椅子和玛丽小酒馆的高脚凳之间两点一线，对着邻居们悄悄拿给他的啤酒慢慢斟酌，就等生命结束了。作为临别赠言，他引用了一句用卢旺达语表述的当地格言：Amarira y'umugabo atemba ajya mu unda——意思是"男儿有泪不轻弹"。

朝尼亚马塔方向再走几公里，有一小块空地，三间胶泥房临路而建。安热莉克·穆卡曼齐（Angélique Mukamanzi）就住在其中一间，那是一个被流放的胡图族农夫的房产，她要等自家的房子修好再回去住。安热莉克以从不穿缠腰布或长裙为傲，无论何时她都只穿黑色裤子、牛仔上衣和欧式衬衫。从地里或市场回来后，她会赶忙换

上凉鞋或皮鞋，涂上指甲油，傍晚的时候就靠着墙坐在邻居们中间，仿佛在等待一场浪漫的约会。前不久，她遇到了一个爱人，他帅气、体贴、有趣，是专职的农学家。但是，她带着似乎有些讽刺的微笑告诉我们，知道他是胡图人之后，她觉得必须要分手了。

大屠杀期间她躲在沼泽地的那些日子里，接手了一小群孤儿，于是她变成了他们的大姐，或者说是养母。无论是否愿意，她现在都是这个家庭的大家长了。

安热莉克·穆卡曼齐
25岁，农妇

于穆塞尼（Musenyi）的卢旺克利（Rwankeli）山上

如今，我和姐姐利蒂希娅（Laetitia）一起抚养着八个孤儿。这一切发生得很自然。在沼泽地里逃难的时候，那些父母就要死了，留下了他们的孩子，紧要关头，我们这些没有孩子的人就会提出替他们继续照料孩子。后来，时间把这些孩子永远托付给了我们。

战争之前，我学习很用功，因为想去基加利参加全国统考，并想谋求一份好工作。男孩子们都对我青睐有加，生活似乎一片光明。在学校里，我既有图西族朋友也有胡图族朋友。胡图族的朋友从不诋毁他人。1992年的冲突发生之后，人们开始离开布盖塞拉，我也开始感觉到害怕。走在路上也听到越来越多的恶言恶语。这是我想去首都生活的另一个原因。

那架飞机坠毁三天后，我全家和邻居们带着小包的随身物品，三三两两地搬到了尼塔拉马的教堂里。白天，胆子大的人冒险去周围的地里带回来一些食物。晚上，我们依据身体强壮还是虚弱决定睡在室外还是室内。胡图族民兵绕着栅栏兜圈，男人们开始扔石头，以拖延他们的前进脚步。女人们就负责收集石头，无论如何她们不想死。但是这种回击没有什么力度。当榴弹在前门那里爆炸的时候，我在后面，我立刻就冲往山下，跑了一个小时，跑得忘记呼吸，一直跑进沼泽地的纸莎草丛中。我听说过那片沼泽的传闻。当然，我那时还不知道，未来一个月中，我都将被蚊子环绕、从头到脚陷在这片泥潭中度过。

杀手们每天从早上9点开始杀人，一直到下午4点或4点30太阳落山的时候才收手。有时雨下得很大，他们上午就晚点来。他们总是成群结队，唱着歌或吹着口哨。他们还敲鼓，似乎觉得杀一整天人很开心。他们每天都走不同的路。一听到他们的口哨声，我们就朝反方向钻进沼泽地。有一天早上，他们耍起了花招，在各个方向都布下陷阱，设下埋伏。那一天特别让人难过，因为我们知道会比平时死更多人。

下午，他们累了，不唱歌了，就聊着天回家，吃饱喝足，养精蓄锐。他们吃的是牛肉，因为他们杀图西人的同时，也会把图西人的奶牛一起杀掉。这真的是计划周密、冷静执行的屠杀。如果爱国阵线的成员在来的路上多耽搁一周，布盖塞拉的图西人就不可能有一人存活，也就没有人可以抵制谣言了，比如所谓的罪犯酗酒的谣言。

晚上，屠杀结束后，我们四散在田里，挖一些木薯和豆子吃。当时也是香蕉成熟的时节。一个月里，我们就像流浪汉一样用满是泥污的手吃生食。大人这么过，孩子们也是如此，没有母乳喝，也没有丰富的食物吃。所以，很多人不是被砍刀杀死的，而是虚弱致死。早上我们起床后会发现，他们就躺在我们身边，身体已经在睡梦中变得僵硬。我们来不及说一句告别，也没有哪怕一点点时间把他们的遗体体面地遮盖起来。

碰到下雨的夜晚，我们就在雨中用棕榈叶擦洗自己，洗掉身上厚重的污渍和泥垢。然后躺在地上，聊聊白天的事情，回想当天谁死掉了，想想第二天谁将会死去，讨论落在我们头上的厄运。我们很少说愉快的言语，都是消沉的话。

到了第二天早上，我们甚至等不及朝阳把自己晾干，就全身湿透地开始又一天的躲藏。我们把孩子一小群一小群地安置在纸莎草下，跟他们说要乖，就像水塘里的鱼儿那样，除了头，其他部位不要露出水面，也不要哭。我们给孩子们喂泥水喝，那水有时候甚至还带着点血。藏好孩子之后，我们把自己也藏在泥里。有时，我们能透过周围的树叶互相辨认。我们扪心自问，为什么上帝把我们遗留在这里，置身于毒蛇之中，所幸它们没有咬伤任何人。

那一天晚上，我的心被划上了一道永远无法愈合的伤口。那晚，我从藏身之处出来，看到凶手们抓到了妈妈玛尔特·尼拉巴布吉（Marthe Nyirababji），她倒在浮泥中。爸爸、教母和全家人也在不久后被杀了，那是 4 月 30 日，可怕的一天。爸爸叫费迪南·穆德莱武（Ferdinand Mudelevu）。一个胡图族邻居刺死了他，在他身上又唱又跳，手舞足蹈。后来，我就只好和山上的其他逃亡者组队。我的眼睛曾透过纸莎草丛正对上在附近杀人的联攻派民兵的眼睛。我看到身边的很多人被砍死。那段时间里，我一直在努力克服强烈的恐惧，那真的是一种特别剧烈的恐惧。我克服了它，但不意味着它永远放过我了。

大屠杀结束的时候，我在尼亚马塔山下一个废弃的茅屋里住了三个月。我应该感到高兴，但还是惶恐不安而且特别疲惫。如果要我说，我们并不觉得自己处于一种正常的状态；我们受了打击，为自己变成这副样子而感到难堪。我想，我们并不真的相信自己已经解脱了。

说实话，我们觉得永远都不会从曾经的威胁中解脱出来。我们已经用了几周时间让自己趋于愉悦。每天，我步行一个小时去地里。我扬锄耕作，给孩子们弄吃的。镇上派了一个泥瓦工来，我在他的帮助下砌土砖建造新房子。

眼下，在新房的房顶建好之前，我住在一个前往刚果还未回来的胡图人的房子里。我很希望能在药店附近的主干道上做一点米、糖或盐的小买卖。人得习惯工作，不能耽于悔恨。

在战争之前，我就很喜欢上学，所以那时就已经决定要摆脱乡村生活。如果不是大屠杀让我们惨遭横祸，我可能已经通过全国考试，拿到法学学位，并在基加利一家私人律所工作了。但如今，我25岁了，生活中障碍重重，沼泽地的记忆挥之不去，劳作的锄头也不能离手。我不知道去哪儿找一个丈夫。我再无法信任胡图人，也不是非希望找一个幸存者不可。我已经忘了爱情的冲动。我只是期待有一个男人每天用温柔的目光看着真正的我。有很多追求者敲响我的门，穿着干净的鞋，向我介绍自己。但我无论在哪里都找不到任何能温柔对待我的人。

虽然很多胡图族男人进了监狱，但他们的家人却又回到了山上居住。当局敞开大门让他们回来住。有些人对此完全不同意，另一些人却打心眼儿里支持。这些家庭在他们的土地上耕种，几乎不跟我们说话，不归还任何他们抢走的东西，也不请求原谅。他们的沉默让我很不舒服。我很确定，我已经在远处耕作的那些人中认出了好几副凶手的面孔。他们的臂膀依然精壮有力，可以做农活。而我和我的姐姐只有瘦弱的手臂，却要养活好几个孤儿。我认为，把和解的重任完全交给时间和沉默，这是不合适的。

在尼塔拉马，一些幸存者就此沉沦，放弃了希望。他们说："我曾有一个强壮的丈夫、一座坚固的房子、几个可爱的孩子，还有几头高大的奶牛，我每天都辛勤劳作，但所有这些都没有意义了。"很多男人女人都不再努力生活了。他们一旦有点小钱就去喝酒，一切都不放在眼里，只是沉溺于酒精和糟糕的回忆。有的人总是反复讲述自己经历的那些生死攸关的时刻并以此为乐，似乎他们今后只需要这些了。

* * *

当我听他们讲述的时候，我发现人们对大屠杀的记忆会随着时间的流逝而变化。比如，有一个女邻居讲述过她妈妈是如何死在教堂里的，可是两年之后，她却说妈妈是死在沼泽地里的。对我来说，不存在什么谎言。她一开始想说她妈妈死在教堂里，一定是有原因的。也许是因为她妈妈在沼泽地里逃跑的时候把她丢下了，她觉得难过。也许是因为这样说能缓解过于痛苦的悲伤，能说服自己，妈妈在第一天就被一击致死，没有承受更多的痛苦。之后，时间让她平静了一些，她才能回想起真相，接受了它。

另一个女孩，尽管胳膊上有明显的伤痕，却否认自己受过伤。但或许有一天，她会听到别人讲述自己被骗上床的故事，而她反过来就会敢于讲出她自己中过的圈套，又是如何奇迹般地活下来的。她没有撒谎，只是在等待一个同病相怜的人来揭开痛苦的真相。

还有一些人在不断修改生死攸关时刻的细节，因为他们觉得，在那一天，他们之所以活了下来，是因为夺走了另一个人的生命，这个人本来也可以像他们一样活着。尽管有这些曲折，但因为小群体之间的对话，个体的回忆并不会从记忆中消逝。人们由于性格不同，选择了不同的记忆，他们让这些记忆保持鲜活，就像发生在昨天一样，这种鲜活可以持续100年之久。

有些人声称，胡图族和图西族之间的差异是捏造出来的。我不能理解这样的蠢话，因为在布盖塞拉大屠杀开始之后，没有一个图西人能够在胡图人中间活过一个小时。但我对于这种差异以及所谓的种族之间的误会不想做任何解释。我相信，应该还我们应得的公正，但我不想说应该枪决那些犯人。我也不想评论，为什么那些白人对大屠杀袖手旁观。我认为，白人利用了黑人之间的争吵，借机散播他们自己的观点，就是这样。我不想说任何我眼中的胡图人心里的想法。

　　我只是说,胡图人接受了在沼泽地里灭绝自己的图西族邻居,抢夺他们的房子、骑他们的车子、吃掉他们的奶牛。

　　今后,我会把这段亲眼所见的悲痛经历视作敌人。我被困于眼下的生活,备受煎熬,这不是我本来想要的生活。邻里之间会讨论为什么非洲如此广阔,大屠杀却选择了小小的卢旺达,但我们会迷失在讨论中,纠缠不清,从来都找不到统一的答案。

07
金合欢下的载客自行车

尼亚马塔主干道的起点是一座加油站,轮胎修理工们经常来这儿。这条主干道由一条小路延伸而成,但颜色更红、更宽阔。主干道的一半是行车道,凹凸不平,满是石子;另一半则是供人行走的沙路。加油站对面有一片开阔地,用作小巴"杜拜"和卡车的车站,它们停靠在这里上下乘客,装卸山羊和包裹。

一进入主干道,就会陆续看到宗教书店、布盖塞拉俱乐部旧址(以前足球队的大本营)和"克莱芒蒂娜之家"——第一个提供香蕉酒的小酒馆。如果向右走,不管走哪条路,都会穿过挤满了男孩子的院子和房子,然后很快就能走到田地里。如果向左走,就会走向五旬节派的教堂,那里的户外唱诗班唱起歌来歌声精妙、感情充沛,有时甚至有点疯狂,是很惊人的音乐活动。如果直走下去,我们就会到达城中心,也就是集市广场。

尼亚马塔的首座二层小楼是一个布隆迪商人打算建的,但还没有打好地基。街上只有一辆私家车,是另一个商人的白色铃木。以前这里到处都是车,但后来或是被毁坏了,或是出逃的时候开走了,曾经车水马龙的景象现在还没有恢复。仅有的几辆会在主干道上扬起灰尘的，是商家的小卡车，有时会被承接婚丧嫁娶和体育活动的车队征用。路上还有当地行政部门和人权组织的越野车。我们在当地出行，有时会坐一种有奇特铝制牛轭的牛车，有时乘日本牌子的单缸摩托车，当然更多时候是步行或者骑自行车。

载客自行车的主站就在集市的一角，在一棵盛开的金合欢树下，30多个骑手听着广播，等待乘客。旁边的小木屋就是自行车修理工的工作室，通常都很矮，修理工在那里用魔术师般敏捷的技术修理车轮和脚踏板。

自行车是黑色的，大部分都有大轮圈、宽轮胎，根据磨损情况的不同，多少有些裂口。自行车有的装有前减震，但统一都装有刹车片，通过固定在车架底部的杠杆来控制。舒适的皮质坐垫下装有三个粗弹簧，可以完美地减轻道路的颠簸。车把上装有声音悦耳的铃铛，辐条上配有反光器。而金属部件和配件则样式各异，有的车子镶有金边，有的车子配有阳伞，还有的车子配有一个前座。有些自行车甚至有防盗装置、梳妆镜，或者带相框的宗教画。载客自行车的行李架有可拆卸的皮质小垫子，以满足载人和载货的不同需要。

其他的几个载客自行车站位于医院附近，设在每周二的奶牛市场和放学之后的英语学校里。市内坐一程的价格在三到五法郎不等，如果行程较远、要穿越树林，价钱由双方协商决定。

邮递员和送货员也是骑车子工作。信件、面粉、旅行箱、家具、山羊、汽油罐，一切东西都可以通过自行车运输。夜幕降临之时，在属于佩里姆斯啤酒的黄昏时刻，送货员们穿梭于仓库和酒馆之间，用结实的皮筋把酒箱牢牢地固定在行李架上。

主干道附近，炖着富富*的院子里烟雾缭绕，两间贴着海报的

---

* 用木薯粉做成的一种黏性面食。在尼亚马塔，做富富做得最好的是埃迪特，她本人也酷爱吃这种食物。——作者注

房间中，每两个小时在不怎么清晰的雪花屏幕上放映电影，不是尚格·云顿（Jean-Paul Van Damme）的电影就是西尔维斯特·史泰龙（Sylvester Stallone）的《兰博》（*Rambo*）。自从舞厅被毁掉之后，年轻人们就在"一份爱""体育之家"和"得克萨斯"这些美发沙龙周边听音乐。主干道上还有十几家药店、三四家照相馆、一家诊所、一家叫"每日好面包"的面包坊和一家肉店，但是没有音响店，没有时装橱窗，更让人惊讶的是，在一座非洲城市中，竟然没有首饰店。

主干道从不会冷清。午休时分，公务人员走在路上；放学后，一群群穿着宝蓝色裙子或土黄色校服的小学生和穿白衬衣的初中生让这里缤纷多姿；赶集的日子，一大片红、黄、绿、蓝格子图案的太阳伞让这里五彩斑斓。道路尽头的体育场举办足球赛的时候，主干道一下子就空了，但中场休息时又会人满为患。因为电话稀缺，所以人们都到主干道上来交换和传播消息。

伊诺桑·鲁维利利扎害怕面对家里的亡灵，所以经常出现在主干道上。他在山上的学校上了10年学，又在市里教了15年书，因此他认识所有人。他现在是学监的秘书，发起过好几个互助协会。他是从卡云巴树林中活下来的20个英勇的幸存者之一。他不属于某个团伙，但从不吝惜帮助他人；他总是温和地发表评论，友好地表达想法。只有谈论起教堂时，他才会变得激动，因为那里是他的原配丧生的地方。他的第二任妻子是埃皮法尼（Épiphanie），已经和他生了4个孩子。

他只喝佩里姆斯啤酒，而且要常温的。根据情况喝一瓶、两瓶甚至五瓶。所有其他类型的啤酒、温度过低的啤酒（他摸摸瓶子就能马上发现），或者其他饮料，都会让他当场呕吐。他对一切都很好奇，尤其对外国人和其他国家，但他将自己的聪明才智主要集中在了弄懂自己所经历的事情上，虽然他知道这件事没什么希望。他

的梦想之一是写一本关于大屠杀的书，但他说还没有足够的时间和精力。同时，他和所有人都谈论、探讨大屠杀，甚至拿它开玩笑；这不只是为了更好地理解或记忆，还因为说话让他觉得舒服。

伊诺桑·鲁维利利扎
38岁，教师

于尼亚马塔市镇中心

我的爸爸曾是鲁亨盖里的兽医助手。后来他和其他很多人一起被送到卡农贝（Kanombe）山上开垦荒地，靠自己的双手挣生计。在卢旺达，种地是一件用不着学习的事情，自然而然就会了。如果你一时没有更好的事情去做，那就挥起锄头去耕地。

当我的父母跨过尼亚巴隆戈河时，灌木丛中已经零散地有些当地胡图人了，他们完全没有恶意。这些人完全不知道在国家其他地方正在酝酿的混乱，他们看待避难者的目光还是非常平和的。

在卡农贝，我家刚好有两个男孩和两个女孩。我们住在一间稻草屋中。白天去上学，得在灌木丛中步行差不多20公里。周日自然就要用来开垦土地。我上了小学和中学，然后成为一名教师。后来我结婚了，我和家人及妻子就下了山，住在尼亚马塔市中心，因为山上的耕地已经人满为患了。

那时，尼亚马塔有非常繁荣的集市和坚固的教堂，已经完全超过"村镇"的级别。房屋建得很快，街道也被大修过。这里有各类生意，有前往基加利的小巴站，有售卖本地饮品和进口啤酒的酒吧，有一所中学，有一家简朴的宾馆，还有带漂亮草坪的文化中心。尼亚马塔很有希望发展成一个城市，有人甚至觉得，抛开极度干旱不说，它可以发展成一个省会。那时图西人比胡图人稍微多一点点，我们在这里生活得很惬意。

但后来，快到 1992 年的时候，政治毁掉了这一切。民兵和政客从基加利来到这里，带来了不祥的预兆。一位胡图族镇长甚至因为拒绝抓捕图西人而被杀掉。因为害怕受伤，我们也不再常去酒吧碰面来往，但在工作中或路上遇到都还保持正常交谈。1994 年，和所有人一样，我也嗅到了灾难即将到来的焦灼味道。如果我们不是某个政治派别的成员，都不敢随便进入酒吧。我们图西人就只去图西人开的店里，消停地喝我们的佩里姆斯啤酒，就很满足了。

我记得屠杀发生的几周之前，有一天晚上，我和一个跟我是邻居的胡图族同事一起下班回家。我们谈论政府军和叛军在阿鲁沙（Arusha）签订的协约，谈论我们对政治的担忧。在半山腰，他停了下来，看着我，对我说："伊诺桑，你们要被屠杀了。"我反驳他："不可能，我不相信。我们会再次受苦，但肯定能拯救自己。"他对我重复一遍说："伊诺桑，听我说，我必须要告诉你，你们都会死。"后来，我在街上又碰到这个同事，他坐在加科军营的军用卡车里到处溜达，用手指出要屠杀的人家。他看到了我，却只是继续做他的工作。

哈比亚利马纳的飞机坠毁的第二天，白天我们还照常上课，但晚上，由于担心有袭击，我们都睡在灌木丛中，远离居住区。4 月 11 日上午，尼亚马塔镇上传来一阵特别大的喧闹声。一些士兵开始在街上开枪扫射了。很快，他们发现人们并没有什么反抗，于是就不再浪费子弹了，加入已经冲上去开始砍人的联攻派民兵之中。他们从富商开始下手，因为他们一门心思地想发财。

慌乱中，一群人冲向了镇政府。我们聚集在院子里，等待政府的保护声明，等了两个小时。镇长穿着蓝色的正装出来了，对我们宣布："如果你们回到家里，他们会杀掉你们；如果你们逃到灌木丛中，他们会杀掉你们；如果你们待在这儿，他们也会杀掉你们。不过你们得离开这儿，我可不想政府门前血流成河。"妇女、儿童和最弱势的人开始往教堂走。我在想："局势已经变了，在那儿肯定也会被杀的，无论如何我都不想死在教堂里。"于是我漫无目的地跑了一整天。晚上在树林中过夜，第二天到了卡云巴。那儿离尼亚马塔两三公里远，我们看到 6,000 多个身体健全的人，在桉树林中等待着未知的命运。

教堂大屠杀那天，我们在卡云巴山上听到了榴弹爆炸的声音，看到了浓烟。我的妻子和孩子就躲在那儿。四天之后，我在树林里遇到一位避难的大妈，她对我说："伊诺桑，有一个坏消息。我在教堂一片混乱的时候遇到了你的妻子，根据我离开时候的情况看，我得跟你说，她已经不在这个世界上了。"我很震惊，但还怀抱希望。我跟自己说："如果没人看到她的遗体，那她就可能是成功逃脱了。"

时至今日，已经过去好几年了，但当我在街上看到跟她相似的身影，还是会吓一跳。带着错误的期待生活太折磨人了。现在我可以说，最让人难过的事情是，你不知道你的妻子、孩子是如何被杀死的，你没有亲眼看到他们的死亡，也不能将他们安葬，只能带着关于他们的记忆活着。

那时我没能带着妻子和儿子一起到卡云巴山上来，因为他们跑得不够快。我也没有跟他们一起去教堂，因为在习惯上教堂是留给弱势群体的。我想，我们就要死了，但还是要努力多活两三天。所以我们分开了。

但我们分开还有另一个原因，解释起来有点复杂，但我得说明。当家里所有人都要死去而你却束手无策，不能拯救你的爱人或减轻她的痛苦，反过来她也是如此时，那还是不要死在一起的好。我可以说得再具体一点。如果你不是先死去的那一个，你就会听到你的爸爸、妈妈、妻子和孩子的哭喊声，如果你不能施以援手，甚至不能让他们更痛快地死去，那么当你临死时，你们之间那些美好的时光和记忆就都会被毁了，因为你会为出现这种远超能力范围的局面而感到特别内疚。在临终的最后一刻，羞愧的感觉会吞噬你，会压倒爱、忠诚等所有这些美好的感受。生死边缘，她曾带给你幸福时刻的记忆甚至都会被剥夺。所以我想，当我们被砍死的时候，不在对方眼前，这样会比较好。

* * *

卡云巴山上的情形急转直下。我之前说过，那是一片桉树林。跟沼泽地里茂密的纸莎草不同，桉树很高大，树和树之间的空间也大，人完全可以藏身其中。所以，山脚下被联攻派民兵包围了。早上，他们排着队唱着歌上山，叫嚣着开始这一天的狩猎。你如果想脱逃，就得在9秒内跑出去100米，钻进树丛，逃跑一整天，不敢有一丝懈怠。

他们经常设下一些陷阱。比如，他们一部分人悄悄地藏在一个地方，另一些人则突然出现在我们身后，像赶羚羊一样把我们逼向他们藏好的地方。这样，他们就能杀掉我们更多的人。有点像在乞力马扎罗（Kilimandjaro）山上游猎，只是没有照相机而已。所以，你要一直跑，丝毫不能放松警惕，还得习得一些类似的技巧。

就像我说的，联攻派民兵是很狡猾的。所以你得有更狡猾的对策。当我们听到他们又喊又唱地上山时，我们让他们一直走到离我们差不多200米的地方。这个距离，箭是伤不了人的。于是你就假装逃跑，但实际上你要快速跑个半圆，绕过他们。这样一来，他们还在继续追捕那些跑得不够快的人和沿直线逃跑的人，而你已经绕到他们身后，就可以好好休息一下。两三个小时之后，新的袭击小分队会上山来了结那些受伤的人，你就再次绕到他们身后。腿脚灵便的年轻人就是这样大步流星努力自救的。至于其他人，就只能沿直线逃跑了，为了多活一会儿，直到跑得喘不上气。

将近下午 4 点，那些坏人就回到城里了，因为他们怕黑。晚上，我们在山上能听到他们唱歌喝酒、寻欢作乐的声音。我们似乎看到不远的将来，他们住进最舒服的大房子，微风送来阵阵烤肉的香气。而我们，白天在地里耕种，晚上在雨中露宿。

第二天，他们再次唱着歌上山来，开始一天的狩猎。我们为了给彼此勇气，就聚成小团伙一起逃跑。碰上埋伏的人，被杀死了；扭了脚的人，被杀死了；发烧或者拉肚子的人，也被杀死了。每天晚上，树林里总有十几个死人和垂死之人。

我们还面临另一重灾难。山上缺少容器，所以即使当时正值雨季，我们也得不到饮用水。一开始，我们还能在屋顶的瓦楞铁板上找点积水喝。但后来，胡图人把房顶都拆下来拿走，去加固他们城里的房子，于是我们就没法收集雨水了。我们只能去舔湿的树叶。我们不同于沼泽地里的同伴，没有那样的湿润洼地。一整天的奔跑结束后，幸存的人一旦停下来，就会觉得渴得要命。在那样一个雨水旺盛的时节，却有越来越多的人因干渴而死。

在树林里，我们因为熟识或者碰上了而聚在一起。我们没法洗漱，所以全身都是泥。有的妇女丢掉了缠腰布，有的女孩把内衣裹在头上防晒。还有的人伤口都化脓了。晚上清静下来的时候，我们就互相帮忙捉捉虱子、擦擦身子。但我们从来没觉得这羞耻。我们都承受着一样的负担，也从不觉得谁干净就会显得其他人很脏。甚至有时候我们还想着法儿互相逗乐。比如，一位妈妈在你身边坐下，给你捉虱子，跟你说"看看你，这么脏，都不知道你还是不是黑皮肤了"，或者类似的玩笑。唯一重要的事情，就是让自己活得久一点点。

有时在山上，我们看到胡图人在尼亚马塔大吃大喝，像举办婚礼一样。于是我们终于敢高声说话："只要不杀我们，就算让我们在这里像动物一样苟活到最后，那也是可以接受的，即使他们要霸占我们的房子，杀掉我们的奶牛，也没什么，只要不再杀我们就可以。"

人类心里都藏有想要活下去的神奇动力。我们死得越多，我们越是准备好随时死去，却也跑得越快以使自己多活一刻。哪怕是那些折了胳膊断了腿的人，他们也会为了多活哪怕一个小时而要点水喝。我没法解释这种现象。这不是动物的本能反应，动物想要生存，因为它甚至不知道自己会死去，它不知道死亡意味着什么。用一个不恰当的说法，对我们而言，想要活下去是一个可怕的原始欲望。

* * *

不过我想，看到我们像野人一样活着，有助于胡图人——尤其是那些并非出于仇恨而杀人的胡图人——更容易地屠杀。

有一天，我们一群人撞上了三个胡图人。他们不小心掉队了。他们坐在树叶上，被我们围在中间。我们当中有个人在逃跑时会随手捡起地上掉的箭。于是我们说："这下好了，角色互换，换成是我们杀你们了。"一个老者向我们求饶："别，别，求你们了，别杀我们。"我问他："凭什么？你们整天追杀我们，现在你倒要哭着喊着让我们别杀你？"他解释说："这不能怪我。是镇上要我们这么做的，所有这些事儿都是他们强迫我们做的。"我质问他："如果你说的是真的，那你为什么不能到这儿来歇一天，而不是从早到晚杀人，然后精力充沛地回到尼亚马塔？为什么那么听上面人的话？"他回答："这是个好主意，但我没想过。"我火冒三丈，大喊道："你竟然没有想过你可以不杀我们吗？"

他回答："没有，因为一直都在杀人，没想到去考虑你们。"

现在我相信，这个胡图人心里并不是野蛮残暴的。我们一直无休止地悄悄逃跑，趴在地上翻找木薯，身上爬满虱子，我们如集市上的山羊一般被砍刀切开。我们活得不像曾经的自己，不像人类，而是像动物。而胡图人，他们也习惯把我们看作动物，就像对动物那样围捕我们。但其实，是他们变成了动物。他们为了可以更痛快地杀人，剥夺了图西人的人性，但他们因此变得比灌木丛里的动物更野蛮，因为他们不知道自己为什么杀戮，也不知道自己因此而变得疯狂。一个联攻派民兵追上一个图西族的孕妇时，会先用刀划破她的肚子。即使斑鬣狗也不会想到用它那锋利的牙齿做这样的事情。

在卡云巴树林里，我们聚在一起生活。我们不会互相偷窃，也没有任何争吵。有的人曾因为一些小事儿有矛盾，现在都抛诸脑后了。我记得有两次不愉快的争吵。一次是因为一个大个子男人，他每次发现有人靠近他的锅就恶狠狠地抱怨。另一次是一个小伙子，他因为妹妹挖地不利索，就辱骂她，还不给她吃的。但他俩只是几千人中的两个坏家伙，不会影响我们。

我们彼此挨着睡觉，即使洗了裤子，裸着身体，也不会想着互相乱摸乱动。我们不会想到性和性的快乐，因为白天见到了太多血腥。我们承受着同样的命运，面临一样的危险，我们可能就要死了，所以我们尽量让彼此的友谊保持得久一些。如今，我有时候想，如果世上的男人女人都能像我们曾经在卡云巴生活时那么友好，世界将会比现在美好得多。但这些团结一心的人都已经死了，甚至都没有被安葬。

我们现在认识镇上一些胡图人，他们为了逃脱死亡的命运，曾被迫杀死了自己的图西族家人。但有个图西人，他杀死了自己的族人，以此想要让自己活下来，这是几万人中唯一一个做出这种事的。这个人是"布盖塞拉运动"足球队的球员，很受欢迎；他揭发自己的邻居，以试图成为联攻派民兵；在前队友的引介下，他参与帮助杀人，想让自己逃脱被杀害的命运。联攻派民兵利用了他，最后又当街杀了他。

我们知道，自荐成为他们的同谋是完全没用的，因为他们不需要,也不会让任何人成为例外。那些留着用来强奸或做家务的女孩,只是被普通的胡图人占有,一旦被联攻派民兵发现了,他们立刻就会杀掉这些女孩,完全都不知会强占她们的人一声。在尼亚马塔,我只知道两个女孩得以从杀手家里逃脱出来。她们藏得很严密,我不细说了,以免暴露她们。

胡图人是铁了心要把我们都灭绝。我们呢,当我们被抓到时,什么都不会吐露,因为这根本救不了自己。有人吐露了熟人的藏匿点,他反而会被更残忍地杀害,杀手们以此来感谢他,他们乐在其中。所以,人们常常连一句话都没说,也来不及抗议,就死去了,唯一不可避免的只有痛苦的喊叫。似乎我们在被杀死之前就已经习惯死亡了。

记得有一天,我藏在一座建筑废墟后面。几个联攻派民兵进了那座建筑,发现了一家人。我听到棍棒打在背上的声音,还依稀听到一些呻吟。然后,他们又在一口井后面发现了一个孩子,那是个小女孩。他们开始砍她。我在藏身之处能听到所有的声音。她甚至都没有求饶求救,死前只是嘟囔了几个词,我觉得大概是"上帝"或者类似的词,然后就只是一些微弱的叫声。

为什么他们要把我们大卸八块而不是直接杀死呢?我觉得不是因为我们想逃跑而惩罚我们,也不是为了让还活着的人放弃逃跑,放弃整天躲避,放弃各种方式的自救。或者他们可能只是对很少一部分人这样做。那些浑蛋觉得无论如何他们都会把我们干掉的。

他们用特别野蛮残暴的方式砍我们,别无其他。他们当中一部分是正常的胡图人,这些人就用正常的方法杀人;有一部分是比较恶毒的人,就用比较恶毒的方法杀人,最常见的就是联攻派民兵;最后还有一种是极端恶毒的人,他们用极端恶毒的手法杀人。

每天早上,包括周日,猎杀我们的人沿着不同的路唱着歌上山,头上戴着帽子,肩上扛着刀。将近下午4点,他们聊着天离开,在桉树林中留下一两百具尸体。最先被杀的是老人孩子，然后是生病的人和虚弱的人，再然后是妇女和倒霉的人。有几群人曾试着半夜向布隆迪逃亡，但只有两个人幸存。一个人是个强壮的牧民，他反杀了要杀自己的人，后来自己也不知道怎么就到了布隆迪。还有一个人是泰奥内斯特（Théoneste），得益于千奇百怪的花招，他成功混进了灌木丛。

我们听说，在卡云巴，有几天晚上发生了自杀事件。其中一些是老人，他们从1959年起就饱经威胁，觉得已经受够了。一些是年轻人，他们不想被砍刀杀死，不想痛苦地向杀手求饶，更愿意投水自尽。但相比于沼泽地里自杀的情况，卡云巴算是很少了。一方面，我们白天已经见到了太多死亡，不想让它变得更多。另一方面是因为根本没有可用的、称手的东西来自杀。有一次，也是唯一一次，那天我特别难过，于是决定跳进尼亚巴隆戈河自杀。但路上突然出现了一队联攻派民兵，我不得不改变路线。从某种意义上来说，我欠他们一条命。

在卡云巴，自杀需要极大的勇气、生气和运气。但常有大叔大妈，他们突然有一天就拒绝逃跑。有天早上，我和一个还很强健的大妈躲在一块岩石后面，当我们听到杀手们的喧闹声音时，我站起身，但她还坐着。我对她说："快走，不然我们就被抓住了。"她轻声回答说："伊诺桑，你走吧，这次我不想再跑了。"于是我跑走了，当我晚上再回到岩石这里时，她已经身首异处。

所以到最后，就只剩我们这些短跑选手了。一开始我们有五六千人，而一个月后，当爱国阵线到这里的时候，我们就只剩20多人还活着。数字就是这样的。如果爱国阵线在路上再多耽搁一周，恐怕这个数字就会变成零。而且整个布盖塞拉都会变成一片荒漠，因为胡图人如此习惯于杀戮，那么把我们都杀光之后，他们恐怕会自相残杀。

我想对所有歪曲卢旺达大屠杀的人指出，如果胡图人不是那么想发财，可能早就成功灭绝了所有图西人。我们的幸运在于，他们把很多时间浪费在了拆房顶、搜房子和争夺战利品上。而且，当一队联攻派民兵洗劫一番后，他们就会搞个庆功会，大吃大喝，恢复体力，再抽个烟助消化，第二天还会放个假。

很多外国记者都说，啤酒和类似的东西在屠杀中起了决定性作用。不错，但和他们想象的作用是相反的。某种程度上来说，我们很多人都将自己的幸存归功于佩里姆斯啤酒，我们要对它说谢谢。

我来解释一下。杀手们早上来杀人的时候不怎么喝酒，但晚上就会比平时喝更多的啤酒来犒劳自己，第二天他们就会有点精神萎靡。他们杀得越多，偷得越多，就喝得越多。可能是为了放松，或是为了遗忘，或是为了庆祝，但不管怎么样，他们白天砍的人越多，晚上喝的酒也越多，他们的计划就推迟得越多。所以，正是抢劫、酗酒这些琐碎的事情挽救了我们。

我们这些卡云巴的幸存者，如今会找一些不同的事情做。虽然时光流逝，但我们一直互相拜访，互相鼓励，回忆我们那时表现出的勇敢。经常去小酒吧的人会分一瓶啤酒喝，聊这些话题。我们一直搞不明白发生在自己身上的事情。

我发现，在非洲，民族越多的地方，我们谈论它也越多，那么它产生的问题就越少。在世界范围来说，无论你是白种人、黑种人，还是来自北极或丛林，都不会引起别人的不适。可是在卢旺达，在这里，你是胡图人还是图西人，这是件天大的事。在集市上，胡图人隔着50米就能认出图西人，反之亦然。即使在民族内部，承认两个民族之间的差异也是个忌讳。大屠杀将改变卢旺达几代人的命运，可是学校的课本里只字不提。我们从来不能正视我们之间的差异。从某个层面上来说，种族的区别就像艾滋病，你越不敢说，它的危害就越大。

＊＊＊

我看书时读到过，每次大屠杀之后，历史学家都会说这将是最后一次。因为没有人能接受再来一次这样的恶行。我讲个让人震惊的笑话：卢旺达大屠杀的领导者不是那些贫穷无知的农民，也不是残暴嗜酒的联攻派民兵，而是那些受过教育的人，是那些教师、政客、记者，他们曾被送到欧洲去学习法国大革命和人文科学，他们曾出国游历、参加会议、在自己的别墅中接待白人，这些知识分子家里的书汗牛充栋。他们从来没有亲手杀人，但他们把杀手送上山来替他们杀人。

联攻派民兵在尼亚马塔的头儿叫让-德西雷（Jean-Désiré）。他曾是个很好的教师。我们以前时不时地一起分喝一瓶啤酒，非常友好。他跟我们说"如果爱国阵线进入卢旺达的话，我们就不得不杀掉你们了"，还有一些类似的话。但他那么热情友好，我们就当这是个玩笑，然后再给他开瓶啤酒。而就是这个常跟我们一起喝酒讲笑话的人，后来成为这个地区大屠杀的三四个发起者之一。

发生大屠杀并不真的是因为贫穷或缺乏教化，我来告诉你为什么。我是一名教师，在我看来，教育是帮助我们理解世界的必要手段。但教育不会让人变得更善良，它只是让人变得更有能力。那些想要作恶的人，如果他了解人类的习性，理解人类的情绪，甚至学习了社会学，那他就会更容易作恶。受过教育的人，如果他的心是坏的，如果他充满仇恨，他就会更坏。1959年，胡图人曾经大肆屠杀、追捕、抢掠图西人，但他们并没有想过要灭绝图西人。要我说，是那些知识分子让胡图人获得解放，给他们灌输屠杀的念头，并且坚定他们的想法。我不否认，在图西族国王治下，胡图人并没有被公平对待，图西人占有过多的财富和权力。但这都是多么久远的事情了，久到布塔雷国立大学从没培养出一个能讲清这些王权往事的卢旺达历史学家。

不管怎么说，通过1959年的选举，军官、镇长、区长、警察，甚至邮局局长都变成胡图人之后，图西人再没有做过任何有恶意的事。图西人只是养殖牲畜，在自己的课堂上教书，做自己的生意，并且要习惯于在正式场合中受到羞辱。而恰恰是那些根本没什么苦衷的胡图族知识分子策划了对图西人的灭绝计划。

另外，由于法国人为我们的军队提供建议，所以是有法国人知道大屠杀计划的。但他们自称不相信这是真事儿。然而，很多白人是了解计划的，而且像了解希特勒一样了解哈比亚利马纳的性格。有一天，尼亚马塔来了一些白人的装甲车，他们是来接白人牧师的。可是主干道上的那些联攻派民兵以为是来惩罚他们的，于是一边互相喊着白人来杀他们啦，一边四下逃散。装甲车压根都没停一小下来嘲笑这个误会。几周之后，白人派来一批职业摄影师，让他们向世界展示我们是如何被屠杀的。所以您就可以理解，在幸存者的心里，有一种永远挥之不去的被抛弃的感觉。但我不想因此让您感到不快。

* * *

我发现，时至今日，卢旺达人之间，甚至图西人之间，都还是不能自然地谈论幸存者。我想，可能所有人都很希望，幸存者能够走出大屠杀。似乎人们希望，幸存者将处理这件事的任务留给那些并未直接面对砍刀的人；似乎今后我们变得有点多余了。不过必须要承认，我们在这件事上做得也不对。大屠杀之后，我们一蹶不振，停止思考了。

在树林里，有个男孩保住了一台收音机还有电池。第一周的晚上，我们有时会从中听到关于大屠杀的消息。我们听到了临时代总理的发言,他怒斥布塔雷(Butare)的胡图人没有果断投入到屠杀之中。稍后还有农业部部长的发言,他建议农民劳作时随身带刀,以防有逃跑的图西人路过。我们还听到了北部、南部地区的噩耗。我们估计,在这片桉树林中的我们可能是最后的幸存者了。

于是,下山之后,我们对自己说:"我们本来是要死的人,但现在活下来了,这已经足够了。工作、谋生、倾诉又有什么用呢?"在卡云巴山上的逃跑让我筋疲力尽,疟疾让我虚弱不堪,家人的死亡让我心灰意冷。似乎这些厄运还不够,我又在街上被雷炸断了一条腿。我不再找机会外出认识外来的人,比如摄影师之类的。我不关心他们,也不关心自己,不关心我们,不关心那些本来值得在我们之间分享的事情。

更何况,我们当中有些人伤口散发着恶臭,让人难以亲近;有些人身无分文,沿街乞讨;还有些人家徒四壁,无法待客。我们更倾向于自己待在家里,寻到点小钱就喝瓶啤酒。记者路过我们门口甚至不会来敲门,他们很忙,不会在说不出什么东西的人身上浪费时间。从布隆迪遣返回来的图西人比我们更健康,显得更热情亲和,他们的生活也正常很多,所以会吸引更多的关注。

如今,让我非常惊异的一件事情是,大屠杀的很多始作俑者都回归到了普通人的生活,悄无声息地散入人群,若无其事地在法国、欧洲、肯尼亚的街上溜达。他们在大学里教书,在教堂里布道,或在医院里救人,晚上,他们听音乐、辅导孩子功课。人们都说"大屠杀是人类的疯狂",但警察甚至不会到布鲁塞尔或内罗毕的别墅里去审问罪行特别突出的屠杀分子。如果你在巴黎街头遇到他们中的一个人,看到他穿着时尚西装,戴着金边眼镜,你可能会想,"瞧,这是个很有教养的非洲人",但你不会想到"就是这个恶棍将2,000把砍刀分发给他家乡的农民"。正是由于这样的失察,杀手们得以在各处重新开始他们的生活。

战争是智慧和愚蠢的交织,而屠杀完全是智慧的衰退。每当谈起那个时候,我都对杀手们的野蛮残暴感到惊讶。如果一定要杀戮,那把人杀死就好了,为什么还要把胳膊和腿都砍掉?

并非如白人所说。做出这些事的人不是恶棍,也不是联攻派民兵,而是曾经跟我们一起走在路上聊天的邻居。他们曾经用一根又长又尖的木棍串了五六个图西人,把他们像烤串一样杀掉。而如今,关在里利马监狱中的他们声称,不记得自己为什么能做出这样不可思议的事情。但他们肯定记得一切,记得每个微小的细节。

我要再说一次,他们砍人、截肢,把图西人变得不像人,然后就能更心安理得地杀死图西人。但他们完全搞错了。我认识一个杀手,他把自己的图西邻居活埋在自家房子后面的一个坑里。八个月后,他有一次做梦,感觉邻居在喊他,于是他又去了埋葬的地方,挖开土,取出了邻居的尸骨,然后投案自首了。自那以后,他在监狱里无论白天黑夜,手里都紧紧抓着装有邻居头骨的塑料袋,连吃饭的时候都不能松开。他每天都被梦魇折磨。所以,当他们在尼亚马塔教堂前活活烧死孩子的时候,当他们在树林里追捕老人的时候,当他们在沼泽地里划开孕妇的肚子杀死胎儿的时候,他们怎么能说自己忘了为什么做这样的事,怎么能说自己是被迫的啊!

另外,我想,得益于卢旺达的农业,我们每天还能吃上简陋的两餐,我们需要众多的劳动力去阻止荆棘蔓延侵占土地,这样的土地状况应该是缓和了对正义的诉求。

我还注意到,经历过大屠杀的人和其他人之间正在形成一道鸿沟。一个外来的人,即使他是卢旺达人,即使他是图西人,即使他也在屠杀中失去了亲人,他也不能完全理解屠杀本身。即使解放后他看到了灌木丛中腐烂的尸体,看到了教堂里白骨累累,他也不能体会我们的感受。

遣返回国的人和外国人都说,这些幸存者变得乖戾、自闭、有攻击性。但不是这样的，我们只是因为被逐渐孤立而有点受打击。我们这些幸存者，从未离开过自己的国家，却在这里变得像局外人，所有外国人和移民看到我们都惶恐不安。

* * *

一个没有经历过大屠杀的卢旺达人，他会觉得幸存者说的是真的，但还是有夸张的成分。他相信幸存者所有的讲述，但很快就开始遗忘。他认可大屠杀的存在，但质疑其中的细节。没有亲历过大屠杀的人，他觉得生活还可以像以前一样继续，觉得用不了很久就又可以向未来进发。他会建议一个过路的外国人说："听听幸存者的讲述自然是好的，但也要听听其他人的话，才能更好地了解情况。"大屠杀时生活在布隆迪布琼布拉（Bujumbura）、乌干达坎帕拉（Kampala）或者布鲁塞尔的图西人，也完全不能理解这些纪念仪式、这些葬礼、这些纪念碑。他们疲于应对这些纪念，不想自己被这些创伤蚕食。他们不想看到人生的阴暗面，这是可以理解的。他对幸存者宣扬说："我的朋友，不要再沉溺其中了，试着忘记吧，多想想现在的自己。"还有人会说"至少也要为了那些死去的人而这么做"或者诸如此类劝我们忘记的话。但是对于幸存者来说，我们根本不想忘记。

随着时间流逝，幸存者的记忆会发生改变，而且每个人都不尽相同。我们会忘掉一些细节，然后混入另一些细节。我们会记错时间地点。同一个人可能这次跟你说她当时被刀砍了，下一次跟你说是被大棒打的。这只是另一种记忆和讲述的方式。我们在遗忘的同时，又通过口耳相传获取新的信息。

一方面，我们不再愿意讲一些事件；另一方面，我们又渐渐地敢于讲述一些深藏心底的事情，比如被强暴，或者逃跑时遗弃了自己的孩子。朋友或父母的音容笑貌渐渐淡去，但这不意味着他们被忘记了。事实上，我们什么都没忘。以前我总是整晚整晚地梦到已故的妻子和孩子，但现在，他们的样子已经好几个礼拜没有在我眼前浮现了。但没有一天我会忘记他们已不在人世，忘记他们曾被砍死，忘记那些人想要把我们灭绝，忘记相熟日久的邻居在短短几个小时内就变成了动物。每一天，我都在说"屠杀"这个词。

　　幸存者总会情不自禁地想起大屠杀。对于没有亲身经历过的人来说，虽然生活被分成了屠杀前、屠杀中和屠杀后，但生活只是以不同的方式继续。然而对于我们来说，屠杀前、屠杀中和屠杀后完全是被永远割裂的三种不同生活。即使幸存者表现出重回生活，或者与同事、邻居携手前进的意愿，但他内心深处知道这些都是骗人的。那些只说着原谅、忘却之类事情的人更是如此。

　　我觉得，在大屠杀当中，幸存者灵魂深处一些神秘的东西被冻结了。他们明白，此生再也不会知道那些东西是什么了，所以他们总是想要谈论这件事。而且总有新的事情可以交流，比如，在基布耶经历屠杀的人会讲当时基布耶的情况，另一个在尚古古的人就会讲尚古古的情况。这样的对话永无止境。

　　幸存者倾向于不去相信自己真的活下来了，换言之，不去相信自己还跟以前是同一个人。从某种程度上来说，他们是靠这个想法才能继续活下去的。

08
主干道上的一家店

尼亚马塔最受青睐的"小酒馆"其实并不真的是个小酒馆，而是集市对面的玛丽-路易斯的店铺。它的外墙上刻着"审慎"（Prudence）一词，所以很好找。它的旁边是一家货真价实的小酒馆，叫"博爱"（La Fraternité），尽管后者拥有惬意的凉亭和异域风情的壁画，且顾客抬眼就能看到满天繁星，它还是和市镇上的其他咖啡馆一样冷清。然而旁边玛丽-路易斯的店铺虽然很小，绿色的墙面也已经褪色，晚上只有一盏霓虹灯照明，却总是人满为患。

店铺最里面，挂着精美的蓝色调的卢旺达布料和五颜六色的刚果布料。货架上堆放着保温瓶、提包、内衣、米袋、本子、挂锁……高大的橱柜里摆放着圆珠笔、电池和洗发水。靠墙立着的冰箱微微震动。昏昏欲睡的午后，老板娘坐在户外的长椅上，盯着对面的空地发呆；而晚上，她则窝在柜台后舒服的扶手椅中。她很面善，穿着打扮尽显卢旺达的传统优雅，讲话缓慢，嗓音动听。

店铺的门后有一张矮桌，桌子周围有一张长沙发、一张长椅和几把小凳子。从午休时间到午夜时分，这里从不缺喝酒的人。来这里见面聚会的人包括镇上的一个知识分子团体、卡云巴来的军人，还有主干道上的商人和常客。最最忠实的，还是那些每天都要来喝一杯的老主顾：首先当然有伊诺桑；然后是西尔韦尔（Sylvère）和贡扎尔夫（Gonzalve）这两位校长；贝纳瓦（Benoît），一位穿靴子、戴大毡帽的饲养员；安德烈（André），镇上的第一位检察官助理，特别低调且常讲冷笑话；迪特（Tite），以前是足球队明星，帮队伍进入了甲级分组，如今成了教练员……还有让（Jean），他是玛丽-路易斯的左膀右臂，是个不知倦怠的司机；还有滑稽的昂格勒贝（Englebert），一个不可或缺的存在，有时三杯啤酒下肚，就自称是皇室子弟，但清醒的时候又恢复成一个掌握多门语言、有教养的高级公务员。由于害怕被屠杀，他从基加利逃到了沼泽地。那之后，再没有人能说服他重回城市生活、重回办公室工作。现在，他有一半时间隐居在树林里的一间简陋小屋中；而另一半时间，忙时帮别人撰写零碎文案以换取啤酒，闲时就泡在玛丽-路易斯的店里（幸运的时候）或卖香蕉酒的小酒馆里，引用莎士比亚和波德莱尔的名言，或不无滑稽地扮演经典的小丑或村里的傻子，来伤感地追忆逝去的岁月。

玛丽-路易斯熟悉每个人的喜好，给伊诺桑的是淡佩里姆斯啤酒，给西尔韦尔的是凉的阿姆斯特尔啤酒，给多米尼克（Dominique）的是大瓶缪泽格啤酒，而贝纳瓦喝的是小瓶缪泽格啤酒……她一边撤掉客人们的空酒瓶，一边接待店里的家庭主妇，还照管着一个穷孩子。她也会边嗫着可乐边加入讨论。人们在这里评论广播里听到的新闻，讨论镇上最新的八卦，还经常开玩笑；但一瓶瓶啤酒下肚之后，人们就会开始讲述关于大屠杀的事情，唤起一段段回忆，因当时的得失而发笑。这样的默契、酸涩的幽默和彼此间动人的宽容，营造出让这些老顾客无法割舍的温馨氛围。玛丽-路易斯的店铺还是人们举办哀悼仪式、洗礼或留口信的地方。

为什么人们都青睐玛丽-路易斯的店铺，而不是博爱酒馆，或者那些曾经很热门的地方，比如，漂亮但总是荒凉的安津西花园，或者领奖台酒吧？这首先要从大屠杀刚结束时人们的反应讲起。那时，这里像被暴风侵袭过一般。幸存者要面对窘迫的生活；从布隆迪回来的流亡者在这里找不到他们的方向，对这个人烟稀少且备受摧残的城市充满戒备；而从刚果归来的胡图人因为害怕被报复或被检举，只是躲在山上，不敢来市中心。所以小酒馆都很冷清，空荡荡的露天座位直白地宣告着逝者和囚犯的缺席。要喝酒的人们本能地选择聚集在书店、酒仓或车间这种更隐秘、更清静的地方，而且在这些地方续杯也更便宜。于是很多人就来到了玛丽-路易斯的店里，她的亡夫曾是这个地区最富有的运输商。

　　人们最初的这种反应后来就变成了惯例。因而，以前受到极端分子青睐的安津西花园和文化中心的酒吧，尽管老板已经换了，还是被遗弃了。领奖台酒吧没有再开张。俱乐部酒吧和博爱酒馆也热闹不再。只有那些地处偏僻巷子里的沉闷小酒馆，卖的酸香蕉酒特别便宜，又获得了忠实的顾客。

　　玛丽-路易斯店铺如此热闹的第二个原因，自然是因为她的人格魅力。她永远面带微笑，对顾客体贴周到，悄悄免去穷人赊的账，默默送醉酒的人回家，不动声色地平息口舌之争。伊诺桑说过一句精妙的话：从大屠杀中幸存下来的最高级形容词都不足以说明玛丽-路易斯的好，没有人会因为其他小酒馆而辜负她。

玛丽-路易斯·卡戈伊雷（Marie-Louise Kagoyire）
45岁，商人

于尼亚马塔主干道上

　　我的父母以前是小门小户的农民和饲养员。他们允许我读完初

中一年级再找对象。在我们那儿，不太富裕的家庭都会让女儿更早结婚。

有一天，我来到尼亚马塔拜访一个阿姨。在大广场上，有位先生看到了我，很喜欢我。他叫莱昂纳尔·鲁韦雷卡纳（Léonard Rwerekana），那时已经是一个有名的商人了。我们开始在一些场合彼此暗送秋波。但那个时候，年轻女孩是不能直接接受任何表示的。于是他请我的阿姨做媒，阿姨就跟我家里讲了这件事。他为了去拜见我的父母，顶着大太阳走了一整天。我的父母说，对于这样一位步行前来的男士，不应该再折磨他了。于是19岁的时候，我跟他结婚了。

那时，尼亚马塔还是一个只有土房和铁板房的小镇，一直到1974年才建起了耐久性建筑。莱昂纳尔在我们自己的土地上建了他的第一座房子，然后在主干道上建了一座仓库，后来还有几家商店。1976年，他买了一辆小卡车，那辆卡车虽然已经很旧了，但它是第一辆私家车。之后，他开了博爱酒馆和一些饭馆，做起了豆子和饮料的生意，又购置了一些土地和奶牛。1980年，他搞来两辆新卡车，成了这个地方最重要的运输商。那时，因为图西族商人比胡图族商人更快地富裕了起来，所以二者之间已经出现不断加剧的嫉妒。其中一个原因是，从吉塔拉马来的胡图族商人完全不认识尼亚马塔的顾客。另一个原因是，图西族商人会一直留用店里的伙计，用五六年吧，直到他们能经营起自己的买卖，而胡图族商人正相反，他们不停地换手下的伙计。但最重要的一点是，图西族商人都是靠自己的家底儿做生意，从不向任何人借钱。

总统的专机坠毁那天，住在市中心的图西人就难以出门了。很多人躲到了我们房子的围墙后面，寻求庇护。莱昂纳尔年轻时经历过几次屠杀，他看出来这次不同以往，所以建议年轻人们躲到卡云巴山上去。但他自己不想离开，说以前已经逃跑得够多了。

4月11日，大屠杀的第一天早上，联攻派民兵很快就吵吵嚷嚷地来到我家门口。莱昂纳尔没让他们久等，拿钥匙开了门，因为他觉得这样还有可能挽救躲在这里的那些妇女儿童。一个士兵没等莱昂纳尔张嘴说话，就一枪把他打死了。一大群联攻派民兵涌进院子，尽可能地抓了所有孩子，让他们排成行躺在地上，然后就开始砍他们。他们甚至杀了一个胡图族男孩，他是一位上校的儿子，刚好和小伙伴在院里玩耍。我和婆婆设法绕过房子，躺在几堆轮胎后面。杀手们没等杀掉所有人就停手了，因为他们迫不及待地要抢东西。我们听到了他们的一切动作：登上小汽车和卡车，装载佩里姆斯啤酒，相互抢夺家具和其他一切东西，在床下翻找钱财。

那天晚上，婆婆从藏身的地方出去，坐在轮胎前面。一些年轻人发现了她，就问她："大妈，你在这儿做啥呢？"她回答说："我啥也做不了了，从今往后我就是独自一人了。"他们把她带走，砍了她，还拿走卧室、客厅里的东西，最后一把火烧了房子。就这样，他们遗忘了我。

院子里还剩一个没被杀掉的孩子。我在院墙边搭了个梯子，和这个孩子一起爬上去，跳到了隔壁邻居弗洛里安（Florient）家。他家院子空荡荡的。我把孩子藏到木柴仓库里，自己则缩在狗窝里。第三天早上，我听到一阵脚步声，然后认出了我的邻居。于是我出来了，邻居惊呼："玛丽-路易斯，他们杀了城里所有人，你的房子也被烧毁了，可你怎么在这儿？我现在能帮你做点什么？"我对他说："弗洛里安，你能为我做的就是杀了我，不要让我落到联攻派民兵手里，他们会扒光我的衣服再把我大卸八块的。"

弗洛里安是胡图人，当时是布盖塞拉军事情报处的长官，但他家的房子建在我们的地盘上。战前，我们经常愉快地聊天，共同度过了一些美好的时光，我们的孩子亲密无间地在两家院子里玩耍。于是，他把那个孩子和我藏在他的家里，给我们留下吃的，然后离开了。第二天，他通知我说："玛丽-路易斯，他们在核查城里的尸体，没发现你，所以现在正在找你。你得赶快离开这儿，如果他们在我家抓到你，会连我也杀掉。"

当夜，他把我们带到了一个胡图族朋友家，她藏起了一小群图西族熟人。有一天，联攻派民兵来敲她家的门，要查房。她就去跟他们交谈，回来之后说："有没有人身上带着钱？"我把缠腰布里装着的一叠纸钞给了她。她自己留了一点，又回到联攻派民兵那里，他们就离开了。这样的交易每天都会上演，女主人开始变得特别紧张。又一天，弗洛里安警告我："玛丽-路易斯，城里的那些年轻人急于找到你，你必须得离开了。"我再次请求他："弗洛里安，你有办法的，杀掉我吧，我希望自己死在一座房子里。不要让我死在联攻派民兵手里。"他说："我不会杀掉我妻子的好朋友。如果我能找到一辆车，你有钱付车费吗？"我给了他一卷钱，他数了数然后说："还行，不算少，他们应该会同意的。"等他再来的时候，他提议说："我们把你装在一个袋子里，带进树林，然后就要靠你自己了。"他立刻又提出要求："那些联攻派民兵掠夺了你的房子，那些军人也会拿到钱，而我救你一命却什么都没捞到，这合适吗？"于是我跟他说："弗洛里安，我在基加利有两套别墅，你拿去吧。街上的店铺我也留给你。所有这些我都会给你签书面的委托书。但我想请你护送我到布隆迪。"

我们出发了。军用卡车里，我躺在司机和弗洛里安中间。我先在加科军营中他的小屋里稍作逗留。他们把我锁在一个房间里。所有人都睡了之后，有人来送吃的。我只有一条缠腰布可穿。这样过了几个礼拜，我也不知道具体多长时间。有天晚上，弗洛里安的一个朋友来了。他解释说："爱国阵线很快就要来了，我们要撤离营地。带着你很不方便，我得把你送走。"他让我上了一辆给前线送包裹的卡车。途中经过的所有关卡都一路放行，最终我们驶入了一个昏暗的树林，司机把车停在树下。我战栗着对他说："我已经身无分文了。该轮到我去死了。只要快点了断就行。"他回答道："玛丽－路易斯，我是为弗洛里安工作的，所以不会杀你的。你走右边那条路，不要停。走到树林尽头，你就到达布隆迪边境了，就解放了。"我就一直走啊走，摔倒了就用手在地上爬。当我到达边境的时候，听到黑暗中有呼喊声，我就昏睡过去了。

后来，我丈夫的一个布隆迪合作商来难民营的卡车里找我。他看到我的时候根本没认出来。他甚至不愿相信我是莱昂纳尔的妻子。我瘦了20公斤，穿着用包裹做成的缠腰布，双脚肿胀，满头虱子。

现在，弗洛里安先生在里利马监狱等候审判。他以前是官员，每天早出晚归，对城里发生的杀戮一清二楚。我曾在他家走廊里看到成堆的新斧头和新砍刀。他还花掉我的钱，抢走我的货物。尽管如此，我永远不会在法庭上指控他，因为当所有人只想着杀人的时候，他拯救了一条性命。

7月，大屠杀结束的时候我回到了尼亚马塔。但尼亚马塔和穆盖塞拉（Mugesera）的亲人都不在了，邻居被杀了，仓库被抢了，卡车被偷了。我失去了一切，于是我对活着也漠不关心了。尼亚马塔变得特别荒芜，所有的房顶和门窗都被拆掉了。但更明显的感觉，是时间的流逝被打断了，时间似乎永远停滞了，抑或是恰恰相反，我们不在的这些日子里，时间飞逝，沧海桑田。我想说的是，我们不知道这一切是何时开始的，不知道它持续了多少个日夜，也不知道今夕何夕，但最终我们真的不在乎这些了。孩子们还是会去小树林里捉母鸡，我们又开始吃肉，开始修理重建，试着找回昔日的一些生活习惯。此后，我们只关心当下，抓紧白天的时间来寻找可以共度夜晚的朋友，不要让自己孤独地死在噩梦之中。

有天早上，几个朋友带着一点钱来找我，他们对我说："玛丽－路易斯，拿着这些钱吧，你擅长做生意的，但我们做不来，你应该重操旧业。"我于是找人来给这家小店装上了门。生意重新开始了，但希望已经永远逝去。曾经，富足的生活向我招手。莱昂纳尔和我，我们从一个项目奔赴下一个项目，生意做得很好，我们被人喜爱、受人尊敬。而如今，我只觉得生活悲惨消极，时刻警惕着身边大大小小的危险。我失去了爱我的人，再也找不到与我相依为命的人。

* * *

在店里，顾客会给我讲述他们是如何活下来的。晚上，我听着朋友们讨论大屠杀，但我总是完全无法理解。我们跟胡图人分享一切，参加他们的洗礼和婚礼，但突然他们就像野兽一样猎杀我们。我不相信"嫉妒"这个解释，因为没有人能够只因为嫉妒就在院子里把孩子们成排地弄死。我也不相信是因为对美的嫉恨和自卑感。在山里，图西族和胡图族的女性都一样被农活折腾得脏兮兮；在城里，胡图族和图西族的孩子都一样漂亮可爱。

胡图人曾幸运地独占了这个国家所有的高位和优待，他们很擅长种地，所以收成很好，他们做生意能赚钱，至少做零售生意很有一套。我们曾经很融洽地一起做生意，而且我们还借给他们钱。结果他们却决定要砍死我们。

他们那么想让我们灭绝，以至于在抢掠时执意要烧毁我们的相册，让死去的人再没有任何存在的机会。为了更加保险，他们既要杀掉人也要毁掉这些人的回忆，要是没能抓住人，那无论如何也要毁掉回忆。要我说，他们这是既要努力消灭图西人，又要努力销毁自己这些罪行的痕迹。如今，很多幸存者连一张妈妈或孩子的照片都没有，一张自己洗礼时或婚礼时的照片都没有，没有任何影像之物能够给他们的伤痛带来一丝甜蜜。

我觉得大屠杀的仇恨完全源自种族归属，不会是其他的原因，比如害怕、受挫之类的。但我对这种仇恨的根源还是无从得知。为什么会有仇恨和屠杀,这个问题不应该问幸存者,对他们来说太难回答了,也太微妙了。你只能让幸存者在他们之间谈论这个问题。你要问,就得去问胡图人。

有时,有胡图族女人到我这儿来,想找点种地的活儿做。我和她们聊天,试着问她们,为什么胡图人以前从没有抱怨过任何事,后来却想要杀死我们。但她们不想听到这件事,只是不断重复,她们什么都没做,什么都没看到,她们的男人也不是联攻派民兵,那些事都是统治当局的错。她们还说,他们的邻居被联攻派民兵逼着去杀人,如果不去,就要被杀掉。她们满足于这样的说辞。但我想:"这些胡图人杀人不眨眼,现在他们又回避讨论真相,这行不通。"也正因如此,我不确定大屠杀会不会卷土重来。

所有人都是这场屠杀的输家:图西人、胡图人、幸存者、联攻派民兵、商人、农民、家庭、孩子——所有卢旺达人,甚至包括那些当时拒绝面对事实而事后又大发慈悲的外国人和白种人。

此外我认为,外国人总是习惯性地对经历了不同厄运的人表现出太过相同的怜悯,就好像怜悯比不幸更重要一样。如果他们真切地看到我们在大屠杀中经受的痛苦,我想他们应该就无法克制自己的怜悯了吧。也许是这个原因,他们才选择远远观望。但这似乎都过去了。

更重要的是,原来的生活到这里被破坏了,财富付诸东流,没有人再关心邻居,人们因为一些芝麻绿豆的小事儿就变得悲伤或恶毒,也不再像从前那样看重善良,男人们不堪重负,女人们垂头丧气。这一切都让人忧心忡忡。

幸存者会不厌其烦地讨论大屠杀之后的局面。我们互相讲述一些难忘的时刻,分析原因,互相逗乐。如果有人生气了,我们就跟他开些善意的玩笑,把他带回到我们的节奏中。但是,要把我们的心掏给一个外国人看，谈论我们的感受，坦露作为幸存者的感觉，这让我们很反感，无法接受。当语言的交流变得过于生硬，就像现在咱们之间这样，那就应该给它画上句号了。

09
里利马监狱

两棵金合欢之间拉了一根细绳，一位看守骑坐在椅子上值勤，这里就是里利马监狱的入口了。别觉得这里似乎懒散怠慢，没有一个想要越狱的人能逃出旁边的树林或附近的基多戈（Kidogo）湖。

里利马监狱曾是这个地区的中心监狱，如今这里关着 8,000 多名囚犯，他们是参与了布盖塞拉地区大屠杀——主要是尼亚马塔屠杀——的嫌疑犯或罪犯。树荫下，有一排给看守和管理人员居住的临时木屋。通向湖边的小路上，运水的队伍来来往往，那些人穿着粉色的制服，拎着水桶。湖边，一些享有特权的囚犯在那里洗漱或洗衣。

监狱的外墙上既没有瞭望台，也没有铁丝网，对面是一座小山。橙色的铁门半开着，供获批的犯人出入。在大门 50 米开外，我们就能听到乐队鼓点和歌声交错的喧嚣，就能闻到混杂着汗液、大锅菜和垃圾的刺鼻味道。从门口瞥一眼，就能猜想到高墙之内难以描述的混乱。

监狱中的三座建筑是男监，另一座是女监。然而，由于监狱再次启用后囚犯数量是原来的十倍，所以凡是能住的地方都挤满了人。有的人挤在木棚或小牢房里，大部分人则直接住在院子里，摩肩接踵，密密麻麻，风吹日晒，仅用铁板和塑料片作为遮挡。就是在这样的拥挤之中，穿着粉色囚服的囚犯们做大锅饭、晾晒衣服、打鼓，在前长官、政治人物或神父的支持下组织政治会议和宗教集会。还是在这样的混乱中，人们执着地争夺地盘来纺织、锻造、打牌、下棋、打赌、伺机打架、睡觉或等死。这里有些面孔是严肃、悲伤的，可能还带着绝望或仇恨，另外一些则是认命、乐观和真诚的。

尽管所有人都无法摆脱这种拥挤和混乱，且时常还要忍受酷暑或暴雨的折磨，但不同类型的囚犯有不同的纪律要求。已经招供的2,000多人和轻罪嫌疑犯住在一座单独的建筑里，行动更为自由一些。他们可以在管理处办公室附近做园艺、修车，在户外的空地上踢球，在树下聊天。而大部分等待制裁的囚犯只能挤在院子的人群中熬日子。有些人黎明就要坐上卡车出发，去耕种归监狱所有的72公顷土地。死刑犯或长期服刑的囚犯只能老老实实待在狱中。用他们其中一人的说法，这座监狱就像是"人间炼狱"。

像所有关押大屠杀杀人犯的监狱一样，里利马监狱也有两套管理体系。其中一套是狱警，但他们只负责看守监狱外围，并不管狱内。另一套则是当地的黑帮，由曾经的联攻派民兵领导者或不知悔改的大屠杀拥趸掌控，他们在里利马监狱里建立了军队式的等级制度和极端团体，负责控制牢房、组织训练和举办节庆活动，监管捐赠，调解冲突，并在案件审理前提供辩护建议。

无须经过检察院或监狱管理处的事先允准，囚犯的父母就可以进来探视两三分钟。两三百人如潮水般涌入，放下食物或衣物，简单说几句话，然后就离开了。国际红十字会可以巡视整个监狱，但在随后的一段时间内，它要负责提供大部分日用品（水罐、大盆、床垫）、药品和食品，否则这个监狱就会变成所有囚犯的"人间炼狱"。

奇怪的是，胡图人，无论是乡下的还是城里的，无论他们是否承认自己的罪行，无论他们是否有负罪感，他们在监狱里都比在家里能更自在地谈论屠杀。可能是因为他们在山上要面对被检举和随意质询的威胁，所以没有安全感。在尼亚马塔的地界上，三分之二的胡图人都回到了他们自己的土地上，回到了自己家。另外那部分人，主要是男性，要么在战争中被杀了，要么还在刚果，要么更愿意回到自己的故乡去，远离幸存者的目光，除非他们进了里利马监狱。

学校里孩子们会坐在一起上课，集市上、周日的教堂里或出殡前夜，人们不得不聚在一起，除此之外，胡图人和图西人都避免来往。山上的胡图族家庭接待外人时都热情客气，但也会胆怯焦虑。一旦聊天时谈及大屠杀，他们的记忆就被沉默的乌云笼罩。即使是那些被图西族邻居证明了清白的胡图人也是如此。

有一天，在马拉尼温多山上，我在胡图族家庭聚居的山坡上，遇到一位年轻女性，她是这种沉默法则的一个例外。她从一开始就表现出信任和健谈的姿态。她愿意谈论她的家庭、她的胡图村庄、她的青年时光、她的农妇生活。奇怪的是，后来提及大屠杀时，她非但没有皱眉或试图转移话题，还毫不犹豫地追忆起她作为目击者看到的那些让她震惊的事情，描述她的邻居的反应，讲述她对联攻派民兵的恐惧，叙述她不假思索的逃跑、胡图族的大规模逃亡、穿越战时国家的漫长路途、在刚果难民营的生活、最后的归来等经历，还谈到了她的未来。

她叫克里斯蒂娜·尼兰萨比马纳（Christine Nyiransabimana）。她和母亲还有两个哥哥一起，以耕种家族土地为生。她是个单身母亲，抚养一个男孩和一对双胞胎姐妹。她解释说，双胞胎姐妹是她特别想要的，不想要男孩，但也还是很宠爱他。坦诚而热情的微笑总是让她神采飞扬。她对周围的人和事有敏锐的洞察力。第一次见面时，她只是一带而过父亲被杀害的事情，没有详细解释。到了第二次见面时，她才迟疑地透露了父亲为什么被杀害。

克里斯蒂娜·尼兰萨比马纳
22岁，农妇

于马拉尼温多山上

1980年，我和一群胡图族同伴来到了这里，因为我家在基布耶的那块土地太贫瘠了，父母都日渐消瘦。当时，很多图西人已经占有布盖塞拉的土地，但还是有一些新土地被分给了胡图人。

战争爆发时，我上小学五年级。那段时间，我们在山上看到越来越多面相凶恶的年轻男人，他们根本不是本地人。他们经常不自报家门就走进胡图人家里，吃我们锅里的食物。当这些联攻派民兵袭击尼亚马塔教堂的时候，周围站了一小群观看屠杀的人。我们听到砍人的喧嚣和鼓劲儿声，也听到面对砍刀的受害者的恐惧叫声；我们看到年轻人争先恐后地抢夺死者的财产，或洗劫修道院院长的房间。

我们眼睁睁看着推土机把那些遇害者像埋垃圾一样埋进一个大坑。人群中有人发现，有的遇害者还没有完全咽气；但刽子手们的目标似乎是当天下午就要结束这项填埋的工作。晚上，他们离开教堂去吃饭，但在教堂周边留了岗哨。教堂里，人们等着漫漫长夜过去；那些身负重伤的人则在等待死亡。

早上快9点的时候，联攻派民兵又回来了，再次开始砍人，把那些还活着的人都刺死。这样的境况持续了两天。很多旁观者似乎很高兴看到图西人死去，他们大喊："图西人，你们完了！让我们摆脱这些蟑螂吧！"但我知道，还有很多人对于图西人被如此残暴地杀死和烧死是很气愤的，但也只能小声嘟囔着抗议，否则就会身

处险境，因为联攻派民兵会毫不犹豫地杀掉那些和图西族邻居相处融洽的胡图人。还有一个真实情况是：教堂周边的旁观者中，没有表现出兴奋的人都被吓坏了。

第二天晚上，从教堂回来的联攻派民兵来到了我家，就在妈妈和邻居们面前用刀砍死了爸爸。爸爸是图西人，他叫弗朗索瓦·萨因佐加（François Sayinzoga）。

大屠杀期间，在我家当地和尼亚马塔，我看到很多胡图族亲戚和邻居每天都跟在联攻派民兵或军人后面，屠杀图西人。晚上回家的路上，这些农民互相吹着牛皮，炫耀自己在沼泽地或树林里的功绩。胡图人杀图西人的同时也会杀掉他们的牛，胡图女人们炖牛肉时，他们就坐在门口的椅子上。如果他们从死者身上偷到了一些零钱，就会去买喝的。酒足饭饱之后，他们开始讲述自己一天的劳作，杀了多少人，相互比赛。有人说自己杀了两个人，其他人就说自己杀了十个。那些没有杀人的人，为了保命，会装作自己杀了人。我敢说，他们每个人都有杀人的任务。所以这是一个精心组织的策略。

每天早上，那些胡图人要向自己小队的头儿报到。马拉尼温多的头儿本名叫樊尚（Vincent），但让别人叫他歌利亚*。他给人们布置一天的命令、路线和指示。人们要么按他说的做，要么就被杀掉。他们本可以做做样子，躲得远远的，偷偷懒，一天都不去杀人，但他们必须得跟着大部队。一天下来什么都没做的人也不能抢东西。声称自己农活太忙或找其他借口的人，会直接被枪毙，就那么干脆。

也正是这个原因，胡图族农民不会把遇害者埋起来。当他们上报白天的业绩时，如果被怀疑作假，就要带联攻派民兵去指认尸体。我想，那些被迫杀戮的人，可能希望第二天轮到他的邻居去吧，让邻居也经历同样的遭遇。

---

* 根据《圣经》记载，歌利亚是传说中的巨人。——译者注

活在这样的血腥之中，我和家人都觉得愧疚，并且因为爸爸的死而感到特别害怕。因而我们就继续默默地种地。

1992年的时候，人们就已经开始在小酒馆里讨论屠杀的事了。几次党派会议之后，镇上就出现了联攻派民兵组织，我们就再也不了解动向了。尼亚马塔的长官叫约瑟夫－德西雷，他到访所有胡图人的住所，给他们解释乌干达爱国阵线组织带来的威胁，确认藏在豆子口袋后面的杀人工具都锋利好用。胡图人议政后一起喝酒时，把图西人称作"虫子"或"蟑螂"。广播的内容也变得可怕起来。在家里，爸爸和哥哥们从不参与可能加剧误会的谈话，担心引来仇恨的目光。我们尽量避开联攻派民兵，仅限于和熟识已久的近邻来往。我们一起打水，互相借火，有时一起喝啤酒，但从不谈论政治。

在这里，我们按先来后到的顺序居住。先来的人住在某个山上，后来的人就住在下一座山上。这不太利于民族的融合。人们不常来常往的话，也不会因为彼此欣赏而结婚。所以我们也不会关心别人家的婚事。我的爸妈是在基布耶相识的，那是来这里之前的事。

还有一件重要的事情：联攻派民兵想要杀死所有和胡图人结婚的图西人，甚至是与图西人和平相处的胡图人。爸爸死后，有些邻居曾威胁过我，因为我有图西族的血统。为了不被杀掉，我把自己当作胡图人，但还是很害怕。于是我和一个胡图人逃到了基加利，但妈妈和哥哥们留在家里。

雨季结束的时候，爱国阵线的枪声开始在基加利周边响起，我们感觉到战争逼近了。一些联攻派民兵来抢夺房屋，溃逃之时还带走了所有器皿和家具。几个喝了酒的恶人强暴了我，并且让我怀上了孩子。我记得这是5月的事情。到处都一片混乱。逃兵从四面八方跑过来，慌张地拼命喊叫。这些疯狂的逃跑让人们的精神也变得焦灼。于是，我穿上两层缠腰布和一件羊毛衫，来不及多想，就加入了逃亡大军。由于令人不安的传闻，我们至少马不停蹄地跑了六个星期。

　　一路上，人们都在说，死亡的威胁追着我们跑，而我们不能让它追上。身上藏着钱的人就花钱坐车，没钱的人就靠两条腿。我们跑得精疲力竭，腿脚浮肿。虚弱的人被遗弃在道路两旁等死，其他人被恐怖的传言驱使，一直向前跑。我们反复听说，乌干达军人要来为他们的卢旺达兄弟复仇，厄运已经换了阵营，落在胡图人身上。我们从地里偷来香蕉和木薯果腹，试着用树叶熬汤喝，晚上席地而睡。我们完全被恐惧和羞愧裹挟。

　　到处都是一样的混乱。6月，我们在吉塞尼（Gisenyi）停留了很长一段时间，然后向刚果撤退。路上有很多白人看着我们经过。我们是逃难者，我们狼狈不堪，这对他们来说足够了。我曾被送到穆贡加（Mugunga）军营里待了两年，那儿距离戈马（Goma）大概10公里。

　　在军营里，有些人收集柴火，有些人做饭。身上还有些钱的人做生意。我步行到戈马，在刚果人家里洗衣服或者打理花园，得到的报酬是香蕉和木薯。起初，刚果人对我们还挺友好，但渐渐就冷酷起来。日子变得很难过。

　　我独自在一顶外国帐篷里生下孩子，没有接生婆在旁协助，也没有熟人帮我弄点粥喝。我和孩子都挺健康的，但我吃东西很困难。发生的这些事情让我很沮丧。晚上坐在火堆边，我无比想念马拉尼温多的故土。我迫切地想回去，但联攻派民兵在军营里四处放狠话。鉴于联攻派民兵和胡图军人做过的恶事，我们总觉得会遭到他们来自四面八方的攻击。

　　1997年11月，一个薄雾弥漫的清晨，刚果的图西人开枪把我们赶出了军营，于是我们又迎来一场大逃亡。我跟着一队人在马西西（Masisi）的山里走了好几天。我们深陷恐惧之中，都没有相互认识一下，也不知道要去向何方。后来，一些刚果的图西人把我们包围了，枪上好了膛。一个军人劝说我，因为我从没杀过人，所以回卢旺达之后可以过上平静的生活，还可以像从前那样邻里和睦地在房子里居住、在田里耕作。

于是，我掉头向反方向步行，和我一起的还有一位路上偶然结识的伙伴。在返程的路上，没有人说话，我们一言不发地穿越了整个国家。到了镇上，我被盘问了几个问题。看到妈妈和哥哥们都还活着，我终于感觉到了一丝希望。他们没有一直走到刚果，所以已经回来很久了。他们欢天喜地地把我带回家。

被遗弃的土地上，死神并未离开。被视作胡图人让我感觉到巨大的耻辱，就好像我和那些大肆杀人的胡图人同流合污一样。直到今日，我还会做同样的梦。我梦到逃往刚果的路上，我们穿过基加利北边满是尸体的田地，我跨过尸体，但它们总是又出现在我面前，我再跨过，它们再出现……这样重复个没完，我不停地从尸体上走过去，却一直走不出这个地方。然后我会醒来，跟妈妈低声聊天，不吵醒其他孩子。我们回忆各自经历的磨难，直到睡意再次袭来。

起初，我去集市的路上总会遇上一些冷酷的眼神，听到一些谴责。图西族女人哀悼她们的家人，胡图族女人害怕我们揭发她们丈夫的罪行。后来她们渐渐都消停了，但我们仍然臭名昭著，我遭受了很多痛苦。我甚至对此感到不安，因为很多胡图族女人的手上也沾满了大屠杀的鲜血。男性比女性更容易杀人，也更容易排解。他们遗忘得更快，能轻松地分享屠杀和酒水。而女人们却不会妥协，她们会记得更深刻。

但我也认识一些很好的胡图族女人，她们不敢对邻居造成的痛苦表示同情，害怕自己会遭到谴责。我知道生活不会像过去那样平静了，但是，当吃得好、孩子睡得好时，我们就会感到片刻宁静，暂时忘却忧愁。

当一个政权要推翻另一个政权并取而代之时，就会发生战争。

当一个民族想要灭绝另一个民族时就会发动大屠杀。大屠杀比战争更严重，因为即使屠杀没有成功，这样的意图却能永远延续下去。卢旺达只有两个民族。胡图族认为，如果只剩下他们自己，可以耕种所有的地、做所有的生意，这样更舒服。他们看到了一个只属于他们自己的更惬意的未来。我觉得，无知和贪婪是灾难的根源。不只有白人教过胡图人去嫉妒和畏惧图西人，哈比亚利马纳总统和他的配偶阿加特（Agathe）也这样做过，这两口子从未疲于追求财富。

在卢旺达，我们都有一样的黑皮肤，我们吃同一品种的红豆、同一季节的高粱，我们一起在教堂里唱圣歌。胡图人和图西人并没有很大不同。但是，胡图人可以很轻易地辨认出谁是图西人。比如，可以先看个头儿，但有可能会弄错，因为图西人不像以前那么高挑了。那么再看面孔。图西人总是彬彬有礼的，言语温和。即使他饥肠辘辘、衣衫褴褛，耕种的土地很贫瘠，他也总觉得自己是中产阶级，因为他们是畜牧民族的后人。图西人的气质有点生硬，我感觉，他们不管是走路还是互致问候时都紧绷绷的。他们喜欢随身带根棍子。

胡图人不了解奶牛，也不喜欢在它们身上下功夫。胡图人庆祝节日的方式也不同。胡图人喜欢劳作、美食和娱乐。如果不是不得已，胡图人不会想到痛苦，很容易就能感到舒适。胡图人比较随和纯朴，从某种程度上说更开心更放松。他们对待事情更加顺其自然，不那么担心困难。胡图人的天性中既不恶毒也不记仇。

事实上，胡图人太过爱戴他们的总统。当他去世之后，胡图人都没有花点时间坐下来喝一杯、聊一聊、哭一哭、守个夜，用卢旺达人的这些方式表达哀悼。他们立刻冲到街上喊叫威胁，这是个特别严重的错误。就像我说过的，太多广播内容都在动摇人们的思想，太多大人物出来怂恿小老百姓。这一切都筹谋已久。于是，信号一发出，胡图族的农民们就开始杀人、偷窃，而且养成了对这些新活动的嗜好。

我还是要再说一次，他们是被迫的。如果他们找理由和借口不参与任何事情的话，他们就会在自己的土地上被邻居杀死。我认识很多住在山上的胡图人，他们确实从没杀人，但都参与了追捕，除非是像图西人一样逃跑了的胡图人。

我认识一些胡图人，他们承认自己的错误，而且接受惩罚。有一些则否认一切，认为我们会忘掉他们屠杀的证据。还有的人，即使被别人看到手里拿着沾满鲜血的刀，也仍坚信自己没有杀人，他们因自己的疯狂而变成了疯子。还有人不能正视自己的所作所为，就好像他们只是悄悄做了一件蠢事而已。有一天，杀害爸爸的凶手之一接受审判，他以前是我们的邻居。妈妈在法庭的楼道里碰到他，他很有礼貌地向妈妈问好，还问及家庭、气候、土地等情况，最后还对妈妈说了再见。他回到监狱的样子，就好像回到自己家一样。妈妈先是惊讶得目瞪口呆，然后哭了起来。

今后，不可能在我们做过的事情中再勾勒出真相的轮廓了。对我来说，我只看到罪恶降临在我们头上，而我们张开双臂迎接了它。如今，每周一到周六，我挥舞着锄头在地里干活。周日休息时，我就会怀念过去。我明白，由于发生的这一切，我不会结婚了。我觉得很遗憾。但就像我讲过的，我意外地有了这几个孩子。我跟邻居之间也不会真的再有什么矛盾，我们只是互相买卖东西，打打招呼而已。

我希望时间能帮助我们洗清污点。如果胡图人试着大声讲出真相、主动互相帮助，如果能够走近图西人，求得他们的原谅，我们或许可以像原本那样和平共处，避免因为过去发生的事情而永远疏离。

10
秘密逃亡

突然传来的啁啾声打断了谈话,一群蓝腹绿背的太阳鸟和红颈黑色锡嘴雀落在香蕉树枝头。克里斯蒂娜的屋前,一条小路延伸到红花盛开的树林中,随后从两根朽木上跨过一条泥泞的河流。繁茂的枝叶后面,到处都能瞥见圆形的茅屋,住着我们几乎从来没碰到过的特瓦族矮人。克里斯蒂娜家和奥黛特·穆卡穆索尼(Odette Mukamusoni)家相距很近。

奥黛特和克里斯蒂娜只相差一岁,出生在毗邻的两座山上,如今都是农妇,她们的孩子也同岁。从童年开始,她们就在去学校或去打水的路上遇到;可如今,虽然她们应该比以前有更多可以分享的回忆和想法,尤其是关于大屠杀期间她们的逃亡经历,但她们从没说过一句话。

前不久,奥黛特离开山上,住到尼亚马塔郊区的一座小破屋里。她的家人都在大屠杀中死去了。她孩子的爸爸流亡到了刚果。植物掩盖了房屋的废墟,耕种的田地长满了荆棘。这些可能是她不愿意在村里重新开始生活的原因。伊诺桑·鲁维利扎在教堂附近偶然

认识了她，她们在一个志愿者团队里，负责把尸骨残骸从公共墓穴里挖出来，以免它们遭到雨水侵蚀。奥黛特独自在一边忙活，似乎沉浸于她所经历的事情和那天讲给伊诺桑的事情中，并因此感到难受。当时，伊诺桑并没有对她背井离乡、离群索居而感到惊讶。他给奥黛特在一间小的泥房里找了个临时住处。

我们第一次见面时，奥黛特就讲述了大屠杀伊始她如何逃到教堂，如何从一间巴西修女的房间奇迹般地逃跑，又如何在教母朋友的床下躲藏。她很仔细地描述了躲在床下一个月的生活，听到杀手们在房子里聊天时的折磨，还有等待、烦闷、孤独、内心的抑郁和最终的解放。她叙述了一段曲折离奇但在情理之中的经历。然而，还是有一些古怪引起了我的怀疑。这个古怪不在于她的意外幸存，也不在于她如今的孤独——孤独是很多受到创伤的幸存者的命运——而在于大量的细节和精确的时间线，总之就是她有清晰到不真实的记忆。

第二次一见面，奥黛特就推翻了第一次讲述的版本。她承认那是自己虚构的，她解释说是因为害怕不能被邻居们理解。她主动提出讲述真实的经历，似乎松了一口气的样子。这个真实的版本和上次的版本一样让人震惊。故事中关于逃跑的片段会不可避免地招致流言和猜测，因而很难公之于众，但也恰恰解释了她为什么撒谎、焦虑，以及为什么要从故土离开。

奥黛特·穆卡穆索尼
23岁，泥瓦匠帮工

于卡纳济山上

我父亲以前有八头牛，但因为我是第四个女儿，所以还没上完小学，他就让我辍学了。战争开始前，我被到处使唤，忙前忙后，种地做家务。

当地一直都有杀人放火的事情发生,每次我们都觉得跟以前没什么两样。但 1994 年时,苗头不太对了。雨季伊始,我们就嗅到了战争的不安,因为胡图族邻居在路上遇到我们不再打招呼了,而是对我们发出恐吓,一直冲我们喊:"有远见的图西人就应该走得远远的,因为所有图西人很快就都要被杀死了。"晚上,我们在家里悄悄议论,但爸爸拒绝离开,因为他不能接受未来的生活里没有奶牛。而我已经在首都基加利找到一份清静的工作。

当总统的座驾失事时,我在基加利一个很好的社区做女佣。那家的女主人格洛丽亚(Gloria)是图西人。她的丈夫约瑟夫(Joseph)是图西族的批发商,人很好。大屠杀期间的一天,一些联攻派民兵闯进了客厅。当时,约瑟夫在肯尼亚出差,而他的哥哥没能保住格洛丽亚。联攻派民兵当场就杀掉了这一家。我躲在一个小房间里,趴在地上。他们没有继续搜家,因为他们只是想趁男主人不在时除掉女主人和她的孩子。他们已经心满意足了。

一小时后,抢东西的人来了,在房子里发现了我。他们正要当场把我杀掉,其中一个叫卡利克斯特(Callixte)的人保住了我。他带着枪,是这群人的头儿。他把我带走让我做他的老婆,因为他那时老婆死了。

在他家里,我隔着门听到他们说,所有省份的屠杀计划进行得都很顺利,等到旱季,就会一个活着的图西族孩子都没有了。我心想,如果是上帝让我躲在这里一直活到那个时候,我就不应该浪费掉自己的生命。所以,我从没想冒着生命危险和其他图西人一起逃走。

我在卡利克斯特家里一直住到了 7 月爱国阵线到来的时候。然后,他带我惊慌地逃向刚果,您已经听说了很多相关消息。我们先是停留在吉塞尼,住在卡利克斯特的一个亲戚家,那儿有联合国援兵的保护。然后我们又继续朝刚果走。途中在穆贡加军营里过了一年半。我因听到很多可怕的传言而感到担忧，觉得今后的人生没有什么好期待的了。我们住在一顶帐篷里。我装作是卡利克斯特的妻子，他对我一直很好。军营里的人都知道我是图西人，但因为卡利克斯特在联攻派民兵里很有地位，所以在他面前，那些人什么都不敢说，但当他外出开会不在时，我就会听到他们到处散布令人不安的诽谤。1996年11月的一天，我走到了一个地方，那儿停着很多人道组织的白色卡车。一些白人说，想要回卢旺达的只管上车就行了，不用付钱。卡利克斯特当时外出巡视了，我就和好多人一起爬上了卡车。车一直开到边境。有另一些白色卡车在关卡另一边等着我们。就这样，我回到了尼亚马塔。

我回到了我们在卡纳济的土地。房子已经被烧毁。邻居告诉我，我的家人都死光了。我还听说，爸爸死在了家附近，妈妈是在逃往布隆迪的路上被矛刺死的。我在田地里找到了两个姐姐的尸体。至于其他人，完全不知道他们是如何被杀死的。

除了种地，我也不会其他的。但我不在的这段时间里，土地已经变得太硬了。我当时太虚弱，根本没力气在地里种豆子。沮丧已不足以形容我那时的心情。我听到人们在背后议论我的刚果之行，我都不知道能去哪儿寻求一点点帮助。所以我只好搬到尼亚马塔，住在一位女性朋友家。

有一天，我听说雨水会把教堂附近用拖拉机埋起来的尸骨冲走。于是我加入了一个小分队，负责把尸骨挖出来安放好。我在寻找一个小团体，想让自己在别人眼中是体面的。一些善解人意的居民送来了好多袋水泥，我们盖起了那座纪念馆。现在，我试着到处做一些给泥瓦匠帮工的活儿。挣到一些小钱的时候，就买点甘薯和高粱，这时又会感受到片刻的幸福。没挣到钱的时候，我就去拜访一位亲密的邻居，或者等待小小好运的降临。

作为家里唯一的幸存者，我感到很迷茫，看不到生活的方向。

我有一个三岁的男孩叫乌维马纳（Uwimana）和一个三个月大的婴儿。他们都还没有接受洗礼，因为他们没有爸爸。大屠杀以来，很多女孩都突然有了孩子，因为这里很多男性都失去了妻子，他们也知道我们经济上有困难。

事实上，由于失去了父母和家人，我们的心里一团乱麻。我们没人管，帮不了什么人的忙，也找不到人吐露真情或寻求建议。没人骂我们，也没人鼓励我们。我们没有可以一起考虑未来的人，痛苦的夜晚也没有肩膀可以分担重负。在被遗弃的感觉中生活，很痛苦，这是很大的负担。孤独甚至会演化成多疑。在非洲，即使你没有了房子和家庭，即使你再不能挥舞锄头劳作，你至少还应该养活孩子。否则，在他人眼里你将一无是处。

夜里，我总是满怀内疚地想到我的家人。我们曾有上好的奶牛，从不缺衣少食，一家人在一起很美好地生活。如今，光是体面地活下去就要面对巨大的空虚和痛苦。晚上，幸存的邻居们坐在一起，互相讲述大屠杀的经历。我们每个人都在不同的地方经历了大屠杀，这样的讲述让我们得以拼凑出完整的过去。我对讲述自己在刚果的糟糕生活有所顾虑，所以，您知道，我对事实做了一些小的调整。然而，我越是听到他们讲发生在镇上的屠杀，就越觉得不安。胡图人指责图西人太傲慢、太高大，这只是因为他们心藏嫉妒。如今，卡纳济的图西人不再自豪、不再富有、不再比胡图人更有教养，两个民族的人拥有一样多的土地。图西人只是在家庭关系中更亲密一些。但这是我们看重的传统。而胡图人对种族的看重，则只是嫉妒和贪婪的借口。

路过卡纳济时，我看到从刚果回到自己土地上的联攻派民兵。我知道，有一小群杀人犯就要出狱了。还有很多人根本不认罪，他们希望有朝一日，一旦重新积蓄好力量，就再次发动屠杀。我在军营里听过太多复仇的大话。我知道胡图族农民的思想已经被联攻派控制了。他们向农民许以我们的土地，还谴责我们的样貌。

  时光流逝，它几乎不想改变任何事情。我不知道为什么上帝任由诅咒落在图西人头上，但每每想到这个问题，我的脑子就乱成一团，想不清楚。

11
纪念馆的陈列架

在尼亚马塔和尼塔拉马,教堂是唯一被尖铁栅栏环绕的建筑。旁边的两座纪念馆似乎被保护得比任何一座别墅或公共建筑都好。

建立尼亚马塔纪念馆是大屠杀后的第一个雨季时提出来的。因为教堂周边被杀手们用挖掘机草草掩埋的尸体开始露出地表,随着雨水漫流而四散各处,而且已经有野猫野狗来这里抢夺地盘。

那时,城市被抢掠一空,无论是当地政府还是名流显贵都没有财力推动确认受害者身份,这是一件耗钱的事情。而国外的捐赠者,他们主要关心的是难民营里那些难民的命运。因此,居民们来做这件事了,用锄头把尸骨都挖出来,放进教堂,让它们免受雨水的冲刷。几个月间,人们又在田地里、沟渠里、水井里、围场里、树林里、河水里发现许多尸骸,它们已经支离破碎,无法辨认。于是,建造纪念馆的想法出现了,用伊诺桑的话来说:"尽管我们一无所有,但这是为了还那些被遗忘的受害者以最起码的尊严。"

栅栏前竖着一块朴素的告示牌,指出这里是纪念馆。一踏进教堂的大门,死尸的浓烈气味就扑面而来。教堂的混凝土大殿空荡荡的，几缕阳光透过天花板上的洞送来微弱的光亮。左手边是拱形的圣器室，其中一张桌上摆放的雕塑很显眼，它颇具象征性，让人毛骨悚然。那是一位母亲和她的孩子相拥的遗体，已经消瘦干瘪，体内还留着杀死他们的木钉。

纪念馆建在教堂大殿后面的地窖中，下到里面要走几级混凝土台阶，光线很微弱，尸体的味道很呛人。在最后一级台阶上坐下，就能看到架子上放置的尸骨。高处摆放的是几具保存完好的尸骨；下面的架子上是头骨，再下面的架子上是胸骨、盆骨、腿骨……你一定会被那些头骨所吸引，空洞的眼窝似乎正在从另一个世界凝视你。很多尸骨上都有裂痕，有的还带着刺入的刀。

四层架子共有 64 个格子，放着大约 25,000 名受害者的尸骨。教堂下面的一间地窖就快建好了，正在收尾，墙上铺了瓷砖，有氖灯照明。有几具尸骨已经放在那儿了，为了照顾情绪激动的参观者，这里的整体感觉比较平和，没有那么强的刺激性。

而在 20 多公里外的尼塔拉马教堂那里，士兵们压根就没有挖洞掩埋尸体，因为教堂远离他们的住处，也不在每天必经的路上。于是，大屠杀期间，上千具尸体就被扔在光天化日之下。等幸存者来寻找他们父母或朋友的遗骸，发现为时已晚，雨水和动物已经令这些尸体遭到严重侵蚀。因此，一开始，人们用栅栏把这里保护起来。后来，他们决定保留现状，以做纪念。也就是说，让所有尸骨保留死亡时的状态，这简直就像庞贝末日的场景：长椅间堆满了尸骨，躺在祭台下，蜷在墙边，或裹在缠腰布里，或还穿着短裤、长裙，周围散落着眼镜、皮鞋、围裙、箱子、脸盆、水罐、床单、项圈、泡沫垫、书籍……一切都浸润着尸体的刺激气味。再后来，由于保存尸体的开销太过昂贵，人们就建了一个场所，用来存放散落在教堂外面的一部分头骨和尸骨。

如今，门卫轮班值守在这两座废弃教堂的门口，接待国内外大量参观者和一定会来此一观的记者团。门卫为参观者翻开厚厚的签名簿，里面有很多留言，比如："永志铭记！""痛苦的时刻，与你们同在！"还有很多对未来的期待，比如"永不重演"，这种已经在别处见过的话。

尼塔拉马有一位导游叫马克·恩萨比马纳（Marc Nsabimana），他是胡图族的退役军人。战争前夕，他回到这里种地。大屠杀期间，他曾试图营救他的图西族妻子和几个朋友。他是胡图村民中一个无助的见证者，见证了发生在教堂和沼泽里的杀戮。自那以后，他就不再种地，而是投入到纪念受害者的工作中。他感觉不到热，一件羽绒服从不离身，他反复说着："这怎么可能？这怎么可能？"每说一句话就摇摇头。一开始我们认为他是说给别人听，但很快明白他只是自言自语。另一位导游叫特蕾莎，她本身就是教堂屠杀的幸存者之一，住在山下稍远的地方。她比较能说，不做导游的时候，经常去玛丽的小酒馆"寡妇之家"，和朋友们喝啤酒聊天，主要聊聊白天接待过的参观者，讲他们如何紧张、穿着什么样的礼服、小费给得多还是少。

也许是时间的原因，也许是出于偶然，自从点燃教堂屠杀导火索的白人牧师撤离之后，当地的"muzungu"几乎都不见了。在卢旺达语里，"muzungu"指白种人，多是好奇的小孩子在路上遇到白人时兴奋且善意的称呼。但从语义上来讲，这个词的意思是"鸠占鹊巢的人"。除了极个别特例，在尼亚马塔的国际组织中的牧师、专家和后勤人员都是卢旺达人或者非洲人。

在尼亚马塔，虔诚的教徒们重新启用了一座长期废弃的老教堂。埃迪特·乌万尼利吉拉在做弥撒的礼拜日上午和晚祷时分常去那里，与她的朋友们一起做祷告、唱圣歌。同去的还有寄宿在她家里的房客，做糕点的弗洛朗丝（Florence）、布盖塞拉足球俱乐部球队队长加斯帕尔、厨娘戈雷特（Gorette）等等。

埃迪特是一位既开朗又虔诚的妈妈,生活中的任何烦忧都不会影响她的活泼和愉悦(至少在人前是这样)。她花了大量的时间和精力来教育两个孩子。她的客厅里总是挤满了忠实的基督教徒,家里的房间住着有学问的房客,院子里是爱聊天或信教的邻居,露台归亲戚,花园归附近淘气的孩子。大屠杀前夕,埃迪特和丈夫让-德-迪厄(Jean-de-Dieu)一起从自己家里逃走,踏上漫长的逃跑旅途,穿过了惨遭蹂躏的整个国家。当时她怀里抱着孩子贝尔特朗(Bertrand),肚子里还怀着宝宝,也就是后来的小淘气桑德拉(Sandra)。

埃迪特·乌万尼利吉拉
34岁,教师兼学校总务

于尼亚马塔加塔雷

以前,爸爸曾是基布瓦(Kibwa)的副长官,基布瓦就在鲁亨盖里附近。他挣得不少,也很受尊敬。有天晚上,他和家人被带到了尼亚马塔的灌木丛。图西人源源不断地从比温巴、吉孔戈罗(Gikongoro)等各个地方来到这里生活,大家互帮互助,一起抵御狮子、大象等野兽,一起住在纸板搭起的简陋小屋里。就是这样,我出生在了尼塔拉马山上。

小时候,我从没有足够的安全感。每当布隆迪的爱国阵线来袭击卢旺达时,士兵就一定会杀图西人作为惩罚。布盖塞拉靠近布隆迪,所以他们在这儿杀死的人更多。死去的图西人很快就会被胡图农民取代。不过,我们跟他们还隔着点距离,倒也相安无事。而且我一直有胡图族的好朋友。

1991年,内战波及山上。那年,我失去了第一个孩子,他就死在我的肚子里,因为去医院的这一路太危险了。那之后的几年,政

纪念馆的陈列架

局都很动荡,有些人利用这种局面寻欢作乐。

　　终于,三年后,总统的专机坠毁了,广播里说让我们不要出门。那时,我们还不知道将迎来怎样的命运,不过当地的胡图人好像也在犹豫,跟我们一样在观望。后来我们听到镇长、警察、镇上的公务人员走街串巷鼓动村民,命令他们:"你们还在等什么?学学基加利的胡图人吧,灭绝这些图西人!他们都是蟑螂!""今后没有图西人的容身之处了,你们要努力杀死他们!""他们都是蛇蝎心肠,是时候摆脱他们了!没有人会受到惩罚!"同时,联攻派民兵和加科军营的士兵已经开始屠杀第一批图西人,这些人家的房子都被做了标记。于是,五天之后,我们的胡图族朋友就调转枪头,向我们这些图西族老朋友开炮了。

　　我当时快要生孩子了,投宿在一个胡图族邻居家,他也是我们一直以来的好朋友。有天早上他对我说:"埃迪特,你是个可能招来杀身之祸的祸害。我可不想因为你而把命送了。你赶紧走吧,去灌木丛里吧。"于是4月14日,我和丈夫一起下山去往阿卡尼亚鲁河。我们给了船夫不少钱才过了河,然后向吉塔拉马走去。

　　在吉塔拉马的市中心,屠杀还没有开始,因为人们不知道大屠杀真的开始了。胡图人闹不清楚状况,他们的政党内部还在争吵,不知道谁来开这个头。我们过着非常糟糕的生活,露天住在集市附近,人挤人,吃的是干巴巴的高粱面团。我就在那儿生下了女儿桑德拉,就躺在地上、挤在一群人中间生的,不仅没有遮阳的屋顶,连一棵可以遮挡众人目光的树都没有。

　　有一天,那些胡图人对我们说:"行了,那些杀手要来抓你们了。"于是我们躲进了电气公司避难。那些年轻人到了,他们对工厂的警察喊:"我们要带走藏在你们身后的图西人。"警察们冲他们端起了枪。但当他们离开之后,警察队长吓出了一身汗,于是把我们装上一辆运货小卡车,带到了一个壕沟里。丈夫、儿子、刚出生的宝宝、两个姐姐、一个女仆和我,我们重新上路,向卡布加伊(Kabgayi)走去。

逃亡路上,我们像受尽屈辱的人一样闭口不言。不管走到哪里我们都能听到:"那些图西人,明明应该已经死了,怎么还好好地在走路?"或者是:"看看这些图西人,闻起来多臭啊,必须把他们杀掉,干掉他们。"甚至连路上碰到的小学生也朝我们扔石子,对我们喊"图西人是蟑螂",然后朝他们的父母跑去,还喊着"刚刚有一群从布盖塞拉来的图西人,我们知道他们往哪边走了……"

我们不会因自己的污秽和贫穷而感到羞耻,我们只因恐惧而感到屈辱。我们不介意自己污秽不堪,也不担心自己没有钱,但我们害怕失去生命。所以听到这些喊叫我们会害怕得发抖,因为这些喊叫的人完全可以杀掉我们,就在路边当着所有人的面杀掉我们。虽然我们因为没有办法喂养孩子而感到愧疚,但最害怕的还是死亡。一个刚满12岁的小孩子,只要他愿意,就能用刀杀掉我们,而且都不会受到父母的责备。

卡布加伊的避难者人数众多,但我们还是得露天睡觉。这里的难民一部分是从自己故乡逃出来躲避大屠杀的图西人,另一部分则是躲避爱国阵线进攻的胡图人。那么有一天肯定会发生这样的事情:胡图族难民在联攻派民兵的鼓动下,开始屠杀图西族难民。在卡布加伊,有胡图族的部长、图西族的公务员和两个民族的主教。还有国际上的摄影师,他们来拍摄图西人如何当街被杀,但他们很安全。

想要找一口吃的太难了。我们又饿又脏。但是人类的本性教给我们:不管多饿多脏,孩子们都没有生病,因为他们担心生病了以后就可能会被杀掉!

6月初,恶魔终于来到了卡布加伊。它带来的指令是这样的:每天,士兵们要在军营附近停一辆公共汽车,然后把图西人装上车,他们先从重要人物开始,神父、修女、教师、商人。他们把这一车的50多人带到灌木丛中，晚上再空车返回。6月29日，他们把我的丈夫带走了。他叫让—德—迪厄·恩库伦齐扎（Jean-de-Dieu Nkurunziza），是个非常出色的知识分子，一个很体贴周到的人。

从那天起，每晚睡觉时我都会想他，然后还会想到我的妈妈、爸爸、哥哥姐姐、公公婆婆……想到所有被杀掉的人，然后再想起死去的丈夫，就这样一直到渐渐入睡。

我的丈夫和我一直像新婚夫妻一样幸福。我们从小青梅竹马，住在同一座山上，就相距500米。初中毕业以后，我们真正相爱了，然后就结了婚。婚礼那天，我穿了一条有蕾丝花边的白色长裙，就像照片里那样。当时来了很多宾客，大家都很高兴。我们特别恩爱，我很任性，他很宠我，甚至不让我做任何家务。初中毕业之后，我在基加利继续上学，然后就到了丈夫在尼塔拉马的家里，他在尼塔拉马当老师，我就在求加罗的小学里教书。说真的，丈夫、父母和公公婆婆都很宠我、照顾我。

* * *

我才27岁，大屠杀让我成了寡妇和孤儿。让我更痛苦的是我都不知道丈夫是怎么死的，也没能埋葬他。这让我日夜难安。他被他们弄上车，没有人能告诉我他是如何被杀死的。如果我亲眼看到他的死，如果我能稍微了解他那最后一程路，如果我能知道他给家人的临终遗言，如果我能用基督徒的方式给他下葬，也许我能更平静地接受他的死亡。

他死后的第四天，爱国阵线的军队就到卡布加伊了。我沿着那条悲伤的路回到了尼塔拉马。邻居们已经都被杀了，我的两个哥哥也离开了，房子被烧毁了，田地再次荆棘丛生，所以我决定去尼亚马塔安顿下来。如今，我不想再住在尼塔拉马了，哪怕只是半天，我害怕触碰那些回忆。

当我到尼亚马塔的时候，看到地上到处都散布着尸体：教堂里、路边、树林里和每所房子里。我们去田地里找吃的经常会被尸体绊到。树林里也是一样。我们能闻到特别刺鼻的死人的味道。人们一点都不开心，从心底感到悲伤的煎熬，止不住地想起在自己眼前死去的人。还有很多人忍受着腐烂发臭的伤口带来的痛苦。没有吃的东西，也没有生意可做，困难太多而办法太少。

对我来说也是一样的，自打回来之后，我就面对着无比艰难的生活。我要养一个孩子、一个婴儿，还有突然来到家里的孤儿。我孤立无援，病倒了，但没有车马送我去看医生。生活变得如此苦涩，我当时真想一死了之。

于是，也不知道怎么的，我开始祈祷。一开始很不好意思，后来去了教堂唱诗，把我的心声唱了出来。我听到上帝在呼唤我，从今以后，能支持我的就是他了。就是这样，我意识到自己以前太自私太天真，意识到上帝早就想让我靠近他。现在我知道，因为他，我什么也不缺，也不再念叨丈夫的死了。以前，我从来不会去想上帝，那时候我太受宠爱了，但现在他会帮我、爱我。这就是我的经历。

在《圣经》中有埃及犹太人的故事，他们受尽了法老的酷刑和苦役。由于埃及人的虐待，犹太人死了很多。上帝听到了他们的抱怨，他聆听他们的倾诉，安排他们重新发现迦南乐土。但是，卢旺达的图西人一路上并没有遇到如此美好的事情。我觉得犹太人和图西人之间没有任何可比性，犹太人是上帝的子民，而图西人什么都不是。但是，因为我们看到周围很多人死去，因为当所有人都希望我们死的时候我们还是活了下来，这让我们遇到了上帝。

我还想说明另一个原因。大屠杀的幸存者在失去一切的时候也失去了信任，这件事带来的困扰是他们自己都没有意识到的。他们怀疑一切，陌生人、同事，甚至是同样幸存下来的邻居。他们独自苦苦挣扎，无法找回足够的信任，无法再正常和他人相处。但幸运的是，上帝帮助了他们。

在我看来，图西人并没有什么特别的地方。胡图人来到图西人家里聊天，并没有什么语言让我们有所分别。过去，除了图西人养家畜而胡图人不养之外，我们是一样的。有些胡图人也买牛，但他们会自称是图西族。是之前殖民时期的白种人毁掉了胡图人的良心。根据祖父母给我讲的，胡图人从小学开始就上一些很危险的课程。白人总对胡图人说："你们看这些图西人，他们有国王，有特权，还有奶牛。他们觉得自己高人一等，傲慢至极，他们想要奴役你们。"于是，胡图人就计划反击。国家独立之后，一直都有胡图族的人大肆煽动怀疑和复仇思想。殖民者从没有提过大屠杀这种方式，并没有教过他们这个词。但可能是卢旺达的知识分子利用了那些危险的课程。

如今，我从广播中听到，伊拉克或南斯拉夫发生混乱的时候，白人的战机立刻就会介入。但在卢旺达，图西人被屠杀了整整三个月，而白人只派了一些记者来拍拍照片。白人像提防犹太人一样提防图西人。他们袖手旁观，直到图西人几乎被杀光。这就是事实。这就是大屠杀之间真正的不同之处。这个问题以后还会出现，因为猜疑已经深深植根于他们的思想当中。

在尼亚马塔，很明显，人们不再像过去那样互相来往了。很多人在大屠杀期间经历了太过煎熬的苦难，人像被抽干了一样。他们说："胡图人很多次都想杀死我，现在再不会发生什么事儿了。"他们想："我是寡妇、孤儿，家里什么都没了，我没有工作，没有交通工具，也没有健康，我要独自一人面对这么多难题，我不想再管周围的事了。"所有人都蜷缩起来，每个人都在自己的角落里承受痛苦，似乎自己是唯一的幸存者，而不再去想这个痛苦对所有人来说都是一样的。男人们从没有像现在这样，在小酒馆里消磨这么多时光,却并不交流内心的想法。女人们在家待一个月,可没有任何一家人来串门。一个男人可以三个月都不去了解自己妹妹的近况,如果了解到不好的消息,他们也只是无动于衷地回家。家人之间的纽带断了,似乎每个人都只想把剩余的生命留给自己。

对我来说,大屠杀就像发生在昨天一样,或者说发生在去年,而且在记忆里永远停留在去年,因为我发现它给我的时间感完全没有变化。孩子们也走上了歧途。那些小学生连杀人都没见过,可是他们能听到墙后的对话,能听到各式各样的咒骂,然后你会听到他们对大人说"你,如果再烦我的话,我就用砍刀砍你",他们上课也不认真听讲了。

要知道,大屠杀在我们的记忆里永远都不会消逝。时间会留住那些记忆,不会给灵魂一丝丝慰藉。我在教堂里找到了庇护,在其他地方都找不到任何希望。在教堂里,我碰到很多一起做祷告的胡图人和图西人。我还是会结识一些胡图族的好朋友。我知道所有能够如此淡定杀人的胡图人,都不可能真心地寻求原谅,即使是面对上帝的时候。对他们来说,图西人是永远的敌人。

但我愿意原谅他们。这不是在否认他们犯下的恶行,也不是对图西族的背叛,更不是一个容易的选择。这是为了让我不要在余生中反复追问他们为什么想要杀死我。我不想因为自己是图西人而生活在懊恼和恐惧中。如果我不原谅他们,那么备受折磨的、难以入睡的、抱怨不休的只能是我自己。我希望获得身心的平静。我真的需要让自己平静下来。即使我不相信他们平静的言语,我也必须要让恐惧离我远去。

* * *

和所有幸存者一样,我觉得没有必要一直谈论大屠杀。当儿子贝尔特朗问我"爸爸在哪儿"的时候，我回答他说爸爸被杀死了。"被谁杀死的？""被联攻派民兵。"我会给他解释联攻派民兵是谁，跟他说联攻派民兵在沼泽地里和田地里杀死了他的舅舅们和祖父母，跟他说他们是特别残忍的人，但再也不会横行肆虐了。当他遇到监狱附近穿着囚服的囚犯时，他会问："就是这些人杀死了爸爸吗？"我回答说不是，爸爸是在很远的地方被另一些联攻派民兵杀死的，而且不应该把这些人看作罪犯。为了让他放心，我还补充道："我们本来是要死的，因为没有人想让我们活着，而且我当时带着你和一个小婴儿，根本没法逃跑。但是我们没有死，这要感谢上帝。"如果他跟我谈起惩罚，我回答他说，大屠杀是超越人类法律的事情，这样的事情发生了，没有司法机构能够给出判决，只有上帝可以。我试图这样说服他，我不想让自己心里的大屠杀被旁人看到。

我还有点担心其他住在一起的人：从布隆迪流亡回来重新在布盖塞拉生活的人、没有染指大屠杀的胡图人，还有血腥屠杀之后才出生的小孩子。他们不应该浪费生命倾听我们的噩梦。我不喜欢人们在晚上和周末聚在一起反复讲述大屠杀的记忆。我也再不想知道关于沼泽地里的更多细节。我不喜欢人们到我家里来聊那段时间的经历，他们总是讲述更多悲惨的细节。

我不想和一个幸存者再婚来开始幸存者的正常生活。我更喜欢祷告和圣歌。我更愿意学弹吉他。我更希望和朋友一起向往天堂。每天我都默默地思念我的丈夫，我觉得再没有任何男人能像他那样带给我幸福。当然我也相信，如果他没有被杀死，我也不会遇到上帝。

只有今天在您这里，我才同意谈论大屠杀，因为您经过漫长旅途一直寻到尼亚马塔来，我理解您需要听到我们那段时间经历的事情，我知道您希望了解我是如何从这些痛苦中存活下来的。

12
途中的说明

读到这里，读者可能会奇怪，为什么这本书的第一部中只有幸存者讲述的故事。其实我在尼亚马塔时，当地的镇长、检察官、流亡回来的教师、里利马监狱曾经的囚犯、胡图族的农民（无论是有罪的还是无辜的，英勇的还是被动的），还有幸存者们，都建议我搜集多方的见证。但我拒绝了，理由很简单。

在卢旺达，20世纪90年代初，大本营在乌干达的图西族叛军取得了初步的军事胜利，从那以后，一大部分胡图族的政权阶级、军队和知识分子，就考虑过对图西族和胡图族民主人士实施灭绝计划。1994年4月7日起，各地的绝大部分胡图人，在四到六周不等的时间里，都自发或被迫地拿起屠刀进行杀戮。外国人、人权组织代表还有军方和民间的援助者都被送往安全的地方。冒险踏上旅途的记者少之又少，他们对发生的事情感到手足无措，回国之后也没人注意到他们。

5月之后，紧随大屠杀而来的，是几个非常有画面感的电视报道：大约200胡图人在联攻派民兵的保护下逃难，躲避报复行动；同时，从乌干达密林过来的爱国阵线叛军攻占了整个卢旺达。两年半之后，1996年11月，胡图族难民出乎意料地突然折返，因为爱国阵线的图西族军队在难民营里对他们发动了死亡性复仇袭击，而且袭击一直蔓延到刚果基伍（Kivu）森林深处。

1994年春天，图西人被大肆屠杀时，卢旺达鲜有外国记者；然而到了1994年夏天，大批的记者来到这里对胡图族难民进行跟踪报道，一直跟到刚果边境。这种信息的不对称、这场动机模糊的难民逃亡、这些长途疲劳行进的画面，还有基加利新任领导人的强硬态度，都让西方人感到困惑，让他们几乎忘记了还在灌木丛中惊恐不安的大屠杀幸存者，而只把逃亡路上和刚果军营中逃跑的胡图人当作受害者。

发生这次逃亡的期间，我在卢旺达，惊讶地发现幸存者的讲述闪烁其词。三年之后，我第二次去尼亚马塔，他们的沉默更加让我震惊。住在山上的这些幸存者的缄默和隔绝令人费解。正如我在引言中说过的，我想起当年，经过了特别长时间，在无数关于犹太人大屠杀的作品问世之后，纳粹集中营的幸存者才愿意且能够被他人了解，我还记得他们的叙述对于了解大屠杀是多么关键。在和西尔维·乌姆比耶伊、让内特·阿因卡米耶以及西尔维介绍的其他人初次聊天之后，我立刻清楚地意识到，要多花时间倾听他们的讲述。

我在尼亚马塔逗留了数月，其间时不时回到巴黎，为的是拉开距离之后再去听我们的谈话和阅读笔记，然后带着新的问题再回去。埃迪特把家里的一个房间给我住，啤酒商芝加哥（Chicago）先生租给我一辆越野车，我还有一个录音机。清晨，我被一群小孩子的喊叫声唤醒；上午和伊诺桑或西尔维见面，穿过灌木丛去拜访其他人；中午小憩一下，下午继续在田间地头走访；傍晚时分比较空闲，就跟孩子们玩一会儿，或者整理录音，把每个字都听写下来，重温对话的内容，聆听悦耳的声音；晚上，在小酒馆，或西尔维家，或玛丽-路易斯店里，或基本戈的弗朗辛家里，再或者在卡恩泽恩泽的玛丽家里，喝点啤酒，和朋友们聊聊天；周末都完全留给写东西、听合唱和看球赛。这样紧凑的时间安排偶尔会被意外的邂逅、摄影师雷蒙·德帕尔东（Raymond Depardon）的来访或者一些庆祝活动改变。

穿梭于沼泽地和香蕉林，我只搜寻幸存者的故事。幸存者自己解释说，可能有些记忆是错的，或者不确定对不对。但这并不影响他们叙述的真实性，他们的叙述对理解大屠杀至关重要。正因如此，本书的第一部没有对基加利或尼亚马塔政治人物、司法人员的采访，也没有在里利马监狱或国外收集到的联攻派民兵领导者和杀手的证词。并且，出于同样的考虑，我也没有在第一部里给出胡图族抵抗者和国外活动家的观点。

做完这个说明之后，我们现在回到尼塔拉马附近这片桉树林中的小路上，在这里能听到一种蓝色长尾鸟儿的啁啾。步行走上一条陡峭的小路，路的尽头是荒芜了一半的香蕉园。一群活泼的孩子突然出现在篱笆后面。院子里，一位穿着缠腰布的少妇正靠着墙休息，她的双腿伸展开，膝盖上睡着一个小婴儿。她就是贝尔特·姆瓦南卡班迪（Berthe Mwanankabandi）。

她给我们倒了一大壶水。和其他人一样，她因外国人对她的故事以及大屠杀的好奇而感到惊讶；和其他人一样，她解释说自己几乎不再相信见证的价值。但她并没有表现出一点怀疑，立刻就同意讲述她的故事。她用轻柔的声音讲了整整一上午。

像她的很多女邻居一样，她从不抱怨，从不高声讲话，不表现出一点仇恨或心酸的样子，掩饰她可能对白人抱有的怀疑，通过沉默克制自己的悲伤或痛苦。下午要下地干活时，她提议晚些时候再继续讲述。接下来的一个星期，再接下来的一个月、两个月、六个月中，她都一如既往讲得言简意赅。她解释说，这能迫使她大声地讲出自己的一些想法。

贝尔特·姆瓦南卡班迪
20岁，农妇

于卡恩泽恩泽的鲁加拉马山（Rugarama）上

我有两个哥哥和九个姐姐。小时候，我们和小朋友们排着队穿过树林，去求加罗上学。孩子们坐在一起时，从来不会谈论与民族相关的事情。甚至当附近的鲁林多（Rulindo）发生令人担心的屠杀时，我们之间也禁止谈论有关情况。甚至当我们听到年轻人在阿卡尼亚鲁河的桥边备战训练时，我们也不能表示惊讶。我们用沉默包裹起内心的恐惧。

飞机坠毁那天，我们都躲在家里；我们听到联攻派民兵在各座山上抓人，吵吵嚷嚷的。在我们这座山下的一个香蕉园里，我听到消息说，我们的老邻居坎达利（Candali）被杀死了。于是我们立刻以家庭为单位下山去，前往尼塔拉马教堂，因为据说基督徒是会尊重宗教圣地的。我们在那里等了三天，精神放松下来。人们觉得很快就能回家去了，但这次，联攻派民兵来了。

他们先派了一群年轻人到教堂的小树林里，然后就开始扔手榴弹，把墙炸出了窟窿，接着就唱着歌进入了教堂。一开始，我们都觉得他们变成了疯子。他们挥舞着砍刀、斧头和长矛，大喊着："我们来啦，我们来啦，看我们如何制作图西人肉！"

教堂后面，我们当中胆子最大的人溜进了附近的树丛中。我们不假思索地一直跑，最终跑到了尼扬维扎沼泽。晚上，大雨如注，下个不停，我们在求加罗的学校里或沼泽地附近的桉树林里藏身。接下来的一个月中，我们的活动范围就是这样两点一线：沼泽地—学校—沼泽地。后来，就是在这个学校里，我得知了爸爸妈妈是如

何咽下最后一口气的。直到生命的尽头,他们都在怀念自己的故乡,在比温巴附近的一座山上,那里的住所被抢走后,他们才来到这里种豆子。

每天早上,我用从田里挖出的东西给孩子们准备食物,然后早早地把他们带到沼泽地,藏在纸莎草下面,让他们和已经筋疲力尽的大人们为伴。晴天时,我们必须要更换躲藏的地方,因为晒干的泥地上会留下脚印。当杀手们快到的时候,我们能听到他们唱歌,于是就分散到沼泽地各处躲藏。他们一般快9点的时候来,有时候如果不想太辛苦,就10点或11点才来。有时,他们把缠腰布披在肩上当斗篷,头上戴着叶子编成的帽子,把自己扮成魔鬼的样子。有时,他们想要吓唬我们,所以蹑手蹑脚地走过来,但我们能听到他们所到之处的猴子的叫声。

当他们抓到一家人时,会先杀了爸爸,然后是妈妈,最后是孩子,让所有人都清楚地看到这一切。他们大概下午4点30分前离开,不会拖延,因为他们想在天黑前到家。

之后,这一天中的幸存者会从自己的藏身处出来,检查其他藏身处,找到被杀死的人。身体最好的人会上山去学校里,寻找容身之处或者在镇上生活几天。而最虚弱的人就躺在最近的树林里,等着湿漉漉的身体晾干。我们因为房子就在附近,所以晚上就去周边的田里逛逛,找点吃的。我们还会互相讲讲白天看到的邻居的情况。

在沼泽地里,跟你一起藏身多日的熟人,可能某天晚上忽然就消失了,你都不知道她是跟另外一群人跑到其他地方了,还是已经被杀害了。很多人消失后都杳无音信。我们不知道有一天是不是还能再遇到他们,也不知道他们是不是已经悲惨地离开人世。

可以说,我们渐渐适应了突然就和朋友完全失联的情况,因为我们还得忙其他事情,比如,怎么样才能不被很快抓到。有时,我们甚至不会注意到有人失踪了,而这个人我们可能已经认识了很多年，跟我们一起上课、一起喝酒。对于一小部分人来说，这样的折磨会摧毁友谊和亲密关系。在痛苦和恐惧的支配下，他们很难会想到别人。

找到食物之后，我们就挤在一起休息，或者照料那些身体不好的人。缺少睡眠和食物让我们在沼泽地里的日子雪上加霜；痢疾还有各种腹泻让我们虚弱不堪。但疟疾这个本来很厉害的病反而对我们分外仁慈，这让我们很惊讶。不只是疟疾，大家也很少有小病小痛，头疼、肚子疼、女性痛经等等。似乎是因为团结的缘故，这些疾病在诸多不幸之中稍微给了我们一些喘息的机会。

4月30日晚上，我发现了妹妹罗塞琳（Roseline）和卡特琳（Catherine）沾染了血迹的遗物。当晚我无比悲痛。那之后，当我在沼泽地里看到他们杀死小孩子或亲密的邻居时，听到被砍伤的人的呻吟时，有时会失去理智。

我突然发现自己有求死的念头。然而，知道杀手们要来的时候，我却从来没有从藏身处站起来。他们从我身旁经过时，我也无法命令我的肌肉，它们拒绝移动。直到最后一刻，它们都不同意动弹一下，引来他们割断我的脖子。就像我们透过枝叶缝隙看到的那些人，他们面对即将落下的砍刀，会情不自禁地伸出双臂护住头部，即使这样做会造成更多的伤口，得忍受更持久的痛苦。在我们的心底，蜷缩着一团小小的求生欲，它不会听从任何人的指示。

有一天下午，爱国阵线来解放了我们，把我们这一群脏兮兮的人护送到尼亚马塔。我想不到其他词来形容。我当时衣衫褴褛，身上的布料残片都被树枝刮破了。我们好像走在一个放慢的梦境中，因为我们整天都在走路，但不用再因为害怕被砍而被迫奔跑了。

晚上，到了尼亚马塔，几个年轻人逮到了一只山羊，他们生起火，烤熟肉，递给我一串。于是我又尝到了烤肉的味道，我放松下来，细嚼慢咽；我平静地躺在一张床垫上，闭上眼睛，终于感觉我又是我自己了。

　　我在户外营地里住了三个月。我几乎头脑空空，根本感觉不到自己的脑子还在转，尤其非常嗜睡。解放者告诉我们，大屠杀的威胁已经永远离我们而去，我们赢了。但我们窃窃私语说，不知道我们还能赢得什么，因为我们已经失去了生命中最重要的东西。后来我决定，即使我的父母不可能再回来了，我还是要去鲁加拉马山，住在那儿的房子里。我和邻居们在山上搜寻胡图逃兵丢在树下的铁板和门板。四下望去，荆棘毁掉了作物，土地都需重新开垦，这些都让人非常丧气，但还有孩子呢，为了孩子，我们必须活下去。

　　算上隔壁克洛迪娜家里住的孩子，共有八个小孩子重新去尼塔拉马的学校上学了，另外四个大点的孩子耕地，此外还有负责照顾小婴儿的孩子。我意外怀了一个孩子，孩子叫"Tuyishime"，是"儿子"的意思。

　　每天早上6点，我们这些大人就去田里劳作，快11点的时候回家做饭。饭后收拾收拾，睡一小会儿午觉，我们又出门，把地里的活儿做完，下午快5点的时候去打水。如果没有大屠杀，我会成为一名护士。现在没有机会做这个工作，我真的特别遗憾。

　　在家里，对大屠杀的记忆总是出现在我们的谈话中。但是随着时间的流逝，我越来越少地想起沼泽地里的那些画面，那些不幸死去的人的面孔，那里的泥泞和大屠杀期间的种种危难。我越来越多想起的是曾经的家庭生活，亲人们都还活着，我们在房屋周围和山间小道上的那些情景，是多么美好。我会想起和父母、邻居一起生活的日子是多么幸福。但是怀念过去的这些美好时光并不能缓解我的痛苦。我反而觉得，只记得大屠杀、只想着大屠杀、只谈论大屠杀的人，虽然沉浸在不幸当中，但至少，惋惜和不安带给他们的折磨会更少一些。

　　如今，我发现，在山上生存变得特别艰难，土地太过坚硬贫瘠，没法播种。那些没有被大屠杀推向死亡的人，现在却被推向了孤立。有一些人失去了善良的心。那些生下孩子却要看着他们死去的人，那些建造起自己的房子却要看着它毁于一旦的人，那些喂养出漂亮的奶牛却得知它们被下锅煮了的人……你能想象吗？从今往后，每个早晨起来，他们都一无所有。还有人变得喜欢骂骂咧咧。就好比说，如果你的奶牛跑去其他人的田地里吃东西，地的主人会冲你大喊大叫，说他拒绝就损失达成和解，因为他已经失去了一切，但他会为了这样的小事而威胁你。

不过，最让我难过的还是那些幼小的孩子。他们目睹了所有发生在身边的死亡，他们什么都害怕，又什么都不怕，他们什么都不在乎了。有一天，我甚至听到有小孩子扮演联攻派民兵，威胁其他孩子说要杀人。这些都是潜伏在他们脑海里的巨大阴影。

以前和胡图族邻居住在一起的时候，我们并不会交换礼物，但是经常一起喝酒聊天。可突然有一天他们就把我们称作"蛇"。这渐渐演变成很严重的指责，并且促使他们做出越界的事情。

尼塔拉马教堂里发生大屠杀的时候，我认出了两个正在卖力杀人的胡图族邻居，他们后来死在了刚果。在沼泽地里，我又认出了一个住在附近的农民，他当时正在用长矛杀人。后来，他跟着去往刚果的队伍离开了，两年之后又跟着同一个队伍回来。他在家等着士兵上门，而且对他们说他完全不记得自己做过什么了。他被判处了死刑。我不知道他们是不是有一天会在山上把他枪决，总之我不会去看的。说真的，这些事情都没法让我得到足够的安慰。

我是这样想的。那些人如果只是想要抢我们的土地，完全可以把我们赶走啊，就像在北方对我们父母辈和祖父母辈所做的那样。为什么还要杀了我们呢？有些胡图人，他们甚至会杀掉自己的图西族妻子和有一半图西血统的孩子。很多人根本不打算掩饰这些恶行。相反，有些人还要在家门口，当着一小群人的面杀人，以显示他们是值得信赖的胡图人，争取联攻派民兵的称赞。

以前，我以为一个人杀人是因为他总在杀人。现在我知道了，即使跟你在一个碗里吃饭、在一张床上睡觉的人，也能毫无心理障碍地杀了你。一个恶人用牙齿都能把你杀掉，这就是我自大屠杀以来学到的东西。我看到的世界与以前不再相同了。

当我在广播里听到所有这种非洲战争的消息时，我很害怕非洲的末日会到来。非洲领导人解决问题的方式太粗暴了。对于我们这些小老百姓来说，这是个绕不开的问题。但卢旺达大屠杀的这种情况不是非洲的惯例。一个非洲人，要么是因为愤怒或饥饿而杀人，要么是为了占有他人的财富而杀人，但他不会像联攻派民兵那样，在种植豆子的山上，杀掉饥肠辘辘、心怀和平的人。我觉得这是从非洲以外的地方学来的恶劣行为。我不知道是谁种下了大屠杀的念头。不，我没有说是那些殖民者。说真的，我不知道是谁，但肯定不是非洲人。

我不明白，在我们每天都要面对屠刀的那段时日里，为什么白人那么长时间都袖手旁观。你们曾在电视上看到大屠杀的报道，如果你们都不知道白人为什么没有表示任何谴责，那我这个终日躲藏在沼泽地里的人怎么能知道？

我不明白，为什么流亡到刚果的胡图人或科索沃的难民，他们痛苦的表情就能激起外国人的同情怜悯，而图西人哪怕被砍刀一劈两半，他们也只会装聋作哑。我不确定自己是否理解或相信一个外国人的同情心。可能只是图西人藏得太偏远了，或者我们没有展现出值得他们同情的表情。

不管怎么说，胡图人做过的那些事情是残忍恶毒的，这一点无须讨论。这就是为什么，即使联攻派民兵和他们的同党已经被关在里利马监狱里，可每当我听到香蕉树丛间传来高声讲话时，还是会忍不住发抖。

13
克洛迪娜的土墙铁板房

通往克洛迪娜·卡伊泰西（Claudine Kayitesi）家的小路，爬上一个陡峭的土坡，消失在一片香蕉园中，而后又通往一排花篱。她的这座小房子是非耐久性建筑。在布盖塞拉，不同的墙体建造方法把住所分为非耐久性、半耐久性和耐久性建筑。非耐久性建筑是在树干搭起的架子上，用干泥糊成墙；半耐久性建筑用泥和稻草混合制成的砖砌成，外面再涂一层泥浆或水泥；耐久性建筑则是用烧过的砖或水泥石块盖成。最常见的房顶是零碎的铁板，上面压着石头用来固定，或者是新铁板，用螺丝固定接合。克洛迪娜的房子是十几年前他的父亲建造的，如今已出现深深的裂缝。然而，和她的邻居贝尔特家的房子不同，克洛迪娜的这座房子即使在暴雨如注的雨季，也不会进水。

我们走进一个用石灰刷白的房间，这里有一张矮桌和两把椅子，还装点着几束新摘的鲜花。克洛迪娜一家人通常就是在这里等待大雨停歇。一片门帘把客厅和后面的那个房间分隔开。房间里有两张木板床，桌子上摆放着一部《圣经》、一篮有宗教用途的假花、一个木炭熨斗和一个针线包。这是克洛迪娜和欧也妮（Eugénie）的房间。欧也妮是克洛迪娜的妹妹，住在这里帮她抚养孩子。右边是一个没有窗的小储物间，存放着几袋豆子、几包盐、几袋大米、一个罐子和一块肥皂。没发现糖或饼干的踪迹。一个装满衣服的旅行包用作衣橱。储物间对面又是一个房间。地面本身被做成了床，上面铺着一个床垫。几个孩子睡在那里：让-珀蒂（Jean-Petit），约瑟芬（Joséphine）和只有几个月大、瘦弱的纳迪娜（Nadine）。

和贝尔特或让内特家一样，墙上没有任何照片、日历或陈年海报。屋里和院子里的地面都用树叶做的笤帚精心打扫得很干净。

屋外，靠墙放着一张长椅和一张朴素但精美的木质靠椅。不下雨的时候，人们就坐在那里聊天。院子很宽敞，地面隆起，四周被植物篱笆围起来，篱笆上晾着布料和衣物。鳄梨树下是一块方形的草坪，周围有大片的鲜花和散发香气的黄色小灌木，这里是举办晚间聚会的地方。院子深处，树枝搭成的架子上收纳着人道主义组织捐赠的锅、杯子、暖水瓶，还有人们轮流洗漱时用的水桶。厨房在一间土墙铁板顶的小屋里，小到人们只能在里面坐着。木柴烧的火上坐着一个大盆，里面炖着香蕉和豆子，是当天两顿饭的食物。第二天会换成木薯和豆子，第三天是玉米和豆子。对卢旺达人来说，不吃豆子的一天是过不下去的。

厨房旁边，用粗短的树枝扎进地里围起来的，是奶牛和小牛的牛圈。那头奶牛很瘦弱，因为孩子们放学回来后没有很多时间去放牛，所以奶牛吃不饱，出奶很少。但如果要雇用一个放牛娃，至少得养四五头奶牛才不会亏本。克洛迪娜解释说，她不能冒险把自家的奶牛悄悄混进别家饲养者的牛群里，因为万一奶牛跑到别人家的田地里造成破坏，她无力赔偿损失。那头小牛也跟它的妈妈差不多瘦弱，但很活泼。两三只母鸡在粪堆里啄食，它们的小鸡崽正奋力逃脱野猫的捕捉。厨房后面，土墙铁板顶的厕所就在香蕉园边上。

离克洛迪娜家最近的是贝尔特家，沿路向下走 300 米，是吉尔贝（Gilbert）和罗德里格（Rodrigue）的家，这对十几岁的兄弟一起在沼泽地中幸存了下来。水源地离克洛迪娜家 600 米远。

黄昏时分，一家人围坐在一盏煤油灯旁。煤油灯是用金属水壶加麻制灯芯改装的。从早到晚，屋里都能听到悦耳的鸟鸣，时而欢快，时而倦怠。不过克洛迪娜还是梦想能有一台收音机，甚至是录音机，以打发漫漫长夜。她还梦想有一辆自行车，那样就能从尼塔拉马运回水罐和物品，就能把她种的香蕉运到集市上去，尤其还能经常去尼亚马塔串串门，找点乐子。

无论是会把香蕉晒坏的干旱，还是养活大家庭的压力，抑或做重体力活的辛苦，都没有让她生出一丁点抱怨，也没能影响她讨人喜欢的性格。

克洛迪娜·卡伊泰西
21 岁，农妇
于卡恩泽恩泽的鲁加拉马山上

确实，在我们这里，大屠杀从 4 月 11 日 11 点开始，一直持续到 5 月 14 日 14 点。大屠杀发生时，我在尼拉鲁科布瓦（Nyirarukobwa）学校读八年级，也是最后一年。大屠杀教给我两件事。首先是卢旺达语里缺少一个能够概括大屠杀杀手们恶行的词汇，这个词的词义应该超越"恶毒""残暴"等这种已有的含义。不知道法语里是否有这么一个词。

第二件事虽然不是很重大，但让我觉得难过。有的幸存者，有时甚至是那些遭受了特别多痛苦的幸存者，在大屠杀结束后，会和其他人一样，因为贪欲这种愚蠢的事情而发生争执。尽管逃亡时他们分吃过一块生木薯，面对过同样的厄运，互相帮对方捉过头发里、后背上的虱子和寄生虫，像大家庭里的孩子一样团结在一起，可贫穷和忘恩负义还是会让他们疏远。似乎在沼泽地中必需的友爱已经透支了后来互助和友善的额度。

在4月的灾难到来之前，我们这些农民就已经在为关于战争的传言而担忧了。去打水时，我们听到胡图族邻居闲谈时说"图西人将像蛇一样爬行，他们会死在我们脚下的"，还有类似这样的恐吓。路上兴高采烈的人群也会对我们喊出威胁的话语。我看到他们手中明晃晃的砍刀，显然不是在香蕉园里干活用的。所以我估计形势很快就会恶化。

得知飞机坠毁的消息后，我和其他逃难的人一起跑进了金奎（Kinkwi）树林里。我们试图通过投掷石头来保护自己，但根本不堪一击，于是我们离开自己的土地，和所有人一起去教堂里避难。第一颗榴弹爆炸时，我正在后门附近，很幸运，于是成功逃了出来。我知道山上肯定已经被联攻派民兵占领了，就慌不择路地朝沼泽地跑去，头也不回。我听到树丛中还有其他的逃难者。那片沼泽地大名鼎鼎，以前我们从不会靠近它，因为那儿有很多蚊子和蛇，它让我们觉得非常不安全。但那天，没有丝毫迟疑，我们就扎进了泥潭里。

夜里，桉树林看起来很平静，我们一直走到了求加罗。渐渐地，香蕉园里的幸存者加入了我们。我们的逃生计划也得到重新规划。黎明时，我们下山到沼泽地里，钻进纸莎草丛中。为了避免被一网打尽，我们分成好多小队。孩子也分开安放，这里放三个，换个地方藏两个，再换个地方放两个。我们躺在泥里，周身盖上枝叶，以增加自己的幸存概率。杀手到来之前，我们就聊聊天，以驱散恐惧。但他们来了之后，我们甚至不敢窃窃私语。我们喝沼泽地里满是泥浆的水。请原谅我直白的表述：那水里混合着尸体的血液，所以富含营养。

我们老远就能清楚地听到联攻派民兵的声音。他们唱着歌，吹着口哨，向空中开枪，但他们却不会把子弹用在当场杀人上。开始的几天，他们常蹲下来，低声细语地说话以引诱我们："小朋友、老妈妈，出来吧，我们看到你啦。"……那些因为害怕而情不自禁听从了他们召唤的人，却不会得到利落的枪决。所以后来，无论是病人还是孩子，任何人在听到他们离开的哨声之前，都一动不动。

正如贝尔特跟您讲过的，晚上我们给孩子准备吃的，我们找到什么就吃什么：木薯、甘薯、香蕉等，这样才有力气撑到第二天。白天，我们不可能随身带任何东西，那就只好吃进肚子里带着。我们把孩子们安顿在牛圈或者厨房里睡觉，但从不留在房子里。我们压低声音说话，避免惊动杀手。我们讲述白天见到的那些尸体，生前是怎么被砍死的。我们清点没有出现在沼泽地里的人，推断白天被抓走的是谁。我们想明天又将有哪些人死去。经历了几次杀戮之后，我们不再扪心自问为什么自己该死。这个问题变得无关紧要了。但我们经常想自己会如何死去。我们试图想象死在砍刀下会有怎样的痛苦。反正我对此非常忧心。

我们每天所想的，都是关于死亡和应该互相帮助，所以从不会争吵。我们轮流睡觉，保持警戒。早上快5点的时候，我们开始沿路下山，动作特别轻，以免惊动在睡觉的联攻派民兵。我们在沼泽地边上等待日出和即将再次到来的袭击。我们一直穿着同一件破烂的衣衫，但不再感觉到羞耻，因为大家都是一样的。我们互相帮助捉出头发里成斤的虱子。蚊子不时疯狂地叮咬我们，但我们的污秽不堪似乎让我们对疟疾有点免疫了。我们待在这荒郊野岭中，被时间遗忘。对于胡图人、外国人、动物和一切其他东西来说，时间都在继续流淌，但它却不再愿意为我们而流淌。时间忽略了我们，因为它不再相信我们，所以我们也不对它抱有什么希望。我们毫无期待。

有时候，联攻派民兵抓住一小伙人之后，会带走其中一个女孩，把她带回家强暴，但不会立刻杀掉她。因此，有的女孩会因为美貌而多活几个晚上。这是我们这里男性遵从的习俗，就是他们不能亲手杀掉睡过的女孩，因为害怕这两种感情混杂在一起会招致厄运。但过后，他们的同伙还是会把这些女孩杀掉，然后把她们的尸体扔到沟里去。

有时候，胡图人基本上在沼泽地的另一边忙碌，这时我们就能聊聊天，甚至吃点残存的食物。但第二天，他们就会对我们这边下狠手，我们于是连大气都不敢出。而且由于饥饿，小孩子很可能会被吃掉。

那些罪犯杀人后并不掩埋死者，因为死者众多，让他们望而却步。他们更愿意杀完人就收工，不再费力清理现场。这些人过于相信他们就要摆脱所有图西人了，所以由此推断不会有人来介入他们在卢旺达做的这些事。

4月30日那天，联攻派民兵从各条路上冲下来，在各个方向发起袭击，掀起了一阵特别亢奋的喧嚣。他们的雄心壮志是杀上整整一天，中午都不休息。那一晚，沼泽地到处哀鸿遍野，躺着几千具尸体和将死之人。我特别丧气，曾想干脆就躺在沼泽地里等死吧，但终究还是害怕被砍刀杀死。事实上，我没听说过任何想要轻生的人。我想，人们太想活下去了，所以根本不会把时间浪费在自杀这种想法上。我也没有遇到过任何为自己是幸存者而感到羞耻的人。只有一些感到不安的人，他们担心某一天，在那些性命攸关的事情上，自己本能做得很好，却出了差错。

白人说大屠杀是所谓的疯狂——不是这样的。大屠杀是一场精心策划、精准实施的行动。胡图族邻居自称，他们是因为受到死亡的威胁所以才去杀了几个人。但其实只有小部分人是这样的情况。一个农民游手好闲，他的庄稼不会自己长；一个司机粗心大意，他的汽车就会发生故障。但沼泽地里，我们死了几十个人，这时可完全没发现胡图人的游手好闲和粗心大意。

　　真相是，很多胡图人无法再忍受图西人了。为什么呢？这个问题一直萦绕在所有香蕉园中。我觉得图西人和胡图人之间存在的一些差异让胡图人变得过于猜忌。图西人的脸更瘦，脖颈更修长，鼻梁更挺直，而且性格更谨慎、更讲究。胡图人从不介意穿着干农活的衣服去办公室或诊所，而图西人一定会换衣服。但是，在财富和智商方面，两个种族之间没有任何差异。很多胡图人说，他们提防的是图西人性格或精神中的恶意，但这所谓的恶意根本不存在。

　　胡图人还说我们拥有太多奶牛，这也不是真的。我父母根本都没有养奶牛。我们的邻居也没有，虽然他们家里人口更多、更贫困。奶牛就在集市上，谁有钱谁就能买。所以事实是，胡图人不喜欢与奶牛为伴。图西人如果在树丛中碰到奶牛，他看到的是财富；而胡图人遇到奶牛，他看到的只是牛蹄子和麻烦事。

　　胡图人还常抱怨说：图西人很傲慢，不愿意和胡图人联姻，也不愿意把女儿的嫁妆给胡图人家。但一个图西族女孩如果嫁到胡图族的山头去生活，一旦胡图人开始屠杀附近的图西人，她必定不会有安全感，只能两手空空地独自回到娘家。

　　我觉得，胡图族的极端主义者砍图西人是为了让图西族的女性变矮，因为在他们的审美里，这些女性太高了；也是为了吃掉图西人的牲畜，因为这些动物吃掉了太多的青草；并且还为了抢占图西人的土地。因此，他们无故指责图西人是大量繁殖的"蟑螂"。

　　我经常觉得，我们是被非洲遗忘的子民。我们生活在法国人控制下的非洲，但法国人只对胡图人青眼有加。我不知道为什么白人都提防图西人。可能是因为图西人养成了自己的教育方式，没有那么原始。我发现，面子上，白人对大屠杀表示愤慨，但背地里他们说，图西人是因为他们对待胡图人的方式而咎由自取，或者其他类似的想法。白人不愿意看到他们不能相信的事情，他们也无法相信发生了大屠杀，因为这样的杀戮超越了包括他们在内的所有人的底线。

然而还应该记得一个更重要的事实：相比于白人，我们的非洲兄弟也没有做更多一点事情来挽救我们的生命。可考虑到相近的习俗和语言，还有谁能比黑人更理解黑人的不幸？由于这种内心的冷漠，我们只能在荒凉的山上独自面对令人不安的威胁。

但我仍然庆幸自己是图西人，否则我就会是一个胡图人。

后来，我和一个女伴又去过一次沼泽地，再看看曾经藏身的泥潭，看看邻居们丧生的水塘。后来我就再没有去过。夜里，一些面孔常常出现在我的梦中，他们看着我，一言不发，当我惊醒之后，我感觉到，在我和被杀死的人之间，有一种深深的不安。不，我不是觉得内疚，我没有错，因为我并不能为他们做些什么。但是，我也不为自己的幸运而高兴。我不知道如何解释这种感觉，因为这是我和死者之间一种很隐秘的联结。当我想到他们的时候，我难过、苦恼，并不是面对一般的死亡时那种单纯的悲伤。

我靠种地养孩子。一共有十个孤儿，住在两座房子里，其中我最年长。一个邻居给了我们一头奶牛，奶牛又生了一头小牛。有了奶牛，小孩子们就有点牛奶可喝，香蕉园也有了肥料。周六，我在尼塔拉马做水泥匠帮工，挣点小钱，此外我还受到幸存者基金的救济。

路过教堂里的纪念馆时，我不愿意去看那些无名的骸骨。但有时我还得给迷路的外国参观者带路，于是会情不自禁地凝视那些头骨。看着那些空洞的眼窝，想到那些人在承受了巨大痛苦之后可能并没有得到安息，而我们无法将他们的屈辱埋于地下，我觉得非常难受。

联攻派民兵杀人之后，通常会把死者有价值的衣物拿走。于是所有这些被大卸八块的尸体，包括老人、少女的尸体，都是全裸的。这样赤裸的景象强烈地刺激着我们的神经。这些被时间遗弃的赤裸生命，与曾经的他们判若两人，而我们还没有成为他们。它们是一个真实的噩梦。我认为您无法理解。

有时，我去教堂祷告，因为我很幸运，接受过洗礼。我只向上帝请求一件事情：保佑我不要对那些恶人变得恶毒。除此之外再没有了，真的。我不想品尝复仇的滋味。

我不是说今后一定不会结婚，但哪个男人愿意把他的钱用来哺育这些住在我家的孤儿呢？在非洲，当你遭遇不幸时，朋友可以给你带来饮料，可以用温柔的话语安慰你，可以花所有的时间鼓励你，如果你发烧了他还会照顾你。但涉及钱的话，就不是这么回事儿了。对非洲人来说，在物质的给予方面，血缘关系是非常重要的。如果不是家人，我们更愿意用体贴的话语来代替金钱的给予。

我常常怀念过去，怀念和爸爸妈妈、兄弟姐妹在一起的日子，想起校园的长椅、手掌抚过的书籍和向往的教师职业。如今我很难去品尝生活的滋味了。以前，我很喜欢读书中的故事。但现在，时间并没有帮我走出困境，我不再有读书的机会，也找不到什么书读。我不认为大屠杀改变了我的性格，只有一点，就是我备受孤独的折磨，这让我很困扰。当我陷入悲痛的思绪而太过孤独时，我就起身去邻居家串门，和像我们一样的孤儿一起听广播剧。我很喜欢那些广播剧，因为它们让我们可以去想象生活在远方的人们和他们的日常生活。

我觉得，虽然对于幸存者来说，在外国人面前追忆这些往事挺折磨人的，而且真相也无法触动冷漠的心灵，但无论如何，讲讲发生过的事情还是挺好的。但关于大屠杀的根源，我恐怕不能给您提供任何有帮助的想法。

此外我认为，不会有人写下这场神秘悲剧的所有真相，基加利和欧洲的教授不会，知识分子和政客也不会。对于事实的任何解释都会在这方面或那方面出错，就像一张瘸腿的桌子。大屠杀不是因两三个根源而起的灾难,它的根源是在地下腐烂的死结,但没有人发现。

  我不会再浪费思绪去理解昔日的胡图族邻居。有时,我可以用这一切开玩笑,以表现得和颜悦色,但微笑的嘴角知道它掩饰了真实的内心。我的生活被这场厄运彻底打乱了,但我把这份不幸克制在心里,不让它跑出来,为了孩子我得保持平静。

14
"永久"的黄昏

尼亚鲁纳济（Nyarunazi）的傍晚，夕阳的余晖刚刚洒在鲁林多沼泽地中，映照在阿卡尼亚鲁河面上，男人们从屋里走出来，聚集在曾经的谷仓里。他们靠着墙，或席地而坐，或坐在矮凳上。其中一人在房间中央摆上一桶香蕉酒，在开口处插一支芦苇当作吸管。男人们轮流蹲在桶边，深深地吸上一大口。他们在昏暗中聊天，谈论战前时代。尼亚鲁纳济位于恩塔拉马和基本戈之间，坐落于一片橡胶树林边上，是那时最热门的商贸之城。他们还谈论不在人世和不似往昔的女人们。他们逗弄那个刚刚廉价出售了最后一个千斤顶的汽车修理工，嘲笑那个刚刚没电关机的收音机，然后就沉默地喝酒，不再交谈。再晚些时候，他们靠在谷仓的墙上打盹，或者踉踉跄跄地回家去。

清朗的夜空中繁星点点，这是小村庄里唯一的光亮。从尼亚鲁纳济向下延伸到大路的小道上，几小撮沉默的影子鱼贯而过。有时他们低声交谈，仿佛害怕扰了香蕉园的好梦。布盖塞拉的深夜，即使最窄的小路也从不荒凉，总有络绎不绝的行人要经此回到他们居住的山上去：加班开会、把外套搭在肩上的公务员；在小酒吧里喝完最后一瓶啤酒而晚归的农民；因背上背着孩子或头上顶着豆子而放慢脚步的女人。红胸黑伯劳鸟尖锐的叫声和牛群低沉的哞哞声中，掺杂着布谷鸟没完没了的鸣叫。很多年迈的村民，女人跟在男人后面，用棍子支撑缓慢的脚步，从下午一直走到深夜。还有一些人，为了赶上黎明出发去基加利的卡车，深夜出行。

在尼亚马塔附近的加塔雷街区，一座座水塘里的青蛙叫声渐次传来，汇合成雷鸣般的噪声。燃烧的木炭的红光照亮了院子里聚集的人群和丛林中闲逛的孩童。足球场上，几个小伙子在黑暗中围着唯一的球门踢球，这球是比他们大一些的孩子借给他们玩的，就借到第二天一早，所以他们要尽可能地享用这个真正的皮制足球。

主干道上，红色的尘土随着降临的夜幕和停止的风一起落了下来。最后几辆回来的车停在了栅栏后面，拴在集市上的山羊打着盹。广场上，一些青少年在聊天，或者围在理发店门前听店里播放的音乐。小摩托上载着耳鬓厮磨的情侣，或因道路颠簸而紧紧抱着的夫妻。暗淡的霓虹灯在小酒馆里闪烁。遮雨棚下，芝加哥坐在一个货物箱上，监管着仓库的啤酒装车发货。芝加哥是镇上为数不多的胖子之一，可能他的外号和他的敦厚正是来源于此。他用开瓶器打开啤酒，从手里一滑递到你手里，就像递一件偷来的东西一样。大屠杀中，他从南部城市吉孔戈罗步行穿过整个国家，幸存了下来。他再不会回到吉孔戈罗重拾以前的生活了。

十字路口对面，停放着泰奥内斯特的新卡车，这是战后他的第一辆卡车。泰奥内斯特留着小胡子，身着基加利风格的时髦衣服。以前，当名流显贵和他们的配偶还习惯穿套装和精致长袍时，泰奥内斯特是当地最受好评的裁缝。大屠杀中，他是卡云巴树林中逃跑团的一员，他的伙伴有伊诺桑、康复中心的一个主任多米尼克，还

"永久"的黄昏

有性格敦厚的牛仔贝纳瓦……这20多个逃跑的人都幸存了下来。[*]泰奥内斯特呢，在第三次尝试中，他终于成功地从山上一路跑到了布隆迪边境。可能就是从这个奇迹般的成就中，他习得了那持久的、富有感染力的大笑。他的店里总是聚集着一群喝酒的人。稍远处的拱廊那里，霓虹灯字母指示着俱乐部的入口，布隆迪富裕家庭的年轻人在这里聚会，惆怅地追忆曾在布琼布拉度过的夜晚。

还是在主干道上，有一块蓝色的横幅系在两个小木桩之间，这是新开的一家餐厅，名叫"永久"。它的墙体涂成了翡翠绿，桌布是用绣花缠腰布的布料做成的。老板娘叫西尔维·乌姆比耶伊，她只有晚上才在店里，看顾生意，跟客人简单聊两句，而白天，她都消失在丛林里。

第一眼见到西尔维，就能注意到她黑色的眼眸透露出一种别致的美感，宁静又明亮。美妙的嗓音更增加了她的魅力。然后还会发现她有优雅的谈吐，比如，当被问及为什么她能说出那样漂亮的句子时，她回答："它们是自然而然流淌出来的，如果你从那边回来，你就看到过赤裸生命。"

西尔维是布塔雷的一名幸存者。布塔雷是卢旺达西南部的一座大学城。大屠杀结束时，她来到尼亚马塔，不认识这里的任何人。周围都是一片荒芜或满地尸体。从那时起，她成了这几座山上的一名社会工作者，每天早上出门，和她的团队一起工作，她创造了一个独特的职业。

她每天很早就出门，坐着小卡车穿过田地、矮林和香蕉园，在树林中摸索前行，寻找在沼泽地中幸存下来的孩子，或从刚果军营回来的孩子，或在残垣断壁中藏身的孩子，或在丛林和豆子地里游

---

[*] 关于卡云巴森林幸存者的人数，书中有两种不同的说法：20多人和20人。在此处，作者使用的词语是vingtaine，意为"大概二十个、二十来个"；在其他地方，作者（或者大屠杀当事人）使用的词是vingt，意为"二十"。——编者注

荡的孩子。她去看望他们,把他们登记在册,试着和他们对话,然后再次启程。

当她走进一户人家时,就礼貌地叫人并自报家门,和所有从附近田地和树丛中冲过来的孩子握手。她参观牛圈,检查漏雨的铁板屋顶,观察校服和学校发的练习册,询问母鸡的情况,和儿童及青少年谈论种地、失眠和离家出走等话题。她坐在一根树干上,声音平静而愉快。不管多久,她总是耐心地倾听。她的工作用品是一个皮制的笔记本和一支圆珠笔,笔在指间被她拨弄来拨弄去。在轻松愉悦的外在状态之下,西尔维其实是务实、严格而又细致的。

她用自己的积蓄给抚养的五个孩子每人买了一头奶牛,又刚刚开了永久餐馆来维持大家庭的生计。因为热爱自己的工作,所以她总是朝气蓬勃。她爱打扮,因为"时光匆匆不回头",每天她都穿不一样的衣服:花裙子、紧身牛仔或五颜六色的缠腰布。她显得很轻盈,看待周围的世界有着惊人的通透。讲述自己的故事时,她有时会捏住鼻梁,闭上眼睛,长久地聆听蟋蟀的鸣叫,而不让两行眼泪悄然落下。

西尔维·乌姆比耶伊
34岁,社会工作者

于尼亚马塔加塔雷

在去往基伦多(Kirundo)的路途中,三四个家庭坐在一辆大车上。那时,6月已接近尾声。我是从布塔雷屠杀中幸存下来的,但我对活着回到自己家并没有抱太大希望,因为那里的屠杀还没有结束。

那段时间,不管去哪个省份,都是难以想象的。所以我们穿过了布盖塞拉,我对那儿一无所知。布盖塞拉是第一个有点趋向安全的地区，当地的大屠杀刚刚结束。那里看起来像一片大荒漠。但人们还是不能独自去周围的区域，只要是远离公路的行人，比如要去田里找食物的话，都必须要有人一起去，因为害怕会碰到抢劫的联攻派民兵。

到尼亚马塔的时候，我们已经没有力气继续走了，于是就被放在镇上。我们想找一间房子，每个房间能容纳一到两个家庭。战前，听说尼亚马塔是个特别漂亮的小镇。但当我第一眼看到它时，我只看到它经历了太多战乱，那么多房子被烧毁，那么多人负伤或残疾。整个城镇已不是"肮脏"一词可以形容。但最缺乏的还是人口。路上，我已经了解到教堂发生了大屠杀，几乎所有居民都不见了，和布塔雷的情况一样。我的第一感觉是，我们的命运在这里将会变得非常残酷。

很快，我们就切近地看到人们的生活是多么混乱，似乎每个人都在独自为自己的命运而挣扎。我们可以想象，人们对一切都无所谓了，看不到未来，也没有任何希望，人们的精神似乎受到很大创伤。我举个例子。某天，我们刚好走进一座损毁严重的房屋，想要友好地拜访一下。我们见到了一个小家庭，所有人都躺在地上。我们对那个男人说："你为什么要这样躺在尘土和一片狼藉之中？都不管你的孩子吗？"他甚至都没有起身，回答道："对我来说这都不重要了。我曾有一个妻子，但她死了。我曾有一座房子，但它被毁了。我曾有一些孩子，也被杀死了好几个。对我重要的人和事，我已经完全失去了。"

逃亡路上，我和我的丈夫、两个孩子、几个弟弟妹妹还有大屠杀期间降生的一个小婴儿在一起。到尼亚马塔的前三个月，我几乎待在家里没有出门，忙于繁重的家务，脱不开身。这里的日子太难了，因为真的是一无所有。我们常常找四五个小时都找不到一桶饮用水。找食物也是如此，找木柴也是如此。

我们不认识这里的任何人，不过这倒不是个大问题，因为跟我们一起到尼亚马塔的有布塔雷的一小伙熟人，而且当地的人们似乎也互相不认识。后来，9月的时候，我听说一个加拿大组织在找社会工作者，我就去参加面试，然后得到了这份工作。我开始在这些山上穿梭往来。于是，我看到了赤裸裸的生命状态。

　　那时，镇上只有很少的汽车。其中一辆每天早上快8点的时候把我们载到丛林，然后我们步行一天，到下午5点的时候，这辆车再到同样的地方把我们接回去。我们就这样开始行走，去寻找因屠杀而散落在山上的"孤儿"，也就是那些既没有父母又没有成人在旁照看的孩子。这件事直到今日还在进行。我们也继续拜访居民，深入香蕉园，辨认孩子们的身份。他们或是群居，或是独自住在小棚屋，甚至都没有一床被子或一席可坐之地。

　　与这些孩子的相遇对我触动很深，因为他们的境况实在是太悲惨了。他们有各自不同的逃跑经历：有些是在高粱地里活下来的，有些是在沼泽地或深沟中幸存下来的，有的曾逃到很远的地方甚至是国外，一路艰辛坎坷。这些孩子受到很深的创伤，但表现方式不尽相同。有些孩子想要说出来，但没有办法很好地厘清想法。有些孩子除了哭泣之外，就没法再自我表达。还有些孩子说："我哭过，但他们还是杀了我的爸爸妈妈。我哭过，但还是没有吃的东西和住的地方。我哭过，但我还是没学可上。现在，不管是为我自己，还是为其他任何人，我都不想再哭了。"

　　有一些孩子在大屠杀之后依然能够流利讲话，但现在他们却沉默了，因为他们再也找不到讲话的意义。一开始，他们用讲述传奇故事或恐怖故事的口吻讲述大屠杀，似乎那些事情非常重要。但他们讲着讲着就停了，或者当有人专注倾听的时候就停了。后来，这些孩子的希望随着他们的语言一起消逝了。时间让他们意识到自己的生活发生了翻天覆地的变化，以及这些故事是多么真实。他们反复思索在沼泽地里经历的一切，明白没有人能替代他们已经失去的那些人，他们把自己封闭在沉默的噩梦里。孩子们有的非常沮丧，有的非常困惑，有的非常反叛。我则在一点点地适应他们。

　　为了与伤痕累累的幸存者展开对话，首先要鼓励他稍微敞开心扉，流露一些自己的想法，这些想法能呈现出他不安的心结。为了做到这一点，我采取的策略其实很简单。我靠近对方，沉默一小会儿，然后开始跟他说话："我也是大屠杀的幸存者。他们用一切办法想把我杀掉。跟你一样，我知道我的父母都死了，我曾在几米开外眼睁睁地看到联攻派民兵用长矛刺穿人们的身体，这些我都经历过。咱们两个人，今后都将带着这些经历继续生活。"于是，对方渐渐与我熟悉起来，建立起一点信任。

　　大屠杀不同于其他任何灾难。这是我走遍一座座山而得到的结论。与一个亲历者谈论大屠杀，完全不同于与一个旁观的知情者分享。大屠杀过后，幸存者的心灵深处依然埋藏着一个伤口，它永不会见光，永不会呈现人前。我们这些幸存者呢，我们无法确切地知道这个隐藏的伤口的本质，但至少能感知它的存在。而没有经历过大屠杀的人，他们什么都看不到。如果他们足够努力，未来某一天他们也许能够承认，我们遭受过这种隐秘的痛苦。但这需要很久，即使他们是卢旺达或布隆迪的图西人，即使他们也有亲朋好友在屠杀中丧生。我没法解释这是为什么，但我知道这个过程会非常缓慢。我不了解其他大屠杀的历史，但我猜想都会存在这种滞后：没有亲历大屠杀的人，即使付诸非凡的努力，也要在很久之后才能理解一二。

　　对于一个刚走出大屠杀的孩子来说，另一件很重要的事是赶快解决他在物质上的悲惨境况。如果他生病，那就给他找药；给他在房子里找一个容身之处；给他提供衣食；如果他能回到学校读书，那就给他提供文具；如果他能种地，那就给他农具。这样，他才能觉得自己没有被完全抛弃，才更能感到被尊重，才能在社会中更好地自处。下一步，就是让他去接触其他孩子。孩子们之间谈论自己的经历会更加容易，这有助于冲破语言的禁锢。然后，我们应该聆听每个人说的所有话语，帮助他搞明白自己的问题所在，帮助他找到新的语言来表达内心更深处的感受。

我得指出观察到的一个重要事情：大屠杀改变了幸存者语言体系中一些词语的含义，而另一些词语的含义彻底消失了，所以倾听的人要注意这些语义的干扰。

随着时间流逝，我发现，大屠杀结束后，最年幼的孩子并不是最脆弱的，因为他们太小了，当他们重新开始品尝生活的味道时，能够本能地自我恢复。他们的乐趣还是丰富而蓬勃的。当然，除非他们受到了特别严重的创伤，并且不能再自如地讲话。

最难恢复的是青少年和老人。青少年因为不能理解这一切而承受着更多痛苦。联攻派民兵在没有任何预先的威胁或争执的情况下，就想要灭绝他们，他们不能接受这个事实。青少年们无忧无虑地来到了人生的大门口，却被砍刀阻拦，无法入内。从此他们对人生满腹疑问。他们想知道："我对胡图人没有做过任何事，他们究竟不能容忍我身上的什么地方？我的脸上表现出了什么我自己不知道的东西吗？为什么一定要杀死我老老实实种地的父母？我要如何与这些只想着杀掉我却没有任何解释的人一起生活？"对于他们当中的很多人来说，成人的生活变得无比复杂。比如，对于这些少女来说，她们今后可能稀里糊涂地就会怀孕，没有深思熟虑，也不觉得意外，更不会考虑孩子的未来。

不过，当青少年们聚在一起时，互相谈论这些事情，交换想法，分享感受，这能缓解他们的焦虑。甚至还有人开始跟胡图族的年轻人交谈。这样的对话透露出一丝希望。

再说老年人，他们的损失是无法被安慰的。他们养大了孩子，孩子本可以赡养他们，给他们衣服食物，温柔地陪伴他们老去。但现在，再也没有人陪在他们身边了。这就好比说，在人生最后一程的起跑线上，砍掉了他们的臂膀和腿脚。老人们总是反复追问："我把儿子女儿健康地养大，给他们找了合适的亲家，可他们现在死在了沼泽地。以后谁能给我养老？谁能让我远离疾病和悲痛？"此后，他们只能与孤独和贫穷为伴了，所以他们真的很难不天天沉溺于回忆的深渊。

还有一些胡图族的孩子，他们曾一直走到刚果，后来又回到了自己家。很难看得出他们有什么不同。但这些长途跋涉过的孩子向来坐不住，他们有辍学或突然离家出走的倾向，他们去街上溜达，喜欢躲在丛林里。和他们说话的时候，当问起他们是如何去往刚果、和谁一起上路、在刚果军营中如何度日、今后如何生存的时候，他们会脱口而出地讲一点细节，但一旦提及某些词语，他们就会逃避，并且表示不愿意继续这次对话了。

从尼扬维扎沼泽中幸存下来的孩子，曾看过最黑暗邪恶之事，但还好只是在一段有限的时间中。如果我们密切关注他们，温和地接触他们，他们就会更容易亲近你。

去过刚果的那些人在很长一段时间里都生活在混乱和危险中。在戈马军营中，他们独自挣扎求生，没有人在意他们，所以他们觉得被所有人抛弃，回来的时候他们一无所有，卑微到尘埃里，无法恢复昔日的生活状态。

大屠杀的幸存者永远无法摆脱经历过的事情，但他们能够回到正常的生活轨道上来，因为他们可以讲出实情，并且周围的人也都说真话。他们害怕很多种危险，但不包括谎言的危险。

从刚果回来的孩子，他们总是沉默，和别人说话时也不会正视对方。有些孩子的父母在逃亡路上死去或者失踪，这些孩子说他们一无所知。有些孩子的父母进了监狱，我们问他们知不知道是为什么，他们避而不答，只回答说大屠杀期间他们生病了，不在场，什么都没看到，什么都没听到。他们总是担心如果说漏了什么话，会有人去找他们。即使他们敢说出一些事情，甚至愿意卸下心防，试着讲出自己知道的事情，他们也不说实情。他们编一些证据，证明自己什么都没看到。他们害怕被虐待。而且我确实发现，随着时间过去，他们越发因为自己父母的恶意行为而觉得自己有罪。

对于大屠杀中幸存下来的图西族孩子来说，他们面临的问题是随着时间不断变化的。他们的记忆是难以承受的重担，但因为随着年龄渐长会发生改变，所以这个负担反而在减轻。

而对于长途跋涉到刚果的胡图族孩子来说，他们的负担与日俱增，因为他们不能正面回望过去。沉默把他们定格在恐惧当中。时间也在拒绝他们。在我们一次又一次探望他们的期间，情况毫无变化。我们注意到，他们脑海中的焦虑总是把想法赶走。鼓励他们开口说话很困难。可是，如果他们对自己的境况什么都不说，就没有办法重新开始生活。所以，对待他们要格外温柔和耐心，要经常去看望他们，让时间帮助感情滋长。有一些我从一开始就定期探访的家庭，他们的孩子已经能讲述出大屠杀期间发生的事情、他们在自家附近亲眼看到的一切，以及他们父母所做的坏事。现在，他们和幸存的孩子相处得更自在一些了，彼此之间开始有来往。

孩子们常常陷在悲痛或恐慌之中，尤其是睡觉的时候。他们梦到自己经历过的事情，就会哭喊起来，有时甚至会在夜里奔跑起来或者乞求原谅。这会吵醒房子里同住的其他孩子，然后所有人都整夜无眠，等待天亮。当一个孩子或者一个青少年迷失在恐慌之中不能控制自己时，我们应该在他旁边坐下来，询问他愿不愿意倾诉一下。如果我在场的话，我就给他讲述发生在自己身上的事情，然后他也会给我讲自己经历的事情，就像我跟您说过的那样，然后他就慢慢平静下来了。我会跳过一些经历片段，但也随时准备回答疑问。

如果我不能给他解释清楚为什么会发生这样的事情那就算了，重点是让他觉得自己这个幸存者不那么孤独。

我喜欢跟孩子们、朋友们还有同事们讲这些事。总之，我不可能有哪天不想起这些事情，所以不如谈论一下更好。大屠杀就像一场电影，每天都会在幸存者眼前播放，在它结束前打断它是没有用的。我喜欢我的工作，它完全不会让我厌烦。我打算一直做下去。和孩子们的交谈有助于我加深对大屠杀的理解。

但我最小的几个孩子，我不会这般对待他们，因为还没到跟他们谈论大屠杀的时候。如果我现在给他们讲我经历过的恶劣境况，那话语中流露的悲伤、仇恨和悲观可能会影响他们，而他们还不能理解。我表现出的态度可能会造成隔阂。接受这一点很重要，因为孩子们如果没有经历过屠杀，那就不应该承受父母的痛苦。就算一个人自己的生活停滞了，那为了孩子也得继续下去。当我的孩子们长大后，我会回答他们从学校带回的问题。我不会对他们隐瞒任何事，因为大屠杀是铭刻在卢旺达历史中的真实事件，但我希望他们晚一点再面对这段血腥的历史。

我出生在布塔雷省。我的父亲是卢旺达国立大学的图书馆管理员，我的母亲是小学教师。我们家有九个孩子，我是老二。我们的大家族有200多人，住在鲁尼因亚（Runyinya）一条街上的12座房子里，这个区离市中心18公里。我在一个非常有爱的家庭里长大，祖父母，还有你们称作叔叔和姑姑的亲戚，都很疼爱我。我从没见过父母吵架。他们虽然挣得不多，但因为我们自己种地，所以几乎不需要花钱买东西。我从没遇到过什么挫折，一直生活得很幸福。我读完了人文科学，又学习了社会科学，本打算继续读大学。我嫁给了一位准教师，我们住在一座不错的房子里，房子周围还有我装饰出来的小花园。生活真的不错。

在布塔雷，图西族和胡图族混居在一起，没有任何矛盾，尤其是在教师聚居的街区。我们家附近有个小酒馆，我们总是去那里聊天、一起吃烤串。但这样的好日子在总统逝世的消息传来的那一刻彻底变了。哈比亚利马纳总统去世的那一天，突然之间，前一天还跟我们一起喝酒闲谈的同事就不想再和我们对视了。那天，我看到了我们是如何被没有一点嫌隙的朋友恶意揣测的。

在图西族家庭中，我们避而不谈这场发生在乌干达军队和哈比亚利马纳军队之间的战争。可能胡图人谈论得很多吧，可能他们早就从中酝酿出了对我们的憎恨并隐瞒着我们。说真的，我惊讶到完全不能理解。

于是，在总统飞机坠毁后，我们被要求待在家里，连集市都不能去。我们被军人看守着，不知道接下来会发生什么，但我们还没有被杀掉。大概是 4 月 9 日或 10 日，整个国家的局势都恶化了。我们听到广播和流言说，基加利的情形非常糟糕，还听到一些坏消息说，某些地区沿路都是死人。但在我们那里，除了很多人饿死在家里之外，还是一片平静。在此期间，我们议论着局势，都发出这样的疑问：没有人知道坠机到底是不是意外，为什么胡图族农民第一时间就列队出发去屠杀图西族农民？还有一些其他不合乎常理的话语。

有天早上，军人们打开了门，让我们白天出去找食物。那是 4 月 19 日。于是我的丈夫去了集市。他回来以后跟我说："市里的情况特别严重，联攻派民兵已经开始杀人了。我们必须马上离开这里。"我当时病得很重，而且怀着孩子，一点力气都没有，但我还是同意了："好，我这就收拾行李。"他说："不用，没时间了，我们必须立刻就走。"我把我们的文凭和孩子们的一些衣服装在小手提箱里，然后我们穿着居家服、抱着两个孩子就出发了。碰巧我们在一辆小卡车里找到了位置，我们和车里的另一家人一起付了路费。由于布塔雷离国境线不远，于是车就开往布隆迪。

沿途，我见识到了战争的残酷。到处都是尸体，甚至有身体已被剖开但还在挣扎和呻吟的垂死之人，还有幸灾乐祸的胡图人。快过海关的时候，我们被最后一道关卡拦住了。一大群难民渐渐从后面赶了上来：他们或从田地里冲下来，或从河水中冒出来，他们在路上奔跑着，喊叫着。联攻派民兵和军人不遗余力地砍杀他们。那些罪犯就像野兽一样，真的，所过之处只留下死人和将死之人。

于是我们就坐在地上，等待死神降临。我已经不害怕了，已经习惯了喊叫的喧嚣，只等着砍刀落下。有时，当事情刚发生，我们会害怕，但身处其中之后，我们就只会麻木前行。那时我变得非常有耐心。突然，我们听到一小阵惊慌的枪声。我觉得那是军队之间发生的冲突。我感觉肚子里的孩子在动，就想到了那些被砍刀剖腹的准妈妈。于是我抱起一个孩子，丈夫背起另一个，我什么都不想了，就在疯狂的杀戮中奔跑起来，然后撞进了一位布隆迪海关人员怀里，他大概是这么说的："好了，女士，奔跑之旅结束了，您现在得好好休息。"过了一会儿我向身后看去，只见到关卡后面横陈着一大片尸体。

我很喜欢布塔雷。因为它是我的故乡，而且我已经非常习惯那里的一切。那是一个还不错的城市，我认识各种各样的人。后来，我回到父母被杀害的房子里，用基督徒的方式把他们安葬。此后我没有多待一刻就离开了。

战争之前，卢旺达人并不是随便住在哪里都行的，就像在您的国家那样。卢旺达人认为："没有家人、房子、邻居和奶牛的地方，我是不会居住的。"如果他要远行，也总会回到家庭扎根的地方。如今再去布塔雷，我只会觉得痛苦，因为那里不再有属于我的生活。在我们曾生活过的地方，如果找不到可以聊天说话的人，太让人悲伤。城市周边也没有人住了。在市中心，我看到很多新面孔，从没遇到任何一个昔日的熟人。战争结束后，布塔雷的很多学院、研究院和高等学府又重新开学了,然而我发现,学习知识的氛围完全被破坏了。我只找到四位老同学,其他人都死了。在我们的鲁因尼亚,荆棘丛已经长满了房屋的废墟。我们的大家庭曾有将近200人,但现在只剩不到20人了。

如果在布塔雷遇到胡图族的熟人,他会躲着我。他向我问好,我们寒暄一下,他会向旁边撤一步,并不想开启认真的对话。即使我没有向他表示愤恨,即使他是个很好的人,但我们之间也很快就变得局促不安。他会说"西尔维,抱歉,我还有急事",或者以类似的借口溜掉。

在卢旺达的风俗中,邻居是非常重要的。只有邻居知道你每天是如何醒来的,你需要什么,如何给你提建议,如何互相帮助。如果你不再了解你的邻居,或者你跟他说话的时候他要逃开,你会觉得是巨大的损失,而且说明你该离开了。我无法想象我在布塔雷还有什么未来,因为那里再没有我渴望的人和事。

所以在大屠杀之后,不管住在哪里都变得一样了,那么哪里能活下去,就安顿在哪里。我如果找到一份工作和一个住处,我能让自己融入任何群体。在尼亚马塔,没有人生活在自己本来应在的地方。有些当地的幸存者无法在这里找回曾经的生活,而从布隆迪或乌干达流亡回来的图西人,还有从刚果回来的胡图族难民,在这里也找不到归属感。无论是住处还是精神,都让人觉得贫乏。但我总是对抱怨的人们说:经历了大屠杀之后还有运气在某个地方存活下来的人,应该要感恩,要好好活着,别抱怨。

我感觉,如果有一些好事会再发生在我身上,那一定是在尼亚马塔,因为在这里我重新找回了自己。在尼亚马塔,我翻山越岭,和很多人谈论他们的内心情感。我喜欢去探访他们,和他们聊天。我也喜欢陪在我的孩子身边,给他们做饭补衣,就是这样。

就算我没有去国外观光,没有买下基加利橱窗里那条漂亮的裙子，没有被邀请参加一场盛大的婚礼，我都不会像以前那样因为这些事而烦心。我不再羡慕自己没有的东西。我觉得没有必要也不想要，用"我差点就死了"和"我可能不再有机会去做"这样的借口，着急忙慌地做一些事情。我甚至都还没在住的地方开辟一小块花园出来，就像之前在布塔雷的那个。

是的，战争并没有摧毁我内心的平静，我的运气真的太好了，因为有那么多人用尽一切方法逃命，却还是躲不过被杀害的命运，而我活了下来。如果我有这个运气，那么我的快乐应该会把我带到一个适合自己的平稳节奏上，不疾不徐。我看着时光流逝，既不会追着它跑，也不会让它白白浪费。

很多人都是碌碌无为地度日，既不想找工作，也不想给自己盖间新房，他们被打倒了，他们被伤痛压垮了，被巨大的不幸裹挟着，不再试着寻找可能的出路。

有的人希望大屠杀结束后的生活能静止在原地，这样他们就不需要自我审视和扪心自问。他们总是说：我为什么没能挽救我的妈妈？我为什么没能挽救我的孩子？他们对于自己独自幸存下来感到厌恶。他们讲述："家人们当时聚在一起，我们听到杀手们吵嚷着来了，我们就逃走；当我们再回去的时候，妈妈、孩子都在血泊中被砍得七零八落。"有很多人都觉得自己还活着是有罪的，或者认为他们意外地顶替了另一个本该活着的人，又或者觉得自己多余、毫无价值。

我也是一样，我丢下了很多亲朋好友。有时，我也觉得很悲伤，但从不会自责。我的父母死于4月8日，我甚至都不知道这个消息，因为当时我不能开门。我们逃走的那天，我看到那么多人死在我们身后。我活下来了，这没有什么好自责的。

事情就那么发生了，它本不该发生，但它还是发生了。我因为失去亲朋好友而感到痛苦。但是，就算他们被斧头砍死，他们死得很痛苦，然而没有我，他们那天也还是会死去。那么我应该做些什么？我应该发疯吗？我应该待在那里和他们一起死去吗？不是的，我对自己说，他们的生命虽然终结了，但他们永远活在我心中。终其一生，我都会伴着悲伤与痛苦想着他们，想着曾经的我们。

我身边发生了太多死亡，但我不想对生活失去信心，因为还有很多活着的人。我不喜欢那些用来抱怨和自弃的庇护所。这两种做法其实是同样的软弱：由于害怕大屠杀而逃离卢旺达；终日呆坐在那里重复念叨着"如果我建造住所，就会有人把它毁掉，如果我缝制漂亮的衣服，就会有人把它撕坏"，对自己和他人都无所期待，只蜷缩在自己内心的乌云之下。

自然，我也会经常感觉屈辱。我来自一个家学渊源深厚的家庭，但它被灭绝了；美好的命运本来选中了我，却又把我遗弃；我本打算读大学却只能放弃。我曾是一个逃兵、一个难民，几乎还是一个乞丐，等着他人施舍一点食物，生存在污秽和怜悯之中。但现在，这一切都被我抛到一边。如果生活继续，就一定要好好过下去！身体不好的时候、工作繁重的时候、失望时不时冒出来的时候，我都不在意；每天早上起来，我都尽量寻找自己的快乐。

我心底里认为重要的事情其实都没有改变。我的生活偏离了原本的轨道，邻居也不再是老朋友，我的工作和预想的不一样，但我还是想要成为同样的人。我不会因为大屠杀就找借口放弃。不知道您是否能理解我。

我记得一些在布塔雷当差的法国士兵，他们早上会出去跑步，把运动服浸得大汗淋漓。大屠杀刚开始的几天，他们让所有白人先离开，然后自己也逃走了。如果他们不能用自己的枪，为什么他们要在那儿？如果他们一无所知，为什么要仓皇离开？我不明白，但我着实知道白人从不愿睁开双眼看看大屠杀。

而电视台的摄影师和记者，他们倒是来过并且到处游逛。要我说,他们看是看了,但只能看到那些引人注目的事件。他们看到胡图人走向刚果的队伍,然后评论说:"看看他们,这就是战争中幸存下来的受害者。"他们看到爱国阵线的军队进入卢旺达,然后解释说:"这就是赢得种族战争胜利并且驱赶了胡图人的图西族军队。"但那些曾藏身于沼泽地泥潭、房屋屋顶、水井深处,几个星期都不能移动一步的人,却没有人去关注他们。电视屏幕上,记者们说道:"没有死于大屠杀的人,现在努力让自己不要死于去往军营的漫长路途中",最终,他们完全遗忘了大屠杀的幸存者。

那么,幸存者能和谁倾诉呢?没有人。幸存者被夹在来来往往的人群中,而这种状况把他们推向更边缘的地方。这对我们来说很残忍。这种麻木不仁在我们看来很野蛮。我们曾在屠刀下生存了好几周,我们身处最坏的境况时也没有人向我们伸出援手,那种情况下我们已经不去在乎这些了。但直到现在,几年过去了,这种局面并没有怎么改变。关于幸存者,依然存在被掩盖或歪曲的事实,这让外国人无法切实地了解大屠杀,换言之,无法对此感到不安。

我提出一个小小的理解:那些平静地看着大屠杀发生的白人,他们对自己的麻木和欺骗感到窘迫,于是他们现在情愿混淆视听,将战争和国家混为一谈,回避明了的事实,这样一来,也就无须再太多关注幸存者。所以,幸存者自己也就不再注重事实真相,他们想:既然其他人都认可了自己认为的真相,我们为什么还要在乎他们呢?

另一个重要的事情是,白人很难理解非洲人的一些态度。我讲一个我们经常会遇到的情况。比如,我有一个很好的邻居,我们看起来很好,和平相处。某天,他突然对我很无礼,他心里其实在指责我,却没有说出来。他反复想着这件事,目光就变得越来越冷漠。如果我能及时发现他凶恶的眼神,我就会找一个朋友,跟他说我和邻居相处得不太好。朋友就会找到我的邻居,跟他聊一聊。可能他会再来找我,跟我说:"你的邻居对你心生不满,你小心一点。"我或者去找邻居,给他一个解释,或者就保持距离。否则就会爆发严重的争执。一个非洲人如果心底有了愤怒,他可能会突然发作,使用超出自己控制的暴力。这种非洲特质就会导致意料之外的屠杀。当屠杀到来时,白人们袖手旁观,还说着冷言冷语:"看,他们又开始了,还是刚果人、塞拉利昂人和安哥拉人互相杀来杀去,不过都会过去的。"

然而,对于卢旺达的情况,只要几天,白人们就不可能不明白,这不是一场普通的杀戮,而是一场种族灭绝行动,但他们依然无动于衷。因此,将来,他们将在幸存者身上留下一个污点,以此掩饰他们的错误。

当我和朋友讨论大屠杀的根源时,我们想到了三点。首先是关于物质条件和贫穷。第二点是无知。第三是因为有太多挑唆别人的人,和容易受挑唆的人。十个卢旺达人里有八个都不识字,所以只要让他们觉得有利可图,就很容易给他们灌输任何有害的想法。战争爆发前,我没发现图西人和胡图人之间有任何明显的不同,因为我们常常来往,一起喝酒,互相帮助。可突然有一天,他们抽出了早已磨好的刀。他们必定是心中隐藏了无法消解的仇恨。但是这个原因无法解释为什么会发生种族灭绝行动。

此后,我一直在寻找自己未曾发觉的迹象。我知道胡图人在图西人面前觉得不舒服。胡图人想要活得惬意,于是决定不要在任何地方再看到图西人。但为什么呢?我没法回答。我不知道我的脸上或身上有什么他们不能忍受的特别之处。有时候我觉得不对,不可能是这个原因,不可能只是因为我们又高又瘦、容貌姣好,这也太荒唐了。有时候我又觉得就是这样,就是这些想法在他们心中潜滋暗长。这种极端的疯狂,即使是那些杀人的人也无法再面对,而那些差点被杀死的人就更不能够了。

在山上，我有时会跟参加过屠杀的家庭聊天。他们说，对自己做过的事和胡图族男人做过的事感到悔恨。他们解释道："有人跟我们说'杀掉图西人，你们就能拥有房子和土地'。但我们不知道这怎么就真的发生了。"当他们跟我说这样的话时，我理解不了他们，但我能坚持聆听。我深深地觉得，这不是原谅或遗忘的问题，而是和解的问题。白人放任杀手们大肆杀戮，没什么好原谅的。胡图人实施了屠杀，没什么好原谅的。那些亲眼看着自己的邻居剖开女孩肚子杀死婴儿的人，也没什么好原谅的。都不值得跟他们费口舌谈论这些事。只有公平正义才能够去宽恕。首先应该想到的是对幸存者的公平。这个公平是为了还原真相，为了驱散恐惧，为了让我们和解。

我对未来抱有希望，因为山上的情形在发生变化，人们开始小心地接近彼此。也许有一天，曾经参与过杀人的家庭和有人被杀的家庭又能和谐共处，互相帮助。但对于我们来说，已经太迟了，因为我们从今往后都一直会有种缺失感。我们曾在生命中前行，却被砍伤，只好退了回去。对于人类来说，发现自己又跌落到生命曾经的轨迹中，这太痛苦了。

时至今日，我从没遇到过谁说因为自己是幸存者而骄傲，也从没遇到过谁跟我说"生活很美好，要不是因为我那么害怕死于大屠杀，我都没发现它这么美好"，就像从致命的疾病中存活下来的人也不会这么说一样。幸存者们即使已经获得很好的生活，有一份工作，有漂亮的孩子，有啤酒喝，但他们的生命依然曾被砍断。

没有哪个幸存者是充满安全感的，是再也没有恐惧的。有的人害怕在山顶耕作，有的人害怕遇到胡图人。有些胡图人曾救过图西人，但他们也不敢再回到自己的村庄，害怕别人不相信他们。有的人害怕他人来访，有的人害怕黑夜。有些无辜的面孔会让别人恐慌，而他们自己也害怕让别人恐慌，好像自己长了一张罪犯的脸似的。

还有危险带来的恐惧，记忆带来的惊慌。

我举一个例子吧。上周，我们坐小卡车前往丛林，要去一个新的区域辨认几个孩子。我们在树丛中迷了路。我对司机说："我们迷路了，不过还是可以想办法继续完成工作。"在香蕉园边上，我们遇到了一群在劳作的胡图族农民。他们停下了手里的活儿，一言不发地看着我们，一动不动。我听到自己在喊话："行了，这次我们完了，我们都会死掉。"我当时已经不仅仅是害怕了，我不知道自己身处何处，视线也模糊了，我觉得自己陷入了一个真实的噩梦。我哭了，反复对司机说："你没看到这些手里拿着砍刀的男人吗？"他把手放在我胳膊上，对我说："西尔维，这很正常。他们是正在修剪作物的农民。"他努力让我平静下来。这是我去丛林以来第一次发生这样的事情，那天我真是太害怕了！

我常常后悔把时间浪费在想这些坏事上。我觉得这种恐惧在侵蚀幸运给我们留下的人生时光。我反复跟自己开玩笑，"如果还有人想砍死我，那就来吧，毕竟我只是个幸存者，他将杀掉那个本来就该死掉的人"，我用这个念头自娱自乐。

如果沉溺于对大屠杀的恐惧中太久，我们就会失去希望，就会失去从生命中挽救回来的东西。我们可能会染上另一种疯狂。当我平静的时候想到大屠杀，我会琢磨该把它安放在生命的哪个地方，但我没找到这样一个地方。我只是想说，它已经超出了人类的范畴。

2000年4月，于尼亚马塔

本书第一部中的照片，除第88页之外，均由雷蒙·德帕尔东（Raymond Depardon）拍摄。他就职于玛格南（Magnum）图片社，熟谙非洲，是非洲的亲密朋友。应作者之邀，他于1999年8月1日至15日在尼亚马塔停留，拍摄了这些照片。第88页的照片由作者本人拍摄。

第二部

屠刀一季

15
清晨

4月的夜雨常伴乌云,挡住清晨的第一缕阳光。这个时节的沼泽地区,天总是亮得晚,罗斯·库布维马纳(Rose Kubwimana)对此已经习惯了。让她困惑的并非这灰暗的光线。

罗斯赤脚蹲在一个棕褐色的水塘边,缠腰布提起到大腿,结满老茧的手放在膝盖上。她上身穿着羊毛衫。两个塑料桶平放在她身旁。她每天早上都到这里来打水,因为水塘够深,这里的水没有那么浑浊,而且水塘边铺满了棕榈叶,所以没有别处那么吸水潮湿。

这个水塘被矮棕榈的枝叶完全挡住了,另一边还是无边无际的水塘和散布在灌木丛和纸莎草间的水洼或泥潭。罗斯吸一口气,是熟悉的沼泽地的臭味,而且这个早晨的空气尤为潮湿。她还闻到了白色睡莲的香气。刚一到这里,她就感觉气氛有点奇怪,最终她搞明白了:今天的沼泽地没有像往常一样窸窣作响。

圣鹮的喧闹声和小长尾猴的鸣叫声很清楚,但很远。与周边的环境相比，沼泽地似乎沉默不言。没有林羚*偷偷摸摸的沙沙声，也没有野猪吓人的暴躁呼噜声。榕树枝上的绿蕉鹃通常都起得很早，今天却也没有发出响亮且准时的"扣扣"声，也许它们像其他清晨生物一样，已经飞走了。

罗斯·库布维马纳上了点年纪，瘦高且强健，头发花白。她家要在树林里走一个小时才能到。从20岁起，她就到这里给全家打水，但以前从没遇到过这种寂静，无论是淤泥干裂的大旱时节，还是积水泛滥的暴雨季节。她知道，这不是什么好兆头。她很担心，但并不很惊讶。

前一天，她在十字路口的卡车站点下车后，从恩塔拉马教堂门口路过，看到了那里的营地。她知道，三天以来，附近的图西族人家都聚集到了这里。她还知道，因为她看到了，很多图西人在求加罗学校里避难，或者一路向下去江边躲藏，那儿可能离这个水塘并不远。

这个早晨的晚些时候，她只会说："我想山上会发生可怕的杀戮，那里的生活将发生天翻地覆的变化。至于沼泽，说真的，我不认为屠刀和混乱会一直蔓延到那里。我不这么认为，但我确实感知到了。"她满足于这样想："从第一天开始，时间就想对这些事情保密。我现在只不过是躲在时间身后而已。"

她所说的"第一天"就是1994年4月11日。4月6日夜里，卢旺达共和国的总统朱韦纳尔·哈比亚利马纳因其专机爆炸坠毁而身亡。当晚，卢旺达大屠杀就在基加利爆发，随后蔓延到其他城市，几天后波及山上，就像布盖塞拉这里发生的那样。

---

* 水栖羚羊。有着巧克力色或灰棕色的皮毛，雄性有白色条纹。这种羚羊有细长的蹄子，顶端分为两趾，因而可以在水塘淤泥中快速移动，但在干地上行走就有点滑稽。它们于清晨和傍晚觅食，吃纸莎草的叶子，遇到危险时可在水中藏身几个小时。——作者注

罗斯把水罐装满水,把其中一个稳稳地放在头上,用一只手扶着,另一只手费力地拎起第二个水罐,爬上斜坡,穿过丛生的荆棘和藤蔓。她家的土院子与房屋的墙和田地一样是赭石色,在那里,她看到了阿达尔贝尔(Adalbert)。他比平时起得早一点,正坐在一个小板凳上抽烟。

阿达尔贝尔是她的几个儿子里最壮实的一个。他的肩膀异乎寻常地宽,似乎通过手臂传递着狂热的躁动。他干活卖力,在小酒馆里健谈又好开玩笑。他还没有娶妻。专制的他主宰着家里的一切事情。这个早上,他穿着人字拖、长度到膝盖的紧身短裤和衬衣,腰间系着一个奇奇怪怪的包,看起来不像是要去地里干活的样子。

他用手接了水,抹了把脸,喝一口,漱口吐掉。他既没有喝高粱粥,也没有吃火上热着的豆子。除了跟兄弟说几句话之外,他一言不发,然后就出门了。后来罗斯回忆说:"他离开的时候很是激动。"

道路顺山势延展。山下左边是尼亚巴隆戈河的沼泽地,就是他的母亲罗斯先前打水的地方;山上高处有一片桉树林。阿达尔贝尔走得很急,没有注意到任何不同寻常的寂静。当他路过潘克拉斯(Pancrace)家时,家里所有女性都已经开始劳作:一部分人在院子里,其他人在庄稼地里。他和她们寒暄了几句,说了几句玩笑话;潘克拉斯光着膀子从房子里出来了,跳了三步与阿达尔贝尔会合。

接下来,这条从江水和香蕉园上方经过的路通向菲尔让斯(Fulgence)家。菲尔让斯从家里出来,穿着白色凉皮鞋。他去哪儿都穿着这双鞋,可能因为他是名兼职牧师。菲尔让斯很瘦弱,他的声音也细若游丝。他和阿达尔贝尔交谈了一小会儿。聊了什么呢?他后来回忆道:"我发现一只山羊的脚化脓了,但是阿达尔贝尔跟我说得耐心等到晚上。"

再然后,皮奥(Pio)家出现了。皮奥是个年轻点的小伙子,跟阿达尔贝尔一样精力过剩,但性格更温和一些。他酷爱足球。他的妈妈给年轻人们递上一壶香蕉酒，他们大口喝着，不时表达感谢。现在，这一小队人走下江边的路，转到山谷背面，在开着黄色花朵的大树之间爬向山顶。这条路比尼亚马塔赶集日早晨时还要拥挤，而且不同的是，这里只有男人。

在山上的基本戈等待他们的，是更多的热闹和沸腾。学校院子里像开学日一样挤满了人，不过都是成人。更远处的空地上聚集着土墙铁板顶的商店，人们在那里闲逛。大家谈论着前一天发生的事情，其中能听到漫骂和玩笑。

那一队小伙子走向一家小酒馆，在走廊的矮墙上找地方坐了下来。几个妇女在后院灶台上忙碌，火上散发出烤肉的香味。潘克拉斯招手叫来一位妇女，点了些烤串。烤串很快就上来了，放在铁盘上，还配着香蕉片、盐和辣椒。他们还要了几瓶佩里姆斯啤酒，胃口大开准备吃喝一顿。阿方斯（Alphonse）从那里路过时看到了他们，走过去和每个人击掌，然后加入了矮墙上的队伍，抓起一串烤肉。

与此同时，对面山坡上的恩塔拉马村庄里，让-巴蒂斯特走出了自己家，穿着公务员的浅绿色制服。他隔着门在给门内的某个人一些叮嘱，但奇怪的是他锁上了这道门，就好像把跟他说话的人关了起来。他叫花园里靠在树上的一个男孩过来，在他耳边悄悄说了几句话，把一张小纸条塞进他手里，然后向基本戈方向走去。

同一时刻，在距离这里30多公里的地方，利奥波尔（Léopord）和老埃利（Élie）爬上了一辆穿过尼亚马塔的卡车的车斗。主干道上有很多军人穿梭往来，集市空地上横陈着一具尸体。开往基本戈的途中，步行或骑行的人川流不息，卡车一路鸣笛，从人流中经过。

镇长的司机同样是鸣笛开路，他穿过基本戈，向人们发出在足球场集合的信号。阿达尔贝尔和他的伙伴们吃完肉串，每人从酒箱里抄起一瓶啤酒，加入了人流。足球场是基本戈和恩塔拉马之间的山脊上少有的几块平地之一。人们能透过树林看到桉树树干搭起的球门。大客车、军用卡车和小卡车接连到达，停在周边。一大群人渐渐涌入足球场。场地中央能看到约瑟夫–德西雷·比泰洛（Joseph-Désiré Bitero）强壮的身影，他穿着一身土黄色套装，被荷枪实弹的暴徒们围着。

另一边，阿达尔贝尔等人所在之处异常喧嚣，没法听到慷慨激昂的演讲，只能看到那些演讲人轮番爬上小卡车的引擎盖。他们一边喝光啤酒，把空瓶扔在草丛中，一边不停地和各种朋友打招呼，特别是和刚才一直在找他们的伊尼亚斯（Ignace）聊天。当人群开始涌动时，阿达尔贝尔做了个手势，让所有人聚在一起然后跟他走。他们沿着那条穿过树林通向尼亚鲁纳济小村庄的路渐渐远去。

大部分房屋看起来都已经被遗弃了。他们找到了塞莱斯坦（Célestin），这位著名的医者正在自家的门廊上。他给他们拿来一盘烤串和一桶香蕉酒。酒桶上有吸管，他们就轮流吸着喝；但塞莱斯坦声称有事，并没有和他们一起。考虑到他的年纪，加之酒精的作用，其他人没有怀疑，再次上路了。

远处响起了枪声和哨声。这一小队人没有加入已经在搜寻灌木丛和庄稼地的大部队。潘克拉斯后来说："我们知道那是无用功，我们的主要任务应该在更低处。"他们对沼泽地了如指掌，预感到图西人已经藏身于沼泽深处了，所以他们是最先到达那里的胡图人。一场大雨驱散了眼前的薄雾，这些小伙子的双脚离开了坚硬的土地，踏入了没至膝盖的泥潭，一只手提着屠刀，另一只手拨开叶丛。

2000 年 4 月时，我写了本书的第一部"赤裸生命"，记录了尼亚马塔大屠杀幸存者讲述的故事。它的开篇是这样说的：

> 发生在卢旺达尼亚马塔的大屠杀开始于 1994 年 4 月 11 日

（周一）11 点，一直持续到 5 月 14 日（周六）14 点。这期间的每一天，从上午 9 点 30 分到下午 4 点，胡图族民兵和平民在尼亚马塔的山岗上屠杀图西人。图西族约 59,000 人口中，有近 50,000 人死于屠刀之下。这就是本书的起点。

同样，这也是本书第二部的起点。不同的是，第二部要讲的，是杀害了这些幸存者的亲朋邻里的凶手；更具体地说，是住在沼泽地周边的基本戈、恩塔拉马和卡恩泽恩泽的凶手们。

16
组织

潘克拉斯：

"屠杀季中，我们比平时起得更早，为了能好好地吃一顿肉；快 9 点或 10 点的时候上山到足球场去。长官会对迟到的人骂骂咧咧一番，然后我们就去发动袭击。第一条准则，也是唯一一条，就是杀人。这项行动的组织毫不复杂。"

皮奥：

"我们早上 6 点起床。为了能撑下来长官要求的长时间奔跑，我们要吃肉串和有营养的食物。我们在集市中心会合，然后边聊天边往足球场走。在那儿，我们会得到屠杀的指令和当天的路线；然后我们边走边搜查灌木丛，一路下山走向洼地。我们排成一行进入纸莎草丛和泥浆中，然后分成几个小团伙，朋友熟人会分在一起。

"这一切都进展得很顺利，除了周边地区的联攻派民兵坐着摩托车来实施大型行动的时候，因为这些冲动的家伙会把我们折腾得筋疲力尽。"

菲尔让斯：

"4月11日，基本戈的议员派人送信，要召集所有胡图人到山上去。卡车和巴士运来了大批联攻派民兵，路上到处都是汽车喇叭声，就像城里堵车那样。

"议员对我们说今后什么都不用做，只要屠杀图西人就行。我们很明白，这就是最终的计划了。整个气氛立刻发生了转变。

"那天，有一些消息不灵通的人上山参加集会时没有带屠刀或是类似的利器。联攻派民兵教训了他们，对他们说这次没带就算了，但不能有下次了。联攻派民兵让他们带上树枝和石子，在后面搭起屏障，不让逃跑的人通过。后来，有的人当了头儿，有的人跟在别人后面，但再没有人忘记带上屠刀。"

潘克拉斯：

"第一天，镇议员的一个信使到各家传话，让我们立刻去参加集会。到那儿之后，议员向我们宣布，召开本次集会的目的就是要无一例外地屠杀所有图西人。他说得很简明，人们听得也很明白。

"于是我们只是高声询问一些行动的细节，比如什么时候开始，因为我们以前没怎么干过这种事；再比如，要从哪里开始，因为图西人已经开始四散逃跑了。甚至还有人问有没有优先的屠杀对象。议员凌厉地回答说：'不必问从哪里开始；唯一有用的方法，就是立刻开始，径直去往灌木丛，现在不要再问任何问题拖延时间了。'"

阿达尔贝尔：

"我们在足球场上分成几队，有的去山上，有的去山下，有的去另一片沼泽。运气好的人则可以去抢东西。一开始，镇长、副区长和议员们负责协调所有这些事情，他们身边还有军人或退休的警察，因为这些人手里有枪。反正，只要有武器的人，哪怕只有一颗老旧的手榴弹，就会被推到人前并受到青睐。

"后来，最勇敢的那些年轻人变成了领导者，就是那些能够果断下达命令并大踏步前进的人。我从第一天开始就让自己当上了基本戈居民的头儿。以前我是教堂合唱班的头儿，现在变成一个真正的头儿了。居民们也都非常赞同我。

"我们在一起很舒服，大家一起商量新的行动，一起决定去哪里工作，我们就像亲密的伙伴一样并肩作战。如果谁有点小事儿，我们就会帮他完成当天的工作。其实这并不是一次精心组织的行动，但大家都很重视，很用心。"

阿方斯：

"早上，我们起床、洗漱、吃东西、上厕所，然后叫上邻居，一小伙人就出发了。我们没有改变作为农民的晨起习惯，只是起床时间有所变化，更早一点或者更晚一点，这取决于前一天的活动情况。

"早上没有特别的宴席，通常就是吃妻子准备的食物，当然还是很丰盛的。晚上则要看这一天过得怎么样。如果从周边的山上来了很多援军，那些领头的就会利用人多势众的机会，全方位围猎那些逃跑的人，赢得更多收益。可以说，这种时候是双倍的工作量。到了晚上，我们还得聚在城中心一起吃肉，表达一下对联攻派民兵的友好，和不熟的同事拉近关系，听当局的宣教，再瓜分一下战利品。

"但是平常的日子里，我们不会在小酒馆消磨那么久，而是早早回家或者和亲朋好友喝一瓶佩里姆斯啤酒。这些时刻让我们得以有片刻宁静和休息的空当。

"援军越多，我们就得往沼泽地里走得越深，拨开重重纸莎草，在泥里提着刀奔走操劳很久，回家的时候就越疲惫，全身湿透，还淌着泥。这些援军和他们的激情，是加诸我们身上最让人身心俱疲的压力。"

伊尼亚斯：

"我们大概有 1,000 人聚集在足球场上，去灌木丛时还会有一两百名猎人陪同，被两三个带枪的人、军人或恐吓者带去。在纸莎草丛泥泞的边上，我们分成不同的小队，熟人和熟人在一起。

"想聊天的人就聊天，想混日子的人就悄悄混日子，想唱歌的人就唱歌。我们不会选择特别的歌曲提振士气，不会唱任何像广播里放的那些爱国曲调，也没有任何诋毁或嘲笑图西人的歌词。我们不需要鼓舞人心的内容，完全是随心所欲地找一些喜欢的传统歌曲来唱。所以我们就像行进中的合唱团。

"在沼泽地里，只需要找人、杀人，一直到最后的哨声响起。有时不是哨声而是一声枪响，这就是一天当中唯一的新鲜事儿了。"

埃利：

"那些恐吓者负责制订计划和激发热情，商人负责出钱和运输，农民负责围猎和掠夺。但在杀人这件事儿上，所有人都要带刀到场，参与其中，无论如何都得完成拿得出手的工作量。

"只有在领头人宣布要强制募款以奖赏去邻近地区帮忙的那些人的时候，人们才会很恼火，低声抱怨，尤其反对组织募捐以奖赏附近地区的联攻派民兵。

"我们也不喜欢这种大型行动，我们觉得还是每个人都待在自己家比较划算。我们知道，这些远道而来的人必定是为了丰厚的回报。说白了，我们不喜欢他们，我们更喜欢自己做事。

"至于杀人的任务和奖赏什么的，各个山上的人想法并不一致。"

利奥波尔：

"我曾是穆扬盖（Muyange）屠杀任务的年轻的负责人。当然，对我来说这是全新的事情。所以我比邻居们起得更早，以细化准备

组织

工作。我吹响集合哨，催促队伍集合，敲打那些懒汉，清点缺席的人数，确认他们缺席的原因，然后分发指令。如果组织者会议有什么训诫或者声明，我就直截了当地传达下去。我还负责发出出发的信号。

"来自基本戈、卡恩泽恩泽和恩塔拉马的人聚集在基本戈的足球场上。穆扬盖和卡拉姆博（Karambo）来的人则聚集在马拉尼温多的五旬节派教堂前。那儿如果有肉串的话，我们就吃一些。如果有指令，我们就听了指令然后出发。

"通常，我们要步行穿过灌木丛，所以我们得比基本戈的伙伴们起得更早。不过那段时间路上车很多，司机们乐于提供服务，让人们免费坐在车斗里，一些商人也增加了往返行程；所以我们可以在商用小卡车或军用大车上找到位置。这取决于你的运气或是你的身份。"

埃利：

"我们干活的时候得手脚麻利，没有权利休假，特别是周日的时候不能休息，得把活儿干完。我们取消了所有的仪式。所有人都被雇来做同一件事，就是杀死所有蟑螂。那些恐吓者只给了我们一个目标和一种实现的方式。如果谁发现了古怪的情况，就悄悄提出来；谁想征求允许做什么事，也是一样。我不知道其他地方是如何组织的，在我们这儿，这是最起码的。"

让-巴蒂斯特：

"实际上，说我们是在山上组织起来的是一种夸张的说法。飞机是4月6日坠毁的。极少数当地胡图人直接就动身去复仇了。但绝大多数人在家或者在离家最近的小酒馆等了四天，听广播，目睹图西人逃跑，聊天逗趣，没有任何准备。

"4月10日，西装皱皱的镇长和所有官员把我们聚集起来，训诫我们，还提前威胁把事情搞砸的人；然后屠杀就开始了，没有什么深入的计划。唯一的规定就是要坚持到最后一刻，要保持让他们满意的节奏，不要放过任何一个人，以及掠夺我们发现的东西。完全没法糊弄过去。"

伊尼亚斯：

"飞机坠毁之后，我们不再关心过去谁听从执政党谁听从反对党，也不再记得关系不好的人发生过什么争吵。我们满脑子就只有一件事。

"我们不再想谁练过枪，谁在部队里学过本事，或是谁双手就没离开过锄头。我们都是必须去做这些事，也尽己所能做到最好。我们不在乎谁更听镇长的，谁更听联攻派民兵的，谁更听熟识的镇议员的。我们服从各方的指令，而且觉得这样挺好。

"突然之间，各种各样的胡图人变成了兄弟一般，没有任何政见不合。我们不再玩弄政治词汇，不再沉溺于自己的小世界。我们要做的是一件设计好的工作。我们排着队，所有人热情洋溢，跟亲朋好友一起聚集在足球场上，然后出发去狩猎。"

17
三座山丘

布盖塞拉地区的边界是两条大河和一个湖,它们无精打采地流淌在纸莎草、芦苇和睡莲下面。西边是阿卡尼亚鲁河,北边是尼亚巴隆戈河,河水转个弯又绕到东边,南边是乔霍哈湖。以前,还有一个北乔霍哈湖横在布盖塞拉地区,但它没有挺过厄尔尼诺给当地带来的几次大旱。一条开裂的道路纵穿布盖塞拉,将首都基加利和卢旺达与布隆迪的边界连接了起来,坐小巴的话,大概五六个小时车程。因为超载,这些巴士的减震器陆续失灵。

尽管布盖塞拉地区被沼泽环绕,而且每年有两个雨季,但这里的人们还是常年被赭石色红土带来的干旱所困扰。在这些满是沙尘和黏土的大地上,可饮用的自然水源是非常稀缺的。

经尼亚巴隆戈河上的桥进入布盖塞拉后,第一条干净的水源在25公里外。这条远离腐臭沼泽的地下水叫鲁瓦基—比里济,它滋养了尼亚马塔。所以一年到头,每天天不亮,就有很多人来打水,妇女和女孩每人拎一个水桶、顶一个水桶,男孩们改装过的自行车能运三到四桶水。人们打水或是自家用,或是给主人家用,或是给客人用。

向布盖塞拉的移民可以追溯到1959年，那是因为卢旺达第一共和国成立和国家独立之前发生的暴乱。那一年，为了躲避庆祝废除图西族君主而发动的大屠杀，一些图西人匆忙逃上比利时殖民统治的卡车箕斗，经过一夜行车之后，被遗弃在河边。

他们过了河，来到一片长满灌木和树木的地带，这里只住着少量自古以来就居住在此的特瓦人、胡图族或图西族农民。被遗弃的他们还要面对野兽的威胁，根本无暇顾及种族之别。那些老人现在还能够讲述出当时在纸板屋中露营的生活，晚上还好，能生火，他们因而得以在象群和水牛群统治的草原上存活下来。

伊诺桑·鲁维利利扎记得20世纪80年代时，他每周和里利马师范学校的其他寄宿生走在路上时，时不时就会在树林里看到狮子、非洲豹或巨蟒。随着土地开垦，或是因为猎人用矛和箭攻击它们——这些兵器后来都又出现在大屠杀中——有的野兽的活动范围逐渐退到卡盖拉山区（Akagera）。

踏上沼泽边苍蝇蚊子嗡嗡飞舞的土地之后，图西族的拓荒者还要忍受睡眠问题及以疟疾和伤寒症的折磨。他们安顿在水源附近，先开垦了适合饲养安科莱奶牛的林中空地，逐渐在教堂和砖头砌成的行政建筑周边建起了尼亚马塔小镇。几批图西人和胡图人因为贫穷或发生在故土的屠杀而陆续到来，依次定居在尼亚马塔的14座山丘上。

尤其是20世纪70年代初，吉塔拉马发生饥荒，一大群胡图家庭被迫逃难。他们绕过穆吉纳（Mugina）的山峰，来到阿卡尼亚鲁河和尼亚巴隆戈河三角洲。他们也穿过了泥泞的纸莎草沼泽，但为了避免跟随图西族同胞的足迹，这些胡图人进入了一片原始森林，并定居在最近的几座小山坡上。

这片森林覆盖了三角洲上隆起的三座山丘。恩塔拉马山丘在阿卡尼亚鲁河边；基本戈山丘在三角洲的尖端，滨临阿卡尼亚鲁河和尼亚巴隆戈河；卡恩泽恩泽山丘则在尼亚巴隆戈河沿岸。

那个时候，当地的统治权在胡图人手里，卢旺达独立之后整个国家都是如此。统治者让这些新来的胡图族移民在林中随便占有土地。人们住在茅草屋里，经过艰苦的劳动，将灌木丛开垦出来，一直延伸到河岸。这些能干的农民发现，肥沃的软泥土地特别适合种植香蕉。

随着时间流逝，种植园向高处延伸，取代了树林，向低处延伸，覆盖了河岸。由于获得丰收，胡图农民盖起了和故乡一样的米色瓦片木屋，建造起鸡棚、山羊圈、猪圈等，不像图西人的奶牛圈是枝叶围起来的露天大牛圈。直到现在，这些胡图农民——通常是农妇——每天早上都要步行两三个小时去沼泽地，背回几桶做饭和日用的泥水。

这次移民让关于哪个种族更有合法性的争论变得毫无意义。布盖塞拉所有这些移民，来到这里的时间都差不多，都险些不能找到赖以生存的土地。

大屠杀发生前夕，尼亚马塔的人口上升到11.9万人，散布在镇中心和周边14个山丘共398平方公里的土地上。这14个山丘中，基本戈、卡恩泽恩泽和恩塔拉马的面积是133平方公里，有12,675名居民。而大屠杀之后，尼亚马塔的人口骤降至50,500人，这三个山丘则只剩5,000人。不到六周的时间，大约六分之五的图西人被杀害了。

18
第一次

菲尔让斯：

"一开始，我用木棍打裂了一个老妈妈的头，但那时她已经躺在地上苟延残喘了，所以我并不觉得她是死于我手。到了晚上，我就回家了，甚至都没再想这件事。

"第二天，我砍了一些活人。那天是教堂大屠杀的日子，非常特别的一天。由于当时太吵了，我记得自己根本没看对面是谁，就在人群中胡乱地砍。人很多，摩肩接踵。

"有那么一刻，我看到一条血河从我眼前流过，浸湿了一个快要倒地的人的皮肤和衣物。虽然光线昏暗，但能看到在滴血。我感觉是从我的砍刀上滴下来的，于是看了看它，刀完全是湿的。我很害怕，就挤出人群，到再也看不到那个人的地方。我发现自己身处室外，我迟迟不愿回家，我做得已经足够了。刚才我打的那个人是一位妈妈，即使是在昏暗中把她了结，也让我觉得恶心。"

第一次

潘克拉斯：

"我不记得我杀的第一个人是谁,因为在混乱的人群中我根本没认出他是谁。我就是碰巧杀了几个人,都没有看他们的正脸。我是想说,我只顾着打人,只听到四面八方都是号叫声;所有人的厮打、号叫都混杂在一起。

"但是我记得第一个看我的人,他在受到致命一击的瞬间看着我。这很重要。如果那时他们看向你,你会发现他们的眼睛是不死的,它们呈现出一种骇人的黑色。哪怕是在这样惨烈的死亡现场,它们还是比遇害者流淌的鲜血和喘息更可怕。对于施暴者来说,看被杀者的眼睛是一种灾难,因为那代表着他们的控诉。"

阿方斯：

"我第一次杀人是在决定发动大屠杀之前。那天,一群图西人退到金特维(Kintwi)树林中抵抗。我们发现他们站在树丛后面,手里拿着石头、树枝或器皿。我们的头目朝他们扔了手榴弹,紧接着就是一阵混乱,图西人四散奔逃,我们就在后面追。溃退过程中,一个虚弱的老人在奔跑中被撞倒。他摔倒在我面前,我用早上抢来的尖刀刺穿了他的背。这个薄刀片本是用来屠宰牲畜的。

"我旁边有个年轻人,一言不发地帮我在老人身上补了一刀,仿佛老人是他刺伤的一样。当我们看到老人断气之后,这个年轻的同伴告诉我说他认识这个老人很久了,老人就住在他家楼下。他还说,他觉得这样做是解脱,看起来他挺高兴的。我只知道这个老人的姓名,其他一概不知。晚上,我把这件事讲给妻子听,她也只知道这位老人的一些日常琐事;我们没再谈这件事,我就睡觉了。

"这件事就这么不声不响地过去了,我的内心毫无波澜。其实,关于这个第一次的经历,如果可以直说的话,我非常讶异于死亡的迅速和打击的无力。我之前从没有杀过人,也从没有打算这样做,甚至从没有尝试过杀死一只动物。我不缺钱，所以举办婚礼或者过圣诞节的时候，我都是雇一个伙计来，让他在屋子后面杀鸡，避免沾染血污。"

让-巴蒂斯特：

"那是我们从沼泽地回去的路上。一些年轻人搜查了一位姓阿巴班加尼因加博（Ababanganyingabo）的先生的家，因为众所周知，这个吉塞尼来的胡图人常常出入图西人家，为他们提供帮助。他们发现他帮图西人转移了奶牛，应该是养在了自己房子后面的牛圈里。他们把他捆起来，让他动弹不得。然后我听到了自己的名字。

"有人叫我，因为他们知道我老婆是图西人。关于阿巴班加尼因加博的事情传开了，人们都在等着看热闹。他们已经杀过人，所以对此很亢奋。有一个人当着所有围观者的面说："让-巴蒂斯特，如果你想救你妻子斯佩西奥斯·穆坎达洪加（Spéciose Mukandahunga）的命，那你现在就把这个男人砍死。他是个骗子！你要向我们证明你不是这种人。"那个人转过身下命令：'给他一把刀。'我选择了救我妻子，我爱她的美丽，她高个子，很体贴，也很爱我。失去她，我会痛不欲生。

"围观的人越来越多。我拿起刀，砍了一下。当我看到血冒出来的时候吓了一跳，本能地向后退了一步。但有人在背后拦住了我，推着我的双肘向前。一片喧嚣中，我闭上了眼睛，又砍了一刀。这次可以了，那些人放过了我，满意地散了。我一步步后退，然后去了一家小酒馆，坐在长凳上抓起一杯喝的，再也没有向那个可怕的方向看去。后来我听说，那个人在死前挣扎了足足两个小时。

"再后来，我们对杀人就习以为常了，再没有如此踌躇犹豫过。"

第一次

皮奥：

"以前，我只杀过鸡，但从来没杀过跟人差不多体形的动物，比如山羊和奶牛。我第一次杀人是匆忙之中完成的，根本没怎么想这件事，尽管我杀掉的是跟我在同一座山上住得很近的邻居。

"事实上，我是后来才注意到，自己杀了一个邻居。我想说的是，在杀人的时候，我没有认出这个人本来是谁，而是在打一个我既不熟悉也不陌生的人，他也不再是一个寻常的人，我的意思是，每天会遇到的人。他的样貌很像我认识的那个人，但不会让我想起我们曾一起生活了很久。

"不知道您是否能明白我的意思。那种感觉就是，从视觉上说，我认识他，但心里却觉得不认识。这就是我杀的第一个人。我的视线和思维完全是混乱的。"

埃利：

"我是一名退伍老兵，1992年的时候，在抗议活动的混乱中杀了两个平民。第一个人是卡纳济地区的社会工作者。她名声很好，比较低调。我用箭射中了她。我看到她倒下来，但是因为离得很远，没有听到她的喊叫。我向相反方向大步离开，完全不知道她是如何死去的。后来，我被罚了款。此外还听说了远方传来的她家人的指责，并受到监禁的威胁，不过都没有什么严重的后果。

"1994年，在沼泽地的大屠杀中，我觉得自己很幸运，因为我可以用以前的军用枪支杀人。这是我们军队的传统之一，下级军官退伍后可以保留武器。跟用砍刀杀人比起来，用枪杀人就像做游戏一样，不用离那么近。"

阿达尔贝尔：

"大屠杀的第一天，我并不用亲自动手杀人，因为一开始我的工作是发出指令和激励团队。我是团队的头儿。我也会在各处朝对面乱哄哄的地方扔手榴弹，但并不知道死亡情况如何，只听到他们的喊叫声。

"至于我用刀砍死的第一个人，我已经记不清具体的细节了。当时我在教堂里帮忙，卖力地打人，朝各个方向打，我只能感到自己用力了，但感觉不到死亡。在那样的喧闹里，是没有个人的痛苦的。所以对我来说，印象深刻、值得一讲的第一次真正杀人，是在4月17日，我杀了两个孩子。

"那天早上，我们四处搜寻，寻找可能在鲁加济（Rugazi）地区藏身的图西人。我碰上了两个孩子，他们坐在房屋的一个角落里，很安静。我让他们出去，他们就站起来，想要示以友好。我让他们走在我们的队伍前面，想要把他们带回尼亚鲁纳济的中心。到了返回的时间，我们就开始往回走，聊聊这一天的事情。

"作为头儿，除了手榴弹之外，我不久前又得到了枪支。走着走着，我完全没有思考，就决定要试试。我让两个孩子并排站在20米开外，我停下脚步，朝他们背上开了两枪。那是我人生中第一次用枪，因为自从布盖塞拉没有野兽之后，我们就不常狩猎了。对于我来说，看着这两个孩子悄无声息地倒下是很新奇的事情，甚至几乎有一种让人放松的愉悦。

"我继续往回走，没去确认他们是不是死了，甚至也不知道有没有人把他们挪走并葬在一个比较合适的地方。

"时至今日，我还是经常想起这段记忆，想起那两个站在我面前被枪击的孩子，就像两粒尘埃。"

伊尼亚斯：

"当时我们正在搜寻一块田地，突然有人喊，有一队图西人在比隆贝（Birombe）矿里避难。那是鲁塞凯拉山（Rusekera）上废

第一次

弃的黑锡矿。图西人的花招让我们很火大,我们立刻就对他们发动了袭击,包围了他们。我们当中有手榴弹的人开始向他们扔手榴弹,把他们分散开。但还有一小拨人藏在了矿井里面。

"我们知道如果去主矿井的话往返要 30 分钟。而且那里又昏暗,全是危险的图西人,这风险太大了。所以,我们砍了很多荆棘和废弃房屋的屋架,把这些木材都塞进矿井里,然后点火。那些图西人都被烧死或呛死了,一共 27 人。我记得很清楚,那天是 4 月 22 日。这是我第一次在袭击中杀人,也是最后悔的一次,因为放火烧人的恶行。"

利奥波尔:

"从早上起,就有人开始在街上悄悄杀人了。我们可以听到卡云巴山顶上有枪声传来。那是一些军人在驱赶一群逃跑的人回到镇上和尼亚马塔教堂。这个迹象告诉我们,这将是热火朝天的一天。我拿起刀出了家门,来到镇中心。四面八方都已经有人在忙活。

"在集市广场上,我遇到一个向我跑来的人。他从卡云巴山上下来,气喘吁吁,惊慌失措,他只顾着眼前逃跑的路,没看到我。我迎了上去,经过他身边的时候,在他脖子上血管暴露的地方给了他一刀。我自然而然就这么做了,什么都没想。找下刀的地方也很容易,因为这位先生没有反抗。他也没有寻求保护,他倒在地上,没有喊叫,没有呻吟。我没有丝毫感觉,就任其自生自灭了。看看周围,到处都在杀人。那一整天我都一直在追赶逃跑的人。

"这让我出了很多汗,觉得很刺激,好像是一种出乎意料的消遣。我甚至都没有数人头。过程中和结束之后都没有数,反正还会再来的。真心的,我没法告诉您我杀了多少人,因为沿途忘记了很多。

"关于我在集市广场上杀的这位先生,我能给您复述出准确的记忆,因为他是我杀的第一个人。至于其他人,就比较模糊了,我的脑海里没有关于他们的任何记忆了。我觉得他们不重要；甚至在杀人的时候，我都没有发觉这件将把我变成杀手的小事。"

19
小团体

1970年，37岁的伊尼亚斯·鲁基拉马库穆（Ignace Rukiramacumu）和他的家人跟随最早一批胡图族移民穿过沼泽，在阿卡尼亚鲁河沿岸的恩干瓦（Nganwa）树林深处定居下来。最后一位图西族统治者穆塔拉·鲁达西格瓦（Mutara Rudahigwa）去世时，伊尼亚斯26岁，所以他很了解图西族君王治下的生活。因此，在大屠杀之前，他在团队中的形象是充满仇恨的长者，带着一种痛苦岁月的酸涩回忆。

阿达尔贝尔·蒙济古拉（Adalbert Munzigura）、菲尔让斯·布纳尼（Fulgence Bunani）、皮奥·穆通吉雷埃（Pio Mutungirehe）和潘克拉斯·哈基扎蒙吉利（Pancrace Hakizamungili）几家也很快来到这里，定居在阿卡尼亚鲁河边的基干瓦（Kiganwa）树林中。阿方斯·西迪亚雷姆耶（Alphonse Hitiyaremye）来得更晚一些，一开始他做短工，图西族一些富有的养殖者雇用他养牛。后来，他得到了一块地可以自己开垦，在离尼亚巴隆戈河更近的尼亚马布耶（Nyamabuye）树林里。

阿达尔贝尔、菲尔让斯、皮奥、潘克拉斯还有其他一些人是一起长大的,在学校里自然也经常和同龄的图西族孩子交往。他们没有经历过以前的统治,在学校里几乎也没有学过卢旺达的历史。

青少年时期,他们就辍学回家帮大人种地,一干就是一整天。在所有人看来,尤其是在他们的敌对者眼中,他们是出色的农民。他们多多少少也会虔诚地去教堂礼拜,参加婚礼、葬礼这种传统庆典。特别的是,他们每天日落时分都会聚在一起喝香蕉酒,过节的时候就喝佩里姆斯啤酒、吃烤串。他们最爱的小酒吧位于尼亚鲁纳济,那是离他们住的山坡最近的小村子。但他们也愿意一直走到基本戈,去商业区里最热闹的小酒馆,或者是在谁家的院子里开一桶酒。

就这样,这个孩子群成了一个感情牢固的小团体。后来还加上了阿方斯,有时还有住在恩塔拉马山上鲁贡加(Rugunga)的让-巴蒂斯特·穆兰吉拉(Jean-Baptiste Murangira)、业余医生塞莱斯坦·穆通吉雷埃(Célestin Mutungirehe)和其他几个年轻人。

出于对足球的爱好,利奥波尔·特瓦吉拉耶祖(Léopord Twagirayezu)与阿达尔贝尔和皮奥关系很好。高个子的他总是显示出同样的强健与活力。但他家在离河边20多公里外的穆扬盖,因此他只能时不时地和伙伴们一起活动,比如踢球、逛集市或参加婚礼。

埃利·米津盖(Élie Mizinge)和伊尼亚斯·鲁基拉马库穆一样,属于老一代人。他是在大屠杀中和流放到刚果的路上认识这个小团体的;但他被真正接纳是在他们被囚禁期间。埃利和伊尼亚斯是小团体中的两位长者,但他们的性格十分不同,几乎是完全相反的。埃利过去当过军人和警察,享有众多优待,所以命运的转折对他冲击很大。大屠杀毁掉了他,在他身上留下了创伤的印记,看他那被压弯的后背和迟缓的脚步就知道了。他变得哀怨、驯顺,甚至是卑躬屈膝……但他还是不遗余力地去理解他所处的困境,并展现出他被压垮了并且做了坏事。

伊尼亚斯也知道自己误入歧途，他高调地思考自己的错误，却不知道自己最想谴责的到底是事情本身还是它的结果。他是我们访谈中遇到的最为狡猾的受访者之一。他进一步，然后退两步，到第二天又完全走上了另一条路。有时他装出一副对旁人冷淡漠然的样子，或者用指责的目光审视我们，还大声喊一些奇怪的语言。

约瑟夫−德西雷·比泰洛呢，他并不是小团体里的一员，他属于尼亚马塔的显贵一族。但作为镇上联攻派民兵的头领，他和小团体中的几个人特别亲近，尤其喜欢阿达尔贝尔和利奥波尔这两个活跃的积极分子，还有退休警官埃利，大屠杀之前和期间他时常找埃利议事。

让·恩达扬巴杰（Jean Ndayambaje）一家与皮奥和阿达尔贝尔是同一批从吉塔拉马移民过来的。发生大屠杀的时候他才10岁，所以也不是小团体中的一员。但放学之后，他跟他们在相邻的田里干活；还在他们常去的小酒馆附近闲逛，在同一块足球场上玩球。

现在，他不希望我们写下大屠杀期间任何关于他的具体事情。他只是讲述了大屠杀之后的几个月，他混迹于衣衫褴褛的流浪者当中，沿河逃跑，这些人都是靠狩猎和掠夺而活下来的联攻派民兵，然后他被卢旺达爱国阵线的图西军人俘获，后来被监禁在吉塔加塔（Gitagata）的儿童拘留中心，三年后，因为大屠杀时未满14岁的罪犯受到赦免，他被无罪释放。

如今，这个矮胖的小男孩穿着从拘留所带回来的短袖短裤，在基本戈的自家田地上，干所有自己能干的活儿，从早干到晚。对于所有同伙，他的目光总是疑神疑鬼的，他的微笑让人看不透，说不上是冷嘲热讽还是看破一切。他也不想再参与这世上的任何事情，除了在周六晚上干掉一瓶香蕉酒。

克莱芒蒂娜·穆雷布瓦伊雷（Clémentine Murebwayre）和这

伙人也毫无交集，当然不仅是因为她住在基本戈山上的一座土房子里。她30多岁，面容姣好，褐色的小雀斑反而增色不少。她是城里的胡图人，经一个舅舅做媒，嫁给了让－德－迪厄·鲁津达纳（Jean-de-Dieu Ruzindana），"他虽然干农活不太在行，但是个很好的图西人，让我和他在基本戈的家人舒适地住在一起"。克莱芒蒂娜夫妻二人和小团伙里的成员并没有什么共同点，也不常去那家小酒馆，但很了解他们，因为家里的土地与潘克拉斯和阿达尔贝尔的土地相毗邻。

她回忆道："在山上，这伙人因为狂欢和玩闹而很出名，他们看上去不坏，可能除了老伊尼亚斯吧，他成天对图西人大呼小叫。但他们一旦喝了酒，就去一家家小酒馆里挑起矛盾、散播恶意，以此为乐。他们向来瞧不起图西人，扬言要狠狠地报复他们，不过从来没有真动手。他们的头儿是阿达尔贝尔，他最强壮，胆子最大，最不正经，不惧为鸡毛蒜皮的一点小事儿与人争吵，还能够笑嘻嘻地激怒任何人。我们暗暗觉得，这伙人会变得很危险。"

伊诺桑·鲁维利利扎也认为："这些人很勤劳，种地种得很好，也很友好和乐于助人。但他们渐渐被父母从吉塔拉马带来的对图西人的仇视和嫉妒洗脑了。1992年发生屠杀时，他们突然点燃了反图西人的激情，变得非常危险。还好镇议员巧妙化解，这些冲突并没有在这里产生什么后果。自那以后，我们感觉，残酷恶毒已经控制了他们，任何时候都可能把他们推上邪路。我们眼见他们越来越残暴，尤其是每次有爱国阵线的消息传来时。不过我们从来没想到，他们有一天会如此频繁地杀人。"

在我们进行访谈期间，小团体的这些人还被囚禁在里利马监狱。除了约瑟夫－德西雷不能出死刑犯监区之外，其他人每天一大早会合，在院子里一起做差役，或者做一些志愿工作，比如运水、做饭、玩游戏等。阿达尔贝尔以前是基本戈联攻派民兵的头目，现在则是所在牢房的保安头目，他依然完全保留着昔日的气场，并且在庭审时也展露无遗。菲尔让斯总是穿着白鞋，在狱中更加虔诚了。皮奥还保留着他的好脾气，埃利时而扮演替罪羊的角色，伊尼亚斯继续发着牢骚。

利奥波尔不再和阿达尔贝尔抗衡。他展现出同样的自信，但并不出头。迄今为止，他是他们当中唯一一个有些崩溃的。那是他继续以联攻派民兵的身份在刚果难民营的时候。有一天，露天弥撒结束的时候，他突然感觉想要讲出一切、想要自首，身边的同谋和共犯都目瞪口呆，认为他精神失常了。回到尼亚马塔之后，他依然坚持这个想法，而且立刻向预审他材料的法官提出要讲出所有事情。于是他既是曾经挥舞屠刀最卖力的人之一，又是将自己和上级的所作所为供述得最详尽的人之一。

1996年流放回来之后，让-巴蒂斯特也决定向法庭自首，自发供认自己的罪行。他的配合为自己赢得了监狱管理部门的照顾，在狱中，他组织了一个忏悔协会。伊诺桑形容让-巴蒂斯特时说，他"既凶恶、果断，又机灵、精明"。他确实表达精准，但比利奥波尔更会算计。他表现得既虚伪又委婉，不知道是因为犹豫不决还是难以启齿。

他着实是最能清楚认识他们所作所为的人，也最理解外界——无论是卢旺达还是国外——看他们的目光。

沉默多年之后，随着审判的临近，小团体中的大多数人都开始或多或少、非常审慎地承认自己参与了大屠杀。他们或是为了争取宽大处理，或是希望不要被小团体排除在外，希望维持这个圈子。正如他们所说，长久以来的友谊对他们来说至关重要。

潘克拉斯：

"狱中聚在一起的时候，那些什么都不想承认的人会因为矛盾而渐渐疏远。对于发生的事情不想讲一个字的人，他们得抱成团，再不与他们威胁和指责的人来往。

"但愿意坦承事实的人，哪怕只讲一点，他们的友谊就会和大屠杀之前一样坚固，就像我们这个小团体这样。"

皮奥：

"在狱中，我们睡觉的床位并不挨着，但白天我们有时间聚在一起，交流思想，增进感情。往日时光将我们紧密联结在一起，特别是在香蕉园干活的那些记忆。那时，我们一起去一个个香蕉园剪枝、收获，然后一起压榨制作，邀请彼此共享香蕉酒。即使是那些干得不太好的人也会被叫来一起。如果谁家的长辈去世，我们都会去看他，陪他喝一杯，分担他的痛苦。我们一点都没有忘记这些美好时光，也正因如此，我们在狱中同过去一样亲密。"

利奥波尔：

"我们这群人中，大家并不都是一样坦诚的，但我们可以抛开分歧，一起友好地聊天。我们还互相帮助。狱中没有饮料也没有小玩意儿，但我们分享糖和盐，一起说笑来缓解想家，一起打排球或者一起玩游戏，没有争执。"

让-巴蒂斯特：

"我们的团队中没有任何争吵。虽然年龄有大有小，但命运并没有把我们分开。我试着鼓起勇气忏悔，但每个人有各自的权衡。虽然大屠杀残酷，狱中生活糟糕，但我们之间的关系还是很坚固的。我们都盼着这艰难的时光赶快结束。霉运——我们之间的问题只有这个。"

阿达尔贝尔：

"我们避而不谈不幸的事情，比如在难民营的艰难生活。我们组了合唱团，一起做游戏，还努力让自己远离疾病。如果有幸碰到谁的亲属来探监，我们就可以一起聊聊家里田地和食物的近况。尽管生活不幸，流亡又入狱，但我们一直都是好朋友，一如既往地团结。无论境况如何，无论要做什么，我们这些好朋友都一起面对。"

20
学习杀人

阿达尔贝尔：

"很多农民都不太会杀人，但他们都显得很认真。不管怎样，模仿多了，手法自然就有了。熟能生巧，我相信这对任何动手活动来说都是对的。"

潘克拉斯：

"很多人都不会杀人，但这并不妨碍什么，因为联攻派民兵会帮助他们迈出第一步。刚开始那几天，联攻派民兵坐车从附近的山上赶来协助。他们更沉着、更熟练，显得更专业。他们会建议选哪条路，传授打人的技术。走过我们身旁时，他们喊道："跟着我做，如果觉得有问题，就求助。"他们利用空余时间来指导那些看起来对杀戮不太适应的人。

"这些指导只是在最初几天，后来我们就得自己想办法来提高自己粗浅的手法。"

阿方斯：

"一开始，我们杀人有点畏畏缩缩，后来时间长了，就习惯了。有一些同事找人教授了砍人的准确方法：从脖子一侧或是后脑勺砍下去，可以快速完成。但也有同事一直到最后都不是很熟练。他们不敢，所以动作很慢。比如，他们不敢砍脖子，就砍胳膊，然后边跑开边喊：'好了好了，我把他杀了。'但大家都知道并非如此。于是就会来一个专业的人，追上那个目标并且把他杀掉。"

埃利：

"用木棍比较容易折断，用刀就比较自然了。卢旺达人从小就习惯用刀。手里抓一把刀，这是我们每天早上都会做的事情。我们用它收割高粱，修剪香蕉树，清除藤蔓，还有杀鸡。即使是妇女儿童也会用砍刀来做一些小事情，比如砍柴。不管什么用途，动作都是一样的，从不会用错。不管你砍树枝、砍动物还是砍人，铁刀都不会说什么。

"说到底，人和动物是一样的，你砍断他的头或脖子，然后他就会倒下。最初那几天，以前杀过鸡，特别是杀过羊的人，就比较有优势。这很好理解。后来，所有人都适应了这项新的活动，并且迎头赶上。

"只有特别壮实、特别坚决的年轻人，会用木棍。农活中从来不用木棍。但木棍能让他们在人群中更与众不同，更趾高气扬。用矛和弓箭也是一样：家里还有这些东西的人会乐于展示或借给别人。"

皮奥：

"有的人对于杀人表现得非常适应，这些人会在情况比较棘手的时候帮助他们的伙伴。但每个人都可以根据自己的性格，学习自己的杀人方式。我们用自己会的手段杀人，靠自己的感觉杀人，每个人都有自己的频率。对于如何杀人，并没有严格的命令，只是要求我们持续不断地杀人。

"还要讲一个会非常鼓舞我们的情况。很多图西人都很害怕被杀，甚至在我们袭击他们之前就害怕得不得了。他们会停止令人烦躁的移动，站在原地不动或者蜷成一团。他们的胆怯和害怕有助于我们袭击他们。如果打个比方，杀死一只颤抖的小羊比杀掉一只暴躁的山羊更诱人。"

菲尔让斯：

"那些不熟练的人会被小心地跟着，以防出乱子。联攻派民兵会赞扬他们，也会斥责他们。有时，如果想严格一点，就会惩罚他们杀掉伤者，不管他是谁。被惩罚的人必须一直工作到最后一刻。最糟糕的是要被迫在自己的同伴面前这样做。

"一开始的时候，我们只有几个人。不过这种情形并没有持续很久，因为我们在地里干活都习惯用刀了。这很自然。比如说，您和我，我们都拿到一支笔，您肯定比我更适应写字这项工作，我对此毫无异议。而对我们来说，我们可以非常熟练地用刀、磨刀。对统治当局来说，刀比枪便宜。因此，我们就学着用自己有的这个简陋工具来做这项工作。"

让-巴蒂斯特：

"如果你表现出用砍刀用得特别不熟练，你可能会被剥夺奖励，以促使你找到对的方式。如果有一天你被人笑话，那你必须立刻改进。如果你总是空着手回家，你甚至会遭到妻子和孩子的斥责。

"不过每个人都有自己杀人的方式。有的人不习惯于杀死受害者，那他可以把受害者留在那儿，或者向别人求助。他可以在身后找到支持他的朋友。

"从来没有人抱怨过因为自己笨手笨脚而遭到虐待。可能有人会被嘲笑和刁难,但绝不会被粗暴对待。"

利奥波尔:

"我只用砍刀。因为我家里刚好有一把,而且我也会用。只要能熟练运用一种工具,那就很容易把它用在所有事情上:既能修剪作物,也能在沼泽地里杀人。随着时间过去,每个人都完善了自己的方式。唯一的严格要求,就是刀一定要锋利,每周至少磨两次。不过我们平常都用磨刀石,所以这不是问题。

"对于那些砍人手法不对的,或是假装在砍人的,我们会鼓励他们,并且教他们更好的方法。我们还会强迫他们在沼泽地或家门口亲手抓一个图西人,然后当着同伴的面把这个人杀掉,以确保他认真听从了我们的教导。"

约瑟夫—德西雷:

"总会有一些笨手笨脚的人,特别是了结伤员的时候。如果你天生胆小,那么在到处充满杀戮的沼泽地里也很难改变这种性格。所以,感觉轻松自如的那些人会帮助感觉局促拘束的人。只要屠杀继续进行,这不是什么大事。"

伊尼亚斯:

"有的人狩猎时像绵羊,有的人像豺狼。有的人动作慢,是因为害怕;有的人动作慢是因为偷懒;有的人打人慢,但是出于恶意;有的人打人快,是为了早点结束工作,回家做其他事情。这都不重要,每个人都有自己的手法和性格。

"我因为年纪大了,所以不用去沼泽地里折腾。我的任务是在附近悄悄巡查。我选择了老办法：用弓箭射杀路过的图西人。这种瞭望式狩猎是我这个老家伙从小就会的。"

让：

"小男孩跟在爸爸和哥哥身后模仿学习他们的行为，这是卢旺达的习俗。就是这样，他们从小学会了播种、剪纸等农艺。也是这样，很多人开始跟在猎狗后面搜寻图西人并把他们赶出来。同样是这样，一些孩子开始在附近的灌木丛里杀人，但他们不会去沼泽地里，因为那里对于小孩子来说太难行动了。无论如何，这是被恐吓者禁止的。"

克莱芒蒂娜：

"我看到过爸爸教儿子怎么砍人，让孩子模仿使用砍刀的动作。他们在死人身上或是白天俘获的活人身上展示自己的技术。而小男孩们通常在和他们体格相当的孩子身上试手。但大多数人不愿意让孩子们直接参与这种血腥的事情，不过当然，可以观看。"

21
团队精神

面对这个小团体的每个成员时，我的第一感觉不是反感，不是鄙视，不是同情，甚至也不是厌恶，而是不信任：立刻的、双向的不信任。但会面初期我没想到的是，无论后来我和他们的私人关系如何，这种不信任始终没有完全消失。随着时间的推移，我们之间的敌意渐渐消散。有时我突然发觉，和他们随便聊着天，一起度过了一些真诚或淳朴的时光。但不信任的感觉未曾有一刻离开。关于他们的一切事情都让这种感觉不断延续。

当我写"赤裸生命"时，在尼亚马塔和幸存者初次见面时，这种不信任的感觉也很明显。但不同的是，当时只是他们单方面不信任我，从未有相反的情况。而且，他们的有所保留完全是另一种性质。

幸存者不信任外国人，因为这些外国人没有做出一点努力来避免大屠杀。幸存者相信，无论如何都已经太晚了，他们的见证对于纵容大屠杀的人来说没有任何存在的意义，所以他们觉得整个事情都值得怀疑。更明显的是，他们认为，就算讲述自己大屠杀以来经历过和正在经历的事情，也不会被相信。他们还担心这样的讲述会再次勾起那些痛苦。由此他们认为，跟这样一个从外界闯入的人谈话完全是浪费时间，对幸存者群体之外的人讲述经历没有任何意义和好处。

所以，他们的不信任感非常强烈，但如果我们认真对待背后的原因，时间会有助于消除这种感觉。幸存者面对外部世界非常警惕，他们的生活会变成只有幸存者的世界。

而杀手们并不担心你不相信他们，他们担心的是你会控告他们。即使你可以让他相信，他所说的话不会给他招致任何损害，但不管当时的听众以及后来的读者是谁，他还是会担心言多必失，不如沉默。而且任何信任关系都无法完全驱散这种忧虑。杀手们对外界保持警惕，是因为他们感到，惩罚的威胁就如悬在头顶上的剑。

"赤裸生命"出版后，有读者问我，为何选择了那14位讲述者。其实答案很简单：我没有进行选择。在布盖塞拉旅行时，我结识了社会工作者西尔维·乌姆比耶伊，跟着她去工作。西尔维的魅力、让内特的悲痛，以及她们的温柔、孤独和力量让我走进了她们的世界。正是她们两位的故事让我萌生了写一本书的想法。

另外12篇叙述来自我后来最先遇到——通常是偶然遇到——并愿意试着讲述的12个人。事实上，是他们自己做出了选择。尽管作为记者我有一些根深蒂固的反应，但我预感到，在一场屠杀之后，社会、文化、年龄和性别等分类依据已经没有任何意义了，想找符合这样或那样标准的幸存者作为具有代表性的调查对象，是非常荒谬的，因为大屠杀之前他们本来就符合这些标准。这14个人大多数是女性和农妇，这只是因为相比于男性和知识分子，她们能更自发地接受这样的尝试。

后来我再到这里时，一些知识分子指责我没有给他们机会，没有让他们用知识分子的语言客观表达对事件的不同看法。我回复说，他们最初的逃避是可以理解的，而且也能说明问题，但如果后来用一段叙述去替换另一段，这是愚蠢且可耻的，因为每一段叙述都是独一无二的。

那之后，当遇到误会、放弃、沮丧之时，或面临谈话中断的情况，我有幸抵抗住了诱惑，没有将这些叙述替换成其他更流畅、更合作或更多用法语讲出的叙述。我和他们每个人谈话时，都会忘记时间，一直谈到感觉告一段落的时候。

在与幸存者会面的整个期间，我都没有联系过杀手们。甚至都没有动过这个念头。这些杀手对我来说无足轻重。我从没有考虑过在他们身上推进我的计划，更不必说把他们的叙述和幸存者的讲述并重了。幸存者可能会觉得这不道德，无法忍受，当然读者也会这样觉得，而且也很没意思。我在山上各处偶然遇到过一些杀人嫌疑犯，1994年的时候也见过其中很多人。这足以让我想象他们是怎样的人了。一直到和幸存者的会面结束的时候，我才开始想要去监狱看看。幸存者讲述的细节和矛盾在我心中引发了一种说不上来的好奇。

不过和杀手们对话的想法还要再晚一些才有，这要感谢第一部的读者们反复追问的一些问题。他们的兴趣感染了我。如果被幸存者讲述打动和吸引的人还想要了解杀手们的想法，那么试着去问问杀手们也是合理的。

也就是说，我对第一部的计划没有任何怀疑，却不断对第二部心生疑窦。我带着怀疑的态度开始这本书，因为和杀手们建立关系的尝试一开始徒劳无功，令人沮丧，而且和之前与尼亚马塔的幸存者及其他人建立、维系的关系大相径庭。

幸存者独自面对大屠杀的事实时，可能会选择讲出来，或者"围绕真相兜圈子"，或者保持沉默。选择了讲出事实的幸存者会愿意随时交流，接受对自己混乱记忆的质疑。

面对同样的事实，杀手们的第一选择是沉默，其次是撒谎。他可能会改变想法，但不愿意讨论原因。如果独自面对，他就没有任何风险，就像大屠杀中他也不会冒险一样。于是我们也不会考虑询问单独的一个人，或是询问一连串彼此毫无关联的人。

经过一次次失败，或是徒劳无功的会面或是平淡无奇的交流，我决定不再找一个个单独的个体，而是找一个小团体，他们感觉彼此之间的友谊和共谋会保护自己免受真相的威胁。大屠杀之前，因为干农活时互相帮助，又常常一起去小酒馆，他们的团队精神已然建立，后来的沼泽地大屠杀和如今的监狱生活又将其再次加固。

我选择了基本戈这个十几人的小团体，原因很简单。他们的这个团体很普通，也不那么正式，乡下有很多这样的小圈子。他们一开始也没有什么特殊的联结，不像宗教协会、体育俱乐部或民兵组织那样。他们聚在一起，只是因为土地邻近，经常去同一家小酒馆，而且有共同的话题，就自然而然亲近起来。

他们和"赤裸生命"中的大部分幸存者住在相同的山丘上。他们参与了尼扬维扎沼泽地的屠杀，那里的逃亡者藏身于枝叶之下，躲在淤泥中，只露出头来。

他们当中，除了一名公务员和一名教师，其他人都是农民；除了三个人之外，其他人都不属于军事组织或联攻派民兵。除埃利之外的人都不穿军服或警服。他们所有人都从来没有因为土地、庄稼、损失或女人而与图西族邻居产生过矛盾。

此外，他们都很了解伊诺桑·鲁维利利扎，反之亦然。伊诺桑先在当地学校上学，后来成为那里的老师，业余时间还做抄写员，出于无尽的奉献精神，还是好几个协会的组织者，是众多小酒馆喜爱的常客，在这些山上特别受欢迎，特别是在他家所在的基本戈。

他是不可或缺的介绍人，后来还是我完美的合作者，需要时还是出色的翻译。关于这个小团体，他做了详细介绍：

"很久之前我就认识他们了。我还教过几个人，比如阿达尔贝尔、潘克拉斯和皮奥。其他人呢，路上经常遇到，还经常一起喝酒。

"阿达尔贝尔特别聪明、胆大，但经常不听话，很狡猾。潘克拉斯倔强、阴郁，从小就总是跟在阿达尔贝尔身后。皮奥人真的很好。阿方斯是最会讨价还价的，不过有酒喝的话，就很好说话了。菲尔让斯很帅，甚至比很多图西族男孩更讲究。他很喜欢祷告。

"利奥波尔呢，没有什么特别的，就是个子高，还有就是后来他用砍刀做的那些事，令人瞠目。伊尼亚斯也是个老滑头，一面对图西人就特别凶恶。他一直很厌恶他们，而且一有点机会就到处宣扬，以此影响同事们的看法，或者让他们发笑。但他自己从来不笑。他和所有人都有矛盾，包括他的家人。

"说到底，这些小伙子的性格和其他人没什么不同。但他们总是在一起。我们都看到，他们彼此分担农活，一起去小酒馆喝酒。我知道，大屠杀期间，这个小团伙从第一天一直杀人杀到最后一天。也许是由于阿达尔贝尔的引领，也许是因为伊尼亚斯的影响，他们变得无比勤勉不息。"

22
好恶

伊尼亚斯：

"一开始,我们过于激动,以至于无法思考。后来就习惯了。在当时那种状态下,如果去想我正在亲手杀死我的邻居并且要杀完最后一个人,对我们来说是毫无意义的。事情已经很明朗了。很久以前,他们就已经不再是那种会在小酒馆里递给我们一桶酒的好邻居了,因为他们不应该再出现在那里。可以这么说,他们已经成了我们想要摆脱的人。他们不再是过去的他们,我们也不再是曾经的我们。他们没让我们觉得难受,过去也没有,因为没有什么事情会让我们不舒服。"

埃利：

"我们必须要把自己的友善留在沼泽地外边,一直干到结束的哨声响起。仁慈是沼泽地中的禁品,那里不会有任何例外。我们拥有用来杀人的残忍和恶毒,可以忘记疑虑,只想着圆满完成任务,仅此而已。

"有些人在狩猎工作中都变了颜色。因为胳膊和腿上满是泥污,衣服也脏兮兮的,脸也不再是原本的黑色。是做的所有事情让他们变得灰不溜丢的。我们身上都带着一股臭味,但是我们觉得无所谓。"

皮奥:

"在沼泽地里狩猎图西人时,我们再也看不到人类,我的意思是,像我们这样有思想、有感情的人。这场狩猎很野蛮,猎人很野蛮,猎物也很野蛮。野蛮控制了我们的心智。

"我们不只是变成了罪犯,更是变成了这个残暴世界中一个残忍的物种。没有亲身经历过的人,可能无法相信。我们每天的生活都是血腥而没有人性的,不过这很适合我们。

"我可以给您提供一种解释:这就好像是我让另一个人钻进我的躯壳,拥有我的癖好,但是又不受灵魂的折磨。制造了那些过错和流淌的鲜血的杀手其实就是我,但他的残暴让我觉得陌生。我承认我屈服于这个时代,我承认我杀害了那些人,我承认我的过错;但我无法接受那个手里拿着我的刀、用我的腿从沼泽地里跑出来的人的残忍凶恶。

"这种残暴似乎来自沉闷心里的另一个我。我体内最大的变化是看不见的那部分,比如灵魂、感觉之类的东西。因此,我自己都不认识另一个自己。但作为局外人,比如您,也许能够发觉这种精神异化。"

潘克拉斯:

"有的人以勇猛开始,又以勇猛结束。有的人始终都不勇猛,完全是出于被迫。还有一些人随着时间过去,勇猛驱散了恐惧。

"有很多人工作的时候很勇猛,但一旦停止杀人就又会害怕。他们只是在混战中热血沸腾而已。

"有的人会避开尸体，有的人则毫不在乎。沼泽地里的尸体越来越多，这或是让我们越来越淡定，或是难以忍受并且停手。但最常见的还是习惯于此。

"如果你是自己决定去杀戮，哪怕是杀一只动物，都是非常不容易的。但如果是不得不服从统治者的指令，如果被充分地动员，如果感觉是被推着拽着而去做这件事，并且你发现杀戮将全面展开，也没什么可怕的后果，那你就会感到平静，就可以没有后顾之忧地走向它。"

让—巴蒂斯特：

"我们杀的人越多，贪婪就越推动我们继续杀人。如果得不到惩罚，贪婪绝不会放过你。在我们杀红了的眼睛里就能看到它。这很危险。有的邻居回来时，衬衫染着血，一边狂叫一边挥舞砍刀，他们说想要占有一切。这种时候就得用好酒好话安抚他，否则他对身边人来说也会变得很危险。"

阿方斯：

"一个人如果不停地杀人，就会渐渐习惯于此，不知不觉间就变成了野兽。有些人，当他们发现屠刀之下已经没有图西人可杀的时候，就会威胁彼此，在他们脸上，你能看到想要杀人的需求。

"但还有一些人恰恰相反，每杀一个人，他们的心里就多一分恐惧。一开始还不觉得，但之后就开始备受折磨，他们感觉提心吊胆或反胃恶心。有的人因为杀的人不够多而觉得自己懦弱，有的人因为被迫杀人而觉得自己懦弱，于是就有人通过喝个烂醉来忘记自己的懦弱。但后来，他们就习惯了醉酒，也习惯了自己的懦弱。

"我不害怕死亡。从某种程度上来说，我会忘记自己正在杀死活生生的人。我不再考虑生，也不考虑死。但让我害怕的是——血。

它流淌，它有味道。晚上我自言自语：终究我是个双手沾满了鲜血的人，这些喷涌而出的血会带来灾祸和诅咒。死亡没有让我害怕，但这过多的鲜血让我十分惊慌。"

让：

"对于一个手臂有足够力量握紧砍刀的小伙子来说，如果他的爸爸和哥哥把他带到队伍里，他就会模仿并且适应杀戮。年龄不再是他的束缚。他会习惯血腥，杀人会变成寻常的事情，因为对于他的长辈和所有人来说就是这样的。

"也可能是相反的，一个小伙子会比一个有经验的老人更适应杀人，因为死亡是离他很远的事情。鉴于当时的情形和他的年纪，死亡对他的影响还小，他觉得那是老一代人要考虑的事情。他不在乎危险，反而将其视作一种消遣。"

约瑟夫—德西雷：

"这是失控的疯狂。也许你跑在人前，或者闪在一边避免被撞倒，但你还是跟从大部队。

"握着屠刀冲出去的人，不会再听任何话。他们忘却一切，首先忘掉的就是智力。日复一日的行程让我们不去思考自己在做的事情。每天去了又回，没有任何想法。我们去狩猎，因为这就是我们接到的指示，一直干到收工。我们是手臂指挥头脑，而且无论怎样，我们的大脑都不再有想法。"

菲尔让斯：

"我们变得越来越残暴，也越来越淡定，越来越血腥。但我们没有看到自己渐渐变成了杀人犯。杀的人越多，杀人这件事就变得越单纯。可以说，对于一小部分人来讲，这甚至变成了享受。晚上

你可能会遇到一个同事冲你喊：'嘿，我的朋友，去给我买瓶啤酒来，否则就砍了你的头，我现在就想喝。'

"但对于大多数人来说，这只是刚刚结束的漫长的一天。我们不再去想义务或好处，只是想着继续做已经开始的事情。不管怎么说，我们被牢牢拴住，以至于不会去想它对自己的影响。"

阿达尔贝尔：

"大屠杀初期，我们很有干劲，动作很快。中期的时候，就已经变得很散漫了。漫长的时间和唾手可得的胜利都让我们变得拖延。一开始，当成功抓到逃跑者的时候，我们还觉得挺热血、挺值得的。后来，就再没这种感觉了。也不再听广播和当局的那些好话。我们只是为了继续工作而杀人。有的人表现出对这项血腥苦差的疲乏。还有的人以折磨那些让他们费力猎杀的图西人为乐。

"到了大屠杀的最后，给我们的指令是，在爱国阵线到来之前，加快动作。逃亡生活已经在召唤我们，但在离开之前还得继续杀戮。组织者说要在沼泽地中卷土重来，还有源源而来的支援和斥责，为了让我们发动最后一击。恐惧反复催促我们逃跑，但还得完成已经开始的事情。

"后来，在逃往刚果的路上，我们备受饥饿和贫穷的折磨，可我们还在继续搜寻毁弃的房子，寻找被遗漏的图西人。我们还没有对此产生厌恶。"

利奥波尔：

"因为经常杀人，所以我开始觉得这对我来说不算个事儿。我也没有从中得到快感。我知道自己不会被惩罚，杀人没有后果，我非常适应。每天早上，我毫无负担地出门，然后匆匆赶到，最后看到工作和成绩是对我有利的，仅此而已。

"大屠杀期间,我对图西人完全没有什么特别的考虑,只想着应该把他们除掉。我想说明一点,从我杀的第一个人开始到最后一个人为止,我没有对任何一个人感到抱歉。"

23
付诸行动

> 带着事后之明的智慧，再次审视被战火摧残的欧洲，以及最后，德国本土上的那些岁月，人们会感到被两种观点所撕裂：我们是见证了一个灭绝人性的计划的理性实施，还是做出了集体性疯狂的表现（在历史上是独特的，而且仍没有令人满意的解释）？理性地追求邪恶，还是缺乏理性？正如在人类行为中经常发生的情况——这两种现象是共存的。
>
> ——普里莫·莱维（Primo Levi），
> 《被淹没和被拯救的》（*I sommersi e i salvati*）

决定是在哪一刻做出的？那一次决定命运的会议是如何进行的？最先谈到彻底灭绝的那个人是谁？听众们的第一反应是什么？这些问题似乎非常重要。虽然普通的内战与种族灭绝一样恐怖、野蛮和残暴，但相较而言，当涉及种族灭绝时，这些细节会变得更加引人注意。

尽管我们无法重建当时那难以想象的场景，但我们知道卢旺达种族灭绝的发生方式与纳粹大屠杀很相像。也就是说，它基本上是集体讨论做出决定进而制订计划和进行准备的结果。

德国纳粹党执政后，希特勒和党内重要人物就宣称犹太人群体在国内是多余的。纳粹党通过政府和行政部门不断出台和加强各式各样的措施，旨在将犹太人群体和吉卜赛群体从德国社会中剥离。从解雇遣散、没收财物、残暴对待，到制定反犹法律、佩戴大卫星，再到将他们隔离在犹太人聚居区、关押进集中营、发动大屠杀……

1933年到1940年，纳粹政权日复一日地通过狂热的言论、政令和谋杀来实践将犹太人群体驱逐出第三帝国的决心。然而，对于希特勒和他的两名专家顾问希姆莱和海德里希来说，可能直到1941年，"最终解决方案"才变得势不可当，并且这个方案在接下来的几周内传达给了参谋部和即将负责执行的军官们。

这是长期逐渐发展出来的结果，那进行种族灭绝的正式决定是什么时候做出的呢？

是犹太人被宣布为次等人类，或者被大批关进犹太人聚居区和集中营的时候吗？是1939年1月希特勒在德国议会上发表那次著名演讲的时候吗？又或者是同年，在成千上万的精神疾病患者和不治之症患者身上测试毒气技术以评估其大规模有效性的时候？

是1940年9月，所谓的"卢布林计划"和"马达加斯加计划"——意在将犹太人彻底隔离在这两地的疯狂致命计划——失败之后吗？是未来的主要组织者希姆莱成为纳粹政权二号人物的时候吗？还是从1941年6月起，在入侵苏联最初几周的欢欣鼓舞中，第一批别动队*被派遣到占领区以有计划地枪决当地犹太居民的时候？

是三个月后党卫军参谋部批准六个集中营装备焚尸炉的时候

---

* 纳粹德国的机动部队，从1941年春天起逐渐形成，与盖世太保和纳粹党卫军一起在纳粹德国屠杀和迫害犹太人。——作者注

吗？还是1941年12月12日，德国对美国宣战的第二天，像戈培尔日记所述，希特勒将重要人物聚集在家里，对他们宣布"……世界大战已经发生。犹太人的毁灭将不可避免……"的时候？直到今天，很多历史学家依然在研究和争辩这个时间问题，但它仍是一个似乎让人着迷的谜。

卢旺达种族灭绝的进程与纳粹大屠杀呈现出极高的相似度，但它的根源显然是自己特有的。我们在此简单概括一下。

1962年卢旺达独立时，胡图族领导者因为发动了1959年的革命——一场充满暴力又自相矛盾的社会运动——而掌权。这场胡图族起义推翻了图西族的贵族统治，废除了大多数胡图人无法再忍受的奴役。但这些领导者并没有与这场革命匹配的理想，他们只是趁机将产生贵族统治的整个图西族群体，包括农民、公务员、教师等，都边缘化了。

民粹主义的胡图统治者将从前享有特权的图西族贵族和贫苦的农民混为一谈，而后将整个图西族说成是这个人口众多的国家中诡计多端的阴谋家、投机者和寄生虫。1973年，朱韦纳尔·哈比亚利马纳少将发动的军事政变再次巩固了这一制度。为了孤立这些被指控有阴谋行径的图西人，他下令没收财产、转移人口、出台驱逐法律、设置教育配额、禁止通婚（该法律一直到1976年才失效），最重要的是，他煽动了循环往复的屠杀浪潮……

1990年，图西族叛军从乌干达丛林中起家，对卢旺达的胡图军队开战，这标志着双方冲突进入了新的阶段。

现代历史上所有的种族灭绝都是在战争过程中偶发的。这不是因为种族灭绝构成了战争的原因或结果，而是因为战争带来了一种无法治的状态，它让死亡变得合理，让野蛮变得正常，它制造恐惧和幻觉，唤醒古老的恶魔，动摇了道德和人道主义的根基。它削弱了那些种族灭绝未来参与者最后的心理防御。

农民阿方斯·西迪亚雷姆耶用自己的方式总结说:"战争是一种可怕的混乱状态,种族灭绝的始作俑者可以在其中暗自谋划。"

1991年,自从图西族叛军攻占了一些地区之后,卢旺达各政党会议上的讲话,尤其是共和国总统及各位部长的发言,就都成了针对图西族的威胁。

在国立大学所在的布塔雷,教授们竞相发表对历史的胡编乱造和反图西的抨击文章。在卢旺达广播和千丘广播的工作室中,图西人被叫作"蟑螂"。以西蒙·比金迪(Simon Bikindi)和坎塔诺·哈比马纳(Kantano Habimana)为首的艺人在节目和歌曲中公开呼吁消灭图西人。

伊诺桑·鲁维利利扎讲道:"这些人都是知名的艺术家,是幽默方面的高手。他们的语言如此精妙和朗朗上口,以致我们图西人听着都觉得好玩。他们号召杀掉所有'蟑螂',但说的方式非常有趣。对于我们图西人来说,这些精心打磨的句子也很搞笑。还有那些呼吁所有胡图人联合起来消灭图西人的歌曲,我们也觉得很好笑。同样,断言了我们结局的《胡图族十诫》(*Les Dix Commandements du Hutu*)*也是如此。我们已经非常习惯这些事情,以至于不会再竖着耳朵接收那些可怕的威胁。"

对图西人犯下的罪行通常不会受到惩罚。比如,基本戈这个小团体的两个成员就曾在种族灭绝发生前杀害了一个图西人,却没有被法庭处罚:一个是退役军人埃利·米津盖,他承认在1992年的一次集会中杀死了一名社会工作者;另一个人拒绝承认自己的罪行,但所有证人证物都揭发了他,特别是他的朋友站出来做证。

---

* 1990年10月发表于《唤醒》(*Kangura*)杂志的文章,指责所有与图西人有生意、婚姻或雇佣关系的胡图人都是叛徒。《唤醒》是基加利的一家反图西人期刊。——译者注

然而，即使当时的氛围有利于发动大规模屠杀，事实上是等到1993—1994年的冬天，他们才真的开始考虑实施种族灭绝，而几个月后总统专机失事则加速了它的发生。

埃利·米津盖解释说："我认为，种族灭绝的想法在1959年就萌生了，那时我们已经开始杀害很多图西人而不会受到惩罚；在那之后我们再也没有深藏过这个念头。威胁者和农民们也与我们达成一致。我们总说图西人是多余的，但这个想法并不总是浮现。我们谈论过后就忘记了，然后耐心等待。我们没有听到任何关于我们杀人的谴责。就像种庄稼一样，我们要等待合适的时节。总统逝世就是宣告那个时节到来的信号。但是，和收获一样，种子是早就种下去的。"

哈比亚利马纳阵营的流亡，其重要成员的逃散，还有卢旺达现任政府的所谓民族和解的政策，如今都让我们难以精确追溯高层领导人究竟是何时决定发动种族灭绝的。

在尼亚马塔地区，大概是1993年12月底的时候，基加利方面已经将种族灭绝的详细计划告知了镇长、副区长及他们的亲信，胡图族两大政党的主要人物、加科军营的几名军官和联攻派民兵的领导人，他们是当地12万人口中的不到20个人。同时，各主要国家在当地的办公室和联合国卢旺达援助团*也得到了消息。大屠杀开始前一个月，某些层级的公务员，比如校长、医院院长、市政议员等，再加上一些商人，总共不到60人，也得知了这个秘密。

---

* 1993年11月被派往卢旺达以监督卢旺达政府和爱国阵线签署停火协议的组织。起初有2,500人，罗密欧·达赖尔（Roméo Dallaire）将军任指挥官。到了1994年4月11日，也就是大屠杀开始后一周，援助团的人数降至450人，其主要任务变成保护和疏散外籍人士及援助团成员。在法国发动了帮助胡图人出逃的"绿松石行动"插曲之后，1994年8月，也就是大屠杀结束的三个月后，联合国再次派遣了一支卢旺达援助团。——作者注

在纳粹德国，不管实际上是何时决定发动种族灭绝的，但当这个决定做出的时候，军队、警察、政府部门还有公民社会的各个领域——学区、铁路、商会、教堂等，都早已做好准备执行这个决定。所以灭绝犹太人的最后一个阶段开始得非常顺利，毫无阻碍。

在卢旺达也是如此。4月7日凌晨，总统飞机失事的六七个小时后，经核心领导小组批准，军队、警察和政府部门开始了行动。军人们秣马厉兵，民兵们激情澎湃，砍刀供给充足，到处都是坚实的臂膀和服从的意志。命令传遍全国。不同地区以不同的节奏逐步开始大屠杀，其进程没有遇到任何阻碍。

无论在德国还是卢旺达，种族灭绝都是由持续执政的极权政体计划和发动的。灭绝犹太人、吉卜赛人或图西人是他们从上台之初就列入政治计划的事情，并在官方讲话中反复强调。种族灭绝被规划为若干阶段。由于其他国家一时难以相信，它得以顺利进行，并在部分样本人群中进行短期试验。

比如布盖塞拉就是样本之一。埃利·米津盖讲述道："一年平静，一年狂热。然后再次循环，两个季节平静，一个季节狂热。这取决于爱国阵线的攻势，但也可以完全取决于我们。我们通常按照一定的优先顺序动手：拥有大量土地的人和教师在名单上名列前茅……然后我们可能根据情况在各处小范围杀死一些图西人。比如说，有一年，我们将几百个图西人活生生扔进了水塘；还有一年，我们在教室里发动血腥的袭击。我们完全可以在路边留下几具尸体，并不需要什么充分的理由，只是为了展示尸体，同时表达我们的意图。1992年，由于爱国阵线步步紧逼，那一年特别动荡。这些杀戮不是预谋好的，也很难完全被掩盖，但我们从未因此受到惩罚。从某种程度上来说，这是在为以后布局。"

无论是在德国还是卢旺达，高效的执行都先于种族灭绝的正式决定。似乎是因为这个决定过于骇人听闻，所以在开始执行之前都无法公开宣布。

伊尼亚斯·鲁基拉马库穆用他的方式描述了做出这个决定的过程："我认为，种族灭绝之所以存在发生的可能性，是因为它在耐心等待，等到有一个像飞机坠毁这样的时间信号时，在最后一刻被触发。我们之间从来不需要讨论这件事，统治当局的关切自然会让它水到渠成，然后种族灭绝的提议就会来到我们面前。由于这是唯一的选择，而且它预示着一劳永逸，因此我们就抓住了这个机会。我们清楚地知道应该做什么，并且全力以赴地开始执行，因为这似乎是完美无瑕的慰藉。"

24
农活

阿方斯：

"对于上了年纪的人来说,大屠杀这段时间比种地的时候更让人筋疲力尽。因为我们得翻山越岭,还得在泥潭里追赶那些逃跑的人。双腿尤其备受折磨。

"一开始,我们的日程不像播种那样日复一日,我们觉得挺轻松愉快。但后来,就变成每天都完全一样了。关键是中午不能回家吃饭,因为通常那个时候还在沼泽地深处。所以午饭和通常的午休都被统治当局禁止了。"

让-巴蒂斯特：

"再也没人下地干活了。如果不种庄稼就能吃饱,如果可以不劳而获,那种地还有什么用呢?唯一要干的活儿就是把香蕉埋在随便哪个废弃的香蕉园里,让它发酵几个晚上酿成酒。我们变得特别游手好闲。我们只管杀不管埋,因为埋尸体就是白费力气。当然,除非运气不好,尸体是在我们自家地里,不埋的话会有臭味,还会招来狗和贪吃的动物。"

阿达尔贝尔：

"我们早上烤一大块肉吃，晚上再烤一大块肉吃。以前只能在婚礼上吃到肉的人，大屠杀期间一天比一天吃得饱。

"从前，我们从地里回到家时，锅里几乎没什么东西，无非就是日常吃的豆子，有时候甚至只有木薯稀饭。但大屠杀期间当我们从沼泽地回来之后，可以在基本戈的小酒馆里弄到烤鸡、牛腿和饮品，能解解乏。到处都有妇女或者小孩卖吃的喝的，价格都很低。还有卖山羊肉和卖烟的，想要尝试的人可以去买。

"有了这个新营生，我们变得生机勃勃。我们不害怕要在泥地里到处跑，而且如果工作中碰到好运，还会很高兴。我们已经丢开了庄稼、锄头之类的东西，再也不谈论种地了。忧虑已经远离我们。"

潘克拉斯：

"砍玉米和香蕉都是一样容易的工作，因为庄稼和香蕉都没什么难对付的。但是在沼泽地里砍人，却越来越让人筋疲力尽，您知道原因的。同样是砍，动作差不多，可给人的感觉大相径庭，危险多了。这是个狂热不安的活儿。

"一开始，图西人很多，都很害怕，不怎么活跃，我们工作起来就很容易。当我们没法抓住那些最机灵的，我们就去袭击最虚弱的那些。但到了最后，剩下的都是那些最狡猾警觉的，这事儿就变得特别难。他们分成小团体，藏得特别隐蔽。他们学会了沼泽追逃游戏的所有诡计。当我们到达的时候，常常一无所获，就连猎手都觉得挫败。此外，沼泽地里有很多尸体烂在泥里，越积越多，越来越臭，我们必须很小心，不要踩进去。

"因此，一些同伴开始变懒了。他们走去另外的方向，然后等待回家的信号。他们抱怨说好怀念种地。不过只是一小撮人，而且也根本没有人真的去清理自家地头的荆棘。这些人装腔作势说这些话，其实只是迫不及待地想回去喝一瓶啤酒。他们渴望的可不是干活。他们厌倦沼泽地，是因为他们感觉生活安逸。他们心生抱怨是因为懒惰，而不是因为想回去干农活。"

利奥波尔：

"杀人不像种地那么累。在沼泽地里，我们可以耗几个小时去找一个人来杀，也不会受到惩罚。我们也可以在阴凉地里聊天，却不会觉得自己游手好闲。白天的日程也没有在地里干活那么久。为了留点抢劫的时间，我们下午3点就回去了。晚上睡觉很有安全感，再不用担心干旱。我们已经忘了当农民时的那些烦恼。我们还能吃到丰盛的有营养的食物。

"我们当中有一些人生平第一次吃到了面食和甜食，比如糖果。在农民从前从没有进去过的尼亚马塔中心的商店里，我们可以免费得到这些东西。"

菲尔让斯：

"在沼泽地里追杀可没耕地那么容易，因为早上的骚乱，因为恐吓者的煽动，因为联攻派民兵的严厉，尤其因为习惯的改变。我们真正的职业是农民，而不是杀手。在地里，我们随着季节根据天气和作物的生长规律安排劳作，每个人都可以自由地在他的土地上种植能种的东西。

"但是在沼泽地里呢，我们感觉非常混乱、非常拥挤，而且被严密地监管着。其他地方来的同行很吵，有时候让我们很烦。而联攻派民兵如果看到我们懒懒散散，后果可能很严重。他们喊：'我们大老远地来帮你们，可你们呢，在纸莎草后面磨洋工！'他们还会愤怒地冲你说出一些辱骂和威胁的话。

"我们感觉离家很远。我们不习惯听着那些表示出发和返回的哨声来工作。

"不过跟劳累比起来，回报更多。种地的时候，如果你因为疟疾发烧起不来床，那你的妻子或者孩子就得为了有饭吃而去地里干活，然后疲惫不堪地回家。否则，你就会饿得睡不着。

"而大屠杀期间，过路的邻居会给你很多很多吃的，锅里都放不下，而且不用花一点钱。肉变得和木薯一样普通了。胡图人以前被牛搞得很挫败，因为他们不会养牛，所以总说牛肉不好吃，其实是因为没得吃。于是大屠杀期间，他们每天早上和晚上都开心地大口吃肉。"

伊尼亚斯：

"大屠杀初期的一天晚上，我们很晚才返回。一整天我们都在追逃跑者，非常劳累。

"但是半路上，我们又发现了一群男孩女孩。我们把他们当作囚犯一样送到议员那里，他下令说夜里要把他们就地砍死。虽然当时已经非常疲惫，但没有人抱怨。不过那之后，就只给我们安排了一些我们早已习以为常的农活。这让我们松了一口气。"

皮奥：

"种地更简单，因为这是我们一直以来的营生。而狩猎这件事在意料之外。有重大行动的时候甚至比种地还累，要跟着联攻派民兵穿过纸莎草和蚊虫，搜查好几公里。

"但我们也不会说想念种地。我们觉得狩猎这项工作更舒服，因为我们只需要弯弯腰就能获得食物、铁板和战利品。杀人确实是粗暴的，但让人自我感觉更好。证据就是：从没有人申请回去清理他的荒地，哪怕是半天。"

埃利：

"我们被迫在纸莎草沼泽中搜寻一整天，中午不能回家吃饭。肚子会抗议，泡在泥里的小腿也抗议。不过我们早上吃饱了肉，晚上喝够了酒，可以很好地抵消疲劳。抢掠比收获庄稼更让人有精神，而且我们可以提早结束白天的任务。这样的日程安排更适合年轻人，尤其是那些老练的。"

伊尼亚斯：

"屠杀可能让人疲劳，经常还让人恶心。但是它比种地收益更高，尤其是对于那些家里土地贫瘠干旱的人来说。大屠杀期间，不管是谁，只要臂膀有力，就能像有名的商人一样给家里带回很多东西。我们不用再掰着指头数攒了多少铁板。以前那些中间商都把我们忘了。家里的女人对于我们带回去的东西很满意，不再抱怨这个抱怨那个。

"对于最普通的农民来说，能把锄头留在家里不用下地干活是让人鼓舞的事情。我们过起了富足的生活，早上起床就有很多东西吃，晚上吃得饱饱的去睡觉。抢掠比收获作物更让人觉得开心，因为每个人都可以公平获利。"

克莱芒蒂娜：

"男人们每天出发时并不知道这一天将是如何累人，但他们知道路上会捡到什么。当他们回来时，看起来既劳累又带着笑容，互相开着玩笑，就像收获时节那样。从他们的神情可以清楚地看出，他们对生活兴致勃勃。

"对于女人来说，生活尤其闲适。她们已经抛弃了田地和集市，不需要再种地了，不需要再给豆子去壳了，不需要再走好远去集市了。因为只要出去翻箱倒柜、白捡白拿就行。当我们胡图逃亡者的队伍动身去刚果的时候，身后留下的是荒芜的土地，杂草灌木已经侵吞了几季劳动的成果。"

阿方斯：

"我们完全可以说，这是一项肮脏的工作，但不用担心干旱，不用担心收成不好。对于自己的土地，农民从来不确定一定会丰收。一个季节可能收获满满，可以让妻子带到集市上去卖；一个季节可能颗粒无收，然后就得想着如何逃过收税人的眼睛。农民看起来忧心忡忡，有时候甚至痛苦不已。

"但是在图西人遗留的房子里，我们知道将发现大量新东西。我们从铁板开始，然后是其他东西。

"那段时间大大改善了我们的生活，因为获得了所有以前缺少的东西。啤酒、牛肉、自行车、收音机、铁板、窗户，一切。人们说，这是个幸运的季节，不会再有第二个了。"

25
熟人屠杀

卢旺达是著名的千丘之国,更是一片广阔的村庄。五分之四的卢旺达家庭住在乡下,十分之九的人或多或少靠种地获得收入。城市里的医生、老师和商人也都在老家的山上有一块地,或是业余时间自己耕种,或是委托给亲戚打理。就连覆盖了广阔区域的基加利,也更像是山岗和大片平地连接起来的一片小村庄,而不是一座首都城市。

大屠杀之后,很多外国人都想了解,既然卢旺达的两大种族讲完全相同的语言,也居住在一起,而且并不总是能通过生理特征区分出来,那如此众多的胡图杀手是如何在屠杀的混乱之中辨认出图西族受害者的呢?

答案很简单:杀手们不需要辨认受害者,因为他们本来就认识。在村子里,所有人和事都不是秘密。

以下的概括可能会冒犯研究纳粹大屠杀的历史学家,但请允许我说,他们当中的大多数人认为大屠杀有四个阶段,特别是劳尔·希尔贝格（Raul Hilberg）在他的著作《欧洲犹太人的毁灭》(The Destruction of the European Jews）中也这样说。首先是侮辱和剥夺的权利，然后是指认和标记（臂章、大卫星、墙上的图案），接下来是驱逐和集中营关押，最后，通过在犹太人隔离区制造饥荒、在德军占领区射杀、在六座专门的集中营中释放毒气，来实现完全的种族灭绝。

这些阶段并非一个接一个次第发生，而是通过持续的压制重叠交织在一起：除了屠杀，还有掠夺和征用财产，后者对于获得决定性人口的支持至关重要。

虽然不同的国家和社会有不同的文化，比如德语、法语、波兰语、罗马尼亚语或荷兰语社会，但在发生大屠杀的国家中，上述四个阶段都是城市化和工业化的结果。

城市社会有城市社会的大屠杀，乡村社会有乡村社会的大屠杀。在乡村主导的卢旺达，大屠杀的进程跳过了第二个和第三个阶段，也就是标记和集中关押，由于居民之间关系亲近，这两个阶段并非必要。

不过这个结论也过于简单，因为还是存在某种指认受害者的过程。1931年以来，政府开始在身份证、雇佣合同和其他证件上标注所有公民的种族：胡图族、图西族或特瓦族。大屠杀中，这些文件有些时候确实帮助了民兵和军队在城市中搜查，在边界关卡核验身份，但对大多数村庄里的杀手来说并没有什么帮助。

在尼亚马塔地区，居民们一致认为这些证件没有任何用处。约59,000名图西人被他们的邻居了解得一清二楚，没有任何例外，包括最近才来定居的图西家庭、短期来工作的公务员、流浪汉以及住在山谷深处小屋子里的隐士。

此外，宣布总统遇害之后，图西人为了自我保护，很快就自发聚在一起。一开始，他们去往图西人聚居的小村庄，比如恩塔拉马山上，然后在教堂里避难，最后，大屠杀开始了，他们逃到了沼泽地和树林里。

还有一个现象有助于理解以村民为主的卢旺达社会的反应。20年间，总统阵营要求胡图族和图西族的所有名流显贵无差别地完全忠诚，并且压制所有的抗议。这种统治政策导致知识分子外流，削弱了所谓的城市小资产阶级的力量。然而，当社会严重动荡时，反思和抗议正是在这个小资产阶级中才会萌生。

结果是悲惨的。从大屠杀开始的那一刻起，这个小资产阶级夹在专制的统治阵营和无处不在的农民阶级中间，因战争的气氛而变得脆弱，因胡图族或图西族的人道主义暗杀而害怕，没能逃过严重的分裂命运。而胡图族的知识分子们没能及时刹车，冲上了屠杀前线，以证明自己在这个新时代中的存在。恩塔拉马的教师让-巴蒂斯特·蒙扬科雷的故事就是代表。他的同事和校长明明受过良好的教育，竟也助纣为虐，挥起了屠刀。*

我们还可以看到，这个不重视农业机械化和农业科学的社会，同样没有使用现代化手段提高屠杀的效率。没有毒气室等工业化技术，更没有科学实验、医学实验或人类学实验，而且也没有提出省时省力的巧妙手段。没有使用武装部队的飞机、坦克、火箭炮，也很少使用冲锋枪、手榴弹这些轻量武器，只是把它们用作战术支持或心理战的工具。

种地时，劳动力都是手工劳动。所以沼泽地里的屠杀也是如此，而且以季节性种植的节奏展开。

阿方斯·西迪亚雷姆耶有一次曾说："我们加快了动作，因为

---

* 中文版对这部分重复内容做了简述处理，蒙扬科雷的完整叙述见于本书第54页。

屠杀季快要结束了。屠杀季让我们免去了一次收获庄稼的劳作，但不会有第二次。我们知道，到了下个季节，我们就又得拿着砍刀去干那些传统的活儿了。"

最后一点观察是关于一种过分简单化的提法，这就又回到了土地这个主题上，这也是访谈中一直暗含的话题。事实上，小团体的这些人和其他一些人都强调说，胡图人能比图西人获得更好的收成，而且图西人的牛群经常毁坏庄稼，所以胡图人取代图西人种地，是很正常的事情。

这也解释了为什么人们一起劳作、吃饭和祈祷，但几十年来联姻数量却如此之少。伊诺桑·鲁维利利扎这样解释："我没听说基本戈山上有哪个本地农民联姻的任何案例。在卢旺达，联姻从某种程度上来说是富人和城市居民的特权，也是胡图族官员、高级公务员和图西族商人的特权。比如说，一个胡图族富人娶一个受过良好教育的图西族美女，或者一个图西族富人娶一个胡图族妻子以享受政府给予的一些好处。但农民们呢，不会从中获得任何利益，反而有很多麻烦。我们知道，由于分配土地和牛群踩坏庄稼的事儿，我们之间不可能融洽相处。这些土地争端非常危险。山上的几对联姻夫妻都是在从附近省份来这里之前就已经结婚了。"

在德国这个哲学之国，大屠杀是为了净化人种和统一思想。在卢旺达这个农业之国，大屠杀是为了净化土地，消灭土地上的"蟑螂农民"。

所以，对图西族的灭绝是熟人屠杀，也是农业式的屠杀。然而，它尽管组织简略、工具陈旧，却战果非凡。12个星期中，约80万图西人被杀，这个效率远远高于对犹太人和吉卜赛人的屠杀。1942年，在枪杀和集中营的高峰时期，即便有化学武器、配有高端装备的警察和军队以及工业技术（重机枪、铁路设施、资料收集、一氧化碳毒气车、毒气室等等），纳粹政权及其拥趸在德国和占领的15个国家中，也从未达到如此之高的死亡率。

26
惩罚

伊尼亚斯：

"第一天，议员派了几组小伙子来，以确保所有男人都听到了集合的指令。他们围住了抵抗者的房子，用惩罚金来威胁他们，把他们赶向基本戈，大声训诫他们。那些想要绕道的人都被抓回了正确的路上。我们径直走到集合点。

"就这样，狩猎开始了。通过调整，我们适应了日程。每天都如此轮回，只不过后来，那些监督小组不再来了，因为没有必要，而且也没有人再退缩了。"

潘克拉斯：

"这是强制参加的。有一个别动小队，由一群狂热的小伙子组成，他们负责地毯式搜索那些想藏起来的人家。相比于我们杀人流出的血，我们更害怕统治当局的愤怒。不过心底里，我们什么都不怕。

"我来解释一下。当你接到一项新命令，你会犹豫，但你还是会遵从，否则就会有危险。当你被广播和劝告巧妙地鼓动起来时，你就能更容易地遵从命令,即使那道命令是杀死你的邻居。一个优秀组织者的使命,就是当他给你下命令时,能消除你的犹疑。

"比如,当他跟你指出,这项行动会全面展开,而且不会给活下来的人带来任何麻烦的后果,你就可以更加毫无顾虑地遵从他,忘记所有的恐惧、惩罚之类的东西。你是自由地遵从。"

阿方斯:

"每天早上6点,我们要清点人数。要压榨香蕉酒的人可以获准请假,病号也可以,甚至到了后来,家里牛圈鸡圈坏了,也可以晚到。但其他人还是得去。你可以在路上磨磨蹭蹭,打个小盹,但你得去。即使没有工作的心情也得去。每天如此,无一例外。

"山上没有人能对上帝睁着眼睛说瞎话,说自己从没有参加过狩猎。

"如果做手脚被抓到,后果会很严重,你得交一笔罚金,数额由领导者决定。情节严重或者重犯,罚金就高。也许是罚现金,比如2,000法郎或者更多。也许是罚一桶酒、一块铁板,这种可以商量。"

菲尔让斯:

"所有人都在基本戈的空地上集合,卡恩泽恩泽人、基本戈人、恩塔拉马人,有时候还有从布塔姆瓦或更远处来的联攻派民兵。躲在自己房子后面的人会被邻居揭发,并交一笔罚金,尤其是一开始我们对这些还不熟悉的时候。

"到了后来,如果你对屠杀感兴趣,你就会英勇地冲在前面;如果你只对抢东西感兴趣,你就懒懒散散;如果身体不适,你就及时说明情况;如果要请假去酿造香蕉酒,你就得供应你做的那份;如果你只是前一晚喝太多了,那很容易就批假了,所有人都很理解,只是你不能短时间内又发生同样的情况。但是如果你利用这个机会,白天在镇中心闲逛,就要小心了,那里人很多,如果你被抓住了,立刻就会被送走。

"有大型行动时,狩猎的要求很严格,我们要跟在勇猛的联攻派民兵和军人身后搜寻。这些家伙都显得很难搞。那些日子里,没有人敢躲懒,否则会遭到严重的惩罚。而其他日子,只有我们自己人去狩猎时,就会比较宽松。"

皮奥:

"我们每天都要去体育场,然后做出决定。对于农民来说,这是必须的。如果逃避任务的人被抓到,就要被处以罚金。通常是2,000法郎,不过也取决于严重程度。如果你付不起,就要用一桶香蕉酒或者一块质量上乘的铁板来顶。甚至还有人被罚了一只山羊。

"因为劳累而不能工作的老人,如果能让儿子来顶替他参加狩猎的话,可以免除罚金。甚至还有身体健康的男人让他们的妻子来顶替一天的情况,不过不常见,因为这样不值当的。"

阿达尔贝尔:

"一开始,屠杀行动处在严密的管理下,但后来就不那么严格了。如果你感觉很累,或者只想参加抢劫、收集铁板、买卖东西、修缮房屋这些事情,可以提出申请,然后给替你干活的人付一笔钱就行。要么你用自己的方式体现出在屠杀中的用处,要么你就花钱。不过不会像一开始那样强制你去杀人了。

"只要日程正常推进,只要你不大声表示抗议,统治者们就更好通融。

"罚金的数额取决于错误的严重程度或者是每个人的财力。如果只是普通的错误,就罚1,000或2,000法郎,如果错误很过分的话,就可能涨到5,000法郎。起初,这对于农民来说是很重的惩罚了,因为农民都很穷。但后来，农民们通过抢掠变得富有，罚金也就在可接受范围内了，尤其是如果还忘记向你收罚金的话。"

玛丽—尚塔尔（Marie-Chantal）：

"农民不像城市里那些生活安逸的人一样富有，不可能花钱买一份不用杀人的安宁。基加利的一些医生和教师都是花钱让仆人或者雇人去杀人，避免弄脏自己的手。

"山上的很多人杀人只是为了摆脱贫穷。如果他们跟着去参与屠杀，就不会有被罚款的危险，而且还能带回丰厚的回报。如果机会向一个人伸出橄榄枝，让他可以获得铁板，好好加固房顶，他不会拒绝的。"

伊尼亚斯：

"如果邻居发现你溜号了，他可能晚上会去你家，问你要一笔小钱，不然第二天就去揭发你，让你付更多的罚金。如果他是认真的，那么你答应他就万事大吉了。正因此，在我们的小团体里，我们都是自己商量着来，悄悄把我们的过失掩盖过去。"

让—巴蒂斯特：

"起初，杀人是强制的。不过后来，我们就习惯了，自然而然就变得残暴起来。我们不再需要靠鼓励或者惩罚才能杀人，也不需要命令或建议。纪律变得松懈是因为人们不再需要它了。

"据我所知，没有人因为拒绝杀人而被惩罚。我只听说过一个极端案例，一位女性被处以死刑。因为她的丈夫拒绝杀人，于是几个年轻人就把她砍死了。但她是图西人。后来，她的丈夫还是毫无怨言地加入屠杀了，而且还是沼泽地屠杀中最勤勉的人之一。

"如果某天早上你觉得不舒服，你可以选择捐一桶酒而不去杀人,等第二天再去。你也可以选择参与其他工作来代替杀人,比如为过路的联攻派民兵做饭,或者去找回散落林中的牛让人们可以吃。然后当勇气重新回到你身上的时候,你就可以再次拿起工具,回到沼泽地里去。"

菲尔让斯:

"除了罚钱和捐酒,我没听说过其他的惩罚,比如因为不服从命令就被棍打或刀砍。如果你拒绝付罚金,他们也只是威胁你而已。不过得益于战利品和掠夺来的财物,这种情况从没发生过。

"我学到的一件事就是:有钱人可以更平和地接受罚款的消息。"

伊尼亚斯:

"有天晚上,他们把一个胡图族女人判处了死刑,并且当众砍死了她,以儆效尤。不过这是因为她蛮横无理地索要刚被杀死的图西族丈夫的奶牛。除此之外,基本戈没有人因为受到惩罚而被砍死或挨打。"

潘克拉斯:

"人们说有人因为溜号而被虐待,但就我个人而言,从没听说我们山上有这种情况。我想,这些人被虐待是因为抢东西的时候发生了矛盾。还有一些很坏的同事,他们控告自己的邻居,只是为了占有垂涎已久的一些东西,比如一块土地。"

埃利:

"晚上,我们要向长官详细汇报自己杀了多少人。很多人因为害怕被嘲笑、被瞧不起,就会吹嘘自己的成果。也正因此,我们不埋葬尸体,被怀疑撒谎的人要带着验收员去证实的。

"但是如果在白天的工作中,我们表现得不好,也不会被打,对我们的要求也没有那么过分。我们只会觉得收益太差了,这一天很不幸。"

利奥波尔:

"早上,我会清点缺席的人数。如果有人前一晚喝醉了,觉得不舒服,这是可以批准的,因为这事儿太常见了。人们请假还可以因为突发的事情,比如生病或是生意问题。不过,如果理由不充分的话,就得交罚金,或者罚一桶香蕉酒,严重的话可能会上升到一箱啤酒。也有人被打,不过只有当他们厚颜无耻地撒谎时才会这样。"

皮奥:

"一个人如果只是某一天不想杀人,那他很容易就能逃掉。但一个人如果完全不想杀人,那他不能说出这个想法,否则就该他自己被当众杀掉了。

"大声说出不同意见是立刻就会毙命的。所以,我们并不知道人们有没有这个想法。

"你可以很好地伪装、混时间、找借口、付罚金,但不能宣之于口。如果你跟邻居表达你的拒绝态度,哪怕是悄悄地,等待你的也会是死亡。

"如果你在陌生人眼前流露出对图西人的仁慈,那么你的地位和财富也并不能免你一死。对我们来说,为图西人说好话比对他们做坏事,更致命。"

27
关于金属板的遐思

刚果城市布卡武（Bukavu）位于基伍湖边，离卢旺达边界一步之遥，在全省和全国范围内都曾是极具魅力的一个地方，这里的居民和过客都很喜欢它。但1994年的夏天，无论是露天平台上的欢愉还是渔歌曲调中的温柔，都被淹没在大批难民的悲惨之中。

1994年7月底，那是大屠杀开始四个月后，也是胡图族开始大批流亡的一个月后。来到这座城镇，我对它最特别的记忆是到处都堆着金属板，路边、村子里、营地周围。后来，集市附近的路上出现更高的金属板堆，向下通往江边的路上和过海关的地方还有再高一些的，刚果军队的官员们从墨镜后面兴高采烈地打量着这些铁皮堆。

数十万流亡者的队伍望不到头尾，散布在基伍地区。最虚弱疲累的人瘫在大片空地上，最强健的人继续去往火山地区的营地，最有办法或最有钱的人则散居在这座城镇中。有的人抱着一个小包袱或一个孩子；有的人拎着椅子、大盆或成袋的粮食；最强壮的人则扛着金属板走着，在重量之下，身体被压得几乎对折了起来。他们用金属板换取粮食、过境的权利、卡车箕斗里的位子或田地里休息的地方。

过河之后就进入了卢旺达，有一条路通往尚古古。我对这里最奇特的记忆依然是这条无穷无尽的运送金属板的队伍，有一种非常超现实主义的感觉。金属板装满了偷运的独木舟，或压在船公的木筏上，或装在手拉车里，或在卡车箕斗中被乘客坐在身下，或在帐篷或小棚屋周围，一两个人扛着；或堆放在营地周围、路上、荒芜的香蕉园中、树林深处……金属板的踪影在营地之间和一望无尽的队伍中延展开来。

那时，对于一个还在被刚刚结束的大屠杀而震惊却又置身于这样的人群之中的外国人而言，只能把这种怪异归结于集体疯狂和某种创伤，直到后来才有所理解。这是因为我并不了解这些金属板背后的故事。

金属板是在第一次世界大战之后，和比利时人同时来到卢旺达的。这并非偶然，因为它要被用作殖民地建筑的屋顶。殖民者的屋顶用瓦片，卢旺达人的屋顶用树叶，而用于这两类人聚集的公共建筑的屋顶则用铁板。

那时用的是一种足足一厘米厚的铁板，可以一直坚持用50多年，恰巧就到了国家独立之时。随着时间的流逝和人民的解放，铁板变得越来越薄，并且扩散到城镇、郊区，逐渐到了山上，几乎用在了所有的居住区，包括最简陋的那些，我们把那些建筑称为土墙铁板房。从那之后，金属板就成了衡量居住面积的单位。我们不会说："某人盖了多少平方米的房子"，而是说"一座多少块金属板的房子"。

根据进口地不同，这些金属板的使用寿命也不同，有从欧洲进口的（这种质量最好），有从乌干达进口的（这种最结实），有从肯尼亚进口的（这种最牢固），还有当地生产的，产自基加利附近的基干多（Kigando）托里瓦工厂。本地产的金属板最薄，只有三毫米，也是最便宜和最不耐用的。它大概能用15年，和农民房子的土墙差不多寿命。

大屠杀之后，一些人道主义组织分发了纸莎草压制的板材，但无论是只有几个月的使用期限、实用性还是分发者的假仁慈，都是骗不了人的。

20世纪60年代初，金属板才来到布盖塞拉地区，比较晚，但是很快就流行开来，用作第一批图西族难民家的屋顶。在这个多雨又没有秸秆和茅草的国家中，轻薄、便宜、易运输的金属板成了香饽饽。

它分为全新的或二手的，漏水的或不漏水的，换句话说就是有没有洞。在建房屋墙体的时候，它先被用作围墙，建好之后又被用作屋顶，不过它的用处不止于此。因磨损或墙体下沉而从屋顶拆卸下来之后，二手的金属板还可以用在院子里，以建造厨房、厕所、围墙和储藏室。它同样可以用来制造门窗、小酒馆的露台、箱子和穷人的棺材。

在房屋的所有组成部分——墙、屋架、家具、室内装饰——当中，金属板是村民不能手工制造的唯一部件，因此它就具有了交换价值。据伊诺桑描述："战争之前，基本戈的人们组织过金属板彩票活动。每个人带一块新金属板来，然后分发几瓶香蕉酒并抽签，被幸运抽到的人就可以获得一个新房顶。人们也可以把它用作正式的馈赠，比如婚礼前作为嫁妆。"

一只山羊值2张金属板，一头安科莱奶牛至少值20张。一张金属板还可以结清15瓶佩里姆斯啤酒的赊账。如果折合成卢旺达法郎，那它的价格取决于其质量，还有季节。伊诺桑接着解释："如果是大旱季节，农民们倾向于把它拆了卖钱，取而代之的是塑料板。

于是金属板的价格就暴跌。之后，如果丰收的话，他们就再买回来全新的或二手的金属板，于是价格又上涨。"

除了干旱，还有很多其他因素可以滋生二手市场，其中一个是偷窃："一些身手敏捷的小伙子可以爬上房顶，趁着主人在睡梦之中，用湿布把房顶拆下来，然后逃到灌木丛中，特别是如果他知道房主正在外参加聚会时，就更大胆了。"赌博和酗酒也是拆房顶的常见原因。尼亚马塔的一位朋友——我们就不提他名字了——喝酒喝到最后时，一张接一张卖了自家房顶的金属板以换取一口路上喝的酒，到最后只能露天睡觉了。

但是，导致这种买卖的最严重原因，是战争，它让人们变得贫穷，并且导致了难民流亡。

如果说金属板是房主唯一不能就地制造的房屋组件，那它同时却也是最容易运输的部分：只要拧几圈螺丝，它就可以固定在包裹旁边的地面上。统一的标准让它在大湖区的任何地方都可以使用。布盖塞拉出现第一批跟着房主去往其他地方的金属板，是在1973年，那时正是图西族难民逃到布隆迪的时候。后来，布隆迪的胡图族难民为了躲避图西族军队和政府的打击，又带着金属板逃到了位于卢旺达的营地。20世纪90年代初，由于双方在布隆迪和卢旺达边境的对峙加剧，这种来往又加速了。但这并没有预示出即将在1994年春天发生的事情。

5月13日，当爱国阵线军队的枪声刚开始在尼亚马塔响起时，大多数男人就扔掉了砍刀，去拆卸房顶上残留的东西，并且收拾行装，准备第二天将要踏上的逃亡之路，要穿过整个国家，去刚果的布卡武或者戈马。

很显然，当1996年秋天大批胡图族难民返回时，金属板并没有随他们一起回来，因为它们都已经在路上或营地中被卖掉了，抑或是在边境或逃亡中被没收和骗走。不过如今，在基本戈、卡恩泽恩泽和恩塔拉马山上，住房再一次安装了金属板屋顶，这得益于爱国阵线军队胜利后带回了图西人，得益于国家捐助，尤其得益于当地的回收。

并非所有金属板都经历了如此行程，事实上恰恰相反。出于乐观的考虑，很多胡图人在出发前将自家的金属板固定在了屋顶上。还有一部分人在走了几公里后，于慌乱之中丢弃了金属板，而屠杀结束后，幸存者将它们捡了回来。

最后，还有一些更精明的人花了些时间把自家屋顶和抢掠来的金属板都埋在了香蕉园中。在尼亚马塔，人们说，一些囚犯从里利马监狱中被释放出来之后，第一件事就是要找个月黑风高的夜晚，把他们埋藏多时已经有些生锈的金属板给挖出来。

但有时为时已晚，原因还是如伊诺桑所说："有的时候，你看到一个农民在他的地里用锄头用力锄地，但立刻露出了大大的笑容，那是因为他知道，他刚刚锄到了一块金属板，这意味着一笔可观的财富。"

28
抢掠

玛丽-尚塔尔：

"我们整天都能看到,在田地下方的路上,捡东西的人川流不息,他们被自己抢来的东西压弯了腰。他们前赴后继,就像跟在食物残渣后面的一排蚂蚁。"

埃利：

"屠杀过后的晚上,是跟朋友相聚、增进友谊的时间,这让我们感到轻松愉悦。我们讲述自己的一天,分享饮料,吃东西。我们不用再数自己杀了多少人,而是计算这会带给我们什么收益。屠杀让我们变得又爱说又贪婪。我们只会为分配问题争吵,尤其是关于土地和香蕉园。每个人都盯着阿卡尼亚鲁河边那一排排茂密的香蕉树。"

阿方斯：

"后来有很多好处。有大型行动的时候,周边镇上的联攻派民兵和军人要优先瓜分战利品。他们占据崭新的收音机、强壮的奶牛、舒服的座椅、优质的铁板等等。我们当地人就只能分一分他们剩下的东西。只有小规模行动的日子对我们来说更有利可图,因为我们可以做第一选择。当小团体的成员一起抢掠时,成果特别丰硕。丰厚的战利品能让我们忘记所有争执。有时我们甚至不得不雇一辆小卡车才能运回所有获得的东西。

"很多人突然就变得有钱了,以至于要花很多时间来数钱。在路上,他们招呼抢掠归来的杀手,向他们友好致意,大方地给他们买啤酒喝、分肉吃,送他们收音机,以亲近这些没有得到新财物的人。

"有钱人最懂做生意了,因为这本来就是他们的职业。他们积攒铁板之类的东西,以备将来之用。

"我们呢,我们觉得无忧无虑,心满意足。我们不做生意,也不用缴税。有了搜刮来的钱,我们可以喝好酒。杀了人之后,就把他们的牛身上最美味的肉吃掉。带回来的那些新铁板也很让人满意。我们吃得饱,白天干活又劳累,所以晚上睡得也特别好。"

伊尼亚斯:

"第一天晚上,头儿叫我们在基本戈集合。他要求小队成员围成一个圈。他让大家依次把从受害者身上拿来的钱放在中间。他说:'不许耍滑。'

"当他看到我们很沮丧时,他想了想,然后换上了和善的语气开始说话。他解释说,第一次,我们应该把钱拿出来,买酒来一起庆祝,不过以后呢,每个人就可以自己留着钱。这个承诺让我们很满意。于是我们开了几瓶酒犒劳自己。"

阿达尔贝尔:

"懒散的杀手自己会主动离狂热的杀手远远的,为的是提前获得战利品，但他们并没有越来越有钱。晚上，狂热的杀手会设法拿回自己漏下的东西。他们知道自己很强壮。

"说到底，我们根本不在乎在沼泽地里取得的成就，只在乎对我们舒适生活重要的东西：收集的铁板、找回的奶牛、成堆的窗户和所有类似的东西。当我们遇到骑着新自行车或晃动着收音机的邻居时，贪婪鞭策我们前进。我们还会沿途查看屋面情况。如果听说一块肥沃的土地已经背着我们被占了，我们就会变得恶毒，甚至比在沼泽地里还恶毒，哪怕这时手里并没有挥舞砍刀。我还好，我强壮有力，让自己当了头儿。这个位置在抢掠中很有利。"

潘克拉斯：

"工作结束之后，我们会计算所得。其中有图西人试图藏在衣服下面、死时想带走的钱，有希望不要遭受痛苦的人主动献出的钱，有回家路上收集的东西，有在混乱的人群中卖掉铁板和容器换来的可能很微薄的钱。我们把一卷一卷的钱藏在口袋里。

"比如，如果你抢了两辆自行车，你不会多费口舌卖掉一辆；你只是把它贱卖了，然后淡定地去买酒喝。

"我们酒喝得特别多，以致酒价涨了两倍，甚至一度涨了四倍。但喝酒的人根本不在乎，因为抢掠得到了很多钱。

"一些农民甚至帮助图西族的熟人躲藏，以获得一点钱。后来，当图西人拿出所有的积蓄时，这些农民就把他们扔到死神的怀抱里，一点都没有回报他们。这是很肮脏的交易。"

约瑟夫—德西雷：

"统治当局不再有计划和指挥的能力。人们对命令充耳不闻。于是就变成了没有理由的奇怪的屠杀。

"最积极的那些人，当他们杀人的时候，他们会占有死者的一切财物,他们想要一切,而且是立刻就要,甚至都不想耽误时间把受害者彻底了结。抢掠足以让他们兴奋,不需要任何建议或鼓励。他们的贪婪传给了跟随他们的人,然后这些人也变得疯狂。

"最穷的人最容易因为战利品而兴奋。最有钱的人也是这样,因为他们有足够多的钱把它们买下来然后存着。所有人都很支持这些有利可图的杀戮。"

克莱芒蒂娜:

"穷人们从前一无所有,突然之间,就有了铁板房顶,有了衣物,有了厨具。如果他们够机灵的话,有时还能得到一块遗留的土地。安逸的生活向他们敞开了怀抱。

"甚至有的流浪汉也不再流浪了。他们的臂膀突然之间就变得跟旁人的一样健壮了。他们都还没搞清楚发生了什么就变得有钱了。得益于捡到的财物,他们可以为自己挑选一个有钱的妻子,在从前他们可从不敢与之亲近。多亏了大屠杀,他们在女人眼中突然变得可亲可敬了。"

瓦莱丽(Valérie):

"自打飞机失事之后,就有手握砍刀的联攻派民兵在妇产医院周边晃悠。大屠杀开始的第一天,有一些军人来了,他们说:"如果你们给我们钱,我们就不让他们进来。"他们要了整整20万法郎。我们当时没什么钱了,因为白人修女已经把所有的钱都装上联合国卢旺达援助团的装甲车运走了。但是我们人很多,有孕妇,有助产护士,还有冲着圣玛尔特医院的名声来避难的母亲。我们凑了凑钱,凑齐了这么多,然后付给他们。

"第二天,他们又来了,还要同样数额的钱,甚至还有人要瑞士法郎。幸亏有些妇女之前在缠腰布里藏了几沓钱,我们还是付给了他们。

"第三天，我们再拿不出这么多钱了。军人们说没关系，因为他们也不能再为我们做什么了。他们刚出去，联攻派民兵就来了。他们人很多，因为他们知道，这家瑞士妇产医院里物资很多：成袋的谷物、弹簧床垫、纯净水、药物等。他们先是搜罗了能找到的所有东西，一点不剩；然后杀了见到的所有人，一个不留；最后还翻找了那些有钱女性的尸体，以确认什么都没漏掉。"

利奥波尔：

"我们的一天开始于杀人，结束于抢掠。去的时候杀人，回来的时候抢掠，这已经成了规则。杀人的时候以小队为单位，抢掠的时候是各抢各的，或者是关系好的朋友聚成一小组。但不包括酒和牛，这两样东西我们很喜欢一起分享。当然也不包括土地，只有领头的才能争夺土地。我作为当地的头儿，得到了一大块肥沃的土地，我打算一切结束之后就耕种它。

"杀人更多的人抢掠的时间就更少；但正如我们担心的那样，他们可以依靠自己的力量弥补回来。所以没有人更占便宜，也没有人更吃亏。

"有的人因为必须请假或者因为一天的劳累而不能参加抢掠，就派自己的妻子来。我们就看到她们在房子里搜寻，甚至冒险进入沼泽地，从刚被杀死的妇女身上解下缠腰布。所有东西都会被抢：盆、布、壶、宗教图画、结婚照片等。所有地方都会被抢：房子里、学校里、死人身上。

"带血的衣物会被抢，因为人们并不嫌这些衣服洗起来麻烦。内裤也会被抢，因为那里可能藏着钱。不过教堂里不会被抢，因为大屠杀第一天留在那里的尸体就已经腐烂发臭了。"

阿方斯：

"有的杀手会在沼泽地里占有那些女孩，这让他们很满足，而且让他们忘记去抢掠。他们觉得第二天可以再去弥补回来的。

"至于储蓄方面，我们也不像从前那样斤斤计较地生活了。不用认真地讨价还价，价格很随意地大起大落。物质的富足将我们从鸡毛蒜皮的小事中解脱出来。有些老古董念叨说，这样的掠夺会让我们的思想走向邪恶，这是未来给我们设下的陷阱。但是看看这舒适生活的开端，谁会听他们的呢？"

阿达尔贝尔：

"在镇中心，大家讲述着一天的成果。有的人会夸大自己的战绩，希望能得到一块更肥沃或者位置更好的土地。只要一谈起被杀掉的人留下的空闲土地，人们就变得激动狂热。只要我们通过名字辨认出被杀死在沼泽地里的农民，那天晚上我们就会一直争论他的土地。我们的精神一直充满占有欲。

"即使我们自己不种地，我们还是会为家人的未来操心。"

让-巴蒂斯特：

"如果爱国阵线没有占领这个国家，我们也没有逃走的话，我们在杀掉最后一个图西人之后就会开始自相残杀，因为我们如此被占有土地的狂热所吸引。我们再也无法停止挥舞屠刀，因为它给我们带来了如此大的利益。

"看样子，如果我们胜利的话，生活方式将会重新来过。那些顺从听话的人不会再像从前那样服从统治并接受富有和贫穷的划分。他们已经尝过了安逸和富足的味道，习惯了随心所欲，感到自己充满了新生力量，可以肆无忌惮。他们拒绝顺从，也拒绝贫穷带来的麻烦。贪婪已经传染了我们每个人。"

29
封闭的空间

非洲永远上演着移民的宏大场面,国家和地区的界线也总在变动之中。但卢旺达和布隆迪是这块大陆上罕见的例外,几个世纪以来,这两个国家都是各自生存。没有任何自然资源或都市生活吸引移民到来,甚至朝圣之地也没有。此外,卢旺达的山丘之上是世界上人口最稠密的地方之一,所以不同于所有邻国的情况,这里没有一点空间能再让给外来移民以及他们的语言和文化传统。而布盖塞拉这个干旱地区自然和国家的其他地方是一样的。

说明这点是为了强调,当大屠杀发生的时候,这里没有外来的非洲人群体,没有其他文化和其他种族,这种缺席是有害的。

总统飞机失事两天后,大屠杀已经席卷了一些城镇,但尼亚马塔这里还没有开始。当时来了一支联合国维和部队,有三辆装甲车。他们先去了教堂和修道院,接下来是妇产医院和综合医院。在每个地方都接走了白人,共有五位牧师和三位修女。然后,任务完成了,他们调转车头,迅速消失在主干道上。

瓦莱丽·尼拉鲁多多（Valérie Nyirarudodo）是圣玛尔特妇产医院的护士和助产士，她回忆说："他们停在了大门前，要求三位白人修女立刻收拾小件行李。他们说：'不要再浪费时间告别了，马上离开这里。'这些瑞士人要求带她们的图西族同事一起离开。军人们回答说：'不行，她们是卢旺达人，她们就应该在这里，让她们和兄弟姐妹在一起会比较好。'然后车队就离开了，紧接着联攻派民兵就唱着歌来了。当然，不久之后，图西族的这些姐妹们就跟其他人一样被砍死了。"

伊诺桑目睹了装甲车经过的过程，他详细讲述道："当时已经有联攻派民兵在街上巡逻，时不时偷偷用小规模的扫射来热身，而经过的车队在联攻派民兵中引起了一阵巨大的慌乱。有人大喊：'白人来了，还会有更多人来的，他们有厉害的武器，我们要完蛋了。'当看到车队扬尘而去，未曾因为好奇而停留一下，也没有在主干道上停下喝点东西的时候，他们又喝起了佩里姆斯啤酒庆祝，用力拍打枪支的弹夹表示庆幸。看得出，他们大大松了一口气。可以说，他们摆脱了最后的麻烦。"

与此同时，在基加利，白人们离开了使馆、办公室、修道院、大学，通过卡农贝（Kanombé）机场开设的紧急空运通道或陆上运输车队，去往邻国。极少数外国人在被看护起来的别墅中避难，但尼亚马塔没有一个外国人留下。

任何一位牧师、援外人员、外交官、人道主义者都无法给出有说服力的理由，解释大屠杀发生伊始他们这种迅速而夸张的逃跑行为。无论如何，当时的危险和慌乱都不足以解释这样的匆忙。

目前为止我听到最贴切的解释来自恩塔拉马山上那位幸存的农妇克洛迪娜·卡伊泰西。她的解释值得所有每当人类悲剧发生时追问信息和见证有什么用的人深思。她化用了一句谚语说道："白人不愿意看到他们不能相信的事情，他们无法相信发生了大屠杀，因

封闭的空间

为这样的杀戮超越了包括他们在内的所有人的底线。所以他们选择离开。"克洛迪娜则认为,没人能写下关于大屠杀的所有真相,它不是从两三个根源而起的灾难,它的根源是一个腐烂于地下的死结。*

这三辆来尼亚马塔疏散外来人员的装甲车就这样带走了白人牧师和修女,带走了外界对这里最后的关注,而牧师和修女在这个信教的民众中有很大的影响力。几个小时之后,杀戮就开始蔓延了,仿佛发生在一个封闭的空间,卢旺达广播和千丘广播的声音回荡其间,尽情播放着演讲、指令、嘲讽和歌曲,甚至是卡带录好的圣歌。

在这一点上,我们能够发现,在德国和卢旺达这两个文化如此不同的社会中,广播都在大屠杀中发挥了主导作用。有人提出说,德意志第三帝国和哈比亚利马纳治下的卢旺达第二共和国都还没有进入电视时代,更不用说互联网时代了,所以广播自然就会有决定性的影响力。

这个理由无法让人信服。所以我想引用影评家、随笔作者塞尔日·达内(Serge Daney)在海湾战争中的一些思考,希望我的记忆尽量精确。当时,一些媒体专家在讨论图像对事件的过度影响,不同于主流观点,塞尔日·达内认为:"然而,恰恰相反,广播才是最危险的媒介。一旦国家或其机构倒台,广播就会拥有独特的、无可比拟的可怕力量。它摆脱了所有可能削弱或改变语言力量的东西。在混乱的局面中,广播被证明是民主、革命或是法西斯主义的最有效工具,因为它无论何时何地都能不受任何阻碍地渗入每个人的心灵最深处,而且是即刻到达,不像阅读和看图时必定有一个鉴别和评价的过程。"

---

* 克洛迪娜的完整叙述见于第145页。——编者注

装甲车离开的同一天,镇长的手下关闭了法庭,打开了监狱,清空了教堂和圣殿,尼亚马塔和恩塔拉马那两座被图西民众占据的除外。摆脱了外国人谴责的目光之后,镇长和手下的暴徒们将治下的胡图人置于远离道德和良知束缚的地方。于是大屠杀开始在镇中心蔓延,直至山上。三天之后,在两座教堂爆发:一天之内,每座教堂中都死亡了近5,000人。

阿达尔贝尔·蒙济古拉讲述了大屠杀前的这种内心活动:
统治当局让我们做好了充分的准备。我们感觉身边都是自己人。我们再也不觉得自己会遭到阻挠或惩罚。自从总统飞机失事以来,广播就一直对我们宣扬:"外国人离开了。他们掌握了我们即将做的事情的确凿证据,但他们现在离开了基加利。这次,他们不再关心图西人的命运……"我们的眼睛看到了装甲车消失在路上,我们的耳朵再也不会听到低声的责骂。平生第一次,我们感觉摆脱了白人的恶意监视。随后的鼓动也让我们确信拥有圆满完成任务而不受任何阻碍的自由。我们心想:嗯,这是真的,维和部队在尼亚马塔什么都没做,只是调头就走,把我们留在那里。那么在一切结束之前,他们怎么还会回来呢?于是,信号发出,我们出发。

我们很确定,即使杀死所有人,我们都不会遭到恶意的目光,也不会受到白人或牧师的任何指责。我们常用这个开玩笑,而不是利用它。对于这个还不熟悉但开局很好的工作,我们觉得特别惬意。但是时间和懒惰戏弄了我们。说到底,我们太相信自己了,于是在路上磨磨蹭蹭。正是这种过分的不在意,对我们来说才是致命的。

30
村子里的庆祝

阿方斯：

"第一天晚上，我们从教堂大屠杀回来之后，组织者们搞了一场特别好的招待宴。我们都聚在早上出发的那个足球场，那里回响着对空鸣枪的声音、哨声和乐器声。

"孩子们将白天找回的奶牛赶到人群中间。镇长贝尔纳（Bernard）把14头最肥的给了联攻派民兵以示感谢，把其他的奶牛分给了民众以资鼓励。整个晚上，我们都用来宰牛、唱歌、聊即将到来的新生活。那真是最棒的庆祝了。"

让－巴蒂斯特：

"晚上，我们小团体的人就聚在小酒馆里，或是在尼亚鲁纳济或是在基本戈，看情况。也可能先去一个，再转场到另一个。我们点好几箱佩里姆斯啤酒，一起喝酒、说笑，缓解一天的辛劳。

"有的人整晚无眠，喝光一瓶瓶酒，比白天还亢奋。有的人适当放松之后就回家休息。有些好战分子在杀人之后继续杀牛，因为他们根本没法放下砍刀。因此，想要给以后留点牛是不可能的，必须立刻就吃掉。

"我在这些欢乐享受当中，带着假笑，保持警觉。我还安排了一个年轻哨兵在我家周边巡逻，但我自己依然很警惕。对图西族妻子安危的担心折磨着我，尤其是在每一次喝酒的时候。"

菲尔让斯：

"在小酒馆里，人们互相攀比。很多人虚报自己杀掉的人数，以获得更多奖励。也有一些人会瞒报，因为他们觉得讲述血流成河的场景并且吹嘘这些事情，让他们很难受。我们互相欺骗，还嘲笑那些明显夸大自己战绩的人。我们认识一个现在关在监狱里的人，他曾吹嘘自己一天当中杀了30多个人，却没有人指责他撒谎。"

潘克拉斯：

"晚上总是洋溢着节日气氛。但是也有人因为土地分配不当，握着拳头或拿着沾满血污的砍刀来滋事。关于土地的谈判是非常严肃的，但由于很多人酒喝得太多了，这事就可能变得让人担心了。

"夜里，那些头目都离开了，他们的权威也跟着被带走了。所以不同于白天在沼泽地里，人们在镇中心不会受到管控。于是这里的夜晚充满骚动，名声很不好。因此，如果妻子们听说自己的丈夫在这里鬼混，就会来找他们，把他们带回家。"

阿达尔贝尔：

"有一些因遭遇不幸而被遗弃、流落在尼亚马塔街头的流浪儿童，也参加了沼泽地屠杀行动。可以说，是一些小混混吧。但农民家里受过教育的孩子们却不会去，他们满足于在山上抢掠和享受。"

阿方斯：

"大屠杀期间，我们没有举行过任何婚礼、洗礼、足球赛和类似复活节这样的宗教仪式。我们不再对这类庆祝活动感兴趣，对礼拜日的这些小事儿根本不上心。我们工作得筋疲力尽，我们变得非常有占有欲，我们随时随地都可以庆祝，我们随心所欲地喝酒。有的人变成了酒鬼。

"如果有人为自己杀掉的人感到难过，那他也得藏起自己的懊悔，不能流露出这样的意思，因为他害怕被当成同谋，进而被粗暴地对待。有一些人因为白天没能杀到人，晚上喝酒的时候就会变得很凶恶；另有一些人则是因为杀得太多而如此。你得显得跟他们打成一片，否则你就要当心了。"

克莱芒蒂娜：

"晚上，我的家人们会听音乐和舞曲，都是卢旺达音乐或布隆迪音乐。得益于搜刮来的大量盒式录音带，所有人家都可以享受到音乐。所有人都感觉大家一起富有了起来，所以互相道喜，没有嫉妒或闲话。男人们唱着歌，所有人喝着酒，女人们在晚宴上换不同的裙子穿。这比婚礼还热闹，而且是每天都上演的狂欢。"

埃利：

"我们不用再为节约电池而担心，而是同时开着所有收音机。所以音乐的喧闹从未停止。我们听舞曲和卢旺达传统民歌，也听肥皂剧，但不再收听讲话和时讯。

"说心里话，我们根本不在乎基加利在密谋什么。只要我们知道屠杀顺利地蔓延到各个地区，我们就不再关心国家发生的新闻了。穷人们显得悠然自得，富人们喜笑颜开。未来向我们昭示幸福愉悦。我们满足于这些亲密的庆祝，吃得好，喝得好，玩得好。

"此外,年轻人们可以藏起从沼泽地带回的女孩,然后在围墙后或灌木丛后占有她。但当他们尽兴了,或者开始有传言的时候,他们就要把她杀掉,以免受到重罚。"

克莱芒蒂娜:

"我很了解这个小团体。这些家伙在基本戈很出名,因为当他们喝很多酒之后就行为不端。在大屠杀发生之前,他们就常常挑衅图西人,设下圈套嘲笑图西人并发生口角。他们当中有人对图西人发表过极端言论,比如把图西人称为蟑螂,或用厄运威胁他们。年长的人尤其如此,年轻人觉得这很好笑。

"于是,大屠杀期间,这个小团体在沼泽地中冲在最前面。他们一起昂首阔步,白天互帮互助,然后背着战利品吵吵嚷嚷地回来。晚上,他们大吹牛皮,奚落那些没能同样出色完成狩猎的人。对于杀戮、嘲笑、喝酒、大笑和庆祝,他们从不厌倦。他们始终表现得很愉悦。"

利奥波尔:

"晚上,我们在一起聊白天遇到的图西人,谁显得特别顽固,谁被抓住了,谁逃掉了。有人互相比赛。还有人搞竞猜、打赌,以赢得一瓶佩里姆斯啤酒。这些吹嘘让我们志得意满,即使输了,也显得很满足。

"树林里,一批批女孩被强暴。没有人敢谴责这事儿,哪怕是那些对此义愤填膺的人,因为他们可能在教堂接受过祝福。他们跟自己说,既然这个女孩无论如何都会死,那谴责也改变不了什么。

"我对这些事儿没欲望,也十分不喜欢喝酒。只是为了团结才喝一小点。我回家很早,快8点的时候吧,我需要睡眠来保证第二天精神饱满。我是小组的头儿,所以我得时刻准备着。"

阿达尔贝尔：

"有两种类型的强奸犯。一种是强奸了女孩之后把她们当作妻子用，一直到最后，甚至到逃亡刚果的时候。他们趁着当时的局面和美丽精致的图西族女人睡觉，不过作为交换，也给予她们一点点照顾。另一种抓来女孩子只是为了在喝酒时跟她们寻欢做爱。他们只会在很短的时间中强占她们，完事儿后立刻就把她们杀了。当局对此没有任何指令，所以两种类型的人都可以自由选择做他们想做的事。

"当然，还有很多人不喜欢做这种事，因为没有这方面的欲望或对这些错误行径不认同。大部分人都觉得，将性爱和杀戮混在一起是不合适的。"

菲尔让斯：

"晚上，气氛非常愉悦。但到了夜里，我一回到家，就完全变了。妻子显得很害怕我。她不再有安全感，也不想再和我睡觉。她转过身去背对着我。清醒和睡眠将我们分离，我们不再有相同的期待。很多同事都只是因为床榻之上变得不和谐，而去树林中寻找性爱之事。"

埃利：

"回家的时候，我们都已经吃饱喝足。那段时间让我们有了无比舒适的、尽情享乐的夜晚，也让我们混淆了善和恶。它隐藏在亲切友好的样子之下。

"我妻子对此没有什么问题。她理解，在经历这样一天之后，我需要这些。"

31
人情网络的绝迹

以前，每周日下午，尼亚马塔足球场都是皮球、球鞋、运动袜和运动衫的天下，这一天是属于尼亚马塔球队"布盖塞拉体育"的。这支穿着白紫色球衣的队伍是全国乙级球队，每周日都能吸引来成千上万的观众。观众们来自基本戈、卡恩泽恩泽、恩塔拉马和方圆30公里内的各个山上，他们顶着炎炎烈日，放声唱着歌，下山穿过树林来看比赛。

足球场坐落于主干道的尽头，离附近的市场和小酒馆都不算太远，众多商人和老主顾往来其间。虽然这个场地雨季时泥泞，旱季时干裂，周围的灌木丛中还在放牛放羊，但它配有合乎标准的铁制球门柱，平日里小伙子们争相在这里踢球。

球队成立之初，球员们只能在主干道上赤脚赤膊地踢香蕉叶做成的球，那算是开拓期。后来，他们在一块勉强开垦出来的平地上踢球，踢的是橡胶泡沫球，再后来就变成了真正的橡胶球。这支球队中既有图西族球员也有胡图族球员。20世纪70年代，开始出现皮质足球和钉鞋，也是这支球队的黄金发展期。

曾在第十五届锦标赛中踢10号位的前球星蒂特·鲁西塔（Tite Rushita）回忆说："以前有一位富商叫弗朗索瓦，还有一个生意兴隆的输运老板叫莱昂纳尔。因为他们很有钱，所以总是给球队提供一些便利。我们常常收到烤串和饮料，还能搭便车回家。住得远的人为了来参加训练，就让他们帮忙借一辆自行车。如果取得辉煌战果，我们甚至可以从高兴的商人那里得到一只羊和几袋种子。踢球还是有利可图的。我们就这样发展壮大，强劲到能够在甲级赛里踢两个赛季。"

20世纪90年代初，由于爱国阵线的攻势加强和联攻派民兵组织的成立，球队开始走下坡路。在尼亚马塔，当时的图西族教练在镇长贝尔纳的命令下被解雇，商人们也几乎不再去球场了，胡图族球员由于盛名在外而被征调去参加游行和集会，因此错过了训练和比赛。

蒂特·鲁西塔是从沼泽地里幸存下来的图西人。如今他一天的生活基本是管教孩子、下午喝啤酒、晚上待在芝加哥或者玛丽-路易斯那里。他这样概括种族灭绝前几个月中球员之间的气氛："比赛前他们彼此微笑，在场上他们收起自己的想法，但比赛结束后他们不再一起喝酒。球队跌跌撞撞，被根本不存在的对手绊倒了。"

埃弗吉斯特·哈比西鲁韦（Évergiste Habihirwe）是蒂特的接班人，是大屠杀前最后一支参赛队伍中的明星球员。他也是幸存的图西人，是个左撇子。尽管一些朋友和店主都叫他一起踢球，但他再也不想与足球有任何关系。他总是戴一顶紧紧箍在头上的帽子，除了自家土地，就只是去玛丽开在卡恩泽恩泽的"寡妇之家"。

他这样描述那个时期："有时候，胡图族球员放弃训练去参加集会。回来之后，他们就会恶狠狠地踢我们的脚踝。于是比赛时，这场游戏变成了比谁更壮实而非比谁更有技术。射门员不再瞄准球门，歌声也都消失了。嘲笑和抱怨四散开来。"

大屠杀前，埃弗吉斯特在卡恩泽恩泽上方的草地上养了一群安科莱牛。大屠杀的第一个早晨，他自然而然想到去百米开外的左后卫恩达伊萨巴（Ndayisaba）家里躲避，这是他最亲密的胡图族队友和朋友。他讲述道："当我到他家院子的时候，他手里正握着砍刀，我看到他已经砍死了两个孩子。幸运的是，时间给了我一点机会，我赶快逃跑。当我到家时，一切已经太晚了，我再也见不到自己的家人了。"

他继续回忆："我用这两条球员的腿一直跑到森林里。白天我躲在高粱地里，晚上我摸进田里找木薯吃。在家附近，我听到队员们狩猎的声音。就是那些曾经和我一起踢球的队友。他们喊道：'埃弗吉斯特，我们翻遍了尸体堆，还没有看到你那副蟑螂的面孔。我们一定会把你找出来的。就算晚上得加班干活，我们也要找到你。'他们大喊大叫，还因为没有抓到我而互相争吵。砍杀球员的最顽固分子竟然也是球员。他们心中有踢球时的那种凶猛。"

在伊诺桑和朋友们聚会的玛丽−路易斯的店里，蒂特点头附和埃弗吉斯特的讲述。"我也是这样，球员们用尽一切办法要砍死我，"他说，"这是他们的义务。得益于踢球带来的名声，他们成了出名的联攻派民兵，他们必须要为人称赞。所以他们不得不去砍死知名的球员。球队里，没有任何人向另外的球员伸出援手，也没有任何人出于同情闭上眼睛。谁敢这么做，谁就会被当场杀掉。"

伊诺桑提出不同意见："得益于足球，他们变得既强壮又出名。他们从中获得了很多好处，他们不想失去这么好的一条路。我不知道他们是不是可以为了帮助曾经的同伴而设法少做点坏事，但我知道他们所有人甚至从没有想过这一点。"

"但是，"他故作正经地继续说，"我们还是知道足球队员和谐相处的例子的，而且是上百名球员互帮互助。有一个图西人叫姆巴鲁西马纳（Mbarushimana），外号叫穆西马纳（Mushimana）。他在球队里踢6号位。大屠杀期间，他检举了自己的图西族邻居，揭发了他们的藏身之处，给狩猎的杀手们带路。他希望通过帮助杀掉队员来保全自己。联攻派民兵充分利用了他，然后杀掉了他，就把他扔在路中间，甚至都没把尸体推进沟里。"

球队在1994年2月踢了最后一场比赛，对阵加绍拉（Gashora）。那是个周日，球队中有五名胡图人、五名图西人，还有一名混血队员塞莱斯坦·穆林德瓦（Célestin Mulindwa），他的妈妈是图西人，爸爸是胡图人。他是这个队伍中的三名幸存者之一，也是唯一一个如今仍然踢球的队员。每个双休日，他都和自己村里的老师或孩子们一起踢球。

他说："我们曾作为兄弟队友在一起生活，后来又作为敌对的兄弟决裂。当砍刀第一次落下的时候，我们对足球的热爱就被击毁了。如您所见，没有什么能抵抗得了种族灭绝，突然之间，足球和所有其他事物一样，都被杀掉了……"

距离足球场200米左右的教区内，圣玛尔特妇产医院位于教堂和医院之间。这个机构雇用了三名护士、七名或多或少有文凭的助产士，还有七名护理人员，既有胡图人，也有图西人，在这里毫无分别。这里有七张为生病婴儿准备的病床，四张为早产儿准备的病床，私人病房里有两张床，还有一间康复病房。

大屠杀爆发伊始，当大批人群前往教堂寻求庇护时，上百名带着孩子的妇女则躲避到妇产医院，她们当中大部分人都是最近在这里生下孩子的，于是妇产医院变成了一个妇女难民营。到了第二天，白人修女就坐着维和部队的装甲车离开了。

"她们给我们留下一些嘱咐和她们储备的粥，但我们从来没看过她们是怎么做的，所以不知道怎么吃，"卢旺达护士瓦莱丽·尼拉鲁多多解释道，"这里只剩下了女性工作人员、来这里生产的妇女和她们的婴儿以及带着小孩子来避难的妇女。此外还有两名男性，一个是打杂的小伙子，另一个是一名女工的丈夫，他在地板下建了一个藏身之处。圈里有一头奶牛，打杂的小伙子挤了奶喂养小孩子们。"

瓦莱丽是卡纳济本地的胡图人。如今她住在尼亚马塔一条林荫道上的漂亮小屋中，她觉得在那里生活和抚养孩子更为安宁。她非常端庄又很腼腆，讲一口非常棒的法语。和过去一样，她仍然把所有精力都投入到妇产医院的工作中。

瓦莱丽继续讲述她从没离开的妇产医院在大屠杀开始那几天中发生的事情："瑞士修女离开时，把钥匙留给了我，告诉我在她们走后不要给任何人开门。可是从当天开始，就有士兵来这里拿我们的钱，他们每天早上都来。一天早上，有一位妇女来到这里生产，这是大屠杀开始后第一次有这样的开心事，但是，因为跟她一起来的还有可怕的联攻派民兵，我们没有给她开门。手握砍刀的年轻人一天天地逼近我们。

"有一天，一名护士坐着联攻派民兵的吉普车来到这里指认欺骗者。她知道，我们已经把柜子里的所有病号服都分给了年轻女孩们，因为听说联攻派民兵不会伤害产妇。我们确实看到尼亚马塔和山上的局势都越来越严峻，但没有想到妇产医院会发生这样的事情。为了更为安全，我甚至带着自己的孩子来医院上班。

"教堂惨遭屠杀袭击的那天，一名士兵来到医院带他的岳母离开。他悄悄告诉我：'我们不会再回来了。一切都结束了。让那些能行动的人离开这里逃走吧。'一些联攻派民兵在门口喊道：'没有牵涉其中的人都赶快出来，不然一会儿我们也帮不了你们，所有人都将面对同样的命运。'我们听到外面的尖叫，看到被血污弄脏的砍刀，我们知道，他们已经结束了在教堂的杀戮，种种迹象表明，致命的那一刻就快到我们面前了。

"一个从卡纳济来的年轻人气喘吁吁地进了医院，跑到了我身边。他对我说：'我从卡纳济来，是你哥哥让我赶来找你的。生存的机会就在外面等你和你的孩子，他迫不及待地想了解你所知道的事情，不要让他等太久。'我看向刚刚在我面前生下孩子的妈妈和她的两个孩子，他们躺在床垫上。我用最快的速度在心里祈祷：我的上帝，请告诉我，我该带谁走。然后我想：如果带走那个新生儿，没有奶水的我不知道该怎么喂养他；如果带走那个大点的孩子，可能会更容易养活。我把他背起来，然后对那些士兵说：'这个也是我的孩子。'"

于是瓦莱丽坐在外面的花园中，看到了接下来发生的事情："他们围住了妇产医院，毁掉了铁栅栏，只是冲门锁开了几枪。他们戴着擦得锃亮而且非常漂亮的皮革弹夹，但他们不想浪费子弹。他们用砍刀和棍棒杀掉那些妇女。有些比较敏捷的女孩设法在混乱中逃脱并且从窗户跳出去，但在花园中还是被抓住了。有的妈妈把孩子藏在自己的身下，他们先把妈妈掀起来，然后砍死孩子，最后又砍死妈妈。至于婴儿，他们根本懒得好好砍死那些孩子。为了节省时间，他们把婴儿往墙上扔，或者活生生地扔到远处的死人堆旁……"

她述说的声音越来越弱："那天早上，医院里有300多名妇女儿童。而那天晚上，只剩下花园里的5名女性幸存者，她们得益于胡图人的身份而幸免于难。还有一个孩子，叫奥奈特（Honnête），他被带去肯尼亚的姑姑家里生活。"

经历过战争的人常常讲述战争中令人赞叹的友谊、难以置信的浪漫、非同寻常的团结、普通而卓越的战绩，或是敌方阵营间滑稽又让人痛苦的共谋。所有这些造就了小说、歌曲、电影和纪念晚会，并让我们和人性达成了和解。

于是就听到了这些故事：德国和法国的士兵互换肉酱罐头，越过战壕交谈；费拉加游击队员*帮助一起打牌的殖民者躲藏，维希政府的部长拦下了对昔年同窗的流放。在越南、爱尔兰、黎巴嫩、安哥拉、萨尔瓦多、以色列、车臣的战争中，也都有这种以激情、童年、阵营之名，或因情感、忠诚而发生的相似情况。

在波斯尼亚－黑塞哥维那，在种族清洗最严重的时候，在萨拉热窝和戈拉日代（Goražde）受到最猛烈攻击的时候，在福查（Foča）大屠杀和布尔奇科（Brčko）大屠杀最高潮的时候，我们知道那里有爱侣会面的秘密通道，有咖啡和绵羊的贸易往来，有人跨越前线的阻隔只为了解孩子和情人的近况，还有藏匿、逃跑和秘密团聚在不断发生。在被炮弹围困和压制的武科瓦尔（Vukovar），一条穿过玉米地的小路，让如此这般的包围在塞尔维亚坦克兵的眼皮底下开了口子。

战争结束时，我们惊讶地得知，还有更多让人喜欢、值得相信的"一千零一夜"。

可是在尼亚马塔，球员之间没有兄弟情谊，对婴儿也没有同情怜悯。教堂唱诗班或农业合作社中没有任何友谊或爱情的联结活过了大屠杀。小村庄里没有任何反抗行为，青少年群体也没有任何叛逆举动。

在沼泽地和布隆迪边境之间有一片绵延40公里、广阔而荒凉的森林，如果想在这里建起一个援助组织，是轻而易举的，然而却没有；同样，在放牧的道路之间本可以有连接的通道，本可以有藏匿和疏散幸存者的网络，本可以有护卫队，然而却没有。这是种族灭绝的特性吗？虽然有一些极偶然的例外，但基本上是这样的。

---

* 费拉加（Fellaga），指阿尔及利亚反法独立战争时期的游击队。——译者注

在这里应该强调一点：如今，这种特性非常重要，因为政治人物、记者和外交官们只要一说到残酷的大规模杀戮，就会错误地乱用"种族灭绝"这个词，它越来越被滥用。

所有的战争都来源于多多少少致命的野蛮诱惑。战士残暴的狂热、复仇的渴望、痛苦、恐惧、被抛弃的感觉、成王败寇的观念、偏执和妄想，尤其是犯罪之后的沉沦感……这一切激发了种族灭绝的行为和行动。

换言之，是厌烦、恐慌以及想一劳永逸解决问题的愿望，导致了对平民和囚犯的屠杀，导致了强奸和酷刑攻势，导致了致命的驱逐和全方位的破坏，还可能带来非军事行动：播撒农药，屠杀牛群，强行改造外来宗教和文化。

尽管这些战争罪行在集体疯狂的驱使下，具有破坏平民群体的意图，但将这些罪行与目的明确并且有组织、有预谋的种族灭绝行为混为一谈，是认知上和政治上的错误，也是我们的文化追求轰动效应的病态表现。

做这样的区分不是咬文嚼字吗？有可能从战争的混乱中辨识出种族灭绝吗？这两个问题的答案都建立在另一个简单而关键的问题上：首当其冲的受害者是谁？

在普通的战争中，首先被杀掉的是男人，因为他们是最有战斗力的，然后是能帮助男人的女人和能够成为接班人的男孩，再然后是出谋划策的老人。但在种族灭绝中，屠杀的目标是所有人，而且尤其是婴儿、女孩和妇女，因为她们代表着未来。

暂且以我比较熟悉的斯雷布雷尼察（Srebrenica）大屠杀为例吧，但其实对于卡廷（Katyn）大屠杀、格罗兹尼（Grozny）大屠杀、美莱村（My Lai）屠杀、巴士拉（Bassora）屠杀和夏蒂拉（Chatila）大屠杀来说都是一样的。

1995年7月11日，波斯尼亚塞族军队和民兵进入了被围困的斯雷布雷尼察。一部分当地人试图穿过森林逃跑，另一部分则想在联合国波托卡里（Potocari）营地避难。三天的时间里，大约有8,000人被俘，其中大部分是平民，他们被满载俘虏的卡车运到田里或路上，然后被机关枪或卡拉什尼科夫枪屠杀。其中的数百人在死前遭受了极其残忍的侮辱和折磨。女性走在路上会被拦下并强奸，带着孩子走在田野上的人会被地雷和手榴弹炸死或致残。

同一时期，几乎所有的妇女、女孩和儿童，共约16,000人，被安全地运送到波斯尼亚领土上的图兹拉（Tuzla）。斯雷布雷尼察大屠杀是一次前所未有的杀戮计划。种族灭绝的念头确实出现在帕莱（Pale）和贝尔格莱德（Belgrade）塞族民族主义者的脑海中，但是，如果他们已经决定实施这一想法，他们就会有计划地枪杀延续种族生命的妇女和儿童，无论是1992年4月在福查时，还是1995年7月在斯雷布雷尼察时。

总之，将两场规模相当的屠杀行为区别开来不是徒劳吗？在从未停止前进的历史中给几个片段定性不会很草率吗？受害者的痛苦难道不是无法估量的吗？斯雷布雷尼察大屠杀或格罗兹尼大屠杀的野蛮行径不是和尼亚马塔大屠杀一样残酷吗？对于亲身经历过的人来说，是的。对于我们其他人来说，尼亚马塔大屠杀的野蛮行为更加令人不安，因为它是绝对的。

"当一个政权想要推翻另一个政权并取而代之时，就会发生战争。当一个民族想要断送另一个民族时就会发动大屠杀。屠杀比战争更严重，因为即使屠杀没有成功，这样的意图却能永远延续下去。这是一种最终意图。"农妇克里斯蒂娜·尼兰萨比马纳谈到"最终解决方案"时，说出了这番了不起的话。

32
女人

潘克拉斯：

"我认为女人是被她们的丈夫引领的。当一早就出门去杀人的丈夫晚上带着食物回到家的时候，如果妻子生火做饭，那就是支持丈夫最好的传统方法了。

"我的妻子一般不说我，在床上也不回避我。只有在我比较过分的时候，她才会责备我。"

菲尔让斯：

"妻子有时乱给我们一些建议或告诫。有的女人对图西族邻居表示同情，还试图帮他们躲藏几天，但如果被抓住，就会让她们的丈夫受到惩罚。我的妻子抱怨过我好几次，她警告我说在沼泽地里很可能是要丢掉性命的；我回答她说我们不可能停止这些杀戮。于是她要求我首先管好自己的嘴巴。"

皮奥：

"无论是统治当局还是邻里之间，大家都认为，在卢旺达的家庭中，男人是好事和坏事的第一责任人。如果一个女人想藏起图西族熟人，她必须先征得丈夫同意，因为如果事情被发现了，完全是丈夫承担邻居的惩罚，他得当众亲手砍死这些图西人。这是很严重的惩罚。在家门口杀掉一个曾经同甘苦共患难的人，这是件大事。

"女人们的决定权比较小，受到的惩罚比较少，也没有那么活跃。在这场屠杀中，她们位居二线。

"但实际上，在图西族的阵营中，情况恰恰相反。屠杀对于妻子来说，比对于丈夫更残酷，更何况她们最后还会被强暴，还要眼睁睁地看着她们的孩子被砍死。"

让-巴蒂斯特：

"乡村的习俗是，女人不用操心砍伐这种体力活。砍刀是男人工作用的东西。无论是为了种地还是为了屠杀，都是如此。

"所以，大屠杀期间，女人们依然是做做早饭，白天出去搜刮一些东西。只是以前积攒的是作物，而现在积攒的是财物，因而她们也不会不高兴。她们没有任何异议，因为知道无论如何，这项行动都会全面成功。对于男人们的野蛮行为，她们不敢表示出任何明确的反对态度，甚至都不敢表现出一点作为母亲的善意。

"据我所说，在恩塔拉马，没有任何一个胡图族女人，曾悄悄藏起图西族小孩子，让他免于灭门屠杀。甚至也没有藏过包在缠腰布里的婴儿，或是年龄太小而不会被邻居认出来的婴儿。整个山上，没有一个女人在提供庇护这件事上撒谎，甚至没做过一点点尝试。"

阿达尔贝尔：

"女人们的生活比较普通。她们打扫屋子，做饭，在周边搜刮些东西，在镇中心闲聊和讨价还价。也有彪悍的女人曾想参加行动，在屠杀中提供帮助。但她们被组织者拒绝了，组织者训诫她们说，女人该待的地方可不是沼泽。我知道的唯一一个染指沼泽地屠杀的女人，是一个脾气暴躁并且想要出名的女人。

"不过，如果女人们刚好在废弃房屋中碰到躲藏在那里的图西人，那就另说了。"

玛丽-尚塔尔：

"丈夫晚上回来的时候，我会听到令人不快的传言，我知道他是长官，但我从不向他要求任何东西。他会把刀留在屋外，在家里没有任何残暴凶恶的表现，也会谈论上帝。他跟孩子们在一起时很愉快，给他们带小礼物，对他们说一些鼓励的话。这让我很高兴。

"据我所知，没有任何一个妻子在大屠杀期间埋怨过她的丈夫。有好忌妒的妻子，有爱嘲弄的妻子，有危险的妻子，尽管她们不直接杀人，但她们煽动丈夫对杀人这件事的热情。她们称量战利品，攀比搜刮来的物品。在这种局面下，欲望炙烤着她们。

"也有一些男人，虽然手里拿着砍刀，但他们对图西人的仁慈宽厚倒比妻子更多。一个人的邪恶取决于他的内心，而不是性别。"

让-巴蒂斯特：

"大屠杀期间，胡图族女人们表现出很强的嫉妒心，她们有很多偏执言论，说图西人身材修长，说他们因为喝牛奶所以皮肤光洁，等等。当这些妒火中烧的女人们发现一个图西族女人在树林里偷偷摸摸找食物的时候，她们就叫来邻居一起嘲笑这个像邋遢鬼一样在地上爬行的女人。还有的时候，女人们会强行将一个女性邻居推到山下，再用力把她扔到尼亚巴隆戈河里。"

阿方斯：

"我妻子跟我说：'说真的，你每天都去，每天都去，这太过分了。这种丑事该停下来了。'还有类似的建议，我从来也不听。

"有天晚上，她骂我：'阿方斯，你小心点儿吧，你做的所有事都会带来恶果，因为这实在罪大恶极，超越了人类的底线。这些鲜血会让你在下辈子遭到报应。我们这是在走向地狱。'到最后，她拒绝跟我睡一张床，而是睡到了地上，她说：'你杀了这么多人，数都数不过来，我害怕你这种无耻的行为。你都变成动物了，我不和动物睡觉。'"

伊尼亚斯：

"据我了解，没有很多女人抗议男人们强暴图西族女人。她们知道，沼泽地里的屠杀让男人们极度亢奋。她们认可了这样的做法，除非男人们在住处附近进行这种肮脏的性事。

"想要跟随参加追捕行动的女人都被丈夫遣送了回去，丈夫要求她们照顾好家里，并且想着去搜刮财物。"

埃利：

"妻子们不可能因为这些杀戮和性事而和她们的男人争吵。由于不种地了，所以她们也不得不出去抢掠来填饱肚子。大屠杀期间，男人和女人之间没有任何小矛盾。男人们去杀人，女人们去抢掠；女人们卖东西，男人们喝大酒，这一切都和种地的时候一模一样。"

利奥波尔：

"女人们的凶残体现于在废弃房屋中找到的图西族儿童和妇女身上。不过她们干得最出色的事情是争抢衣料和裤子。她们悄悄跟在追捕的队伍后面，把死者的衣服都扒下来。如果受害者还残存一口气，她们就用手中的工具给他们致命一击，或者把他们翻个身，留在那里继续苟延残喘，这都看女人们的心情。"

潘克拉斯：

"在战争中，我们杀的是与我们敌对的人，或者可能会伤害我们的人。而在这样的屠杀中呢，我们杀的是曾经一起听广播的图西族邻居，或是曾将草药敷在你伤口上的好心女人，或者嫁给了图西人的姐妹。甚至对于一些不幸的人来说，他们被大家要求杀死自己的图西族妻子和孩子。我们杀害女人，是和杀害男人一样的。这就是改变了一切的不同点。"

菲尔让斯：

"监禁在里利马监狱中的胡图族女人比男人更脆弱，因为她们的丈夫或兄弟从来不去看望她们、给她们带去食物。很多女人因为独占了亡夫的财产，遭到嫉妒而被告发。她们感觉被过去和现在都抛弃了。所以她们是最坚决拒绝承认自己罪行的人。既然做过的事情已经发生了，她们选择对此保持沉默。"

克里斯蒂娜：

"如今，我对此感到不安，因为很多胡图族女人的手上也沾满了大屠杀的鲜血。男性比女性更容易杀人，也更容易排解。他们遗忘得更快，能更轻松地一起执行屠杀，一起喝酒。而女人们却不会妥协，她们会记得更深刻。

"但我也认识一些很好的胡图族女人，她们不敢对邻居表示同情，害怕自己会遭到指责。"

克莱芒蒂娜：

"男人们从沼泽地里回来时，脸上还留着凶恶的表情。对于家里的细微琐事，他们显得既暴躁又易怒。女人们惊恐地看着他们的野蛮。一小部分女人是很气愤的，并且咒骂他们的血腥行径，不过这部分人主要都是像我一样嫁给了图西族丈夫而丈夫又被他们杀掉的人。

"大部分女人对于屠杀带来的回报还是很满意的，比如获得了成袋的豆子、衣物和钱财。她们自己也会去搜罗被男性抢掠者忽略的铁板和家用器具。

"女邻居们来家里问我，我是如何能够跟一只'蟑螂'生下孩子的。她们来警告我，对丈夫不要抱有任何希望，因为她们的丈夫已经决定要杀掉所有图西人。她们建议我告诉我的儿子，他没有图西族父亲，他完全是胡图族血统，因为如果今后他不小心说错话，那将是致命的。

"在尼亚马塔，助产士们在大屠杀之后又重新开始在妇产医院工作，就好像完全没有看到墙上遗留的血迹一样。她们甚至在动身去刚果之前还领了最后一份工资。

"在基本戈山上，没有一个女人收养过图西族邻居家将死的孩子，也没有一个女人曾将图西族婴儿藏在自家的孩子中抚养，哪怕是为了钱，哪怕只是藏在树林里，都没有。因为她们不想自己的丈夫为这样的坏事被罚钱，再回家后训斥她们。"

33
追求正义

4月11日,在恩塔拉马山上猎杀图西人的第一天。将近中午时分,锄草忙了一上午的伊西多尔·马汉达戈(Isidore Mahandago)正坐在自家的土墙铁板房前的椅子上休息。伊西多尔·马汉达戈是一位65岁的胡图族农民,20年前就来到了恩塔拉马山上的鲁贡加。

一些带着砍刀的年轻人唱着歌走在伊西多尔家附近的路上。他用年迈低沉的声音叫住他们,然后当着邻居的面公开训诫他们:"你们这些年轻人真是坏透了。向后转,回家去吧。你们的刀给我们所有人带来了可怕的灾难。不要再挑起争端了,我们这些农民承受不起。回到你们的土地上去吧,别再折磨你们的邻居。"两个杀手笑着走近他,什么都没说,直接用砍刀将他砍倒。他的儿子也在那伙年轻人当中,据目击者说,他既没有抗议,也没有停下脚步俯身查看父亲的尸体。年轻人们继续唱着歌上路了。

伊西多尔·马汉达戈是恩塔拉马的正义者。

第二天,三公里之外的基本戈灌木丛中,马塞尔·森加利(Marcel Sengali)正在放一群有斑点和里拉琴形状牛角的安科莱牛。

森加利家住在金加博（Kingabo），那里住的基本上都是图西人，只有包括他家在内的三家人是胡图人，所以渐渐地他们也学会了养牛。邻里之间非常友爱和谐，甚至都把牛混成一群养殖。

另外几个手持砍刀的年轻人走在上山路上，向下看去，发现一棵大树的荫凉下，森加利在牛群中间。他们从山坡上跑下来，来到他身边，没有任何询问，直接用砍刀杀掉了他。在搜寻死者衣服的时候，他们发现了他的证件，上面写着他是胡图人，这才知道自己犯了一个血腥的错误。

两天后，他的妻子马蒂尼·尼伊拉加绍基（Martienne Niyiragashoki）毅然决定跟随图西族邻居躲进沼泽地，躲避胡图族的乌合之众。他的儿子加胡图（Gahutu）就是乌合之众当中的一个。得知母亲逃到了纸莎草沼泽中之后，他多次来到沼泽地边上，向她喊话，命令她出来，并且许诺会保护她。马蒂尼·尼伊拉加绍基每次都拒绝了，这不同于另外一些胡图人，他们通常是跟配偶一起来避难的，但在沼泽地中躲了几天之后，就抛弃了他们的亲人，重新回到岸上，继续过着安稳的生活。马蒂尼的尸体很久之后才被发现，已经被砍成了几块。

马塞尔·森加利和马蒂尼·尼伊拉加绍基是基本戈的正义者。

弗朗索瓦·卡林加尼雷（François Kalinganiré）是卡恩泽恩泽一位有影响力的公务员。20世纪80年代还当过尼亚马塔的镇长，但1991年被罢免了，因为在建立多党制制度时他加入了一个温和派组织。他在穆扬盖青年培训中心当领导时，虽然没有什么麻烦事，但一直被仇视他的对手们惦记着。

4月12日，大屠杀的第二天，其中一些人就和联攻派民兵一起出现在他家。他们知道他娶了一个图西族妻子，于是命令他杀掉妻子，用行动表明对大屠杀计划的支持。他毅然拒绝，并且禁止他们再到家里来。邻居们被这场景吓坏了，都敦促他服从命令，牺牲妻子。

他坚持自己的决定,并努力把来家里的人都打发走。后来他在自家院子里被谋杀,并被埋在自己的土地上。

他是卡恩泽恩泽的正义者。

在这些有名有姓的当地普通人之外,还应该加上那些不知名的正义者。在尼亚马塔上方的卡云巴树林中,约5,000人在那里躲避屠杀,其中包括伊诺桑、戴大毡帽的养牛人贝纳瓦、女装裁缝泰奥内斯特,以及其他对教堂和沼泽地都不放心的朋友。不同于一动不动藏身纸莎草泥沼中的同胞,这些卡云巴人终日在桉树之间急奔兜圈子,以躲避身后的追杀者,让自己活到夜幕降临。

一天夜里,伊诺桑碰到三个陌生人。他们正靠在树上休息,等待黎明。伊诺桑回忆道:"那些胡图人不是这里的,我猜应该是从鲁亨盖里来的。他们来这里打零工,在地里干活换取食物。他们没有误入歧途。我们礼貌地跟他们打招呼。他们说他们信仰五旬节派,《圣经》禁止他们杀戮上帝按照自己形象造出的人。但是统治当局不让他们离开这里,他们只好躲在树林里。

"在追逐的混乱喧嚣中,我们失去了他们的踪迹。后来,我试着打听他们的消息,但连一点传言都没听到。他们是在混战中被砍死了,还是成功逃回了自己的家乡?没有人知道。但无论如何,树林里最后的幸存者只有20人,而他们不在其中。"

这三位农工大概就是其他那些无名正义者的代表。

那些还活着的正义者是谁?他们在哪里?事实上,在多次拜访和寻查之后,我们并没有在基本戈、恩塔拉马或卡恩泽恩泽山上遇到过他们。但我还是想说一些值得一提的人。易卜拉欣·恩森吉尤姆瓦(Ibrahim Nsengiyumua)是基本戈的一个富商,因为既不杀人也不抢掠而付了一笔又一笔罚金,几近破产。伊诺桑解释说,他这样做"是因为他在生活中已经积攒了足够多的财富,不会用鲜血去毁掉它"。

瓦莱丽·尼拉鲁多多，从妇产医院里带出自己孩子的时候，还另外带出一个。这位居住在卡云巴树林脚下的母亲，因为她的孩子们揭发藏在荆棘丛中的图西人而打他们耳光。用年轻农妇克里斯蒂娜·尼兰萨比马纳的话来说，很多人"他们本可以做做样子，躲得远远的，偷偷懒，一天都不去杀人……但他们必须得跟着大部队"。

最后，我们再说说通婚家庭这种特殊情况，虽然有严厉的惩处措施，但还是有丈夫救下了妻子和一些亲戚。不同于纳粹的统治，纳粹通常是依据信仰犹太教还是基督教来判定是否属于通婚，并由此决定他们的命运，而卢旺达哈比亚利马纳政府的规则更简单粗暴，单纯以性别论。如果丈夫是图西人，那无一例外都要被处决。如果妻子是图西人，则有可能幸免，有时还有她们的孩子。但如果她们的胡图族丈夫接受了某些条件，就像让-巴蒂斯特·穆兰吉拉概括的那样："……胡图族穷人的图西族妻子必须被杀死，但他们的孩子可以存活。胡图族富人的图西族妻子呢，只要她们的丈夫在屠杀中好好表现，她们就可以被保全……"

于是，人口普查员让-巴蒂斯特·穆兰吉拉救下了他的妻子斯佩西奥斯·穆坎达洪加，法官让-巴蒂斯特·恩塔鲁旺迪亚（Jean-Baptiste Ntarwandya）救下了他的妻子德罗塞勒·乌穆普法索尼（Drocelle Umupfasoni），退役军士长马克·恩萨比马纳（Marc Nsabimana）救下了他的妻子阿侬西亚塔·穆卡利戈（Annonciata Mukaligo），还有邮局局长和其他显要人物或富裕的农民都各自保护了他们的妻子。后来，人口普查员让-巴蒂斯特对自己参与屠杀的事实供认不讳，被判处监禁。法官让-巴蒂斯特因为提供了非常友好的证词，在监狱服刑两年后被释放。他的案件已经了结，但他没有再回到法官席工作。退役军士长马克被法庭传唤过几次，并涉及几起诉讼，但至今尚未被起诉。不管他们是否承认，这三个人都不怎么提及自己在大屠杀期间的行为，也不要求得到公众的任何感谢。

34
熟人

阿达尔贝尔：

"对于邻居或是一个让你觉得熟悉和怜悯的人，你不杀他是有可能的，但挽救他是不可能的。我们可以商量好如何逃避，可以决定使诈。但对于那个人来说毫无用处。比如，一个人遇到了曾经常一起愉快喝酒的熟人，他转身离去了。但会有另一个人随之而来，处理这个局面。反正在我们小团体中，这种事情从没发生过。"

菲尔让斯：

"你可以保全一个你曾欠过人情或曾给过你一头牛的人，但总会有其他人在你背后杀掉他。在沼泽地里，没有任何图西人能逃脱。无论发生什么，应该完成的事情总会完成。如果你知道这一点，那最终你就不敢违背这个现实。"

皮奥：

"我们一队人向前走，碰到一伙藏在纸莎草丛和泥沼中的逃难者，要认出哪个是邻居并不容易。如果不巧，我察觉到有个熟人，比如一起踢球的队友，我的心就感觉像针扎一样，我就会把这个人留给附近的同事来了结。但我必须悄悄地做这件事，我不能暴露自己的善心。

"那些因为悲伤的情绪而下不了杀手的人绝对要管好自己的嘴巴，他们因为害怕会被指责为同谋，所以对于自己的犹豫，什么都不会说。不过这些情绪也不会持续很久，很快就被抛在脑后了。"

阿方斯：

"我们会杀掉从纸莎草丛中赶出的所有人。无一例外，所以没有什么可选择、期待或害怕的。我们杀熟人、杀邻居，只是因为我们就是去杀人的。

"如今，有的人自称挽救过几个熟人，还会说起他们，因为知道他们都已经死了，不会出来揭发他。这些人放出这些传言以获得受害者家庭的好感，编出挽救的事迹好让自己回到故土。我们常拿这些骗人的伎俩开玩笑。"

埃利：

"杀男人还是女人，杀婴儿还是老人，我们没得选，所有人最终都会被杀死。时间催促着我们，任务让我们抡起臂膀，恐吓者重复着：'因为熟人而放下砍刀，就是在破坏同事的诚意。'

"不管怎么说，避免对熟人痛下杀手其实是出于对自己而不是对熟人的善意，因为知道这样做并不会给熟人带来任何庇佑，他总归要被杀死的。而且，相反地，他还可能因为耽误了一点点屠杀的进度而遭到更残忍的杀害。"

菲尔让斯：

"不杀掉熟人是有可能的，不过这样并不能挽救他的性命。无论如何，他都会被后来者砍死。如果你放过了一位邻居，他则有可能被更缓慢地杀死，而你如果被别人看到，则会被罚款。最终损人不利己。所以试图挽救一位邻居就变得越来越没有意义。我只见过一次这种事情：因为对双方都有方便之处，一位同事带走了一个高个子女孩，不过没过多久，顶多就是几天之后，女孩还是被杀死了，还被扔进了沟里。"

潘克拉斯：

"由于图西人散藏在灌木丛和沼泽地深处，所以很难在早上出发时想到你会找到谁。就在纸莎草丛中随机抓吧。

"不过也有人想要杀掉某个特定的人。我们发现，把这个人找出来是他们首要的事情，让他们着迷。他们找人的时候会四处寻觅，如果失败了就气急败坏。他们这样做或是因为陈年积怨，或是为了取乐，最常见的是为了当晚能将一块觊觎许久的好地据为己有。如果谁能带回杀掉重要人物的证据，比如，杀掉一个名人，或者杀掉一个身手敏捷的人，那他就可以获得死者土地的分配优先权。但是通常来说，我们进行狩猎行动的时候没有这类想法。"

伊尼亚斯：

"不管怎么说，统治当局从来没有命令过我们优先追捕熟人。在纸莎草丛中，我们发现什么，就攻击什么，因为不可能预先知道会找到什么。任何人都不应该侵占别人的时间来袒护自己手中的受害者。只要有机会你就杀。"

利奥波尔：

"我们知道，自己的图西族邻居没有什么错，但我们觉得，我们一直以来的麻烦，就是整个图西族的错。我们不再把他们看作一个一个的人，很快就不再想他们曾经是谁，甚至包括我们的同事。和我们共同的经历相比，他们成了更大的威胁，这个威胁大到超越了邻里之间对事物的看法。那时，我们就是这样思考并杀掉他们的。"

阿方斯：

"长官反复强调：'要杀掉所有人，除了胡图族男人合法拥有的图西族女人，当然这些男人要在屠杀当中表现突出才行。'所以有一些图西人，比如让－巴蒂斯特的妻子，在邻居都知道她身份的情况下得以活命。相反，胡图族女人的图西族丈夫是要优先被杀掉的，如果妻子有异议，那么就把妻子连同孩子一起都杀掉。"

埃利：

"对于图西族妻子，你可以尝试救她的命。你可以给长官送头牛，或者给组织者送台收音机之类的东西，然后再给在你家周围伺机而动的那些人分点钱。但如果你自己根本不想配合，那就不用尝试了。

"而如果是图西族丈夫，这就不可能讨价还价了，因为他在屠杀名单上是首当其冲的。一旦他的妻子开始为他说话，她立刻就会被打，我们当着她的面杀死她的丈夫，让她放弃幻想。如果她还坚持，那她和孩子们也会被砍死。"

阿达尔贝尔：

"想要保全图西族妻子的人，必须在屠杀中表现得非常积极。那些虚弱无力或者腼腆犹疑的人应该知道，他的妻子完了。你的抱怨或懒惰会报应在她的身上。"

让-巴蒂斯特：

"我知道有个胡图族男孩和图西人一起藏在沼泽地里。两三个礼拜之后，他们跟他说，他是胡图人，他可以得救。于是他离开了沼泽地，也没有遇袭。童年时期他和图西人在一起的时间很久，所以他有点困惑。他脑海里不再知道如何分辨两个种族的差异。后来，他没有参与大屠杀，这是唯一的例外，他是唯一一个没有被迫举起屠刀的壮劳力，甚至不用跟在队伍后面。他感觉自己不知所措，他也没有受到惩罚。"

菲尔让斯：

"杀陌生人比杀熟人要好很多，因为熟人在遭受击打之前，他异常激烈的目光会刺穿你。而陌生人的目光对你的思想和记忆则没有这么强的穿透力。"

玛丽-尚塔尔：

"对于女人来说，藏匿一个熟人这种事是不可想象的，哪怕这个人跟你一起长大，哪怕这个人给过你一些钱。当有流言说你藏匿幸存者的时候，你必须立刻把他交给你的邻居，你甚至有可能要被迫亲手杀掉这个人。对他来说，这种做法救不了他，只能毫无意义地延长几天生命，而对于你，却会迫使你去做属于男人们的最恶心的事情。"

伊诺桑：

"我有一个关系很好的朋友，我还给他送过一头牛。他是个富裕的商人，不管什么时候都乐于助人、真诚友好。曾经，他请我给他儿子补习，帮他通过全国性考试。于是我就去教课了，在他家里很自在，就像在自己家一样。他和他的妻子也会邀请我们夫妻俩一起吃饭、喝酒、品尝点心。

"发生大屠杀的时候，我自然就想到了他。我找人去请求他藏起我的孩子。他没有出来开门，只是让他的仆人来回话说，没有人能进他家的院子，他的家里也不再残存一丝丝友谊的记忆。

"这些日子，我陪同你去监狱的时候，见过他几次。我们用传统的方式拥抱问候。他像以前一样亲切，他对我说：'伊诺桑，对我来说你就像弟弟一样。你活了下来，我很高兴。但如果历史重演，我还是会做出一样的事情。命运如此，我别无选择。'"

弗朗辛：

"有的杀手一边拨开纸莎草的叶子，一边低声呼叫熟人的名字，并对他们许诺会保护他们。但这只是个诡计，只是为了让他们自己从水中的藏身处站起来，以便不用耗费寻找的功夫就杀掉他们。被熟人发现是很危险的事情，因为他可能会把折磨你当成一次表演。"

35
牢狱之墙

当我们阅读对战争的记叙或他人的战争经历时，我们会惊讶于人们是多么敢于面对恐惧，惊讶心怀恐惧的他们在还可以逃跑的时候，多么能够抵抗住逃跑的诱惑。这种坚守的背后，是勇气，是幻想和希望，是天真和盲目，也是听天由命。

比如，第二次世界大战期间，在边境和犹太人聚居区封锁之前，虽然种族灭绝的威胁一天天具象化，但许多犹太人群体拒绝承认威胁的存在并拒绝做出反应。时至今日，这仍然是令人吃惊的。

更近一些，在波斯尼亚-黑塞哥维那，即使附近的村庄已经起火，回荡着射击的巨响，穆斯林仍然固执地对周遭的破坏性袭击和种族清洗视而不见，一直坚守到民兵的卡车到来。这是既无法理解又令人敬佩的。同样，在黎巴嫩、塞拉利昂和车臣，被废墟包围的人们仍然牢牢守着自己的住所，不断推迟可能到来的逃亡。

这就是为什么，1994年夏初，大屠杀结束时，当200万胡图人在几天之内突然集体踏上了逃亡之路，我们明白，他们并非只是恐惧军队和爱国阵线的报复。我们感觉，但还没有想清楚：与单纯的生存本能不同，这应该是一种极具力量的心理动机，才能如此强力地牵引这个庞大的人群走向刚果，让他们放弃了故土的房屋、土地、工作和生活习惯，没有丝毫迟疑，也没有回头留恋。

两年之后，这些家庭又回到了他们的故土，依然没有从集体负罪感中走出来，这种羞耻感如今又混入了猜疑、惩罚和报复心，还掺杂着图西人的痛苦与创伤，让整个氛围变得沉重灰暗。

大屠杀之后，极度的痛苦始终存在。蔓延在卢旺达山丘上的沉默难以形容，也非我们如今见到的战争后幸存者的沉默可相较，或许只有高棉的情形略为相似。在他们当中，只有幸存者克服了沉默。而在杀手群体中，无论他们是否有罪，每个人都为自己编织起一个沉默或健忘的人设。

在尼亚马塔，我与胡图人家结下了真诚甚至是友好的关系。我同那些摆脱了嫌疑的人以及那些免于任何指控的女人对话；我在房屋后面的隐蔽处同杀手的父母交谈；以前还曾在不知名的帐篷下，同流亡到非洲或欧洲的哈比亚利马纳政权前政要聊天。所有这些对话都没有什么太大的意义，有时候还挺荒谬的。一旦我们谈及大屠杀，恶意、谎言、否认就会跳出来，与痛苦和恐惧交织在一起。

这是大屠杀带来的又一个独特产物：杀手的证词。从越南的士兵，到阿尔及利亚战争或阿根廷独裁统治的行刑者，从波斯尼亚－黑塞哥维那种族清洗中的民兵，到伊拉克或伊朗拘留营里的间谍，获得他们真诚而详尽的讲述并非难事，只不过有时要运用一下奥斯卡·王尔德（Oscar Wilde）格言中的方法："给他一个面具，他就会告诉你真相。"

但是，在大屠杀过后，这些平民杀手和他们家人的闪烁其词却超出了人类的理解范围，而且不是只用害怕报复就解释得了的。

完成和幸存者的交谈之后，我去了关押当地囚犯的里利马监狱，希望能将幸存者提及的杀手和他们实际的音容笑貌对上号。幸存者叙述的一个特点是：在狩猎行动中，他们藏身于纸莎草下的泥沼里，事实上几乎从没看到过杀手正脸，只能通过他们的动作和喊叫声留下的印象来进行描述。

我去那里的时候有一种直觉，在监狱里的这些对话将与跟山上胡图人的对话一样又艰难又无用。但我的直觉错了。从见面伊始，和他们的交流就显现出不同的状态：非常直接且具体。后来一系列的到访证实了一个观点，杀手只有在被囚禁的时候才能够讲述，只有在还没有获得自由的时候才能讲述。显然，胡图人越是自由生活在自己的土地上，他们跟我说的话就越少。而牢狱之墙越高越厚，反而越能促使人讲述，这道墙保护着他们免遭指控，来自认出他们名字的受害者的指控，来自同事和邻居对他们的背叛的指控，来自蒙羞的孩子们的指控。

其中一个证据是，2003年1月，曾在狱中与我们多次交谈的伊尼亚斯因为年迈而成为小团体中第一个被释放出狱获得自由的人，回到位于恩干瓦的家中之后，他开始抱怨自己参与到这本书中，并且拒绝再谈起曾在里利马院子里讨论过并录下来的那些话题。

然而很快，事实证明，单是牢狱之墙并不足以让他们开口。还得在他牢狱生活的某个特定时刻开启与他的对话——他的案件预审结束的时候，他知道自己会被判处较长刑期，也就是说，他知道自己的陈述不再会影响司法审判，他认为自己很长一段时间都不用面对外界的时候。

这个时刻还可以是他决定迈出供认事实这一步的时刻，不管那些供述的作用是多么微乎其微，只要他愿意讲述自己的行为，只要他或多或少承认参与大屠杀的意愿。不管他的算盘和诡计是什么，杀手承认参与大屠杀，这其实是必不可少的。如果他全盘否认，或者机械地开脱自己的责任，如果他否认任何个人意愿，否认对计划的任何精神支持，否认执行计划的任何利益或快感，我们就又回到了老一套，跟山上那些胡图人说的一样："……不是我干的，都是其他人干的……""……我不在场，什么都没看到……""……如果图西人不逃跑，这就不会发生了……""……我也不想这么做，都是被迫的……""……如果我不做这件事，也会有别人来做，而且做得更狠……""……我什么都没做，你看，我一直都有很多图西族朋友的……"

所以找一伙人交流是很重要的。基本戈的这个小团体从一开始就团结在一起，他们接受我的访谈，内部一起商量交换条件，每次会面之后还碰头讨论。他们共同面对作为杀手的记忆。

36
痛苦

阿达尔贝尔：

"有的人因为杀了太多人，所以有很多虐待行为。杀戮对他们而言如同美味的享受。就像喝酒的人一瓶又一瓶地叫人上酒一样，他们需要陷入一种沉醉中。

"动物性的死亡已经不能给他们带来满足感，不能让他们高兴。如果只是把一个图西人打倒，他们会觉得沮丧，他们想要热血沸腾的感觉。如果图西人一言不发地死了，他们就觉得难受。所以他们不再一击致命，而是享受击打的快感，听听绝望的尖叫。"

菲尔让斯：

"痛苦让每个人的恶意或善意暴露了出来。一些冷酷无情的人鼓动我们去折磨别人。不过这样的人很少。大部分人还是不习惯去制造这种可怕的痛苦的。

"我们一般只是正常地完成自己的工作，当然，除非是那个逃跑的人让我们在沼泽地里追得大汗淋漓。不过我确实注意到，那些带枪的人如果想帮狩猎者驱散逃跑的人，从不瞄准逃跑者，只是对空鸣枪，以免让他们死得太快。"

潘克拉斯：

"折磨图西人是额外的活动，可以由自己或者由小范围会议决定。这个只是消遣，就像长时间劳作中的休息。但上面的指令就只是杀人。

"有的人杀人很慢，是因为害怕，有的则是因为虚弱，有的是因为满不在乎，还有的则是因为恶毒。至于我，我动作很快，没有心思想这样的事情。我完全都没有想到这种狠毒的事情，只想着赶快结束一天的日程。"

阿方斯：

"有的人用砍刀在图西人身上取乐，向周围的人炫技。晚上聚会的时候他们以此自吹自擂，到处吹嘘。还有的人慢慢杀人，只是为了惩罚。如果一个图西人让追杀他的人跑得筋疲力尽，他就会遭受刀尖的戏弄，这对他来说是非常可怕的。这么做就像是杀鸡儆猴，只是已经没有活人能看到了。"

让－巴蒂斯特：

"显要人物和知名商人会遭受极端折磨，这是为了惩罚他们过去的恶行，或是为了让他们吐露自己的钱藏在哪里。这种折磨还会发生在曾与我们有很深矛盾的人身上，比如，买卖的账目没有结清，或是因为牛踩踏庄稼而产生纠纷。但这些情况是少数。上面并没有这方面的指令。长官常说的是：'杀人，而且动作要快，就这两条。磨洋工是没用的。'

"从刚果返回的路上，我遇到一些当事人，他们因为发疯而跳进基伍湖。是恐惧将他们淹没了。他们觉得，死在湖里比死在山上要舒服一点。越靠近归途，可怕的威胁就越从四面八方扑来。恐惧向他们昭示了痛苦死亡的细节，因为他们自己曾让很多人遭受痛苦的死亡。不过他们还是少数。"

皮奥：

"可以说，有的痛苦是有意为之，有的则是无意造成的。很多图西人只是因为我们杀人的技术欠佳而在疼痛的喊叫中死去。这些受害者是我们因为匆忙、疏忽或对刚刚完成的事情感到恶心而在慌乱之中遗留下来的，并非恶意为之。这些都是马虎、随意而造成的痛苦。"

利奥波尔：

"我见过几次，有的同事在他们的猎物身上停留很长时间，制造持久的痛苦。

"但最常见的情况还是，他们只是太着急去抢掠财物，所以还没把人杀死就丢在那里。比如，他们先砍了一刀之后，突然发现了一辆自行车，那么他们更想骑到那辆自行车而不是继续完成刚才的工作。如果是发现一块上好的铁板屋顶，那也是一样的。与其说是恶毒，不如说是贪婪。我相信当时是有时间让他们完成每一项事情的。我打人都是快速而精准的，我杀人就只是为了杀人。"

埃利：

"只要先完成了规定的工作，那么折磨受害者就看每个人的意愿了。恐吓者没有给出任何特别的指令支持或反对这件事。他们只是反复强调：'只要一直在杀人就可以。'我们对此无所谓。如果一个同事要戏弄一个受害者，我们就继续赶路。但我不得不说，确实遗留了很多半死不活的人，没有把他们了结。就算这不是出于恶意，也绝对不是出于善意。"

阿方斯：

"挽救婴儿是不切实际的。他们要么被摔在墙上和树上，要么被直接砍死。但是杀死他们会更快，因为他们太小了，而且让他们痛苦也没什么意义。听说在尼亚马塔教堂里，他们用汽油把婴儿烧死了。这或许是真的，不过也只是屠杀第一天混乱中的个例。后来没有持续发生，反正我没再看到过。婴儿根本不能理解痛苦的缘由，所以不值得在他们身上耗费时间。"

菲尔让斯：

"当看到图西人在沼泽中像蛇一样蠕动时，一些家伙觉得好笑。有的人故意让图西人继续挣扎，以获得更多乐趣。但并非所有人都这样做。有的人对此无所谓，他们不浪费时间在嘲笑上面。如果在图西人爬行的时候更容易抓到他们，那就再好不过了，仅此而已。"

阿达尔贝尔：

"当发现一小群在泥地里爬行试图逃跑的图西人时，我们把他们称作'蛇'。大屠杀之前，我们通常叫他们'蟑螂'。但大屠杀期间，由于他们的这种姿势，还是叫他们'蛇'更贴切，或者是'无赖'，或者是'狗'，因为在我们这儿，人们不喜欢狗。反正他们就是微不足道的东西。

"对于我们当中的一些人来说，这些嘲讽只是无足轻重的消遣，重要的是不要让他们跑掉。对于其他人来说，这些辱骂让他们兴奋，让工作变得轻松了一些。那些行凶者觉得，辱骂和击打这些衣衫褴褛的爬行者比打那些正常直立的人要舒服一些，因为在地上爬的这些人显得与我们没有那么相像。"

克莱芒蒂娜：

"有时候，男人们结束行动回来的时候会把一个逃难的人推在他们前面走。到了镇中心，他们让他停下来，摘掉他的手表，脱掉他的鞋子。有时候还扒掉他的衣服，反正在大屠杀初期有这种情况，因为到了后来，逃跑者变得一穷二白，身上没有任何值得拿走的东西了。

"受到这样惩罚的人主要是曾有欺骗企图的熟人，比如谎称自己是胡图人，或者是过去很富有和重要的人物，又或者是因为陈年积怨而不受待见的亲友。

"杀手们会招呼所有人来观看。所有女人和孩子都聚集在那里。有的人手里还拿着饮料，或是还背着婴儿。杀手们砍掉他们的四肢，用木棍打断他们的骨头，却并不杀死他们。杀手们想让他们活久一点。杀手们想让观众们从这些折磨中吸取教训。尖叫声从四处响起。这是非常稀少又非常受欢迎的无比喧嚣的大狂欢。"

让：

"没有了学校，没有了休闲，也没有了球赛这类事情。在公共场合发生屠杀时，比如在教堂或镇中心，所有孩子就都围拢过来。我们没有被迫去看。没有被告知的人们也会被尖叫声吸引。我们看着流血事件的所有细节。出于不同的好奇程度，人们向前挤过去或向后退回去。这是我们仅有的集体性活动。"

西尔维：

"所有小孩子都看过公开的屠杀。虽然如今他们拒绝谈论这件事，有时还是会说漏什么话，证明他们亲眼看到过这些痛苦的场景。

他们得好好观看，将其作为乐子和消遣。年龄最大的那些孩子，大概十二三岁，有时甚至会参与其中。虽然没有亲手杀人，但他们带着狗去灌木丛中寻找隐藏其中的逃跑者。在失去学校、游戏和教堂的这几个礼拜中，这件事和抢掠就是他们的日常活动。

"我们没法说出具体的数字，但很多孩子都杀过人。有孩子说，他们觉得恶心、害怕，但还是被他们的爸爸或妈妈逼着去杀人。虽然已经过去了好几年，但很多孩子一听到谈论大屠杀，就完全沉默。但保持沉默既无助于判断，也无助于改变。"

利奥波尔：

"有一天，议员宣布：'躺着的女人是没有种族之分的。'此话一出，男人们就把女孩子们抓来，带到自家的土地上占有她们。很多担心受到妻子指责的人就趁屠杀的时候，在沼泽地里强奸女孩，甚至都不躲到纸莎草丛后面以避开同事。

"一些女孩以这种方式得以保全性命，有时这种情况会持续很长时间，一直保持到现在，尤其是当她们被没有成家的士兵抓住的话。但如果是落入农民之手，那显然就不会持续很久了。"

克莱芒蒂娜：

"我的图西族丈夫逃到了沼泽地里。大屠杀开始后的第一个礼拜，我在一间废弃的房屋中生下了孩子，因为他们把我家的房子烧了。路过的人对这个孩子发出各种叫声，还在门口嚷嚷：'她当然是我们当中的一员，但她的儿子是图西人。这世上没有他的位置。'当他们变得特别危险的时候，我就不得不跟他们睡觉，来保护这个小家伙的性命。因为他们之间会互相谈起这件事，所以这种情况经常发生。"

潘克拉斯：

"过去，人们常常在晚上甚至是夜里说：'看看这些图西人，他们看起来个子多高啊。所以他们总是显得很骄傲，而且把我们视作劣等人。这也是他们的女孩子如此受追捧的原因。'于是在屠杀开始后，如果一个心怀成见的杀手在芦苇丛中抓住了一个稍微高点的女人，就会狠狠打她的腿，比如打在脚踝部位，同样也打胳膊，然后把这个被砍得矮了一截的女人留在那里，而不了结她的性命。就算这个人没有很高，但只要是个女人，就会如此。"

37
身强体健

有两条路通向里利马监狱。一条是连通起酷热难耐的小村子的沙路。另一条是横穿草原的步行道，到了探视日，三座山上的人们就是走这条路去往里利马监狱的。他们得走七到十个小时不等，走多久取决于他们携带的包裹有多重。

这座浅褐色砖结构的堡垒耸立于一座小山岗之上，从那里看下去就是基多戈湖，更远处是尼亚巴隆戈河畔的沼泽，转个弯过去才能看到河。其他地方则都是无边无际的沙漠地貌和荆棘丛，到处点缀着顽强生长的玉米和豆子形成的绿洲。里利马监狱俯瞰着布盖塞拉最干旱的地区。

在"赤裸生命"中，我写道："监狱的外墙上既没有瞭望台，也没有铁丝网，对面是一座小山。橙色的铁门半开着，供获批的犯人出入。在大门 50 米开外，我们就能听到乐队鼓点和歌声交错的喧嚣，就能闻到混杂着汗液、大锅菜和垃圾的刺鼻味道。从门口瞥一眼，就能猜想到高墙之内难以描述的混乱。"

两年过去了，依然是这样的景象，没有丝毫改变。囚犯的人数增长到了约7,500人,但囚室实际上只能容纳这个人数的三分之一。他们每500人为一个监区,睡在一处,床是金属的上下铺,通常有棉花垫子和被子。也有约500人睡在院子里的塑料棚下。

不过,虽然人数过多,但得益于卢旺达的民族和解政策、国际上对这些监狱的专项资助,还有红十字会的日常参与,监狱里的卫生条件得到了极大改善,甚至比周边沙漠地区村民们的卫生条件还要好,尤其是在疟疾高发期和干旱期。政府为监狱提供玉米面、高粱面、豆子、木柴,每天还有两小时供电。红十字会则供应油、清洁用品、床上用品、药品等生活必需品,还给囚犯配发了有点奇怪但非常合身的粉色囚服。

起床时间被定在5点30分。那些一起床就要祈祷的人会提前半个小时互相叫醒。6点开始打水:囚犯们背着水罐去湖边打水,往返的队伍接连不断,一共要打回约40,000升水以供饮用和洗漱。从上午9点到下午3点,几个监区依次供应一天当中的唯一一顿饭。除此之外的加餐,则来自前来探视的家人和黑市。

与此同时,工作队前往监狱的土地上劳作,面积有70公顷,包括当地的工地、金属加工车间、钟表制造厂、机械厂、发廊等。这些工作不是强制的,也没有酬劳,收益微薄。不过监狱厨房里的工作不太一样,这些工作养肥了幸运的炊事员、法律顾问、管理人员和神职人员,他们的薪水就是自己的餐食。每天下午,几个教堂轮班提供宗教服务,礼拜日全天则分为每两个小时一班。

所有囚犯每周都可以有两次探视机会。但是在几个小时的跋涉和等待之后,家人最多只能跟他们说一小会儿话,而且周围的喧闹——喊叫声、命令声,还有交换口粮的声音——非常让人丧气。大部分囚犯自被关押以来,只被探视过一两次。这种与外世隔绝的状况更加重了他们的孤独感。

基本戈小团体的成员们都有正常的食物供应和关怀，身心健康。虽然要忍受拥挤，但此外没有任何疾病痛苦或缺东少西的情况可能改变他们对我们的态度。

在伊诺桑的建议下，我先接触了对小团体很有影响力的两个人：让－巴蒂斯特·穆兰吉拉，他以前是恩塔拉马的公务员，如今是一个忏悔协会的组织者；阿达尔贝尔·蒙济古拉，过去是基本戈联攻派民兵的头目，现在是监狱安全事务的负责人，而且一直以来都是小团体的头儿。在他们俩同意之后，我们召集了整个小团体，向他们介绍我的项目，跟他们讨论规则。

就我们这一方而言，我们承诺不向法官、律师、官员、尼亚马塔酒吧里的朋友、受害者的亲属和他们自己的家人透露任何谈话内容；在他们的诉讼结束和最终判决下来之前，不发表任何相关内容，以免他们的讲述对结果产生影响。

他们可以通过集体合作获得糖、盐、肥皂、饮料和他们需要的药品。他们很喜欢的另一个交换条件是给他们带来家人的消息，我们一般下午去他们家里，并把他们的消息也带给他们的家人。

就他们那一方而言，他们随时可以选择暂时性或永久性地退出这个项目，但不会影响其他人。事实上，后来也没有人提出这个要求。

当他们不想回答某些问题的时候，他们必须遵循一个相同的态度：如果他们觉得问题不愉快或很尴尬，他们可以用简短的回答或者沉默表达拒绝，如果可能的话，最好可以解释一下拒绝的原因；但他们要保证不能撒谎，或者随便说点其他的。

这条规则看起来简单，而且他们一下子就接受了，但很快就带来了让人心力交瘁的讨论，有时甚至剑拔弩张，因为这些人在面对我和伊诺桑的时候情不自禁地树起了防备心态，以图免于司法、家庭或良知的审判，他们出于本能或者策略性的考虑，或多或少都在讲述中掺杂了太多谎言。这让我不得不中断了与其中两人的访谈，并将他们排除在小组之外，因为他们执着地讲述一些似是而非的事情，否认显而易见的事实，沉溺于愚蠢的虚无主义，让我们的访谈变得徒劳。

但是，经历了最初的误解和试探之后，其他人逐渐接受了这种只能用沉默来"逃开事实"的方式，他们绕的弯子也终于越来越少了。不过，每次绕弯子都有不同的方式，有的呈现出很大的曲线，似乎永远没有尽头，另一些则只是偶尔出现一些小曲折，就像我们马上会看到的那样。

比如说，皮奥和阿方斯这两个在小团体中非常有影响力的人，他们在单独进行访谈的时候就非常遵守规则。利奥波尔断然拒绝沉默这个选项，他回答所有的问题。阿达尔贝尔显得难以捉摸，一天不知所云，另一天又开诚布公。埃利有的时候感觉要倾诉衷肠，其他时候则相反。伊尼亚斯和让-巴蒂斯特从来都是打擦边球……

尽管制定了这条规则，但这些讲述中必然还会包含一些谎言，我知道一两个，其他的还不清楚。比如，让-巴蒂斯特的第一次谋杀及当时的情况就与他的讲述不符。根据一个目睹了当时场景的胡图族农妇所说，事实并非如让-巴蒂斯特讲的那样，他杀掉第一个受害者的时候不是被指定和被迫的，相反，他看起来非常愿意；甚至他又去小酒馆附近的人群中杀掉了一对老年夫妇。几经犹豫，我还是决定保留让-巴蒂斯特自己讲述的版本，因为尽管他蓄意作假，但这正反映了一些基本的事实，比如当时狂热的氛围和人们的精神状态，以及对图西族女人们的丈夫的要挟。况且，每条规则都会有例外。

卢旺达政府表现得非常合作。内政部部长允许我们不受限制地探访监狱并进行访谈。

监狱长则提出了三个条件。首先，访谈必须在监狱的第一道围墙外进行，远离睡觉的区域和院子，以免引起囚犯的围观。第二，因为约瑟夫−德西雷·比泰洛被判处了死刑，所以与他的访谈必须在一名武装警卫的监督下进行，警卫坐在十米开外。这对访谈没有任何影响，因为拉开那个距离之后，警卫听不到我们的对话，而且他也完全不感兴趣。更何况，约瑟夫−德西雷以前是教师，讲得一口流利的法语，警卫是听不懂的。第三，访谈不能在礼拜日进行，那天是休息日。

38
上帝无处不在？

阿达尔贝尔：

"飞机失事后的那个礼拜六，是基本戈教堂合唱班例行排练的日子。我们和图西族同胞非常融洽地一起齐声颂唱圣歌。到了礼拜天早上，我们又按照约定的时间去做弥撒，但图西人没有来。他们因为害怕，已经逃到了灌木丛中，还把牛和羊也都赶了去。这让我们非常失望，尤其这发生在一个礼拜日。愤怒把我们推向教堂外面，把上帝和祈祷抛在身后，大步返回家中。我们脱下礼拜日的礼服，换上下地干活的衣服，抓起砍刀和大棒，径直前去杀人。

"在沼泽地中，因为我总是发号施令，所以被任命为屠杀的负责人。后来在刚果难民营里也是如此。在监狱里，我因为唱歌卖力被任命为威望领袖。我在圣歌中感到愉悦，被这些欢快的乐章所深深震撼。我对上帝的热爱从未消减。

"有一天，正当大声歌唱的时候，我突然感到一阵难堪：我享受这些乐章，可关于自己对死者做过的事情却一语不发。我环顾四周所有这些穿着囚服进行祈祷的同事。我想，我们应该宽恕那些侵害了我们的人，无论在尘世还是在天堂；但我们策划了沼泽地里发生的一切。我还想，我们的歌声如此响亮，监狱外面的人一定也能听到。因为我的恶毒，《圣经》中对善良信徒的所有祝祷都折磨着我。

"这就是我同意有所坦白的原因，一开始是向上帝袒露心迹，然后向统治当局坦承罪行。这也是我愿意向您讲述的原因。"

阿方斯：

"礼拜四那天，当我们进入恩塔拉马教堂的时候，那些人就躺在一片昏暗之中，受伤的人躺在长椅之间，健全的人躲在长椅下面，死去的人堆在过道上，一直延伸到祭台脚下。只有我们发出喧闹声。

"他们在教堂的寂静中等待死亡。而我们已经不觉得身处神殿有什么要紧。我们喊叫、说笑、命令、辱骂。我们挨个检查每个人的面容，确认每个人是死是活，尽心尽职地了结所有人的性命。如果怀疑谁奄奄一息，就把他拖到外面去，借着天光进行检查。

"我虔诚地接受过天主教的洗礼，但我觉得最好不要在屠杀期间进行传统意义上的祈祷。关于这些肮脏之事，没有什么可问上帝的。不过，夜里有时候为了能睡着觉，我还是忍不住悄悄拜倒，用无力的道歉来减轻忧郁的恐惧。"

潘克拉斯：

"上帝造每个人的方式都是不同的。一些保有善心的杀手愿意认罪，一些心坚如铁的杀手却在暗中积蓄仇恨。后者是非常危险的，因为宗教信仰也无法让他们柔软。他们不会缺席任何宗教活动，全心全意地投身于祷告和歌唱当中，不会忽略任何动作，比如画十字、下跪等等。他们表现得很虔诚，但内心深处他们相信自己一定要再次进行杀戮。他们将耐心等待下一次机会的到来。"

菲尔让斯：

"我曾是一名执事，负责基本戈山上基督徒们的集会。由于没有牧师，都是我在负责日常事务。

"大屠杀期间，我选择不向上帝祷告。我想，没有什么理由把他也卷进来。这个选择顺理成章。然而，当我白天杀了太多人，恐惧在夜间突然袭来之时，我会以个人的名义请求上帝，让我在接下来的几天停一停。

"总统飞机失事前，上帝一直保护我们远离屠杀，但那之后，他让撒旦赢下一局。这是我个人的看法。是撒旦将我们推入这样的困境，只有上帝才能审判和惩罚我们，而不是人类，人类的力量不能与这二者相较，特别是在这样超自然的境地中。

"我知道只有上帝才能理解我们的所作所为。只有他看到了所有细节，只有他知道谁弄脏了自己的手，而谁没有。对于后者，上帝很快就能算得出来。"

伊尼亚斯：

"白人牧师在初现争端的时候就逃走了。黑人牧师都成了杀手或遇害者。上帝保持了沉默，教堂因留在里面的尸体而散发着恶臭。我们的一切活动中不再有宗教的一席之地。有一小段时间，我们不再是普通的基督徒，我们不得不忘记从教理书上学到的义务和职责。我们首先要做的就是服从领导者。而上帝只能排在其后，而且是在很长时间之后，工作完成了，我们才会向他认罪和忏悔。"

潘克拉斯：

"沼泽地中，虔诚的基督徒变成了凶悍的杀手。狱中，凶悍的杀手又变成了特别虔诚的基督徒。但也有虔诚的基督徒变成了怯懦的杀手，然后怯懦的杀手又变成了特别虔诚的基督徒。

"这一切没有明确的原因。由于牧师们要么离开了要么忙得不可开交,所以在没有特别指示的情况下,每个人都用各自的方式满足自己的信仰。总之,宗教随着信仰的改变而发生了变化。"

埃利:

"在《圣经》和神父的讲道中,上帝和撒旦似乎形成鲜明的对立。上帝散发着白色和金色的圣光,而撒旦则是黑色和红色。但在沼泽地里,只有泥沼和腐叶的颜色,仿佛上帝和撒旦一致要扰乱我们的视线。我想说的是,我们对这二者都不在乎。

"有一次,我们在纸莎草丛中发现了一小群图西人。他们边祷告边等待砍刀落下。他们没有求饶,也没有请求我们仁慈地对待他们,或者不要让他们死得太痛苦。他们什么都没对我们说。他们甚至不像在对上帝说话。他们就自己在那里祷告颂诗。我们嘲笑他们,取笑他们的祈祷,嘲讽他们对上帝的盛情,用等待他们的天堂开玩笑。这让我们更加亢奋激动。现在想来,这些祈祷非常揪心。"

皮奥:

"在沼泽地里,我们听不到任何孩子的哭声,甚至连一点埋怨的声音都没有。他们就在泥沼里沉默地等待。这很了不起。当我们从草丛中赶出一个抱着婴儿的妇女时,那个婴儿也不会发出任何害怕的声音。可以说,这真是奇迹。

"很多图西人都不再求饶,他们就这样迎接死亡。他们不再抱有希望,他们感觉已经失去了所有被饶恕的可能,于是没有做任何祷告就离开了人世。他们感觉被一切抛弃了,甚至是上帝。所以他们不再同上帝说话。他们正在痛苦中离开人世,走向上帝,他们不再向他要求任何东西,无论是安慰、祝福还是欢迎。他们甚至不再祈祷消除对可怕死亡的恐惧。

"这太让人吃惊了,太不可思议!即使是不懂怜悯、痛苦和邪恶的动物,在临死的时候也会大声喊叫。

"我们对这个谜团讨论了很多次。我们试图解释为什么这些图西人在走向死亡的时候能一直保持沉默。有时在夜里,这让我们感到害怕,因为据说,这种平静是上天送来的不祥之兆。"

约瑟夫-德西雷:

"我生来就是胡图人,这不是我选的,是上帝决定的。我杀过图西人,然后图西人也杀过胡图人。现在我失去了一切,只剩这条命了。我无法在这一片混乱中看清自己的存在。只有上帝能看到它、监管它和引导它。

"事实上如何呢?有的人在杀人之后还能生活在他们的故土或者国外的别墅里,而另一些参与过屠杀的人呢,却要在死刑犯的监狱里受苦。为什么上帝将一些人送去享受幸福生活而将另一些人送去经受折磨苦难呢?我不知道。我就在这地狱般的监狱里,但得益于上帝的力量,我还活着。我最害怕的就是判我死刑。在死亡到来之前我们都害怕它,因为我们毕竟是人。所以我选择将自己的命运托付给上帝。只有他才能阻止屠杀,只有他才能理解我,只有他才能拯救我。没有人能介入上帝和我之间。这就是今后我要相信的事情。"

利奥波尔:

"我们不再将图西人看作是人,甚至不觉得他们是上帝创造的。我们不再认为世界是原本的样子,我的意思是不再把世界看作上帝的意志。

"正是因此,我们觉得消灭图西人很容易。也正因此,我们当中那些悄悄祈祷的人,是在为他们自己祈祷,而从不是为了受害者祈祷。他们祈祷自己的罪行被遗忘一些,或者祈祷得到一点点宽恕,然后第二天一早,他们就又去了沼泽地。

"无论如何,为图西人说好话是绝对不允许的,不管是向上帝还是向谁说。甚至在他们死后也不行,甚至为一个新生儿也不行。甚至神父也不能利用职权为图西人的灵魂祈祷。如果被别人听到,他就很危险了。"

让-巴蒂斯特:

"只有狗和野兽还敢冒险进入教堂,进入那屠宰场一般的腐臭之中。当我们沿着教堂的围墙向下走到沼泽地或卡恩泽恩泽的时候,那股恶臭依然推着我们远离福音。

"真的,这个时代不愿让我们再担忧上帝,我们也这样做了。我们打心底里知道,在这个局面中,耶稣并不站在我们这边,但他并没有通过神父之口说过什么,这让我们很满意。"

埃利:

"所有重要人物都背过身去,不去看我们的屠杀。维和部队、比利时人、白人领导者、黑人总统、人道主义者、国际摄影师、主教和神父,最后甚至包括上帝。他可曾看到沼泽地里发生的一切?为什么他没有用自己的怒火刺伤杀手的眼睛?为什么没有发出一点点谴责来挽救更多的幸运儿?谁能在这可怕的时刻听到他的沉默?所有告诫之语都把我们抛弃了。

"礼拜日上午,电台节目不再像以前那样播放弥撒。但会播放基加利一些著名教士所说的鼓舞人心的传闻。有时我们通过广播收听赞美诗和圣歌。那都是一些录音带,没有神父的讲道,但这些宗教音乐抚慰了那些感觉不安的人,让他们想起以前那些普通的礼拜日,让他们感觉好一些。"

让-巴蒂斯特：

"我们无法要求时间给这个漫长的计划一个确切的节点。时间似乎纵容着我们，它只是不想我们再忧心上帝。于是我们服从了，然后继续杀人，一直杀到最后一个活人。即使由于抢掠和酗酒的疲劳，工作一再延续下去，我们也从未怀疑过，因为没有人能停止工作。但上帝还是介入屠杀了，加快了爱国阵线到来的步伐。最终，上帝没有接受一个定论。这就是教训。"

玛丽-尚塔尔：

"现在，杀手们的罪恶感越多，他们去教堂的次数就越多。同样，幸存者的创伤越重，他们去教堂的次数也越多。罪犯和受害者并肩在前排祈祷，仿佛他们已经忘记了过去。在战争之前，人们不像现在这样热衷于宗教。如今，很多人紧紧依靠祈祷和圣歌才能将支离破碎的生活过下去。很多神职人员对这种情况很是满意。虽然祈祷者当中并没有乐善好施的人，但教堂中也没有令人不快的情绪。与山上不同，教堂中没有恐惧。

"人们越少用理解和互助的目光注视彼此，就越多用带着爱意的目光注视墙上的神像。

"至于约瑟夫-德西雷，我本以为他可能会因为自己做过的事情而被杀，但监狱一直没有这么做。于是，通过来探视的家人，我们互换在小纸片上誊抄的《圣经》经文，因为对于面对的新处境，我们并没有太多要说的。"

克莱芒蒂娜：

"在去往刚果的流亡路途中，胡图人背负着战败者和被诅咒者的重担。

"有人说流放是上天对他们的惩罚。有人说惩罚应该更痛苦一些。他们在耻辱和恐惧之中躲避危险。在刚果难民营中，他们感受到来自四面八方的威胁，甚至是来自上帝的威胁。他们害怕自己做过的事情会招致平常和异常的惩罚。他们觉得，自己用砍刀做出的这些超自然的事情，会给自己带来同样超自然的惩罚。"

利奥波尔：

"因为努力杀人、努力吃饭、努力抢掠，我们感觉自己无比重要，于是我们根本不在乎上帝的存在。那些声称持相反观点的人都是愚蠢至极的骗子。现在有人自称在屠杀期间做过祈祷。他们在撒谎，人们连'圣母玛利亚'之类的词语都没听到过。他们只不过是想在忏悔的队伍里超越同事。

"事实上我们觉得，从那以后，我们没有上帝也可以。证据就是，我们甚至在礼拜日杀人，而且都没有发觉是礼拜日。就是这样。"

39
金合欢下的长椅

我们一大早就来到里利马监狱，那时打水的任务已经完成。我们经常会带来囚犯的亲戚，他们用一袋袋面粉装满汽车。我们把车停在监狱围墙外的道路上，负责维修和记账的囚犯在那里小憩。这条路两旁有小花园和小房子，那些房子是监狱工作人员办公和居住的地方，也是储藏室。道路尽头的那座小房子是为女囚犯提供的托儿所，她们入狱前或是因为混乱的意外，或是由于多少有点幸福的同居，在监狱中怀孕了。

等待我们的警卫总是同一个人，他记下当天我们想要访谈的两个人的名字。在他进监狱叫他们时，我们与监狱长和他的同事、一些警卫还有得到晋升的囚犯简要地打个招呼。我尽量避免与来访的检察官和律师碰面，以免引起囚犯的怀疑。而伊诺桑，他又热情又焦躁，从来都无法抑制与人交谈的欲望，他在监狱内外都有无数的熟人，不管什么时候遇到，都能没完没了地攀谈起来。

与囚犯的访谈都是单独而机密的，不仅仅是对外界如此，即使是在小团体中，一个人说的任何话都不会被透露给另一个人，哪怕只是为了获得一个事件的更多确切信息。这个承诺是必不可少的，以免他们事先串通，或者又拿出与面对法官时类似的回答策略。

当一个误解或者阻碍持续出现的时候，我们就叫来小团体的所有人一起讨论。

当两名穿着粉色囚服（根据每个人喜好不同，有休闲款、睡衣款和套装款）的囚犯到了，我们就分发当天的包裹。我们先聊一会儿关于监狱、山上、尼亚马塔和整个国家的秘密、逸事和传闻，还有从广播里听到的内容，然后就与其中一个人在某座房子的花园里坐下来。另一个人则在旁边的花园里等待，在这个远离监狱院子里人群的地方呼吸一下新鲜空气，享受片刻宁静，休息一会儿，或是和同伴闲聊。

我们面对面坐在篱笆边的两张长椅上。头顶上金合欢的树枝被好多鸟窝压得有些弯曲，那些黄黑色的织布鸟*发出叽叽喳喳的鸣叫，阻止了一切可能的"隔墙有耳"。录音机启动，标志着访谈的开始，对方或是说法语，或是说卢旺达语，然后由伊诺桑翻译。

关于这个方面，前一本书的读者曾问及，幸存者讲述所用的语言如此特别，翻译对此会产生怎样的影响。西尔维和伊诺桑这两位翻译者非常明白，将口头表达的原话完整地转述到书面上是不可或缺的第一步。所以他们的翻译非常精细而忠实，哪怕一个懂法语的卢旺达人也不可能分辨出，哪些是经过翻译的讲述，哪些是幸存者

---

* 织布鸟不仅仅是一个"工匠"，而是名副其实的"艺术家"，因为它的巢简直是纺织奇迹——完美的球形，精巧地悬挂，有一点气流都可以自动平衡。织布鸟是群居动物，一棵树上可以有几十个巢，它们尖锐的鸣叫此起彼伏。里利马监狱周围的树木被一个由几千只织布鸟组成的鸟群所占据。——作者注

直接用法语表达的讲述。本书中的这些讲述也同样如此，虽然杀手们的表达方式和他们要表达的动机都与幸存者的大不相同。

无论与谁交谈、当天气氛如何、谈到什么主题，访谈都持续约两个小时。一过这段时间，要么是伊诺桑表现出可以理解的愤怒，要么是我自己觉得恼火，更多时候是反感、无聊和厌倦耗光了我们俩的注意力。总之就是我们觉得很累。我们感到——有时候是突然感到——非常需要从被访者那冷静的声音给我们搭起的世界中逃出去。

而对面的囚犯恰恰相反，不管谈到什么话题，不管访谈的情形如何，他都保持着同样的意愿；而当谈话中断时，他似乎常常觉得失望或者遗憾。有表达的意愿并不意味着能表达得顺畅。但是尽管有时退缩到无尽的沉默中，或顽固地坚持一个荒谬的谎言，他似乎从未感到疲倦或不悦。就讲述本身而言，那镇静的讲述方式和近乎不变的语调，与幸存者的讲述有天壤之别。

将幸存者的讲述和杀手的讲述进行比较可能让人无法接受，但可以简要地比较一下他们的表达方式。

每当我和一位幸存者开始录音访谈时，就会开启一段完全不可预料的经历。我们的对话可能只持续五分钟，也可能长达五个小时。对话中常常穿插着泪水、难以言说的沉默、关于日常生活的闲聊——有时甚至是琐碎而轻松的事情，以及对战争或农业的思考；还有可能被突然到来的客人和淘气的孩子打断，或是我们在对话期间喝上一瓶啤酒，出去散散步，或开车出去一趟。

无论男性还是女性，幸存者在不同时候对同一件事情的讲述会有好几个不同的版本。在第一部中，安热莉克·穆卡曼齐与让维耶·蒙

扬内扎都曾提到和思考过回忆的变迁。*

无论在何种情况下，坦率地谈论这些"曲折"都是很容易的。有时，访谈对象会突然叫停，玛丽-路易斯·卡戈伊雷解释过，把他们的心掏给一个外国人看，让他们很反感，无法接受。另一种情况则是，我们与基本戈的这位农妇兼店主弗朗辛·尼伊泰盖卡进行了很多次友好、礼貌却越来越沮丧的会面之后，她终于说出了："好吧，如果你明天来，我们就谈一谈……"她后来终于克服了心理障碍，能讲出她和未婚夫如何在沼泽地中变得疏离。

看到这些幸存者在讲述时是如何甘冒风险，这是令人震撼的。他们毫不犹豫地让自己被记忆、不安和痛苦淹没。他们愿意克服禁忌，让噩梦重现。他们常常讲述从未谈起的记忆和想法。他们对自己或他人所说的话感到惊讶。他们低声私语或慷慨激昂，他们坚硬冷酷或触动衷肠。他们的声音语气没有哪两天是一样的。虽然他们的故事在讲述中几经变动，但都应当被毫无保留地倾听。

而杀手们呢，从来不让自己被任何事情淹没。他们的记忆也许会因为时间流逝而发生正常的歪曲，让他们弄错，但这与受害者的心理创伤与障碍毫无相同之处。

他们当中的每个人都有自己的讲述方式。比如，埃利努力用感人的方式尽可能表达自己的感受，而伊尼亚斯则首先用一贯的谎言美化自己的回答。随着会面，所有人都越来越真诚，更努力地试着投入其中。然而，他们几乎总是守着一条警戒线。他们讲述时的单调声音加重了我们的不适。此外，他们的语气似乎比听起来更复杂，其中过多的模棱两可让我们无法就此判定他们的麻木不仁。

他们的保留很可能是出于谨慎或困惑，通常还有奇怪的冷漠，

---

* 二人的完整叙述分别见于第 63 页和第 42 页。——编者注

也可能是出于情面。要知道，他们自回到卢旺达之后，还未曾面对过幸存者。我们之后再说这个话题。

最后我们可能要说到用词的差别。幸存者用比较强烈、形象和精确的词汇来讲述事实。他们不断地用"活计""砍""切"这些常用于香蕉种植方面的词语，来表示用砍刀杀人的行为。另外，谈及种族灭绝时，他们都会用当地语言中新出现的一个词"itfembabwoko"，或者用表示"杀戮"的词语"ubwicanyi"，他们对其含义有惊人的理解。

相反，杀手们鲜少使用"种族灭绝"一词，只有他们提及统治当局的责任、来自首都和负责人的指令时才会用，总之就是说别人的时候会使用，而谈到他们自己主导的事件时，从不使用。他们更倾向用"屠杀"（当地语言中为"itsembatsemba"），或更常用的"战争"（当地语言中为"intambara"），从而将其行为与上几代人或非洲其他国家发生的战争相比。

伊诺桑解释说："基本上，如果他们有时在回答中用到'种族灭绝'这个词，只是因为走神，因为你在问题中用了这个词，而他们没能很快地想到另一个词。否则，他们会避开这个惹麻烦的词。他们将自己的记忆归类为普通意义上的杀戮。在他们内心深处，他们根本不关心用什么词语，除非是想到这个词可能招致的刑罚。"同样地，他们几乎从来不使用"幸存者"（rescapé），而倾向用"遭受不幸之人"（personne éprouvée）或"幸免于难之人"（survivant）来代替。*

---

* 在法语中，"rescapé"通常是指从地震、坠机、屠杀等巨大灾难中存活下来的人，而"survivant"通常是指从较小的或个人的灾难性事件中存活下来的人。——译者注

也正是出于这样的逻辑，杀手们从最初的会面开始就试图使用军事化的语言来描述自己的行为。潘克拉斯·哈基扎蒙吉利有时显得是小团体中最愤世嫉俗或冷酷无情的人，他曾放言"于是打响了沼泽地中的可怕战役"；而虔诚信教的菲尔让斯·布纳尼曾讲道："……我们通常用砍刀作战，因为我们没有其他武器……"但很快，面对我们的怀疑或恼怒，他们放弃了类似的表达，而回归到更为现实的用词。他们讲述自己"杀（人）""打（人）""宰（人）"，但他们避免说自己"砍（人）"。

在总结用词问题的时候，要讲一件事情，它既能反映杀手们的心理状态，又再次印证了要同一群人而不是同独立的个体进行访谈的必要性。

在最初几次采访中，只要被问到自己是否参与过大屠杀，这些人就平静而顽固地否认一切。他们说自己什么都没看到，什么都没做，就是这样。我和伊诺桑都对他们的这种淡定感到非常惊愕。我们尤其不能理解他们的矛盾：一方面，他们在多番争论之后集体接受了访谈的要求，而另一方面，他们只要开始讲述，就开始表现出令人难以置信的否认态度。在多次失望的交流之后，我开始觉得这个讲述的计划事实上是无法实现的，我也无法理解为什么他们一再同意合作。按理说，除了能在阴凉的花园中放松一小会儿之外，他们并不能从中获得什么好处。

直到我偶然间发现了解开这个谜团的关键。有时我不自觉地会把称呼从"你"变成"你们"，而每次这个时候，对方的回答就神奇地变得具体而精准，于是我终于弄懂了其中的因果关系。

比如，对于这个问题"可以详细描述一下你清早起床后都做些什么吗？"他们会回答："起床之后，我去地里收割高粱，清点羊群……"

但如果问题变成"可以详细描述一下你们清早起床后都做些什么吗？"他们的回答就会变成："我们一大早就起床，将近 9 点的时候在足球场集合……然后我们下山去沼泽地，拿着砍刀搜寻纸莎草丛……"

事实上，尽管每个人都愿意独自讲述自己参与大屠杀的经历，但所有人都想要躲在一种淡化的表述后，将第一人称单数"我"变成复数的"我们"。当聊到一些非常私密的话题时，比如"第一次"和"上帝无处不在？"这两个主题，我总在等待一个彼此更具默契的时刻，这个时刻通常出现在会面的尾声，因为那时我们已经相熟起来。

40
内疚和悔恨

阿达尔贝尔：

"我总是做同样的梦。梦里我看到田地、桉树林中的道路和家门前的香蕉园。我怀念自大屠杀以后就再也没见到的绿色种植园。我怀念位于基本戈的家园。那些树林、香蕉园、那里的河水、树荫下的凉爽……没有人催我或烦我。

"但这些白日梦和持久的记忆只出现在最初那几天,那时,屠杀图西人对我来说还是一件陌生的事情。而其他记忆,比如接下来每天的狩猎,都在习惯的作用下消失了。"

菲尔让斯：

"我们没有忘记屠杀期间发生的任何事情。当我们想回忆的时候,细节都还在。不过有的人试图记住的是不幸和严峻的时刻,有的人则相反,他们记住的是美好的时光,比如生活的充实和舒适。我并不想摆脱对那些沉重时刻的记忆,我后悔曾错误地评判那些事情和那些被杀掉的人。我的想法是错的,我的选择是错的,我的行为也是错的。邪恶破坏了我的生活，并让它陷入痛苦之中。

"但是，这些死者和这些杀戮并没有进入我的梦中，反正我醒来的时候并不记得这些可怕的画面。夜晚从没有显得怨气森森，除非是我在黑暗中惊醒的时候，我感觉自己瑟瑟发抖。我不知道这是为什么，或许是因为睡得不好，或许是因为我将要坐牢。"

伊尼亚斯：

"我想，当我离开监狱的时候，时间能让我把那些痛苦的记忆都留在这里。我会把糟糕的想法都叠在囚服里。我觉得我会带着美好的记忆回家，重新开始生机勃勃的生活。

"然而，把矿道里的图西人活活熏死的那段记忆从来没有放过我。我感觉它就藏在记忆深处。我回到山上之后，它也会继续折磨我。这很严重。我就住在矿山附近，它会突然来袭击我的。

"我没有预想到这个记忆如此凶残地缠着我。我想，这是因为焚烧的气味吧。而且，一些人用火杀死另一些人，这种事情太超自然了。"

阿方斯：

"在梦中，我会再次看到血腥的追捕和抢掠的场景。有时反而梦到我自己被砍刀打了，然后就会颤抖着惊醒。那个人想打我、想杀我。我努力去看是谁打我，但恐惧遮挡了那个想对我作恶的面孔。我不知道他是胡图人还是图西人，是邻居还是爱国阵线的人。我想知道他是不是一个受害者，我想求得他家人的宽恕，希望获得安宁。但这个熟睡的人拒绝了。

"我的妻子说，我的悔恨是酒鬼的悔恨，因为我杀了那么多人、喝了那么多酒，都不知道自己杀了多少人、杀的是谁。而我呢，我首先想知道梦里要杀我的那个人是谁，我必须要向他提出一份和解协议。

"这个梦很折磨我,但并不常出现。反而主要是悲惨的监狱生活常来扰乱我的睡眠。

"我相信,所有人的情况都是一样的。我们自己的不幸比别人的不幸更容易出现在我们的噩梦中。无论白天还是夜晚,我们在狱中的痛苦让我们看不见他人的痛苦,我觉得这没什么神秘的。我想,等我重获自由并继续从前的生活时,我的睡眠就会恢复正常。"

让-巴蒂斯特:

"我常常梦到自己在恩塔拉马的路上自由地行走。我在熟悉的树丛间穿行。我感觉神清气爽,心情舒畅。在监狱的床铺上醒来时,我满怀思乡念旧之情。

"还有一些夜里,我会梦到那些不幸。我在梦里又看到了被我亲手杀死的人。每当这时,所有血腥和恐惧的可怕细节就都呈现出来,泥泞、炎热、同事们……只有哭喊声消失了。于是那成了无声的杀戮,看起来像慢动作一样,但一切都和从前一样恐怖。我在监狱里做的梦各种各样,有时沉郁,有时平静,可能来源于我在这里生活的境况吧,看我是生病难受还是身体健康。谁能告诉我,当我出狱之后,他们会不会有所改变?我希望他们能忘记我。

"所有的囚犯自大屠杀以来都过着悲惨的生活。很多人抱怨自己的命运,但还没有到需要自绝的程度。我没听说过有因为内疚或噩梦折磨而走向极端的案例。我在这里七年了,从没听说狱中发生自杀事件。只是有十来个人,他们捡垃圾吃,撕扯自己的衣服,在地上蠕动,喊叫呓语,但都没有疯狂到结束自己的生命,从来没有。"

皮奥:

"夜晚有时会将我的思绪带回到无比怀念的足球场。在梦中,我与队伍中已经死去或散落各处的球员重逢。我踢的是9号位,进攻迅猛。当我醒来之后，有那么一小会儿我觉得比赛还在继续。等出狱之后，我希望我们这些活着的人能再在一起踢球，以彼此亲近。至于做的其他梦，很容易就遗忘了，它也不会再困扰我。

"记忆比梦更折磨人。在里利马监狱中，有的人装作什么都不记得，因为他们害怕在这里或在山上受到惩罚。他们讲述屠杀之后的生活细节，甚至是屠杀之前的，但从不讲述屠杀期间的事情，或者只是堆砌一些无关痛痒的琐事。

"他们欺骗，欺骗自己以赢得这个比赛。他们用疯狂上演一出滑稽剧。他们忘记自己的不幸，这让他们满意于用这种方式自我欺骗。但我不相信有谁是真心发疯以至于真的忘记自己曾杀过人。

"对图西人来说，情况应该大不相同。虽然我不知道他们的境况如何，但我想，这种疯狂一定存在于那些逃过一劫的人中。对于和很多死者共享生命的人来说——我的意思是，那些曾目睹过很多次致命袭击并等待袭击降临在自己身上的人，那些预想自己会满身鲜血落入死前最后黑暗的人——他们的理智可能会崩溃。忍受不幸和随之而来的痛苦，比制造不幸更容易让人发狂。

"我没有忘记自己做过的可怕的事情。我确实忘记了一些名字、一些日子、一些情形，我努力忘记痛苦的时刻，而回想平静的时刻。但是对于沼泽地中的狩猎，是不可能忘记的。我感觉，是内疚让我的记忆无法消散。"

约瑟夫－德西雷：

"我没有做过什么特别的梦，既没有关于大屠杀的，也没有关于刚果营地的。我的意思是，我做的梦从来都不重复。睡梦中完全没有过去生活的影子。

"至于我的死刑，我当然每天都会想这件事。而且所有死刑犯都关在同一个监区，所以我们每天都会谈论。无论如何，这个刑罚从未进入我的梦中，恐惧也是如此。只有醒来后，我才会感到恐惧。

"在狱中，我的睡眠和梦中出现的人一点都没有变。我还是会跟从前一样梦到一些陌生的事情，一些我只能想但无法靠近的事情，一些梦寐以求的事情。比如说，在认识您之后，我可能就会梦到我在从未去过的法国巴黎游玩。"

潘克拉斯：

"在狱中，很多杀人犯死于疟疾和霍乱，有的死于对遭到报复的恐惧，还有的死于悲惨的生活和争斗，但从没有人死于悔恨。面对悔恨这类事情，生命显示出了无比顽强的力量。

"有些人在沼泽地中杀了太多人，他们会试图忘掉对那些尸体的血淋淋的记忆。他们只愿意回想起自己在沼泽地中做过的被所有人都看到的事情，和那些他无法否认否则就会被视为骗子的事情。其余的都被他们藏了起来。他们丢掉了特别折磨人的悔恨。他们的记忆捍卫自己的利益，所以记忆弯弯绕绕，让利益避开惩罚的危险。"

克莱芒蒂娜：

"我认为，幸存者和杀手们的记忆完全是不同的方式。

"只要杀手们愿意，他们可以讲出自己所作所为所有细节的实情。他们对于山上发生的事情保有比较自然的记忆。他们的记忆与他们的经历没有任何冲突，也不会感觉被可怕的事情所控制。他们的记忆也从不会陷入混乱和困惑，如清水般透彻。但是这些记忆，他们只能在杀手之间分享，因为它们太危险了。

"而幸存者呢，他们就无法和自己的记忆如此融洽相处了。由于恐惧或者对发生在自己身上的事情感到屈辱，他们的记忆不断地绕开事实。他们感觉自己应当受到另一种指责。在某种意义上，他们感觉应当为一个始终超越他们的错误而受到指责。对于他们来说，那些死者近在咫尺，甚至触手可及。幸存者们必须要组建小集体，在一起小心翼翼地增补和比较他们的记忆，生怕弄错。但之后，他们就可以回想一些恐怖的事情而不用害怕掉入记忆的陷阱。

"幸存者在一部分记忆中寻求宁静，杀手们则在另一部分记忆中寻求宁静。他们无法互通悲伤和恐惧，他们向谎言寻求不同的帮助。我想，他们将永远无法分享真相中的重要部分。"

埃利：

"当我梦到那段时光，我的妻子会出现在我的梦中，还有土地和房子，但我几乎从没梦到过被杀死的人。当然除了那个社会工作者，毕竟她是我杀的第一个人。基本上，我做的梦都尽量避开那些屠杀的时刻。

"但记忆恰恰相反，这些时刻变得很重要，它们如影随形，还常常抓住我。

"我知道有一些同事希望通过遗忘自己的罪过而逃过制裁。狱中也有人声称，只要努力不去回想，就可以忘记。我不相信，反正我自己不是如此。关于屠杀的记忆，它可能会适应情况，可能会随着谎言而改变，可能远去又回来，但它不会被抹去。

"没有任何一个囚犯因悔恨而付出生命的代价。甚至没有人试图获得同情和怜悯，连做做样子都没有。在狱中，死亡大多数是疾病导致的，或是由于地狱般的悲惨生活，但从没有人死于羞耻感或类似的情绪。"

伊尼亚斯：

"将事实讲给法庭、民众和自己，都是一样有害的。

"即使是在内心深处，铭记也比遗忘更冒险。因此，我试着对自己也保持沉默。迟早会有听到这些超越普通罪行的事实的一天。

"在狱中,很多人等待情况发生变化以重新开始。他们现在觉得自己无可救药了,无法表示悔恨。他们说,失去一切之后,就不值得这么做了,他们已经手握砍刀在一个方向上走了太久,无法回头了,而且回头也不会有什么好果子吃。他们说回忆只会带来麻烦。他们只想着下一次一定要获胜。"

阿达尔贝尔:

"我知道,从刚果回来,我的恶行就会被发现。但我宁愿将自己的错误带回到故乡的监狱,而不是让它消散在刚果的树林中,无人分享。我不知道我的忏悔是否会被接受,不知道我是否会被宽恕。但忏悔和死亡一样,我们得把它带回自家山上来。"

加斯帕尔,一位幸存者:

"如果杀手们来到教堂跪下向上帝祈祷,以向我们表示忏悔,我既无法和他们一起祈祷,也无法反对他们。真正的忏悔是四目相对时通过目光表达的,而不是对着神像。他们是否适应不是我关心的事情。"

埃利:

"显然,监狱里和山上的所有人都很后悔。但大多数杀手后悔的是没有把工作好好完成。他们承认的是自己的疏忽而不是恶毒。有些人一直说,那些杀人的时刻自己并不在场,自己什么都不记得,自己已经丢掉砍刀,以及诸如此类的废话,他们卑躬屈膝,希望逃过惩罚。他们期待重新开始。忏悔的形式可能有很多种,但如果不是对的那种,它就毫无意义。"

利奥波尔：

"有的人试图表现出忏悔，但他们在真相面前瑟瑟发抖。由于利益冲突太多，他们选择绕过真相，然后发现自己远远落在后面。

"我在刚果营地的时候，我第一次感觉到心里备受折磨。于是我开始祈祷，希望能得到缓解，然而没有成功。在祈祷或圣歌结束的地方，耻辱就在那里等我。于是我又开始大声忏悔，不去理睬来自同伴口中的嘲笑。在狱中，我讲述了所有我知道的实情。真相毫无障碍地涌了出来。此后，每当有人向我问起，它都是这样流淌出来的。

"自从开始讲述，除了监狱中的糟糕生活让人闹心之外，我感觉到宁静。我平静地等待着回到自家的土地上的一刻。只要能回到山上和邻居们一起生活、种地，我就不惧怕任何困难。我迫不及待地想要开始新的生活。"

玛丽－尚塔尔：

"犯罪者和受害者都想借助遗忘来获得一点保护，但二者的原因并不相同，他们也不会一起遗忘。但他们所需要的遗忘却是一样的。"

41
约瑟夫-德西雷·比泰洛

那天早晨，干旱席卷监狱。扬尘飞舞的灼人热浪在所有面孔上留下痕迹，并且拖慢了围墙对面小路上来往的脚步，除了织布鸟依然四处飞着，不为所动地编织着它们的巢。我一边观察这些悬在枝头的精巧杰作，一边等待约瑟夫-德西雷·比泰洛。我还在琢磨伊诺桑刚才在车上说的那句让我吃惊的介绍："他从本性上来说，真的是一个开朗快乐的小伙子，总是在笑。他很喜欢与人交往。他很热情，不管和谁都可以一起喝酒聊天。"

之前，我并没有邀请约瑟夫-德西雷·比泰洛和小团体一起参加访谈前的讨论，因为我担心这位镇上联攻派民兵前负责人的威严、影响力以及他的死刑犯身份会加剧小团体的犹豫。虽然跟他第一次访谈时我还不认识他，但他的大名如雷贯耳，已经有很多人谈到过他。

他跟在一位瘦高的士兵后面走来，穿着粉色的囚服，步履有点不稳，与沿路遇到的其他囚犯进行低调而友好的问候，那些人也都无一例外地对他报以问候。我立刻就明白了伊诺桑的描述。作为众人目光焦点的约瑟夫-德西雷面带微笑。他看起来很快乐，亲切地跟我们问好，如果他手里拿着酒的话，大概会主动请我们喝一杯。

不同于其他大多数人，约瑟夫-德西雷祖上好几代人都在卡纳济山上定居，那里距离尼亚马塔大概半小时路程。谈起他的父母，他说："他们都是很好的农民，既不富裕也不贫困。他们只是过着普通正常的生活。"

这样的生活足以让他在小学毕业后继续上学，并参加师范学校的考试。"我是个挺不错的学生。我参加考试都不是自己决定的。我们那会儿是没法自己做选择的，都是老师和成绩来决定学生们从事什么职业。命运为我选择了教育这个行业。小时候，我觉得老师是身边很出众的人，在各种典礼上都很受尊敬，人们很听他们的话，他们平时也都穿着得体，所以我觉得他们令人羡慕。于是，我毫不犹豫地拥抱自己的命运。"

对于自己跟三个兄弟、四个姐妹一起度过的童年，约瑟夫-德西雷没有记得什么值得一提的事情。"童年这段时间，我过的就是一个普通小男孩的生活。没有生什么大病，可以上学读书，吃得饱饭，雨季的时候下地帮家里干农活。我喜欢踢足球和看球赛。我在那座房子里出生、成长，也希望在那里终老。"

后来有一次，他又补充了一点："我成长过程中，很害怕图西族国王和他的指挥官会卷土重来，因为大人们在家里总是讲起那段对我们来说很悲惨的岁月，要服苦役，要受到屈辱，还有在布隆迪发生在我们兄弟身上的可怕事情。"在图西族王权被废除两年后出生的小约瑟夫-德西雷，就是在这样充满敌意的氛围中成长起来的，因从布隆迪涌入大量难民，这种氛围一直存在，但他也委婉地承认，他所在地区的人并没有害怕真的会发生悲剧性事件。

获得文凭后，约瑟夫-德西雷长成了一个高大健壮的男子汉。

他娶了青梅竹马的漂亮邻居玛丽-尚塔尔·穆卡卡（Marie-Chantal Munkaka），有了三个孩子。他很早就踏上了仕途，比同龄人早很多，这无疑是受到他的堂兄、尼亚马塔镇长贝尔纳的影响。"当我想加入一个党派时，只有一个选择，就是哈比亚利马纳总统的政党，这也是属于镇长们、公务员们和像我一样的胡图人的政党。后来出现了其他党派，但我也没想过要更换。"我宣扬总统的主张，这些主张看起来是对胡图族同胞们最有利的，意在打击叛乱分子和反对派分子的威胁。我认为，由于我们是多数，还有军队，还有政府的谈判，这些主张会取得成功的。这让我很满意。

他补充道："多党派出现之后，我们和其他胡图族党派之间爆发了矛盾，我们之间的情况变得严峻起来。而当地的图西人呢，他们远离政治斗争，一心忙于自己的事情，没有表露出任何反对的观点。"

这个补充并非无足轻重。事实上，约瑟夫—德西雷·比泰洛最初杀害的并不是图西人，而是胡图族的一些极端分子：要么是和平主义者，支持与叛军和谈，要么则是反对任何谈判，极力主张斗争。

当他确定地说出这些话的时候，他是可信的："我就出生在卡纳济的图西人之中。我总是有很多图西族朋友，甚至我自己都没意识到。然而，成长过程中我一直听到历史课本和广播节目中谈论胡图族和图西族之间的严重问题，可是我和图西人天天来往，他们没有任何问题。局势撕裂成两半，一方面是国界传来令人担心的消息，另一方面是与我们朝夕和睦相处的邻居，二者之间有一道难以逾越的鸿沟。这样的局面最后势必崩溃，或是走向野蛮，或是走向和睦。"

但不变的事实是，约瑟夫—德西雷对政治的参与从一开始就热情而投入。为什么他会突然产生这样的热情？是刚刚萌发的雄心壮志？是享受或者释放过剩的体力？是追逐权力和组织的乐趣？抑或是为了利益？这个问题很难回答。

让我们注意一下，他的童年中没有任何变故，他的人生中也没有任何遭遇引发屈辱和怨恨的动机，要有这些变故和动机，才可能滋生个人的报复欲望。对于一位年轻教师来说，他拥有了新的社会身份，但收入微薄，那么，这个发展了25年的政党，这个他的堂兄镇长所在的政党，是他取得成功的唯一跳板。除非他去首都发展或者参军碰碰运气，但对于一个从没离开过自己家乡的农民儿子来说，那太冒险了。

他这样概括自己的动机："这是一项激动人心的工作，而且有一些小的实惠。我很高兴参加政治活动。我想获得权力上的优越感和所有满足感。"

约瑟夫—德西雷参加会议时的风范和在酒吧中的幽默都给人留下了深刻印象。他买了一栋房子，虽然简朴却是烧砖建造的，位于尼亚马塔知识分子和公务员聚居的加塔雷街区。他的妻子玛丽—尚塔尔在妇产医院找到了一份工作。每一天，他都同样潇洒自如地往来于仇视图西人的狂热分子和他的图西族伙伴之间。

谈起当时所认识的约瑟夫—德西雷，伊诺桑说："说到底，比泰洛本来是个好人，谈吐得体，一点都看不出危险的样子。他也没有想着作恶。除了他属于另一个阵营之外，和他一起喝酒挺愉快的。如果没有战争的纷扰，他可能会一直保持原来的样子。"

对于约瑟夫—德西雷来说，动乱从1991年就开始了。那时，爱国阵线的袭击和多党派的争端使得很多新演说家涌现出来，活动于各个地区，危险性激增。而约瑟夫—德西雷则投入到组织年轻人的乐趣之中。"我当时的任务就是把胡图族的年轻人组织起来，防止他们走上犯罪道路或是误入其他党派的歧途，"他解释道，"我敦促他们多听总统的讲话。我组织他们参加体操训练、游戏还有介绍政策的会议。但战争还是恶化了。卢旺达军队在前线撑不下去了。我们猜测军队隐瞒了他们的溃退。这激起了政客的恶意和报复。我们这些拥趸沉醉于上面的指令，纷纷表示赞同。"

  关于这一点，"赞同"这个词用得比较委婉了，因为两年之后，也就是1993年，约瑟夫—德西雷被选为该党青年组织的主席。"我不知道人们为什么推选我当主席。我不知道他们看中了我什么。我想，他们信任我是因为我受过良好教育并且我很坚定。他们知道我不是优柔寡断的人。"青年组织主席的工作中有一项明确的职责：尼亚马塔联攻派民兵的负责人。约瑟夫—德西雷不愿意用"联攻派民兵"一词："这很复杂，因为'联攻派民兵'这个词的含义在我被任命为主席到大屠杀之间发生了变化。当我接受这项职责时，我没有想过要杀人，可能除非到了不得已的地步。我的意思是，我没有想过为了杀人而杀人。"

  这是真话还是假话？杀人的想法是何时萌发的，又是何时扎根的？他回答最后一个问题时撒谎了，因为他否认了总统被暗杀之前的所有预谋。"他的死对我们震动很大，恐慌让我们开始杀戮，我发现自己完全身处种族灭绝的情形之中……"

  在回忆这段酝酿期时，克里斯蒂娜讲述得很详细。她是一名农妇，与约瑟夫—德西雷·比泰洛是邻居，也是卡纳济本地人。"1992年的时候，人们就已经开始在小酒馆里讨论屠杀的事了。我记得很清楚，因为那些党派乱作一团。那些新党派开过几次会之后，镇上就出现了联攻派民兵组织，我们就再也不了解动向了。尼亚马塔的长官叫约瑟夫—德西雷，他到所有胡图人的家里，给他们解释乌干达爱国阵线组织带来的威胁，确认藏在豆子口袋后面的杀人工具都锋利好用。我记得这么清楚是因为有一次他在院子里把锅给踢翻了。当时是大屠杀之前的那个旱季。"

  从12月到次年3月的变化印证了伊诺桑对约瑟夫—德西雷的看法："从1月起，也就是种族灭绝执行前的三个月里，他的性格彻底变了。如果我走进那家我们常去的小酒馆,他就不说话了,一直沉默到我离开。他非常清楚他将会杀了我……"

在小团体的所有人当中,约瑟夫-德西雷是唯一一个在事前就详尽设想了种族灭绝行动如何进行的人。大屠杀开始前的两个月,他开始检查砍刀是否好用。在哈比亚利马纳被暗杀之后的那个夜晚,他和镇上的政要一起开会。大屠杀的第一天,他在主干道上挥舞着砍刀耀武扬威,然后带头进入了教堂。

此外他还承认:"我坐在长官的位置上,我得做出表率。我希望能得到认可。"接下来的八个星期中,他将自己的无穷精力用在各处:晚上召开组织会议,早上去尼扬维扎沼泽,下午在基本戈、恩塔拉马或尼亚马塔的街上与人交谈争论,并组织起当地所有的小头目及其所在的团体。

然而在做这些事情的同时,他也并没有忽略自己的家庭和妻子。他的妻子玛丽-尚塔尔描述了这些战犯的另一副面孔:"他常常回家,从不携带武器,甚至都不带砍刀。我知道他是带头人,我知道胡图人正在杀图西人。但和我在一起的时候,他显得非常体贴。他确保我们的生活衣食无忧。有一天,他甚至派人到卡布加伊去保护他继父的第二任妻子,因为她有图西族血统。

"事实上,他只是身在糟糕的政局之中,自己并没有邪恶的想法。他对孩子们也很温柔。我不想问他关于到处作恶的那些事情。对我来说,他一直是我当初嫁给的那个友善的人,"她继续补充说,"如今,当他从监狱里带话出来时,也不讲自己的变化。他表现得很快乐,也不提任何要求,只是给我们建议和鼓励,把自己的痛苦都藏了起来。"

他自己也解释了为什么从刚果回来,并讲到等待他的无可避免的死刑:"我知道监狱里人满为患,也知道很多囚犯死在里面。但我还是想回到自己的国家,让我的家人得以重新过上正常的生活,我不希望我的女儿们在远离家乡的树林中沦为肮脏的乞丐。"

　　约瑟夫—德西雷的诉讼于两年半之后，也就是1998年5月26日，在尼亚马塔开庭。证人席上的他态度愚蠢、令人作呕，却大胆而坚定。
　　他认了罪，但他的供认没有被接受，因为他否认自己罪行的最基本事实，拒不承认自己的责任，为自己辩护说他只是遵守集体的规定。他对遇难者也没有表示一点同情。此外，在我们的访谈中，也从没有一刻让我觉得他意识到自己行为的无耻。
　　而且，他完全没有为了逃避死刑而向法官求饶，或控诉和揭发其他人。他只是无力地说一些不可能被接受的论据，就像他跟我们反复说的那样："我牵涉更多只是因为我那时对自己的党派更加忠诚……如果我不这样做，也是无济于事，因为所有人都已经达成一致。我想，应该尽力做好当时认为正确的事情……"他站得笔直，我们并不知道他为何如此沉着，但他就是没有屈服于法庭现场的反应。伊诺桑总结说："当时现场都炸锅了，因为他是大名鼎鼎的联攻派民兵，第一排的幸存者们群情激奋。而他表现得镇静、沉着，而且非常警惕。"
　　他的辩护并没有什么希望，但不管用怎样的别的方式辩护，都无法改变对他的判决。他是单独受审的，那时国际社会和国家政府还没有介入，没有采取有利于国内和解的政策。对他的审理应该被视为当地的一个范本，这是比较早的一个聆听幸存者证词、倾听他们的痛苦和了解事实的机会。
　　这些幸存者当中就有伊诺桑，他控诉约瑟夫—德西雷在教堂中杀害了自己的妻子和孩子。
　　关于他的审判，约瑟夫—德西雷如今对我们说："我在法庭上所说的，我今天会再说一次。我被审判之时，是幸存者无比愤怒之时。他们期望让我受到惩罚，新政府也希望给他们一个明确的交代。后来我在广播里收听了米桑戈大人（Monseigneur Misango）的审判。他被无罪释放了。我们党派的前秘书长安然地在他家里生活。甚至还有种族灭绝行动的全国发起人，他曾短暂地当过总理，后来逃到了美洲。这就是同一党派里好运之人和倒霉之人的不同下场。那些思想派发动了种族灭绝行动，而行动派来承担后果。"

访谈中有那么一刻，他试图表现出自己只是替罪羊，是为受政治左右的司法系统买单的受害者，但伊诺桑直接打断了他，并向他指出，不认罪的人无权申诉。我提醒他，他是一名知识分子，是杀手们的头儿。他回答说："我曾是一名老师，我也对自己的党尽忠，所以我服从命令，我杀了人。在一个政党中，不管哪个领导者都不可能随心所欲地做决定。我有教学的文凭，但轮不到我去思考组织者的政治口号。局势变得混乱，背离了我们的初衷。我需要思考的，只有如何实施。"听他陈述时我们在思考，他是不是真的不知道自己在说什么。

每次他往返于他所在的特殊监区和我们会面的路边花园时，他都会问候以前一起喝酒或杀人的同伴，从后面拍拍他们，开个玩笑，使个眼色，询问近况，既是看看自己的受欢迎程度，也是为了重拾昔日友谊。他甚至试图直接与伊诺桑实现真诚的和解。关于那令人难受的狭小囚室，他很少抱怨，只说这让他得了风湿。面对监狱看守和负责人，他表现出不卑不亢的服从。他寻求帮助从来不是为了自己的事情，都是为了可能再也见不到的女儿。他一直试图将我们的访谈转向关于地缘政治或历史的讨论，而隐去个人的经历。

"您永远无法看到种族灭绝的根源，"他说道，"由于世代积累的不睦，这个根源埋在仇恨的极深处。我们赶上了卢旺达历史上最糟糕的时代，我们被教育要绝对服从、要仇恨，我们被灌输了各种口号，我们是不幸的一代。"

他还说过"如果我们赢了，就歌唱；如果我们输了，就哭泣"。他不知道这句话是在化用阿道夫·艾希曼（Adolf Eichmann）的律师塞尔瓦蒂乌斯（Servatius）在耶路撒冷为前者辩护时说的一句话："……如果胜利，你将加官晋爵；如果失败，你将命丧黄泉……"

1998年4月24日，卢旺达政府颁布法令，宣布了第一个也是迄今为止唯一一个国家行刑日。这一天，33人在体育场或其他公共场所被处决。其中6人来自里利马监狱，他们被带到卡云巴山上，人们以为约瑟夫—德西雷会在其中，但由于他的审判延迟，他逃过了这次行刑。两个月后，经过八天的庭审，他被判处死刑。从那以后，他就一直在等待总统赦免或国家废除死刑的消息。他听广播，玩跳棋，向上帝祈祷。

在小团体的所有参与者当中，他是唯一一个能想到在国外出版一本书会有怎样影响的人，并且暗中希望他的讲述能有助于延缓他的死刑。那么他为什么不尝试讲出无论如何都不会有损于他的真相呢？

他是不想，还是不能？他不能区分什么是他想让别人相信的事情、什么是他自己愿意相信的事情吗？他会一直相信自己的经典托词——服从吗？他的回答是："当得知执行屠杀的决定时，我义不容辞，不可能退缩。这很难，事情发生得太快了，我们不可能像六年后的今天这样思考它。"

他还补充说道："对于从政的人来说，仅有的选项就是逃跑或成为组织者。那选择逃跑吗？就像我对您说过的，我从没想过要逃，也从没想过当局可能做出了错误的决定。我心想，如果说必须要完成这项工作，那就应该速战速决。当战争威胁到你的土地，当你可以依靠大多数的力量、依靠对你的物质和精神来说都最有利的政党的力量，当你获得统治者的信任，你就会毫无顾虑地全力以赴。"

是不顾虑受害者吗？他没有理会这个问题，只是又重复了一遍：

"我们和图西族的朋友曾一起生活,我们自己都没有意识到这一点;我们长久以来深受种族歧视的影响,我们同样没有意识到这一点。"

他最后说的这句话揭示了横亘于他和我们之间的理解鸿沟:"如果上帝让奇迹发生,让我能回到山上,回到自己家里,并找到一份工作,人们就会看到,我可以再次变成一个普通人。"

42
组织者

潘克拉斯：

"从总统飞机失事后发生的事情来看，我觉得大屠杀是基加利的威胁者们非常精心地操纵出来的。但是，在山上，我们迟迟没有收到关于大屠杀的确切消息。人们骚动起来，又耐心等待，等待上面的指示，不知道要干什么。事实上，关于大屠杀，当我们已经开始这么做了之后才了解它。"

阿方斯：

"飞机失事的第二天，尼亚马塔镇长在警察的陪同下来到卡恩泽恩泽，举行了一场正式的会议。他讲述了坠机事故，还讲到一些自感有嫌疑的图西人逃走了，他要求我们保持冷静，保证安全。但是在他讲话期间，一些警察和联攻派民兵做出用拇指划过脖子的手势，似乎在模仿割喉。

"当镇长离去，一名退休长官明确宣布：'好了，镇长走了，我们去巡逻。出于安全考虑，带上砍刀和棍棒。'我们出发，在图西人的地盘周围徘徊，威胁他们，也血腥暴力地打了他们，但几乎没有砍死人，因为他们还在一起抱团，而且很勇猛，所以我们很小心，避免受伤。

"我们最初就是这样开始干这个活儿的，其实是没有获得当局允准的。"

约瑟夫－德西雷：

"从 1992 年起，胡图族党派的所有计划都提出了屠杀图西人。这些计划细致而全面。会议上会宣读这些计划，它们受到与会者的热烈欢迎。广播里也不断播放这些计划，特别是在签订《阿鲁沙协定》（accords d'Arusha）之后。所有人都能够很容易地了解和理解这些计划，尤其是白人和图西人。

"在镇上，我们准备发动新的杀戮来抵制爱国阵线的进攻。但是我们计划的只是普通的杀戮，就像 30 年来我们经历过的那种。爱国阵线越是进攻，我们就杀越多的图西人，以阻止他们。这就是我们镇上的计划。而关于种族灭绝行动，在它开始之前，我们从未接到过确切的通知。

"因为我的堂兄是镇长，所以我也从政了。我们希望总统和大多数胡图人的主张能占上风。我们希望在任何局面中都成为赢家。从某种程度上来说，政客都是这样的。除非是战争的升级让正常的权力秩序陷入困境并让我们陷入混乱。

"出于自图西族王权覆灭之后一直累积的仇恨，统治高层让战争恶化并将它变成了种族灭绝。我们难以应对。我们发现自己面对的既定事实，就是不得不去完成任务。当种族灭绝行动从基加利突然蔓延而至，我没有退缩一步。我想，如果统治当局的选择是这样，那我没有理由推辞。

"于是在我看来，这种混乱的局面就变得非常自然了。不言自明的局势和对我们的要求都来得太快,没有给我们任何犹豫的余地。我们要么因为怯懦而逃跑,要么就服从命令拿起砍刀。"

伊诺桑:

"约瑟夫-德西雷撒了太多谎,因为他从来就不单纯。我们上学的时候就认识了,后来我们都教书,就成了同事和朋友。当他被任命为联攻派民兵的头目后,他威名赫赫,令人害怕,我们成了对立阵营的人,但这并不妨碍我们一起喝酒聊天。

"然而,就像我说过的,从1月开始,他性格大变。如果我走进那家我们常去的小酒馆,他就不说话了,一直沉默到我离开。如果我们路上遇到了,他就会转身走开,移开视线;他突然之间就不再跟我说话,而且断绝了所有来往。我们没有吵架,也没有因为不好听的话而闹僵,他已经把我踢出了他的朋友名单。他更愿意跟名流显贵们一起开闭门会议。他还是很友好的样子,但只是对他的胡图同胞友好。现在想来,我觉得他不知道种族灭绝的细枝末节,他也不清楚具体的日期和方式。但他提前三个月就清楚地知道他将会杀了我还有我的妻子和孩子,而他曾与我们真心交往过。他深知种族灭绝这个秘密,但不知道将如何进行。

"他被捕之后,我们在法庭上见面了,我对他大吼:"你,你早就知道一切,但你竟然没有任何一点点警告,连我的妻子都不放过。你可能在教堂里亲手杀了她。"他表示想要与我和解,但没有回答我的质问。"

埃利:

"1991年,在乌干达叛军的最初几次袭击之后,军方的报纸就指出,图西人天生就是胡图人的敌人,应当彻底地消灭他们。而且这是用大字在头版着重印出来的。

"后来，广播里也逐渐开始宣扬这种针对性。在政治会议上，我们被要求不要再与图西人分享土地和财物，不要互相帮忙耕地，不要通婚，不用在日常事务中隐忍原谅。因为有一天我们要杀掉他们，而这些事情都会碍手碍脚。但是关于日期和方式，我们没有收到任何指示。

"事实上，军人和公务员们认为威胁者是打算一点点杀掉图西人，是为了阻止爱国阵线的逼近。而我们想的是大规模屠杀，为的是把他们彻底赶到布隆迪或其他邻国。除此之外，我们不知道有更严重的事情。

"而农民们四处听到一些流言。他们期盼有新的土地，但他们首要关心的还是自己的庄稼。他们是在飞机失事的第二天开始群情激昂的，而不是之前。但那之后，他们明确地知道，这次是要动真格的了。"

伊尼亚斯：

"统治当局把镇上重要的图西族人物列了个清单，比如老师和商人。我们很清楚，这些人要首批杀掉，不过可以放过他们的家人。对于农民和无足轻重的图西人，我们不用管。但后来，当局要求，对于清单上的重要人物，他们的家人和邻居也都要被杀掉。如果我来说的话，如此规划详细的屠杀出乎我们的意料。"

让-巴蒂斯特：

"当哈比亚利马纳治下的共和国被迫接受多党制之后，所有的胡图族党派都招募了民兵。一开始是为了自保，因为胡图族极端分子之间的关系很紧张，后来就调转矛头针对图西人了。

"联攻派民兵是最显眼的，他们在集会上唱歌，在大街上游行，聚集在文化中心操练。他们从小店主那里要吃要喝，还收一些小钱作为礼物。

"他们当时准备对图西人进行小规模杀戮，就像1959以来我们做过的那些。要么是为了阻止爱国阵线或出于嫉妒的惩罚性屠杀；要么是因为奶牛和土地等问题，出于复仇和贪婪的屠杀。但消灭所有图西人，他们是在飞机失事之后才想到的。

"我是镇上的人口普查员，所以我和恩塔拉马的议员很熟，我知道他在种族灭绝行动开始之前，从没有用过这个词，甚至在他内心深处也没有想过。基加利的大人物们是在暗中策划了这次种族灭绝行动。"

伊诺桑：

"基本戈有一位非常好的议员，叫塞尔维利安·卡姆巴利（Servilien Kambali）。他是一位很富有的农民，从不希望自己管辖的山上出现任何矛盾。在1992年的种族屠杀中，他表现得非常温和，分开了两伙找麻烦的人，双方都没有人死亡。他是一位性情很平和的胡图人。

"4月10日，也就是飞机失事的三天后，他通知当地的人们：'现在全国的形势很紧张。但是我不会允许我的地区有任何混乱和争斗。我准备去尼亚马塔，争取能带回安全增援。在此期间，你们所有人，不要出家门，否则后果会很严重。谁要是敢威胁别人，就会受到惩罚。如果碰到任何举起手的人，都要当心。'

"在尼亚马塔，他讲到了当地发生小规模冲突的事情，并请求支援。尼亚马塔镇长回复他说：'你，塞尔维利安，你就是个白痴。你的蠢事儿到此为止了。增援是没有的，而且你要回到山上去执行严格的命令。'

"当塞尔维利安回来之后，他对围了一圈等他的胡图族农民说：'好吧，他们已经做出决定了，而且已经开始行动了。我们要杀掉所有图西人。'他抓起枪,然后从第一天到最后一天,他都在最前线,表现出一个杰出组织者的样子。

"这个人在大屠杀中能够继续做一个好人吗?如果他想保住议员的位置,那就不能。如果他想在分赃中拿到自己那份儿,那他显然不可能坐在家里袖手旁观。由于他是知名人物,他也不可能顶着年轻人的愤怒而对这一切光看不说。

"但他完全可以在杀人上表现得胆怯一些,不要出风头。如果开枪让他反感,他可以跟在队伍后面磨洋工,或者和家人去吉塔拉马。庭审的时候,他说他没有想到这些。"

菲尔让斯:

"一批知识分子当时成为组织者,另一些则跟农民一样,只是杀手。他们像我们一样工作,在杀人这件事上看不出比我们更惹眼。他们中的一些人隐藏了自己的野心,而另一些人则表露无遗。这取决于他们在这一切结束之后想要获得的职权,取决于他们对未来的打算。

"基本上,知识分子的表现没有比我们更恶毒。"

皮奥:

"一些知识分子和商人的言辞特别激烈,于是当局非常愿意把枪支借给他们,奖赏他们的热情,他们就不会被血污弄脏衣服。他们开枪、喊叫、成群结队。他们在语言上与领导者保持一致,在行动上与追随者保持一致。这些威胁者参与的杀戮比我们体面,没那么混乱污秽。"

利奥波尔:

"那些组织者,是他们组织巡逻,是他们解决抢掠中的纠纷,是他们规划每日的行程。如果他们没有出现,那些农民是不会想到做这些事情的。他们可能会因为飞机失事而愤怒地挥舞砍刀,然后就回去种地了。他们可能会在沼泽地里奋力工作,但不会那么长时间。他们应该会有所保留的。而这个全力投入屠杀的决定,绝对是那些组织者做出的。"

阿达尔贝尔:

"就是那些知识分子把农民赶去沼泽地的。如今他们又在玩弄辞藻或者闭口不言。很多人安静地待在原来的地方。还有人成了牧师或主教;他们换到一个不那么引人注目的地方,然而还穿着名贵的衣服,戴着金框眼镜。可我们却在监狱里受苦受难。"

伊尼亚斯:

"那些组织者,如果他们对这种日常的杀戮局面不满意,他们可以离开。他们可以坐在这里讨论行程,也可以离开这里投奔远方的亲戚。而农民们却不知道如何在城市里生存。但那些组织者都留下了。没有冲在前面的人,就在后面串通一气。他们想要炫耀自己或掌控大局。"

43
公房背后

大屠杀结束不久就出现了第一批公房,继而扩展到全国。这些房子通常坐落在山顶的小村子附近,有时则沿着小径或灌木丛中的小溪流而建。在到达基本戈最初的那些房屋之前,拐上一条灌木小道,我们就能看到一座公房。另有一座在卡恩泽恩泽的出租自行车站点上方的小路上。还有一座在恩塔拉马教堂下方的空地上。

"公房"在当地语言里叫"木杜古古"(Moudougougou),这个名字虽然好听,但房子却不怎么好看。它们是一排排标准化的长方形建筑群。规模最大的有 3,000 间,最小的有 30 多间。地理位置和出资人的情况决定了这些房子是用烧砖、混凝土还是黏土建成,是否有窗框和铁板屋顶。

公房的建设参考了以色列的集体社区基布兹(kibboutz)、尼古拉·齐奥塞斯库(Nicolae Ceausescu)设计的罗马尼亚村庄和苏联集体农庄(kolkhoze),但没有集体主义的色彩。乡村住所做出这样的调整有两个目的。其一是提供紧急住所,因为大屠杀期间大量房屋被毁,尤其是幸存者的房屋。其二是为散居在树林和灌木丛中的农民家庭提供更好的安全保障。

乍一看，这种城市化的聚居和随之而来的小村落的荒芜，会让熟知历史上灾难性经历的西方人感到不安。但公房的大多数居民并没有这种感觉。弗朗辛·尼伊泰盖卡、贝尔特·姆瓦南卡班迪、克洛迪娜·卡伊泰西、安热莉克·穆卡曼齐、克里斯蒂娜·尼兰萨比马纳，"赤裸生命"中的这些讲述者都离开了她们原先的房子，因为那些房子已经无法重建或修复，她们带着孩子住进了公房。

虽然公房距离她们的土地好几公里，没有小花园、小菜园和牛羊圈，再听不到长尾花蜜鸟和夜莺的鸣叫，而且她们也不习惯公房的拥挤，但她们还是觉得在这里生活得更好，她们更有安全感。

一些其他现象虽没有公房那么引人注目，但它们的出现或重现同样让当地人和外国人惊讶。尼亚马塔的老教堂旁边建起了几座新教堂，有宗教活动时全都人满为患，特别是葬礼，每周都有成百上千的信众聚集于此。还有一座清真寺，从乌干达被遣返回来的人常去，寺顶的报时器每天夜里都会突然响两次，吵醒整个尼亚马塔。一大批国际或本地的基督教教派蓬勃发展，影响力一直蔓延到丛林深处。

尼亚马塔这个镇从此升级成一个县，镇长也升格为县长。到处都有可以联网和可以使用电子邮件的电脑，在等着接入一根电话线，或等着工程师回到工作岗位。曾被约瑟夫–德西雷·比泰洛手下的民兵把持的文化中心，如今每天早上供人们阅读图书，下午则转播电视。晚上，十几台新电视和几台老旧的收音机一起播放，却也压不过外面的牛叫、蛙鸣、蝉鸣和斑鸠的咕咕声。

周日，更名为"尼亚马塔 FC"的布盖塞拉足球队要进行训练，他们换掉了以前紫色的球衣，穿上了更为时髦的红白相间的球衣。尽管球队还没有完全恢复以往的活力，狂热的球迷和赞助商也不似从前，但每周三次的训练尽显他们的乐观态度。

周三和周六有集市，摊贩的缠腰布、堆在地上的布料和五颜六色的阳伞让集市绚丽多彩。这里是唯一洋溢着幸福美好的地方。赶集的日子里，农妇、渔妇、养殖者、工匠、批发商、零售商都回到彼此相邻的摊位，用他们的行话聊天；山上的所有居民则一大早就下山赶集，在尼亚马塔度过一天。集市广场又有了以前的味道，主干道又恢复了拥堵，小酒馆再次变得喧闹。人们又开始涌向磨坊、诊所和兽医院、屠宰场、市政中心和邮局等地去办事。

教堂的长椅上，胡图家庭和图西家庭并肩坐着祈祷，望着牧师；学校的长椅上，孩子们坐在一起听老师讲课；体育场上，人们共同为球队鼓劲儿或喝倒彩。但集市是唯一一个人们可以正常交谈、讨价还价、开开玩笑的场合。就像阿达尔贝尔的母亲罗斯·库布维马纳所说："在集市上，胡图人找回了自己的勇敢，像以前一样维护自己的利益。"在每个人回到居住区或山上的封闭生活中之前，这算是一种惬意的间歇。

山上的咖啡种植园还是一片荒芜，因为这些作物需要三到四年无产出的照料。但香蕉园已经恢复昔日景象，给深绿色的背景点缀上了些许浅绿色的斑点。虽然质量还没完全跟上，但香蕉酒的产量和销量都已经超过了之前的水平。

在基本戈，已经有两家小酒馆，它们相对而开。一家是弗朗辛的，只接待幸存者，另一家的客人则比较"混杂"，山下的人这么说。在中央的空地上，胡图族和图西族的妇女一起在黄麻布上拍打豆角，给它去壳。有裁缝弄来了一台缝纫机。有柴油发动机的磨坊为农妇们免去了长途跋涉的辛劳，以前她们要背着麻袋步行20多公里，去把收获的高粱或木薯磨成粉。数以百计的孩子们在学校操场上玩泡沫和橡胶做成的球。奶牛们则奢侈地在废弃房屋中产小牛犊。

在基本戈另一面山坡小路的尽头，几只独木舟在凝固的河水里漂荡，穿过芦苇和睡莲，经过圣鹮、鹈鹕和白色火烈鸟，所有这一切都与这片水域完美地融合在一起。渔民依然是胡图人，他们把自己捞到但从来不吃的黑鱼先在木炭上熏烤，然后用藤蔓串起来。周边地区的养殖者依然是图西人，他们从来不吃自己养的安科莱奶牛，也不挤它们的奶。

每周二开设在卡云巴空地上的集市曾是放牛的好地方，戴着毡帽的牛主人们挂着放牛棍聚集在那里，但现在它一直没有重新开放。买牛卖牛的生意都在私下进行。不过，当地牛的数量已经恢复到屠杀之前的水平，牛群更加自由地散养在灌木丛中，放牛人衣衫褴褛，他们认为这样的衣装可以让自己免遭嫉妒。

主要的变化是路两旁竖起了大戟篱笆以保护庄稼。十年前，这样的篱笆被认为是一种亵渎，使人联想到美国西部平原上让农民和牛仔互相对抗的带刺铁丝网，但如今它不会再激怒这里的居民了。

大屠杀已经过去了九年。这里的胡图人和图西人因命运使然而不得不继续居住在一起，他们现在的生活如何？这个问题自难民返回之后就一直存在。在尼亚马塔，我们看到了一些令人欣喜的迹象：每周六下午都有喧闹而欢乐的婚礼，当地建起了手机通信基站，新开了一家医院，人道主义组织撤离了，载客自行车流行起黑色、粉红色和杏仁绿色的皮座垫，阿佩布高中重新设立了考试，两家五金店为了售卖金属板而激烈竞争，一批新别墅盖了起来……

我们也看到：恐惧一直存在，无时无刻不存在，我们不知道这种恐惧还要继续折磨多少代人，才会渐渐散去。

在通往皮奥、潘克拉斯和阿达尔贝尔家所在山坡的路上，还住着丹尼丝·尼库兹（Denise Nikuze），她是一位20岁的胡图族少妇。

繁花盛开的院子里墙体已经破败。丹尼丝·尼库兹和她的姐姐雅克利娜·杜萨比马纳（Jacqueline Dusabimana）在这里一起抚养着她们的几个孩子，这些孩子是因为"能带来一些蝇头小利的一夜情"才有了的。

黎明时分，丹尼丝穿上褪色的T恤和缠腰布下地劳作，而把她的小婴儿裹在襁褓中放在一棵鳄梨树下，就这样一直干到下午，不吃不喝。礼拜日，她穿上花边裙子前往基本戈的教堂，有时再往远处走个几百米，去商店买肥皂或油，不过有时她更愿意步行25公里去尼亚马塔做这些事，以避开别人的目光。

丹尼丝·尼库兹非常热情好客且聪明，用香蕉酒和在沼泽地里找来的菠萝招待我们。说起屠杀时，她几乎沉默不言，只是说："在那个可怕的时期，妈妈得了重病，爸爸去了另一个世界。三个哥哥在混乱中也走散了，现在可能在刚果，或者在某个遥远的监狱中。又或者在一个我永远都不会知道的地方。我在这里只会遇到来了又去的情人，他们不会像真正的丈夫一样对待我。我不再听到威胁的话语，但也没有和解的表示。今后只有沉默能帮我抵抗恐惧，抵挡笼罩在我们土地上的阴影。"

沿着这条路再走远一些，我们还会遇到罗斯和潘克拉斯的妹妹玛尔特。她们通常坐在门口剥豆子或者磨高粱。她们很热情，有时还很风趣，她们对通过广播而有一知半解的世界充满好奇。她们渴望得到里利马监狱中传来的消息，但一旦谈到血腥的过往，她们就沉默了，不过并不会表现出敌意。

44
生活重新开始

阿方斯：

"夜里，老人们会无声地发问：'为什么不能只是把踩踏庄稼的奶牛杀掉并夺取土地呢？为什么不能放图西人一条生路呢？'领导者回答说：'不能。他们的传统太悠久了。图西人已经养了那么久的牛，他们肯定还会带着新的牛来。杀牛和杀图西人，这就是一件事。'

"不知道出狱之后我会不会学着对奶牛有所改观。胡图人很不习惯和奶牛共处，在水边或者灌木丛中遇到牛群，他们会感到不安。不过关于踩踏庄稼造成的损失，我们比以前处理得更好了，会用一袋种子或一箱佩里姆斯啤酒来作为补偿，而且我们在庄稼地周围搭起了篱笆。对我来说，屠杀和复仇，真的已经结束了。"

埃利：

"在难民营里，很多人对自己过去的所作所为感到不安，另一些则是在监狱里有了这种感觉，比如我。我曾给认识的一些受害者的家属写信请求原谅，让来探视的人带给他们。我谴责自己，并且向他们承认我的错误。以后等我出狱了，我会给他们送礼物和食物，为寻求和解会提供足够的啤酒和烤串。

"然后，我将重新开始正常的生活，但这次一定心怀善意。每天都用友好的目光看待邻居。我想耕种我的土地，或者做焊接、锯木、砌筑之类的活儿，积极接受各种零工。或者因为爱国或临危受命，成为一名士兵，但是别让我碰枪。今后，哪怕是十恶不赦的罪犯，我都不想杀死。"

皮奥：

"我想，如果上帝能帮我出狱，我不会再像现在这样浪费我的生命。我要回到山上，找一个贤惠的妻子，因为发生这些事情，我一直还是单身。我觉得没有什么能阻碍我回归正常的生活。而且无论如何，我都不觉得跑到另一个地方躲避谴责的目光能让我感到满足。有污点的生活比不属于我的生活要更好。

"如果遗忘是仁慈的，我将不胜感激。如果有机会，我会表示我的悔恨；如果还有机会，我会反复做这件事。我会让自己忍耐和胆怯。对于我来说，充好汉这种事儿已经彻底够了。如果那种融洽的生活在过去是可能的，那么尽管发生了这些愚蠢的杀戮，它也依然应该存在。

"无论如何，虽然不同的人所经历的邪恶也不尽相同，但所有人都得很好地适应自己所经历的邪恶，所有人都不得不用自己的方式忍受它。"

约瑟夫—德西雷：

"我被判处了死刑，也就意味着我只能抓住这个被突然而至且非正常的死亡所笼罩的生命。在我们的院子里有60多个人，为命运所迫，耐心等待，一边下棋一边通过广播听外面的世界在说什么。这种生活和我以前的生活大不相同，完全不是我选择的那种生活。

但这仍然是一种生活,我的生活。如果我不接受这种生活,也不会有人再给我另一种生活了。"

菲尔让斯:

"我觉得,对于我们所有人来说,后果都是十分不幸的。其他人已经死去。但我们呢,我们也在难民营和监狱中遭受苦难,过着悲惨的生活。流亡路上,我的两个孩子、母亲还有一些同伴都因疾病丢了性命,而我也在遭受监禁之苦。

"因为我的恶行,时间惩罚了我,可以让我出狱之后重新开始正常的生活。经历了这些屠杀和磨难之后,我不会像从前那样看到邪恶,我会成为一个更普通的人。

"我不知道邻居们会怎么对待我,因为我还没有机会和他们交谈。我想,我会设法说服他们像从前一样和我一起生活,至少看上去是这样。我十分怀念正常的生活,迫不及待地想回到他们身边。"

潘克拉斯:

"此后,巨大的混乱隔开了死者和生者。但生者必须坚持不懈地存活于这个世界。回到山上之后,我将请求和邻居重新和谐相处。我将花时间寻找一个好妻子,想办法种好地。重新开始做农活后,我会帮助图西族邻居。我不知道他们是否会像以前一样接受我的帮助,但我会提出毫无条件的帮助,以表明我的善意。

"除了狱中生活这几年的折磨之外,我不觉得这些不幸的事情损害了我的生活。幸运或不幸都没有改变我。至于其他人如何,我就不好说了。"

让-巴蒂斯特:

"自从我开始讲述,我就更加感到平静。在经受了这些磨难之后,没有什么能阻碍我重新回到妻子身边，重新找到我在社会中的位置，重新见到我的六个孩子，虽然他们已经在没有我的情况下长大了，可能已经不认识我了。然而我必须要明确一点：今后我的生活将会有一道裂缝。我不知道其他人情况如何。我不知道这是不是因为我的妻子是图西人。但我知道法庭的宽恕或受害家庭的同情永不会弥合这道裂缝。即使死者重生可能也无法弥合，甚至我自己的死亡也不能。"

伊尼亚斯：

"我是一个很好的农民，但我甚至不再拥有基本的农具。我的孩子散落各地，没有对我说任何安慰的话语。我也不知道自家的房子是否还坚固如初。自从发生屠杀，我就再没有回到自家所在的山上。我觉得心灰意冷。有时候想到等待着我的幸存者的目光，我感到恐惧。我对自己失去的一切感到沮丧。

"当我出狱之后，我觉得吃饭不是问题。但我已经明白，想要和过去一样过得舒服、受人认可，是不可能了。狱中的生活曲折不断，四处碰壁，除了回到故土之外，我找不到其他目标。我迫不及待地想要用双手握紧锄头，弯腰一心干活，除了谈论庄稼之外，一概不管。"

菲尔让斯：

"评判我们是特别难的事，因为我们的所作所为已经超出了人类的想象。反正对于局外人来说是很难评判我们的。因此，我认为我们应该像以前一样种地，但这次要心怀善意，无论何时都要表示我们的悔恨，并且给遭受苦难的人们一些帮助。至于今后惩罚我们的这项繁重任务，就留给上帝吧。"

利奥波尔：

"为自己造成的流血而悔过并被悔过触动的人，会受到好运眷顾而回到山上重新开始如过去般的生活。同样，愿意讲出往事而不怕受到更多惩罚的人，还有对邻居讲述自己曾用砍刀做了什么事的人，也会如此。

"但是如果一个人总是说自己什么都不记得了，或是说一些无关紧要的事情，或是说他不在场之类的废话；如果他向谎言卑躬屈膝，寄希望于逃避惩罚和指责，那么他将更加被驱赶得背井离乡。但这样的骗子有很多。

"狱中的大多数杀手都认为，他们的失败是现下悲惨境遇的最大原因。山上的人们也是这样认为的。他们说，他们已经在消灭图西人这条路上走得太远，没法回头了。他们觉得，没有把图西人完全灭绝，他们将再也无法找到对自己有利的位置。他们说自己将会被当前的局势遗弃。

"他们在复仇中苦苦等待，根本没有希望从中抽身，去看看山上的新变化，去在图西人的目光中继续正常的生活。他们会一直说着污言秽语。"

阿达尔贝尔：

"回到基本戈之后，我将好好照料我的田地和家人。杀戮和监禁让我变老，也让我变得平和。我不再像以前那么亢奋。对骚动和游乐都失去了兴趣。

"对于幸存者，我不知道会发生什么。基本戈有些人会理解我的，但只是那些和我一样挥舞过砍刀的人，或比我更甚者。但对于图西人来说，让他们了解和理解是不可想象的。我们也不能要求他们从思想上理解我们的所作所为。我想，由于痛苦，他们会拒绝任何解释。我们所犯下的事对于他们来说是超自然的。也许耐心和遗忘能管用，也许不能。"

45
关于宽恕的交易

应该宽恕吗？宽恕有什么用？为了揭示真相？为了缓解幸存者的哀痛，还是为了促进子孙后代的和解？

谁有宽恕的资格？我们可以代替别人宽恕吗，比如代替亲属、朋友，尤其是在这个人已经去世的情况下？对于那些并不要求被宽恕的人，或是在这方面毫无真诚行动的人，或是拒绝被宽恕的人，我们还能原谅他们吗？宽恕有很多种方式吗？宽恕分不同程度或不同阶段吗？如果感到自己无法做到宽恕，我们可以要求上帝或者一个比自己更有人道主义精神的人来代替自己宽恕吗？希望求得宽恕的人和宽恕他人的人分别能做出什么承诺？这些问题和人类的历史一样古老悠久。

在《记忆，历史，遗忘》(*La Mémoire, l'Histoire, l'Oubli*)一书中，作者保罗·利科（Paul Ricoeur）写道："能够宽恕不承认自己过错的人吗？讲述宽恕的人必须是被伤害过的人吗？能够宽恕自己吗？即使某位作者做出一个决断而不是另一个——而且如果至少，哲学家的任务不仅仅是记录这些两难困境，那么他又如何能避免如此情况呢？——始终都有异议的空间。"

半个世纪以来，当代着重针对平民的冲突提出了关于宽恕的新问题：我们能够宽恕这些集体犯罪、国家犯罪和反人类罪的始作俑者吗？我们能够共同宽恕犯下这些罪行的活跃群体和同谋、团结支持他们的人民以及大规模犯罪的国家吗？我们能够宽恕那些只请求原谅却不对自己的罪行承担责任的人吗？

种族灭绝过后，能够宽恕那些曾企图消灭你的人吗？

事件发生数年之后，布盖塞拉的幸存者对于这个问题的回答几乎都是"不能"，不过他们无法确定自己的立场是否会随时间而变。
为了理解这个"不能"，我们得回忆一下尼亚马塔沼泽地中幸存下来的三个人的回答，她们的回答也很好地反映了其他人的想法。
弗朗辛曾想象过，杀死她妈妈的邻居主动来请求她的原谅。她不会原谅他，她可以重新和这些人生活在一起，但这一切她都无法原谅。西尔维则认为，问题不在于原谅，而在于和解。那些放纵屠杀的白人和实施屠杀的胡图人，都没什么好原谅的。只有公平正义才能给人带来宽恕；但大屠杀给他们带来了一种无法磨灭的缺失感，一切的公平正义都太迟了。还有埃迪特，她是唯一打算宽恕的人，不过她给宽恕赋予了一种宗教色彩。她选择原谅，不是在否认他们的恶行，而是希望获得身心的平静。*
我觉得有必要在进入这一章之前，先重温一下这些解释，以此说明幸存者和杀手对于宽恕的不同理解，这种不理解可能让宽恕成为不可能的事。

---

* 三人的完整叙述分别见于第33页、第166页和第124页。——编者注

幸存者、杀手、遣返者、政界、人道主义组织和宗教界的见证者……在所有主动或被动参与了卢旺达大屠杀的角色中，幸存者是最不关注宽恕的人。即使和解的前景让他们感到焦虑，他们也只在被问及此事时才会谈起。

反之，杀手是最常提起宽恕的人，但总是带有一种令人困惑的天真，接下来几页我们会讲这一点。事实上，幸存者和杀手对宽恕的不同观点正揭示了对未来生活和对他们未来关系的截然不同的看法。

说到这一点，我们要指出种族灭绝罪犯和普通战犯之间的一个新的根本区别。后者在摧毁、折磨、强奸时同样是非常野蛮的，但随着时间的流逝，他们常常能够扪心自问，如果要得到受害者和他们自己的宽恕，需要怎样的努力和付出。

相反，基本戈小团体的这些杀手们大谈特谈宽恕，并希望得到宽恕，但他们的语言中几乎从没有问句。在他们看来，无论是集体的宽恕还是个人的宽恕，无论宽恕有没有用，无论宽恕的过程是否痛苦，只要他们要求被宽恕，宽恕就是理所当然的。

奇怪的是，杀手们可以想象仇恨、愤怒和怀疑对幸存者意味着什么，可以理解幸存者复仇的想法和行为；他们接受这些针对自己的激烈反应，但他们完全无法理解宽恕这个行为对于幸存者的意义。一些杀手认为这是理所应当的主动行为，另一些则认为这是个神秘举动，取决于对方的友好程度和性格。但不管怎么说，他们理解的宽恕都归结为放弃仇恨。

这也可以是一种对等交易：用供认事实换取同等的宽恕和原谅。或者是走个形式：既然我已经受到惩罚，那我就应该被宽恕，因为我所承受的痛苦应该带来相应的宽恕。又或者这是一个把事情糊弄过去的机会：宽恕意味着忘记，对于所有人来说这是回到美好旧时光的最佳方式，让一切重新开始，似乎什么都没有发生。

杀手们似乎并不清楚对寻求宽恕者的最低要求：说出事情的真相，扔掉策略的算计，让受害者得以纪念和哀悼。

杀手们未曾想过，受害者一旦同意宽恕，就要遭受痛苦，因为这样做不仅是往他们的伤口上撒盐，还抹杀了他们通过报仇而获得慰藉的一切可能性。杀手们不理解，他们要求被宽恕，其实是在要求对方付出艰苦卓绝的努力，他们看不到受害者所处的困境、所受的折磨和给出善心的勇气。

杀手们没有意识到，当他们像走程序一样寻求宽恕时，他们对受害者痛苦的漠视会让痛苦加倍。

杀手们没有将真相、真诚和宽恕联系在一起。对于他们来说，或多或少说出真相是一种建议行为，目的是多多少少减轻他的过错，进而减轻他的痛苦，甚至是罪行。而请求宽恕也是一件对自己的未来有私利的事情，因为这有利于他们实现团聚、恢复地位，并对重建旧日的关系也有帮助。

上一章中提到埃利说过的一句话："我曾给认识的一些受害者的家属写信请求原谅，让来探视的人带给他们。"他们寻求宽恕如果不是通过书面形式，就是通过出庭的人或者共同认识的熟人，来转达他们的请求。所以在我们访问里利马监狱时，伊诺桑就多次收到囚犯们的求助，希望他代他们向基本戈的幸存者请求宽恕。

埃利和大多数人其实都不是在寻求宽恕，他们只是略微大声地表达歉意，受害者可能听到也可能听不到，可能接受也可能拒绝，就好比是我们向刚刚在人行道上撞到的人道歉一样。又或者像西蒙·维森塔尔（Simon Wiesenthal）在《向日葵》（*The Sunflower*）中所讲的那个奇怪寓言中的德国士兵一样，杀手们寻求宽恕时带着一种笃定：因为这个请求是丢人的、是富于同情心的，所以它本身就应该得到积极的回应。

这些观察让我们想起阅读杀手们对自己记忆和梦境的感想时想到的一些事情。杀手们坚称梦到的主要都是过去的生活：家人、农活、景色、小酒馆等等。如果想想他们是如何迅速地离开这方熟悉的天地、如何被狂热遽然卷入大屠杀、如何在一片混乱中流亡的话，这是可以理解的。但是他们对噩梦的叙述却令人感到有些困惑。

他们当中的大多数声称自己不做噩梦，这与受害者的情况恰恰相反，受害者在夜里总是被痛苦、可怕、有罪恶感的噩梦纠缠不休。而且，就算他们偶尔做噩梦，梦到的也是在刚果难民营或者在监狱中所受的痛苦折磨，而不是在沼泽地中的杀手生活。

所有类型的战犯当中，参与种族灭绝行动的杀手竟然是受折磨最少的，这可能吗？睡眠能如此彻底地掩盖这些非同寻常的行为和感觉，这可信吗？受害者完全不出现在他们的噩梦中，这是真的吗？如果是的话，他们在没有谎言保护的睡梦中，是如何摆脱悔恨的？他们是该庆幸无意识对自己的宽容，还是归功于把罪责封锁在睡眠之门里面的怪异能力？

如果这是不可能的，他们为什么要否认或淡化这些噩梦？他们明明可以把这些噩梦作为自己悔恨的确凿证据，作为偿还血债的一种方式，尤其是在做这些梦的当天，他们刚刚向我们详细地叙述了自己的罪行。他们害怕描述这些梦境，是怕导致失控吗？这些梦境与他们的叙述相悖或是会改变他们的叙述吗？这些梦境会让他们的叙述失信或是加重叙述的情节吗？他们是害怕讲述噩梦的内容会泄露他们想隐藏的事情吗？否认噩梦是为重建生活做准备吗？又或者只是因为害怕看到关于自己的什么事情而拒绝睁大眼睛回望过去？

他们不理解宽恕的意义，拒绝承认噩梦，在这两者之间，是否有什么关联？这是不是一种防止记忆的洪水溃堤、防止自己的供述失去控制的方式？是不是为了让自己在精神上活下去？

46
宽恕

埃利：

"杀戮不在我们的控制范围，宽恕同样如此。在沼泽地进行屠杀的那段时间，我们从没有好好地谈论过杀戮；如今一切都已经结束，我不知道我们现在是否能充分地谈论一下宽恕。

"我要说的是：一种人是在杀戮结束之前，对自己的悔恨半遮半掩，凭着一己之愿离开沼泽地而留下一堆烂摊子；还有一种人是真的悔恨，并会由此失去抢掠的收益和同事的尊重，这种人是应该被真心原谅的。

"但对于我们其他人来说，我们所有的只是对入狱的悔恨，所以换来的也只是人们有限的原谅。无论如何，这也算是原谅，但它是仅存的原谅。如果让我说，这是被剩下的原谅。如果局势变化，它就会变得可有可无。在新的血腥动荡的威胁下，在未来它也不会持久。"

菲尔让斯：

"宽恕，就是抹去他人对你的冒犯。

"但只有听到原原本本的真相，我们才能被宽恕。在审判期间，我曾向受害者的家人请求原谅，我对他们讲述了我的所作所为。所以我想我会被原谅的。如果不能，那就算了，我会祈祷的。

"宽恕是一个重要的机会，它可以减轻惩罚和缓解悔恨，还有助于忘记。对于被宽恕的人来说，这是中奖了。而对于宽恕他人的人，我无法置评，因为我从没拥有过这个机会。我想，对于他们来说，应该要看是否得到了足够的补偿吧。"

阿达尔贝尔：

"想要求得原谅，首先要对受害者说出有用的真相。然后请求他忘记你对他和他的家人所做的恶行。再然后直截了当地表达你会像以前一样看待他。

"如果对方一下就接受了你的请求，就太幸运了。如果没有接受，那应该再次请求他的宽恕。承受了这些巨大的痛苦之后，我们不应该灰心丧气。你越想办法求得原谅，就越有机会被原谅，也就能越快获得原谅。尤其是当局会推动鼓励幸存者宽恕的计划。"

让－巴蒂斯特：

"狱中的大部分囚犯都放弃了求得宽恕这件事。他们说：'我已经请求原谅了，可我还是得坐牢。除了取悦当局之外，这还有什么用？'或者是说：'看看那个人，庭审的时候他向所有人请求宽恕，然而并没有逃过严厉的刑罚。对于我们来说，今后，求得原谅只是浪费时间。'这就是为什么他们更愿意固守老观念。

"但是我呢，我非常在意是否得到原谅这件事。而且我确信我会被原谅，因为我对自己的所作所为供认不讳，我相信是我做了错事，我下定决心要像以前一样好好生活。如果受害者不能一下就原谅我，时间会帮他在合适的契机做到的。虽然两个阵营中的每个人内心深处都隐藏着沉痛的记忆，但宽恕会让我们共同忘记过去。"

伊尼亚斯：

"宽恕是上帝的恩赐，让那些被追和挨打的人得以忘记过去。

"有的人失去了妻子、孩子、房子和所有物品，还有家畜；有的人将痛苦倾吐给上帝。而宽恕可以让他们跨过所经历的不幸和失去的一切。

"如果幸存者被信仰打动，这就是恩赐，否则就是不幸。我认为，如果换位一下，我会原谅我的错误，因为在任何情况下我都保有对上帝的信仰。"

阿达尔贝尔：

"如果我被当局宽恕，被上帝宽恕，那我也将被我的邻居宽恕。这需要时间，需要艰苦的努力，但这种宽恕是必要的。没有宽恕，可能会再次发生可怕的杀戮。这种宽恕是基加利当局的新政策决定的。对于已经遭受痛苦的邻居来说，和国家的正义与宗教作对，是不堪忍受的重负。"

潘克拉斯：

"对经受了苦难的人说出真相，这很冒险但不伤人。而接受一个杀手说出的真相，这很伤人但不危险。这两者各有利弊。所以请求宽恕和宽恕他人都是很折磨人的事情。

"所以很多囚犯更愿意请求上帝的宽恕而不是邻居的宽恕，于是在祈祷和唱诗之时争先坐到最前排。他们将宽恕托付给上帝，对邻居则没有任何要求。和上帝说的话对未来的危害比较少，而所获安慰比较多。"

阿方斯：

"宽恕，是遭受罪行的人给予的恩赐。如果受害者从罪犯那里听到了属实的真相和真诚的请求，他可以决定是否选择遗忘。如果我被当局赦免，刑满释放，我可以在山上说出审判中没有交代的更多事实。我还可以供认更多，为邻居们讲出深藏心底的记忆。如果有时间，我可以把沼泽地中的情形细致地讲述出来。我可以去邻居家做客，告诉他们这个人或那个人曾经历了什么，以满足他们的个人需求，并获得他们的宽恕。

"但如果我受到严厉的惩罚，必须在狱中监禁很久，我就只好在这里作为一个杀手生活下去。没有宽恕，没有勇气，也没有真相，就像一个失去了一切的人，而且不仅仅是物质上的失去。"

伊尼亚斯：

"如果我被原谅，我将恢复正常的精神状态，就像以前一样；如果我没有被原谅，我就只好保持罪犯的状态。但能够说出善意言辞的人不是我，而是幸存者，所以我着急。宽恕对于接受它的人来说总是非常有益的。"

约瑟夫—德西雷：

"因为我位高权重，所以我的所作所为被更多人看到。我不被原谅，并非因为我更有罪，而是因为我的罪更显眼。"

利奥波尔：

"在沼泽地中，很多图西人在遭受致命一刀前求饶。他们乞求怜悯和恩赐，请求逃过一死或挨打的痛苦，是恐惧和痛苦让他们说出了这些话。

"他们用尽全力哀求,因为他们别无他法。但我们呢,我们根本不在乎他们的要求甚至乞求。反而这可能会激励我们。他们只是该死的图西人,而我们是毫无怜悯之心的人。

"所以,在狱中谈论宽恕是很难的。如果出狱之后,我迎来的是暴怒而非宽恕,我也不会表现出任何敌意,我会耐心地处理我的麻烦。我只会对人们说:'如今你们拥有宽恕的权利,宽恕属于你们,你们赢得了它,从今往后你们可以按照自己的意愿使用它。我可以等待合适的契机。我将重新开始面前的生活,不会悄悄说你们的坏话。'"

埃利:

"有的人羡慕那些不是非要寻求宽恕的人,后者没有进里利马监狱就回到了自家山上。有的人说,寻求原谅的人并没有获得应有的回报,他们仍然在狱中。他们声称,对于囚犯来说,宽恕是无用且危险的消耗。"

皮奥:

"请求原谅是很自然的事情,而宽恕他人是件大事。但如今谁能决定这件事呢?那些像白人一样无所作为的人吗?那些跟在爱国阵线士兵身后、带着积蓄和复仇的记忆姗姗来迟的人吗?还是那些躲藏在纸莎草中、侥幸逃过一死的人?即使是被砍死的孩子的母亲,孩子已经不在人世、无法表态,她又能代替孩子原谅些什么呢?

"我觉得我们在山上很难彼此宽恕。因为漂亮的语言背后会再次生出太多糟糕的记忆,就像种植园中的杂草。那个在某天大发慈悲原谅你的人,谁能保证他不会在另外一天因为酒后的争执一气之下又收回对你的原谅呢?

"我感觉似乎没有任何宽恕能够风干所有流淌的鲜血。我只看到上帝可能会原谅我,所以我每天都向他祈祷。我向上帝献出我所有的诚意,不隐瞒我的任何恶行。我不知道他是否会宽恕我,但我知道我是发自肺腑地请求他的宽恕。"

47
高贵的气质

我在书中常常提到对犹太人的大屠杀,但不怎么说亚美尼亚大屠杀、对吉卜赛人的大屠杀或高棉大屠杀,这是因为关于犹太人大屠杀的叙述、书籍和电影有很多,所以我对它了解得比较具体。另一个原因是,在卢旺达访问期间,我发现对犹太人的大屠杀和对图西人的大屠杀之间有很多相似之处,尤其是它们的实施方式很相像。

那么我们再看看这个常被或多或少公开提出的问题:从某种程度上说,图西人是不是就是大湖区,特别是卢旺达的犹太人?他们是不是埃塞俄比亚犹太人的迷了路的远亲?如果不是的话,犹太人和图西人的命运相同吗?

第一反应给出的答案是:当然不一样,犹太人和图西人的发展历史完全不一样。

图西人没有特殊的宗教信仰,也没有把自己跟任何创世圣书扯上关系,他们没有独属于自己的语言或方言。除了养牛的传统之外,没有任何风俗戒律让他们的生活方式有别于自己的同胞。而且,不同于欧洲的犹太人,图西人曾在卢旺达掌握绝对的权力。事实上,在卢旺达独立之前,图西人建立过一个持续了近八个世纪的君主制,它严谨而复杂,时至今日对历史学家来说仍是一个谜,对胡图人来说则留下了难以磨灭的集体记忆。

然而……让我们感到十分惊讶的,不是犹太人和图西人生存处境的相似性,也不是犹太神话和图西神话之间的相似性,而是犹太人大屠杀前盛行于欧洲的反犹太主义宣传和卢旺达大屠杀之前盛行于卢旺达的反图西主义宣传的相似性。反图西主义宣传的内容与反犹太主义宣传的内容出奇地相似,要么是指认身体特征,比如长脸、高挺的鼻梁或直鼻梁、弯曲的手指或修长的手指;要么是概括精神特征,比如与懒惰、狡诈或背叛相关的这些。最后我们还会发现都有对傲慢和贪婪的影射。对犹太人和图西人的称呼能够概括两种宣传的呼应性:寄生虫和蟑螂。

我既不是民族学家,也不是非洲研究的专家,所以我不打算在种族的起源、非洲特色和殖民者的操纵等方面置喙,只是讲讲作为旅行者的观察:在"黑非洲"*,所有人都很自然地用种族进行自我认知。比如,当你在巴马科(Bamako)的一家露天酒吧喝酒,过了一会儿,你问一个女伴说:"刚才坐在你旁边的那个女孩是谁?"她会回答你说:"她是我的一个同事,人很好,是卡伊(Kayes)来的萨拉考列人(Sarakolée)。"又或者,你在雅温得体育场看足球赛,你问邻座的人:"卡农队的 7 号球员是谁?"他会回答你说:"他是×××,是豪萨人(Haoussa)。他有点慢,但左脚踢球很厉害。"

"黑非洲"是包含很多民族的巨大混合体,他们的包容精神与多样性相匹配,以保持平衡的状态。而且,通常发生的情况是,当爆发

---

* 指撒哈拉以南非洲,该地区的居民以黑人为主。——译者注

一场看似是种族之间的冲突时，我们发现实际上它是不同地区之间的冲突，比如南方和北方、高原和沿海；或者是不同宗教成员之间的冲突，比如基督徒和穆斯林；或者是经济方面的冲突，比如争夺矿产；又或者是社会方面的冲突，比如居住区和市中心之间的矛盾。种族并不是误解和暴力的真正根源，而只是一种防御性集合体的形式。

这一段题外话一方面是想强调，在卢旺达，我们说某个人是胡图人或者图西人，这是很正常的事情，而另一方面是想强调，在哈比亚利马纳总统治下广为蔓延的反图西主义宣传，是不正常的。

那这种宣传的始作俑者是谁呢？如果说是殖民者，那就过于简化了。诚然，一个世纪当中，殖民统治和神职人员都拼命让两个民族对立，他们还拖来一群人类学家，他们那些厌恶非洲的著作因卑鄙的愚蠢而让人无法卒读。但是，一方面，殖民者中的知识分子遍布非洲各地，以阻止和推迟非洲国家的独立。另一方面，就算这些有关卢旺达土著人的理论是种族主义，也不是专门针对图西人的。

那么，是胡图人把图西人视作犹太人吗？还是图西人出于对历史的误解而自己把自己等同于犹太人？就像在南斯拉夫战争中，一些塞尔维亚的空想理论家试图对牺牲者所做的那样。这些人是弃子还是天选之子？两个答案都是否定的，这种关联从来没有发生，至少在布盖塞拉的这些山丘上没有。

就像让内特所解释的："胡图族和图西族之间的故事就好比该隐和亚伯的故事，双方本是亲兄弟，却因为一些微不足道的事情而反目成仇。但我认为，虽然图西人和犹太人一样遭受过屠杀，却又和犹太人不一样，因为我们从来没有像希伯来人那样，成为聆听上帝之音的天选之子。图西人，只是生活在山上、因为高贵气质而倒霉的人。"

事实上，一直到卢旺达大屠杀之前，生活在乡下的卢旺达人对犹太人的认知只停留在《圣经》的内容中：在摩西带领下的出埃及、过红海，所罗门的审判，挪亚方舟、橄榄山上的耶稣受难十字架等；但他们完全不知道特雷布林卡灭绝营，更不必说之前的反犹骚乱和犹太人出逃。因而，当让内特、克洛迪娜、安热莉克、伊诺桑和其他幸存者在访谈中了解到，原来自己不是最先经历过种族灭绝的人时，他们非常震惊。

关于让内特提到的"高贵气质"，在弗朗辛那儿有具体的说明："胡图族现在依然对图西族有负面的看法。事实上，我们的外貌特征是一切问题的根源。我们有更健硕的肌肉、更精致的五官和更矫健的步伐。我们与生俱来的样貌——这是我能想到的唯一原因。"

克洛迪娜还有补充："真相是，很多胡图人无法再忍受图西人了。为什么呢？这个问题一直萦绕在所有香蕉园中。我呢，我觉得图西人和胡图人之间存在的一些差异让胡图人变得过于猜忌。图西人的脖颈更修长，鼻梁更挺直，而且性格更谨慎、更讲究……但是，在财富和智商方面，两个种族之间没有任何差异。很多胡图人说，他们提防的是图西人性格或精神中的狡诈，但这所谓的狡诈根本不存在。"

西尔维则很困惑："此后，我一直在寻找自己未曾发觉的迹象。我知道胡图人在图西人面前觉得不舒服。胡图人想要活得惬意，于是决定不要在任何地方再看到图西人。但为什么呢？我没法回答。我不知道我的脸上或身上有什么他们不能忍受的特别之处。有时候我觉得不对，不可能是这个原因，不可能只是因为我们又高又瘦、容貌姣好，这也太荒唐了。有时候我又觉得就是这样，就是这些想法在他们心中潜滋暗长。这种极端的疯狂，即使是那些杀人的人也无法再面对，而那些差点被杀死的人就更不能够了。"

为什么这种对物质差异和文化差异的执念在非洲如此严重？为

什么在卢旺达的乡村会有这些关于高贵气质、矫健步伐、端正样貌和狡诈性格的宣扬？为什么在马赛人生活的肯尼亚、富拉尼人生活的塞内加尔、图布人生活的乍得没有这样的现象呢？这是图西族国王统治时期遗留下来的阶级制度和礼节习俗吗？

这个问题无法回答，而这更加重了种族灭绝的神秘性。关于反图西主义的根源，没有任何有说服力的解释。在我看来，它和反犹太主义的根源一样难以理解且令人不安。

就像埃利说的："随着时间的流逝，周边的氛围促使我去怀疑图西人。即使我看到他们热情友善，我也得因为传言所说的那些阴险而将他们视作威胁。"

1992年，美国学者克里斯托弗·R.布朗宁（Christopher R. Browning）出版了一本很棒的书《平民如何变成屠夫：101后备警察营的屠杀案真相》(Ordinary Men: Reserve Police Battalion 101 and the Final Solution in Poland)，讲述了1942年7月到1943年11月间，被派往波兰卢布林的德国101后备警察营屠杀了大约40,000犹太人并把约45,000犹太人关进集中营的事件。

作者是研究犹太人大屠杀的专家，他根据档案，主要是1962年到1967年间德国法官对该警察营中210人的审讯笔录，回顾了这些来自德国汉堡的后备人员的经历，分析了他们如何被卷进一个疯狂的杀人机器。布朗宁在其中一章提到，这些警察普遍不愿承认大屠杀时期激励过他们的反犹太主义。作者想知道，这个昭然若揭的观念曾渗透在德意志第三帝国的每一个机构，影响着每一个纳粹官员的想法，而且它还可能被用作减轻这些后备警察的罪行，为什么他们要否认这个观念？

在作者提出的众多假设中，有这样一个说法："对于该警察营的一个成员来说，承认自己有反犹主义思想会影响自己脱身的机会，而指认其他人有反犹主义思想会加重同事的罪行。"作者进一步分析:"但这种不愿意承认的现象还揭示出一种出于政治动机而拒绝的态度……如果他们承认自己的行为有明确的政治意图和意识形态因素,以及他们不认为那时纳粹党的道德伦理有任何不合理之处,这就意味着承认他们只是政治上的墙头草,每当有政权变更就随风而倒。他们当中很少有人愿意或能够面对这个事实。"

德国杀手们和卢旺达杀手们自我讲述的时代背景是不一样的。前者在事发20多年之后才进行零零星星的讲述,他们当时是自由身,但面对的检察官可能会起诉他们。而且他们的证词已经在记录员那里转了一道手。

不过我还是想提起这个片段,因为基本戈小团体的这些成员同样不愿意承认曾经驱使自己在沼泽地里大开杀戒的反图西主义思想。阿达尔贝尔曾说:"胡图族的婴儿在睁眼看世界之前就已经置身于憎恶图西人的襁褓之中。"毕竟,能讲出这样话的人只有自称被洗了脑,可能才会多多少少消除一些自己的负罪感。

让他们谈反图西主义的话题比让他们谈论第一次杀人要难得多。要花几个小时来来回回讨论,才能让他们愿意开口。这些迟疑让我生出了与克里斯托弗·R.布朗宁书中所讲内容相似的问题,还有下面这些更实际的问题。

他们是不是担心,承认自己有反图西主义思想会加剧邻居的猜疑,从而让他们更难回到山上正常生活?在他们看来,如果承认自己一开始就是反图西主义分子,那邻居们就会认为,你理所应当一直是反图西主义分子,所以始终都很危险。这种担心是天真的,甚至是荒谬的,因为幸存者和邻居们对这些杀手在沼泽地中的狂热行为一清二楚,这足以让他们永远都受到冷漠的对待。

他们以前一起讨论过这个问题吗?现在还会讨论吗?他们几乎从来没有回答。他们的反图西主义思想都是一样的吗?通过访谈发现,事实并非如此。但矛盾之处在于,他们的差异让他们更加不愿意谈论这个话题，因为公开说出这些分歧可能会破坏他们的团结。

比如说，让-巴蒂斯特娶了图西人作妻子，婚姻幸福，他们所居住的山坡上还住着很多图西人。大屠杀开始之初，他丝毫没有反图西人的情绪，只感到强烈的恐惧，只有巨大的野心。皮奥呢，相比于政治，他更热爱足球，几乎从来不关心反图西主义的事情，他只想着能进球得分就行。甚至是联攻派民兵的指挥官约瑟夫-德西雷·比泰洛，他也是在大屠杀前的那几个月才开始有反图西主义倾向……潘克拉斯、埃利、菲尔让斯和阿达尔贝尔的情况要复杂一些，暂作保留。

尽管对待图西人的态度有所不同，但这并未让他们的杀人行为有所不同。而且，如今已被释放的一些人，他们在田地里或小酒馆里所说的反图西言论令人震惊。

这就证明，就算反图西主义思想是发生种族灭绝的原因之一，推动这些人越过犯罪的底线，那它也只是原因之一而已，并不足以解释每个人的行为和态度。就比如说，伊尼亚斯是小团体中脾气最差、仇恨最深、叫得最响的人，可他却是杀人最少的一个。

最后，我们可以探讨一个直觉问题，无论他们是沉默还是讲话，这种直觉都比较容易感知到，它或许能够解释这些人为什么不愿意承认自己在大屠杀时期的反图西主义思想。

尽管没有被杀戮搞得一团乱麻，但他们也常常表示感到无法控制局面。他们发现自己被卷入了一场"喧嚣"——他们常用这个词——这场喧嚣将他们卷走了。他们害怕看到种族灭绝对外部世界的影响，也从不去想与此有关的问题。更重要的是，他们害怕去理解背后的原因和动机，他们觉得考虑这些毫无用处。

直觉似乎让他们能够注意到特殊的危险。皮奥这样概述："多年之后，当我们再次踏足曾留下印记的沼泽地，如果谨慎前进，应该没什么问题。但如果要强行唤起内心深处和童年阴影中的记忆,这可能会让人迷失。尤其是我们的灵魂已经误入歧途。"

48
对图西人的仇恨

阿达尔贝尔：

"基本上从 1959 年起，胡图人和图西人就开始互相恶作剧。这起源于我的前辈。一起喝酒的晚上，他们开玩笑聊天，说图西人又孱弱又傲慢。因此，胡图族孩子们的成长过程中一直听着这些关于图西人的坏话，但对此没有任何疑问。

"1959 年起，小酒馆里就有老人们在聊要消灭所有图西人和他们那些踩踏庄稼的牛。他们喝酒的时候经常谈起这个话题，对他们来说，这和种地、做买卖一样，是特别日常的忧虑。我们这些年轻人会取笑他们的老生常谈，但我们并不厌烦。

"胡图人从小可以选择和图西人做朋友，一起出去玩，一起喝酒，然而不能信任他。对于胡图人来说，图西人在任何情况下都可能城府很深。他们看起来礼貌热情、乐于助人，但内里其实诡计多端。他们天生就应该是我们怀疑的对象。"

让-巴蒂斯特：

"胡图人总是因为图西人的身高而责难他们，并试图借此来统治他们。时间从未将这种积怨削弱一丝一毫。在尼亚马塔，就像我给您讲过的，人们说图西族女人太苗条了，不能留在我们的山上，她们皮肤光滑，一定是暗中喝了牛奶。她们的纤纤玉指也没法挥舞锄头种地劳动……如此种种的蠢话。

"事实上，胡图人没有在图西族女性邻居身上发现这些流言中的任何一点，她们跟胡图族女性一样弯腰劳作，同样要运水回家。但胡图人还是以反复讲这些流言为乐。他们还说，像我这样娶了图西族妻子的胡图人都想炫耀。

"他们乐于传播无聊的假话，在两个种族之间挖出一条分歧的沟堑。重要的是在任何时候都要拉开两个种族之间的距离，以待情况恶化。比如说，上学的第一天，老师必须要逐个宣布所有学生的种族，要让图西族的学生觉得不好意思坐在胡图人的班级里。"

伊尼亚斯：

"如果一个胡图族男孩想娶图西族女孩为妻，他的家里会拒绝分给他一部分香蕉园让他养活自己的小家。如果一个图西族男孩想娶胡图族女孩，家里也同样不会分他一两头奶牛以维系未来的生活。如此一来，两个阵营的年轻人都没有兴趣互相来往。

"这片土地孕育着仇恨，因为它容不下两个种族。"

菲尔让斯：

"事实上，胡图人没有那么憎恶图西人，反正没恨到要杀掉所有人的份儿上。一些比积怨更可怕的咒语进入了种族对立之中，让我们深陷泥潭。比如说，我们胡图人之间总在说土地匮乏这个问题。我们很清楚地看到肥沃的土地很快就要没有了。我们说，我们的孩子可能要大批地离开这里，去吉塔拉马或者更远的坦桑尼亚寻找可耕种的土地，否则他们就会在自己的山上变成图西人的劳力。我们可能还会看到，自己辛勤耕种的土地将被别人收走。

"根据我们从老一辈那里听到的，我们甚至有可能被迫去做开垦土地、养殖家畜、建筑工程之类的活儿，就像图西族国王穆塔拉三世在位时那样。"

皮奥：

"也许我们不是厌恶所有图西人，尤其不是厌恶我们的邻居，也许我们并没有将他们视为死敌。但我们却说不想再和他们住在一起。我们甚至说根本不想让他们出现在我们身边，应该把他们从我们的地盘上除掉。这样说还是挺严重的，这已经意味着磨刀霍霍了。

"我呢，我不知道自己是为什么开始憎恶图西人的。那时我很年轻，特别喜欢足球，在基本戈足球队里和同龄的图西族球员一起踢球，从没有任何矛盾。和他们在一起，我从没有过任何不快。但厌恶就在开始杀戮的时候出现了，出于模仿和从众心理，我感受到了这种情绪。"

利奥波尔：

"谈论胡图人和图西人之间的仇恨是挺难的，因为大屠杀发生后，那些词汇都变了意思。以前，我们私下之间可以开玩笑说我们要把他们都杀掉，而下一刻又可以一起工作或者喝酒。那些话半开玩笑半威胁，都混在一起。我们也不会再想自己说出的话。没有歹心的时候，我们是可以乱说一些可怕的话的。图西人甚至也没有因此感到不安。我想说的是，两个种族不是因为这些不当言论而疏离的。那之后，我们看到：这些言语带来了严重的后果。"

阿方斯：

"胡图人小时候，每逢旱季，就会听到大人们一直说，图西人占据了太多土地，这种情况下我们没法与贫困做抗争。然而当庄稼收获的时候，这些话就被遗忘了。可是小孩子们会对这种不满习以为常。

"即使一个胡图族孩子身边坐了一个脏兮兮的图西族孩子，前者也会天然地嫉妒后者，觉得他在炫耀。胡图族的孩子已经习惯性地像他们父母一样抱有偏见。之后当遇到困难时，他们不再直面问题，而是眼睁睁地看着图西人从身边走过。"

潘克拉斯：

"从1992年开始，广播里就反复宣传说要杀掉所有图西人；总统死后，到处弥漫着愤怒和对被爱国阵线统治的恐惧。但这当中我没发现有任何仇恨。

"胡图人一直怀疑，从图西族统治的旧政体垮台以来，图西人就在密谋一些计划。即使是图西族当中最老弱或最和善的人，胡图人也觉得危险。但这些都是猜疑，并不是仇恨。仇恨是在总统专机坠毁之后突然出现的。恐吓者们大喊：'看看这些蟑螂！早就跟你们讲过他们的行径！'于是我们回应：'好吧，我们这就开始行动。'我们并没有那么生气，最大的感觉是如释重负。"

伊尼亚斯：

"我不知道杀图西人是不是和杀非图西人有所不同，因为我们从没有杀过非图西人。在卢旺达，我们遇到的不是胡图人就是图西人，特瓦人在树林里，是见不到的，而白种人很明显能看出来。所以不管相处得好不好，我们都不可能遇到既长得像我们但又不是图西族的普通人。我想说的是，无论是个体谋杀还是大规模屠杀，我们都只会杀图西人。"

埃利：

"在城里，很多胡图人都很眼馋他们无法拥有的图西族女人，因为她们个子高挑、五官精致，不管是给家里人做饭还是参加庆祝活动，她们的行为举止都很时髦。然而在山上呢，胡图人看到的全都是在地里劳作得筋疲力尽的女人们。我没听说有哪个农民会去请求邻居把个子高挑的女儿嫁给自己的儿子，所以也就没有被拒的情况。

"奶牛和土地是比外貌更能引起嫉妒的东西。特别是奶牛，因为图西人习惯将牛聚在一起养殖，我们没法分出哪头牛是谁的。他们从不愿承认自己拥有多少财产，既不对他们的妻子、孩子吐露，也不对当局吐露。我们呢，我们总会看到衣衫褴褛的放牛郎在灌木丛中放牛，这始终折磨着我们。在山上，关于财产的秘密是非常可怕的。"

阿达尔贝尔：

"像我这样的一些人经常对图西人出言不逊。我们重复着长久以来听到的事情。我们认定他们傲慢、造作甚至恶毒。但和他们一起唱诗或逛市场时，我们其实一点都看不到他们的傲慢或过分的行为。甚至在小酒馆里，或在香蕉园里互相帮助的时候，也没有。

"老人们的所作所为都让我们感到混乱，但我可以说他们这么做是出于好意。后来，广播开始夸大其词来煽动情绪。'蟑螂''蛇'这些叫法就是电台教给我们的。广播造成的恶劣影响是被精心设计过的，我们无力反抗。"

阿方斯：

"我认为，其实我们已经完全习惯了图西人的精致讲究。那些关于修长手指和外形特点的流言对我们来说无关紧要。我不相信奶牛带来了招人恨的问题，否则我们只杀牛就好了。我也不相信我们是真心憎恶图西人。但我们却不可避免地要这样认为，因为组织者决定要消灭所有图西人。

"为了坚定不移地杀掉这么多同类，我们必须要毫不犹豫地憎恶图西人。仇恨，是我们唯一被允许可以对图西人怀有的情感。杀戮这件事被完全操纵，我们也不可能有其他感觉。"

49
非正常的杀戮

当代非洲曾是上演种族灭绝的戏台。许多非洲人对此难以理解或难以承认这个事实。他们要很长时间才能接受，就像犹太人遭受大屠杀之后，欧洲人和美国人也用了非常之长的时间才接受了这个事实一样。

还有更多的非洲人否认这场大屠杀源起非洲，他们用各种各样的论据说明这是在别处策动的悲剧，贝尔特就认为，非洲人会因为愤怒、饥饿或者想要占有他人财富而杀人，但不会杀掉饥肠辘辘、心怀和平的人。大屠杀是非洲人从非洲以外的地方学来的恶劣行为。*

贝尔特这种客观而平和的智慧却因为缺失历史的视角而站不住脚。所有的种族灭绝，无论是欧洲的、美洲的、亚洲的还是非洲的，都不是惯例习俗。有人认为，多样的文化、祖先的智慧、宽容的传统以及生活的热情——就像那句谚语所表达的："非洲，充满魔

---

*　完整叙述见于第135页。——编者注

力！"——会保护这片土地，但他们搞错了。

我不想在种族灭绝普遍性这个观点中塞进那些无休无止的问题：如果在皮奥、菲尔让斯、潘克拉斯和小团体其他人的处境中，我们会如何做？我们敢做什么或敢拒绝什么？我们会变成什么样？这些问题毫无意义，不仅是因为我们无法将自己置于大湖区丘陵之上豆子种植者的角色之中，还因为我们无法想象在这样一个以专制独裁和民族主义为中心的政权下出生和成长，除了少数个体相信自己的道德力量和勇气，大多数人只会含混地认为："……我们会跟在队伍后面磨洋工、偷懒，不会弄脏自己的刀……"他们更寄希望于良知，但完全不管心中的疑虑。

于是，我用观察来代替提问。德国二战后，在对纳粹罪犯长达40年的审判中，没有一个辩护律师能举出一个例子，是德国人因拒绝杀害手无寸铁的犹太人或吉卜赛人而受到严惩。比如，克里斯托弗·R.布朗宁在书中讲道，在德国101后备警察营的行动中，没有一个警察因拒绝开枪而受到惩罚。然而，据他估计，500名警察里有80%到90%的人还是开枪了。

在卢旺达，大屠杀持续的时间很短，以至于发动种族灭绝的统治者来不及审判和惩罚那些拒不参与的人。也就是说，就算有成千上万的胡图人因秉持人道主义立场而被杀害，我们也举不出一个仅仅因为拒绝杀人而被捕的例子，非常特殊的情况除外，比如夫妻双方来自两个种族，或被指控藏匿图西人。

在基本戈、恩塔拉马、卡恩泽恩泽和尼亚马塔镇上，那些用语言或行动公开反对种族灭绝的人，都有可能被处决或者被惩罚当场杀人。所有人都必须以某种方式参与其中，或者参与杀人、破坏和抢掠行动，或者付钱。尽管如此，我们再重复一遍：没有任何人因为不愿向图西人扬起屠刀而受到虐待等严重威胁。对此，阅读关于惩罚的那个章节会有助了解。

尽管他们可以做一些辅助工作、可以拒绝、可以逃避，但尼亚马塔镇上的杀手数量还是难以想象的。

克里斯蒂娜是图西族和胡图族的混血，见证了发生在山上的事情后，她试图这样解释："我想，那些被迫杀戮的人，可能希望第二天轮到他的邻居去吧，这样他们就会被认为是同样的人。与每天都在杀人的邻居相比，你可以表现得懒惰或抗拒，是一个很差的竞争者，但你必须要通过杀一次人、弄脏一次双手来证明自己的价值。"

纳粹德国打手的志愿服役行为通常在德国以外的地方更耸人听闻。为了理解这种行为，历史学家和哲学家强调说极权国家可以对其国民施加强硬纪律，从一开始就持续不断地进行高效的险恶宣传，尤其是，在恐惧和危机的情况下，社会具有让人盲从的力量。但不要将这种情况与战争情况混淆，因为后者有时反而会完全打破这种力量。

但是这些理由不足以解释克里斯蒂娜所描述的杀人机器。苏联、西班牙、阿根廷、罗马尼亚、伊拉克和许多其他国家都在其历史上的某个时期体会过摧毁人类精神机器的效率，这些机器分别是由斯大林、佛朗哥、魏地拉、齐奥塞斯库、萨达姆和众多独裁者创造出来的，他们让国民服从、退让，他们愚弄国民，让民众忍受出卖和告发，但他们并没有去煽动普罗大众的狂热，也没有让人们每天在工作时间唱着歌去杀人。

如果这些历史学家和哲学家要掩盖种族灭绝的非理性和特殊性，那他们会显得是在鼓励悲观主义或盲目相信，他们的立场值得怀疑，甚至是危险的；或者可能更糟，他们深化了人类社会最严重的灾祸：犬儒主义。

种族灭绝的特殊性,其最简单的定义可以借用让-巴蒂斯特·蒙扬科雷这位在恩塔拉马教了43年书的老师所说的话:"在尼亚马塔教堂、沼泽地和山上发生的这些事情,是完全正常的人做出的非正常的行为。"

50
不要宣之于口的话

菲尔让斯：

"我们看到越多的人死去，我们越少去想他们的生命，也越少谈论他们的死亡。我们越来越习惯对这种事的兴趣，我们越发在内心深处告诉自己，既然我们知道如何做，就应该好好做，一直到最后一刻。在巨大的喧嚣和喊叫中，这个最终的选择是自发的，但并不会说出来。"

阿方斯：

"我们走在沼泽地中，有很多人要杀。泥浆淹没了脚踝，有时候没至膝盖。太阳炙烤着头顶。纸莎草刮破了衣服和下面的皮肤。同事们都在看着我们。如果我们颤抖，他们会嘲笑我们，认为我们是懦夫。如果我们犹豫不决，他们会生气，指责我们是叛徒。如果我们显得清高，他们会咒骂我们，觉得我们是娘娘腔。我们很快就会遭到他们的虐待。

"在这样的情形中，如果同事的嘲笑在你的邻居中间传播开来，你是很难去对抗的。在学校里和小酒馆里也是一样的,但在沼泽地里尤甚。这些嘲讽是生活中的毒药。我们很自然地试图保护自己免受伤害。所以我们就加入了嘲讽的阵营。当杀戮开始后,我们会发现拿起砍刀杀人比受到嘲笑和咒骂要更容易。对于当时没有跟我们一起经历过的人来说,这个事实是无法理解的。

"这就是我想说的。在杀戮的混乱中,独善其身是行不通的,因为曾经和我们谈论日常生活的邻居只会和我们背向而行。对我们来说,独自一人是非常危险的。所以,我们会冲上去参与其中并贡献自己的价值,即使要做的事是您知道的这个血腥的工作。"

埃利:

"自独立以来,恐吓者就一直转着发动杀戮的念头,而且绝不明说出来。比如,当他们宣称'这个国家的土地不够两个民族用,而两个民族都不可能离开,所以得胡图人来解决这个问题'时,这背后的意思就是他们不能宣之于口的话。

"恐吓者不想有任何麻烦,尤其是对他们要做的事情进行毫无意义的评论。我们呢,我们觉得一切彻底结束之后,也没什么好说的了。实际上,我们是同意了去做这件事而不置一词。如果不用说出来,那我们的所作所为对我们来说就会显得正常一些。直到现在,我们依然有一些即使是在同事之间也不想说出的话。"

潘克拉斯:

"不同于野兽渴望生命,这种杀戮渴望的是死亡,所见之人皆杀掉,从来得不到满足。只要还有活人,就会一直逼迫你到最后的最后。这就是为什么这种杀戮不能宣之于口的原因。显然,说出的都是一些蠢话。我们在广播里听到说,爱国阵线的成员有尖尖的尾巴或者耳朵。即使没有人相信这些话，我们也觉得听到它们挺好的。这些玩笑并不合时宜，但我们还是会觉得好笑，总比什么都听不到要好。"

埃利：

"没有人会承认全部的痛苦的真相，现在是这样，永远都是这样。没有人会精确地描述自己的恶行，除非他愿意被别人的目光打入地狱。这太残酷了。但有一小部分人为了给自己曾造成的流血赎罪，不怕受到更多的惩罚，开始讲述一些可怕的片段。这些人在开辟一条真诚的道路。这很重要。

"无论在山上还是在狱中，所有参与者都掌握着一部分的事实。幸存者因其经历而掌握着最多的事实，这很正常。获救的图西族妻子、国际摄影师还有士兵也有各自的份额。但如果缺失了杀手的这部分事实，那对于这些杀戮的披露就永无尽头。罪犯们所掌握的，不仅是对基本事实和事情安排细节的记忆，他们的心中还藏有秘密。"

让-巴蒂斯特：

"在整个杀戮过程中，我从没听到过'种族灭绝'一词。后来只从国际记者和人道主义代表口中才听到这个词，最初是在流亡途中听到的，但那时还不知道这个词的意思，后来是在刚果难民营中听到的。

"这是个事实：我们互相之间从来没有说过这个词。很多人甚至不知道"种族灭绝"这个词的意思。它完全没用。但是，即使我们很累或者有其他的任务，每天早上都还是要起床去狩猎，那正是因为我们认为，必须要杀掉所有人。人们知道他们正在做的工作是什么，而无须宣之于口。"

阿达尔贝尔：

"种族灭绝并不是所有人共同决定发动战争的想法，而是统治当局为了一劳永逸摆脱危险而萌生的主意。这是个很省事的方法，它无须说明和鼓动，只要经常性地释放恶意就行。当它通过语言，有时是通过玩笑散播开的时候，它是那么普通；可当它被刀锋控制的时候，它就变得非同寻常了。

"无论成败，这个想法不会随着杀戮而消失。它可能会再次为后来的统治者所用，开启另一种命运。但如果我们不知道如何根除这些可能再次激活它的语言，我们如何能清除这个被精妙运用的想法呢？杀掉敌人，杀掉罪犯，杀掉邻居，这些我们可以理解。但杀掉想法和言语，这超出了我们的智慧范围，至少超出了农民的智慧范围。"

皮奥：

"自种族灭绝开始，就会有一个动机，以及认为这个动机有价值的人。这个动机不是偶然出现的，它甚至被恐吓者精心修饰成：对必胜的渴望。但它想要引诱的人是恰巧住在那里的人。当诱惑出现的时候，我就在那里，在自己家。我并不是说，我被撒旦之类的恶魔所逼迫。我是因为贪婪和顺从而认为这个动机有价值，于是我冲进了沼泽地。但如果我出生在坦桑尼亚或者法国，那我可能就会远离动荡，远离肮脏的流血事件。

"对于这样的诱惑，普通人由于缺少《圣经》的救赎，是无法抵挡的，至少在山上是这样的情况。为什么呢？因为那些关于彻底胜利的美好话语，这些话语战胜了你。可是之后，诱惑是没法被关进监狱的，于是把人关进了监狱；而那个诱惑会在更大范围内显露出它的可怕。

"当一个人看到符合自己最终利益的事情就在眼前，并且对于他的同事们也是如此的时候,他不会再浪费时间犹豫和耽搁,他不会再考虑感情,也不再能听到对怜悯的恳求。看到恶在以善的名义密谋作恶,他很满意。他想到从现在直至生命尽头将为自己和家人赢得的一切。他在沼泽地中追逐着自己的最大利益。

"事过之后,他洗掉自己身上的泥污和血污,自然得就像喝啤酒一样。这就是我所做的事情。我不是说我没有错,但我受到了惩罚,既是因为我的过错,也是因为我不幸的命运。"

伊尼亚斯:

"要么杀人,要么被杀。每天早上,有的人得死去,有的人得杀人。那些反对杀戮的人都被杀掉了,即使只是小声反对。那些逃避的人耽误了同事的杀人进度,不得不躲起来,直到被发现并惩罚。实际上,您所指的种族灭绝是一种别无选择的杀戮行为。"

阿达尔贝尔:

"农业是要跟随时节的,不能揠苗助长。但杀戮相反,它取决于我们的心意。你想要的更多,你就打更多的人,让更多的人流血,然后你拿走更多。而且如果这是种族灭绝,你知道你将真的获得一切,除了争吵、冒犯和所有你丢在死神怀里的恶言恶语。"

利奥波尔:

"我可以向您讲述关于杀戮的无数细节,但对于您问到的那些糟糕时刻我的想法,我不知道如何回答。

"那些杀戮是精心安排的,对我们来说似乎有利可图。在这个有利的新形势中,我们服从并且得到鼓励。我们开始行动,逐渐习惯,并感到满足。下地种田的农民在路上会想为什么他要种豆子或者玉米。进入校园的老师会想他要在课上教什么内容。机械工程师需要选择打磨的发动机零件。但沼泽地里的杀手呢，他不会被这些个人的问题所困扰。他全力以赴奔忙于自己的工作，他跟随同事狩猎他的受害者，他清点自己的财富。大多数时候，他的思想都是空荡荡的，记忆也是空空如也。"

伊尼亚斯：

"我们把他们称为'蟑螂'，这种昆虫会咬坏衣服并在其中安家，要想摆脱它，就得彻底消灭它。我们不想让这片土地上再有任何一个图西人。我们想象着没有他们的生活。起初，我们主张把他们赶走，并不杀掉他们。如果他们同意离开，去往布隆迪或其他合适的地方，他们就可以挽救自己的生命。我们也就不会累积下屠杀的罪恶。但他们无法想象去其他地方生活，没有了古老的传统，也没有他们的牛群。这就将我们推向了拿起砍刀的境地。

"图西人曾受到那么多次杀戮，却从未提出抗议，他们如此经常性地默默等待死亡或重击，以至于我们打心底里觉得，他们注定现在要在这里一起死去。我们认为，这项工作没有遇到任何反对的声音，是因为它必须要完成。这种想法帮助我们不去想工作本身，后来我们知道了这项工作的名称。但在监狱中，我们之间不用这个词。"

让－巴蒂斯特：

"飞机失事之后，一群群人都在讨论消灭所有图西人的事情。但对于我来说，这些话听起来并不真实可靠，我只想着近在眼前的杀戮。教堂大屠杀当晚，局势彻底变得严重起来，于是我明白，人们的言行已经一致了。如何做成为决定性因素，如何说已经毫无意义。

"你可能会对接下来在沼泽地中的行动感到不安，但你低声说服自己：这项工作总归是要全部完成的，如果我不贡献自己的那份力量，将来我就会成为一个失败者，这太严重了。于是你紧跟同事的步伐，一言不发地做事，然后你会习惯于此，又可以像以前一样开玩笑了。但无论如何，说出关于这种情况的真话，还是很冒险的。"

让：

"对于一个在血腥的圈套中曲折前进的小男孩来说，无论用什么方式谈论这件事都没什么好处。如果他说出自己的所作所为，那些话只会在他或别人的脑海中捉弄他罢了。杀人的时候他的年龄越小，他的声音就越高，他说的话就越严重。人们会说他：这个男孩过于深入地看到了恶，他将揭发出始作俑者，在他不该去的地方他弄脏了双手，他所讲述的内容会折磨他周围的人，他无法成长为一个正常的成年人，今后他不得不与人保持距离。

"因此，只有沉默能帮助他。"

菲尔让斯：

"关于这次大屠杀，我们事先没有谈论过，因为这是恐吓者暗中密谋的事情。屠杀期间，我们也没有谈论过，因为有更好的事情要去做。现在大家告诉我们，需要把所有事情都讲出来。我们既然是最后一批要谈论它的人，我们还说什么呢？说我们的所见所闻？既然所有人看到的都一样，为什么还要我们说呢？为什么不去问那些平静地凝望他们的香蕉园的同胞呢？讲我们所作所为的细节吗？除了要受到更多惩罚之外，这还有什么用？说原因吗？我们从来都不知道暗地里操纵的那些事情，又怎么知道原因？

"最令人惊讶的是，从没有人想着事先向我们充分解释为什么要杀人，今后也没有人这么做。人们所做的就只是清点我们还要坐几年牢。"

克莱芒蒂娜：

"杀手们的妻子从来不谈论种族灭绝。她们之间也从不说这个词,只有懊悔如影随形。她们说,为失去丈夫而难过,为每日的贫穷生活而难过,为当地流传的恶言恶语而难过。她们说这些话,好像这些事情都是天灾一样。

"她们祈祷、唱歌、否认很多事情,不仅是因为她们害怕,她们更多感受到的是愤怒而不是内疚。让她们痛苦的是丈夫无法实现的承诺,而不是幸存者的抱怨和指责。她们到处被骗,她们保持沉默。"

皮奥：

"杀死图西人……当我们邻里和睦住在一起的时候,我从没想过这件事。即使是恶语相向或互相推搡,在我看来都是不对的。但当所有人同时举起砍刀的时候,我没有丝毫迟疑也照做了。我只需要跟同事们做一样的事情,想着能够获得的好处就行,特别是因为我们知道,他们将永远离开这个世界。

"当你收到明确的指令,得到获得长期收益的承诺,得到同事的大力支持时,对你来说,满怀恶意地大开杀戒就是无所谓的事情了。我想说的是,你会自然而然地被所有这些看法、这些美好的话语牵着鼻子走。

"种族灭绝对于像您这样的在事后才到来的人来说,似乎是非同寻常的事件;但对于那些在恐吓者的大理论和同事的欢呼中迷失自己的人来说,种族灭绝就像是一项习以为常的活动。"

利奥波尔：

"很多图西人被抓到后,一声不吭地就死去了。在卢旺达,我们这么形容:"像《圣经》中的羊羔那样死去。"确实,在卢旺达没有一只羊知道死前要怎么哭号。

"他们沉默等待死亡这件事有时让我们感到痛苦。晚上,我们在一起一遍又一遍地互相追问:为什么这些将死之人不抗议、不求饶?

"组织者称,这是因为图西人因为自己的种族而感到有罪。联攻派民兵说图西人是因为给我们带来了不幸而感到自己有罪。

"我知道这不是真的。在这些生死攸关的时刻,图西人没有任何所求,因为他们不再相信语言。他们也不再相信哭喊,像受惊的动物那样面对致命的打击时大声嚎叫让自己被听到。是一种无可抵抗的巨大悲伤把他们带走的。他们感觉被一切抛弃了,甚至包括他们可以说的话。"

51
杀手眼中的死亡

我们坐车穿过卢旺达西部广阔而繁茂的尼温圭（Nyungwe）森林。这是1994年8月的一个早晨，唯一进入森林的路上挤满了络绎不绝的胡图人队伍，他们从布塔雷和吉孔戈罗市里逃出来，要去边境城市尚古古集合，然后过河前往刚果难民营。

几公里之前碰到的森林看守跟我们说，在森林深处，数万难民因为不愿流亡到更远的地方，故而散居在树下，过着古老的靠狩猎采摘为生的生活。出于好奇，我们放弃了大路，转而走了一条小径。这条路上光线昏暗，不时传来黄嘴鸦鹃的吵闹声，还掺杂着莺的颤鸣。

小路尽头是一片空地，我们在那里意外遇到了十几个人，他们蹲在一个火堆周围，火堆的烟气缭绕上升，然后消散在潮湿的薄雾中。这几个星期和我一起做采访的翻译萨布（Sabou）立刻对我说："小心，他们是联攻派民兵。"那一瞬间我并没有明白他的提醒，我以为他想说的是"他们是胡图人"，而这无须说明，但其实他想说的是"他们是杀手"。

那些男人穿着破烂的短裤或长裤，大部分人裸着上半身。有的人为了更好地遮羞或者避雨，身上披着树叶。他们看着用箭射死并正在火上烤的猴子，猴子黑白色的皮毛还拖在一边。他们身边放着弓箭和砍刀，但没有看到枪和行李。

萨布既不是胡图人，也不是图西人，而是个来自邻国城市布卡武的刚果小伙子，卢旺达语说得非常流利。那些人很礼貌地跟我们打招呼，邀请我们坐下一起等着吃烤肉。他们还向我们询问边境上的情形。我们小心翼翼地了解他们是如何到这里来的、现在靠打猎为生的日子如何，当然避而不谈他们之前参与的活动。平时非常健谈的萨布那天一直很谨慎。

突然，他们当中的几个人站起身来，手中握着砍刀，将我们围起来。我都还没有反应过来，气氛已经完全变了。多亏萨布很镇静，他的第六感已经预感到会发生对峙，所以他一直在跟他们交谈，于是我们得以缓慢地后退，在攻击开始前的最后一刻成功躲进了车里。我们发动车子，全速后退，那些人的砍刀就打在车身上，他们愤怒地看着他们即将到手的猎物——汽车、钱财、衣服和一袋香蕉——跑掉了。

那个场景持续了很长时间，或者说似乎是变得很慢，让我们能够细致地观察他们失控的暴力。那之后，我们再也没有忘记这些被仇恨扭曲了的僵硬面孔、这些喊叫、这些混杂了疯狂和死亡的目光。（经历过战争的人讲述说，杀手的目光比死者的目光更让人印象深刻，处决受害者的场景甚至是伪造的此类场景，比进攻和轰炸造成的死亡场景更让人震惊。）

林中空地碰到的这些人并非布盖塞拉人，但他们现在可能已经是了。然而，在到访里利马的过程中，基本戈那个小团体成员的脸上从来没有显示出任何迹象，让我回想起这个可怕的场景。我现在提起这件事，只是因为我事后在想，如果我没有去这座监狱，没有试图在他们的脸上找到无法理解的仇恨的表情，没有将他们与我的记忆进行比较，没有与过去建立起联结，会如何。

不管我是被什么吸引，我相信最重要的是我去了那里，去见了那些杀手，他们是沉默寡言、心怀猜疑、固守土地的胡图人的父亲或兄弟，然后尽可能地与他们交谈，即使这可能会引起本书读者的一些疑问。比如：不与这些杀手交谈而是鼓励他们自己讲述，这是否合乎道德？

更直接地说：公开发表与失去了人身自由和言论自由的囚犯的采访内容，是否合乎道德？

以前，在其他国家，我也遇到过因战争而被监禁的人：俘虏，涉嫌反叛、通敌、犯罪、强奸的人，或是与生俱来就有种族问题或家族问题的人……我听过很多证言和供词。我始终拒绝公开这些犯人所说的话，有时狱卒会施加很大的压力，我甚至不会去听他们的讲述，以免参与到对他们的羞辱中。

那为什么在尼亚马塔是个例外呢？原因有很多，比如：里利马监狱对我们的探访完全无动于衷，于是就可以在讨论期间和之后保持他们的自由决定权；我和幸存者之间建立了牢固的联系，有时甚至是友谊；遇到的胡图人的沉默和山上沉重的气氛让人无法忍受；种族灭绝的特征推翻了人们对它的所有认知；另外还有《艾希曼在耶路撒冷》(*Eichmann in Jerusalem*) 一书的力量，作者汉娜·阿伦特（Hannah Arendt）在听完一个即将面对审判的囚犯的讲述之后写成了这本书。

更坦诚一点来说，这个问题随着访谈的进行自然消失了，我可能被这个项目完全吸引了，回到巴黎之后，我没有再担心这个问题，而很快被其他疑问所萦绕。

阿达尔贝尔曾是基本戈大屠杀的长官和刚果难民营里的头儿，后来还担任监狱唱诗班和安保工作的负责人，他是我们开始访谈的第一个人。第一天，他坐在长椅上，充满活力，我提了第一个问题之后，他就开始讲述一场战斗：与胡图人作战的图西人，各个方向的袭击、进攻和撤退，手持砍刀的人从侧翼包围，配有枪支的人从另一侧增援，为争夺具有战略意义的房子和遗弃的田地而进行的英勇斗争……

我们抱着怀疑的心态听他讲述，伊诺桑越来越激动，而我则试图猜测他的意图。当我告诉他，自大屠杀以来我曾多次来到卢旺达，所以他讲这些事情毫无意义时，阿达尔贝尔没有表现出任何失望或恼火，但当我问到下一个问题时，他再次从刚才停下的地方继续讲他的事迹。

他是想表现对本书计划的敌意吗？他是在戏弄我们吗？当然不是。他是不管我们的想法而只讲他希望成真的事情吗？可能是，但不止如此。当被追问时，他可能虚构了一个世界，在那里，让他自己或者他和同伴都得以逃脱。一直过了两个礼拜，他才开始比较实事求是地讲述。

下一个坐在金合欢树下进行访谈的人是阿方斯，他没有任何犹豫就开始讲述他的第一次血腥杀戮。他的讲述精确到每一个动作、每一次对话和每一个事实。但他的讲述仿佛是法国西南部一个狩猎归来的猎人，对自己设下的埋伏夸夸其谈。他的和善以及对我们讲述的丰富细节其实和阿达尔贝尔的胡言乱语是一样的诡计。

菲尔让斯呢，他在叙述中常常犹豫，一句话说一半就停下来，左顾右盼，似乎每个问题都将他置于一个没有路标的十字路口……

事实上，每个人在开始讲述时，都有各自的夸张举动，好像刚从假想的泡沫中走出来一样。

理论上，颠覆了他们生活的变故也许可以解释他们为什么缩进了这个泡沫。毕竟他们所过的乡村生活似乎注定了他们的命运就是，在非洲中部的这个小国家中的一座山上，在暧昧的邻里氛围中选一位妻子，没有电视或外来居民让他们了解广阔的世界。然后一夜之间，他们就不得不身陷大屠杀的旋涡之中，他们的第一次旅行是和200万同胞一起的惊慌失措的流亡，他们第一次在国外停留是在难民营中，一住就是两年，对未来没有任何希望。在那之后，有些人甚至没能再回趟家，就和7,000多名同伙一起被关进了监狱，除了听广播之外，他们和外界没有任何联系。

然而，他们表现出的这种平和让人感到一定程度的不真实和怪异，我们不能把这完全归咎于他们生活的剧变，也不能归咎于他们自我保护的壁垒，这道壁垒让他们得以避开指责的目光，远离笼罩在三座山上的恐惧、怀疑和酗酒的氛围。小团体的所有人都没有表现出精神方面的任何困扰，没有人表现出受到重创的症状，而且根据他们所说，狱中只有十几个人遇到这方面问题。他们因受到监禁而产生悔恨、思乡、抱怨、消沉、不安的情绪，但从没有因自己曾持刀伤人而感到抑郁。

在探访他们的六年之后，伊诺桑又去狱中见到他们，他说："我以为他们会变得易怒、瘦弱和野蛮，但我很吃惊地发现并非如此，他们有时甚至面带微笑，青春焕发。他们更像是寄宿生而非囚犯；而且他们说大屠杀不过是一件很久以前发生的统治当局鼓动的野蛮事件。"补充一个现象：每次访谈时，他们说话的声音都很平缓，语气随和，表现出一种让人震惊的镇静。

如果，有那么一刻，我在尼温圭森林中短暂瞥见的那种残暴又出现在他们当中某些人的脸上，我们会中止访谈吗？我无法回答。

但另一方面，他们这种无可撼动的平静在访谈过程中显然具有关键性的作用，它让我们克服无聊和反感，而且不断地让我们思考这些问题：他们为什么要参加这个项目？他们为什么愿意讲述自己的经历？他们为什么非常坦率，甚至常常显得很天真？

更进一步说，他们为什么愿意讲出这些事情却又没有任何或真或假的内疚和悔恨，而且不期望得到任何回报？这些无法回答的问题让我们保持警醒，并激励我们熬过那些无法忍受的时刻。

不过，如果要我指出他们在访谈中表现出来的最令人印象深刻的性格特征，我觉得既不是他们的平静，也不是他们的冷漠，而是他们的个人中心主义。这一点几乎在所有人身上都很明显，有时甚至让人难以置信。当他们讲述种族灭绝的时候，他们并不去讲自己只是众多参与者中的一员，而是讲他们自己，将自己置于事件中心，其他人比如受害者、幸存者、官员、牧师、联攻派民兵、白种人等等，都是围绕他们而存在的。

矛盾之处在于：一方面，他们将自己的参与最小化，将责任甩给其他人，比如当局、联攻派民兵、白人和图西人。可另一方面，无论过去还是现在，他们都只专注于故事中的自己。

他们解释杀戮的方式不尽相同。埃利、阿方斯和利奥波尔希望有更充分的理解；皮奥和潘克拉斯承认，这超越了他们的理解范围；让-巴蒂斯特似乎感受到他们这些行为的怪诞及对世界的巨大影响。相反，约瑟夫-德西雷、伊尼亚斯和阿达尔贝尔则一直在给自己寻求好的开脱，但掩饰得非常笨拙。

这些差异从来不会引起争吵，因为他们之间根本不谈论这些。他们所有人都只担心自己的命运，对其他人基本上毫无同情心。当有人总结这一血腥事件的灾难性结果时，他们就算计着对自己未来的影响。当我们谈到悔恨这一话题时，没有任何人主动提及受害者。他们也会想到受害者，但绝不会第一时间就想到，他们首先想到的是自己的损失和痛苦。有一天，菲尔让斯说："在前往刚果的路上，我们感受到杀戮最先带来的恶果，我们的肚子饿得咕咕叫，背后还有可怕的喧嚣。"他们善于卖惨的天性令人瞠目。

对于战争罪犯来说，除了一些精神病患者之外，其他人在失败后都倾向于收敛自己，躲到幕后去。但这些人不同，他们倾向于将自己置于舞台中央。

对于这种怪异的现象，我谨提出一个假设。曾经，灭绝计划的绝对性让他们得以相对平静地完成任务；如今，也是这种绝对性让他们免于清醒的认知，避免受到某种程度上的困扰。种族灭绝的残酷性让幸存者有罪恶感，或者至少是备受折磨，但这种残酷性却消除了杀手们的罪恶感，让他们感到宽慰，也许还保护他们免于疯狂。

每天早晨，我和伊诺桑在主干道上会合。他比我早到很多，坐在玛丽-路易斯店铺外的长椅上等我，和玛丽-路易斯闲聊，有时两腿之间还夹着一瓶啤酒。尽管他不喜欢甜食，我还是经常带他去街对面西尔维的面包甜点店吃东西。我们在喝奶茶、吃甜甜圈和开老板娘的玩笑中开始新的一天。然后，我根据监狱护士开的一沓处方去各个药店买药。店主们很热情，于是给小团体这些成员买药的惯例让我们的路上时光变得很是惬意，也让再见到他们的想法变得愉快。

起初，我对他们只有天生的厌恶和反感；好点的情况下，充其量就是一种优越感。无论是伊诺桑的积极反馈，还是与玛丽-路易斯、西尔维和她们顾客的日常联络，与埃迪特和她的孩子、克洛迪娜以及山上所有朋友的来往，都没能让我免于这种自得自满的症状。

但随着时间流逝，我开始感到困惑。这种感觉虽然没有增加我对这个小团体的好感，但让我更愿意去见他们，至少是更愿意在金合欢树下访谈。承认这一点有点难，但好奇终究压过了敌意。

他们友善团结，他们与自己曾造成流血的外部世界失去联系，他们无法理解自己的新处境，也觉察不到我们看他们的眼神，所有这些让我们能够更走近他们。但他们的淡定、耐心以及时而的天真最终让我们的关系蒙上了一层阴影，特别是了解到他们为什么同意访谈这个谜团的谜底之后。他们不在乎是否见证历史，也没什么东西需要发泄，也不指望通过这本书得到什么宽恕。他们同意参与讲述，可能只是因为这是他们第一次有机会在不感到被威胁的情况下讲出这些事情。但这还不足以理解他们。

有些人偶尔会说，当他们唱着歌走向沼泽地的时候，他们完全不认识那个自己了；还有一些人似乎害怕沼泽地里的那个自己。也许他们的个人中心主义没有看起来那么自私。也许他们对自己的怀疑比叙述展现出来的更多。也许他们需要从远处回看历史中的自己。也许他们讲述自己的故事是为了让我们相信，他们只是像普里莫·莱维和汉娜·阿伦特笔下所写的那样的普通人。也许他们是想用困惑的方式向所有处于种族灭绝旋涡之外的人强调一个令人不安的真相。

阿方斯：

"一些罪犯说，我们变成了野兽，我们因凶残而盲目，我们埋葬了自己的文明，所以我们无法找到合适的词来谈论这些事。

"这是背离事实的说法。我可以这么说：在沼泽地之外，我们过着非常普通的生活。我们在路上哼歌，喝些啤酒或香蕉酒，我们有丰富的选择。我们谈论自己的好运气，在盆里洗掉血污，享受饭锅飘出的香气。我们喜欢即将到来的吃着牛腿肉的新生活，教训淘气的孩子，晚上跟老婆亲热。尽管不像以前那样有柔软、感动的内心，我们还是愿意拥有积极的情感。

"事实上，那段时间的生活确实如我所说的这样。我们穿上农服种地干活，在小酒馆里闲聊，比赛杀死的人数，开被砍死的女孩的玩笑，为一点庄稼争吵，用磨刀石把农具磨锋利。我们互相吹嘘，嘲笑被追赶的图西人的祈祷，清点并藏好自己的财产。

"我们可以没有任何阻碍地过普通人的生活，当然前提是白天要投身于杀戮。

"在这屠刀一季结束时，我们失败了，我们对此非常失望。我们对将要失去的一切感到难过，对将要临头的不幸和报复感到非常恐惧。但说心里话，我们没有厌倦任何事情。"

2003 年 3 月

人物生平及判决结果

菲尔让斯·布纳尼

他出生在吉塔拉马地区，和小团体中的其他伙伴一样，他的父母都是农民。大屠杀发生时他33岁，我们开始回忆访谈时他39岁。上完小学一年级后，他也成为一名农民，在基本戈山上的基干瓦种地。他是虔诚的天主教徒，当基本戈的教堂里举办小型仪式时，他志愿担任执事举行仪式，当神父去其他教堂时，他就代理神父的工作。他的妻子和两个分别为12岁、7岁的孩子都住在他们家的土地上。

尼亚马塔的法院位于监狱附近的一座建筑里，远离山丘和城镇。菲尔让斯当时和40多名罪犯一起接受了审判。他被指控犯有种族灭绝罪和危害人类罪，他供认自己共谋杀人。法庭接受了他的供认。2002年3月29日，他被判处12年有期徒刑，在里利马监狱服刑。他没有向基加利法院提出上诉。在监狱里关了6年后，2003年1月21日，在颁布了旨在大幅减少囚犯数量的总统令之后，他出狱了，在尼亚马塔东北部比昆比（Bicumbi）的劳教营里接受4个月的再教育改造。2003年5月5日，他获得缓刑释放，回到了基干瓦。

潘克拉斯·哈基扎蒙吉利

他出生于基本戈山上的鲁亨盖里，出生那年，他的父母刚从吉塔拉马来到布盖塞拉。大屠杀发生时他 25 岁。据他自己说，他更擅长在小酒馆里跟朋友们聊天，而不是宗教。他同样也是农民，单身，家里有四个兄弟姐妹。他的母亲负责耕种家里的土地。

他和菲尔让斯同庭接受审判。他供认自己参与了部分杀戮。法庭接受了他的供认。同日他被判处同样的刑罚：12 年有期徒刑。他没有向基加利法院提出上诉。7 年之后，2003 年 1 月，他也出狱了，进入比昆比劳教营接受 4 个月的再教育改造。

埃利·米津盖

他出生于靠近卢旺达和刚果边境的西部城市吉塞尼。大屠杀发生时他 50 岁。他对旧制度非常了解，卢旺达独立前，最后一任图西族国王死亡时他已经 14 岁。他是军人，1974 年来到布盖塞拉，想找块土地来投资他的储蓄。他在穆扬济山上的卡拉姆博找到了一块地。他离开军队，成为一名市政警察。1992 年，一起谋杀案给他的职业发展多多少少带来了不利影响，于是他脱掉制服，自此以后全身心投入种地。他已婚，生了三个孩子，其中两个已经离世。

对他的案件调查已经结束，可能由于他曾是军人和警察，所以他没有和其他人一起被审判。他可能将被移交给格察察法庭（Gaçaça）*，至多判处两到三年劳动改造。这就意味着缓刑，每周有

---

* 过去，格察察是以家庭或部落为单位的法庭，在"闲谈树"下进行传统的审判。由于大屠杀中大批法官死亡、出逃或犯罪，所以大屠杀结束后卢旺达常规的司法机关无力开展工作，卢旺达政府决定重启格察察法庭这种形式，以加快对参与大屠杀的嫌犯的审理。在山上、社区里和市里，格察察法庭的工作主要是把被告人带到街坊邻里面前，后者在相对专业的工作人员的支持下为嫌犯做证或给出评价。2002 年春天，格察察法庭开始建立。这种独特的司法形式带来的成果是有争议的。种族灭绝的被告人被分为四类，属于第一类的被告人（大屠杀的策划者、煽动者、高级别领导和著名杀人犯）不归格察察法庭审理。——作者注

三天要去企业或者政府机构里义务劳动。在此之前，他在比昆比的劳教营里和他的伙伴们一起接受公民教育，然后可以回到自己的家里等待判决，而不用关在监狱里。

阿达尔贝尔·蒙济古拉

他出生于基本戈山上的鲁亨盖里。大屠杀发生时他23岁。他的父母是吉塔拉马的农民，1970年来到布盖塞拉，定居在鲁亨盖里。阿达尔贝尔是单身。他的11个兄弟姐妹中，有7个确定还活着。他上完小学就回到家里种地。他是基本戈合唱团的头儿，也是民主共和运动的成员。民主共和运动是胡图族的民族主义党派，是执政党卢旺达全国发展革命运动的反对派。

他和菲尔让斯及潘克拉斯同庭接受审判，他供认自己参加了部分杀人行动。虽然他的简短认罪让原告律师和一些法官很不满意，但法庭还是接受了他的供认。他被判处12年有期徒刑，没有提出上诉。

然而，宣判当天，尼亚马塔的检察官宣布，考虑到大屠杀前和大屠杀期间，他作为领头人的所作所为和应负的责任，对他的量刑太轻了，所以要考虑上诉。但后来这个上诉被驳回了，没有解释原因。

于是阿达尔贝尔于2003年1月底出狱了，进入比昆比劳教营。2003年3月5日，他被释放回家。在鲁亨盖里的家中，他的母亲罗斯·库布维马纳在焦急地等他回去。

让－巴蒂斯特·穆兰吉拉

他出生于中部城市吉孔戈罗。大屠杀发生时他38岁。中学毕业后有了一份很好的公务员工作，担任当地的首席普查员和商务专员，但后来被开除了，于是回到家里种地。他娶了一个图西族妻子，斯佩西奥斯·穆坎达洪加，后者在大屠杀期间得以幸存。他们的婚姻并不能说明两个民族互相包容。事实上很多贵族和官员都会出于名利的考虑而娶图西族妻子。让－巴蒂斯特的妻子一直住在他们的房子里，耕种他们在鲁贡加的土地。鲁贡加是尼塔拉马山上一个图西族小村子。他有六个孩子，但他几乎没有他们的消息。

他是小团体中第一个接受判决的，那是在胡图族难民从刚果返回仅仅几个月之后，国家还没有实行民族和解政策。可能因此，他成为被判得最重的一个。1997年3月30日，他被判处15年有期徒刑。他供认参加了部分杀戮，也没有向基加利法院提出上诉。

2003年1月，他在里利马监狱被关押8年之后出狱了，进入比昆比劳教营。2003年3月5日被释放，他与妻子团聚，在自家的土地上安顿下来，希望在尼塔拉马、尼亚马塔或别处找一份公务员的工作。

伊尼亚斯·鲁基拉马库穆

他出生于吉塔拉马地区。大屠杀发生时他62岁。与埃利一样，他曾在图西族国王治下生活过，卢旺达成立共和国宣告独立时，他还不到30岁。1973年他来到布盖塞拉。上完小学四年级后，他先做了泥瓦工，后来在基本戈山上恩干瓦得到一块土地。他的妻子已经过世。他的几个孩子在大屠杀后被杀了，但他没有他们的任何确切消息。

对他的案件调查已经结束，但还没有宣判。颁布了释放70岁以上囚犯的总统令之后，他于2003年1月21日被无条件释放。

于是他成为小团体中第一个重获自由的人。他重新开始耕种恩干瓦的土地，酿造香蕉酒，周六去集市上逛逛。他习惯了去一个新的小酒馆，因为大屠杀之前常去的那家已经被拆毁，但关于过去这些年的事，他几乎只字不提。

皮奥·穆通吉雷埃

他出生于基本戈山上的尼亚鲁纳济。大屠杀发生时他20岁。他是单身，家里有四个兄弟姐妹。他在基本戈足球队里踢球，是"布盖塞拉体育"队的球迷，也是基本戈合唱团的忠实成员。小学毕业后，他回家种地，他家的土地位于尼亚鲁纳济和基干瓦之间。

2002年3月29日，他和菲尔让斯、潘克拉斯以及阿达尔贝尔同庭接受审判。他供认自己参与了部分杀戮，并同样被判处12年徒刑。他没有提出上诉。后来他也被关进比昆比劳教营里接受几个月的再教育。2003年5月5日，他被释放并免除劳动改造。

身体健康的他急于重返球场。

阿方斯·西迪亚雷姆耶

他出生于基布耶。1977年，他被图西族雇主带到了布盖塞拉。后来他在卡恩泽恩泽和基本戈之间的尼亚马布耶买了一块地。他在卡恩泽恩泽还有一笔不错的买卖，他对做生意很在行。大屠杀发生时他39岁。他已婚，有四个孩子。他曾是优秀的足球运动员和虔诚的天主教徒。他的妻子仍在他们的土地上居住生活。

他的案件情况很特殊。对他的案件调查已经结束，但不知道是什么原因，他没有和菲尔让斯、阿达尔贝尔、皮奥及其他人一起被审判。2003年5月5日，他被释放了，但仍有可能接受格察察法庭的审判。所以跟埃利一样，他有可能还是要面对几年附带劳动改造的缓刑。至于具体做什么工作还不明朗，可能是在诊所里当大夫，也可能是在公路沿线做养路工。

约瑟夫—德西雷·比泰洛

他出生于卡纳济山上，父母都是农民。大屠杀发生时他31岁。已婚，他的两个孩子如今都生活在他家的土地上。从师范学校毕业后，他成为一名老师，住在尼亚马塔。他的表哥是尼亚马塔镇长。他很年轻的时候就加入了执政党——卢旺达全国发展革命运动。他负责党派的青年运动，并于1993年被任命为尼亚马塔联攻派的领导人。他是卢旺达最重要的胡图极端主义民兵。

因此，他是小团体中唯一一个在大屠杀开始前几个月中参与了筹备工作的人。他被判处赔偿之后，他在尼亚马塔加塔雷街区的房子就被没收了。他的妻子没有被起诉，但无法再回到圣玛尔特妇产医院工作。她带着两个女儿回到卡纳济的房子里生活，耕种那里的土地。

约瑟夫-德西雷被指控犯下有预谋种族灭绝罪和反人类罪，他在尼亚马塔被公开单独审理。他的供认流于表面、前后矛盾、缺乏真诚，遭到法庭的拒绝。1998年7月3日，他被尼亚马塔法院判处死刑。他的上诉被基加利法院驳回。由于判决延迟，他逃过了1998年4月24日那次公开行刑，免于一死。他的后半生大概会在狱中终身囚禁，至少在现任总统卡加梅治下会是如此。

利奥波尔·特瓦吉拉耶祖

他出生于马拉尼温多山上的穆扬盖。大屠杀发生时他22岁。和其他人一样，他的父母是农民，家里有四个女孩和他这个男孩。上完小学之后他就回家种地。和约瑟夫-德西雷·比泰洛一样，他曾是卢旺达全国发展革命运动的成员，但他仅仅参加了两年，而且没有职务。从小时候起，他就是虔诚的天主教徒。

他被指控有种族灭绝罪和危害人类罪，他供认自己参加过很多次杀戮，也承认自己作为小头目应负的责任。2001年他被尼亚马塔法院判处七年徒刑。对他的判决比其他人稍微轻一些，可能是因为他很配合警察和司法机构的工作，并且他的供认也很重要。他没有提出上诉。

他几乎服满了刑期,最终于 2002 年 12 月被释放,没有接受再教育。然而,由于监禁期间在一次官方组织的宽恕仪式上受到了邻居的侮辱和威胁,他现在并未回到马拉尼温多山上。

访谈结束的时候,我提议小团体一起拍张照,并说明这张照片会公开发表,以便让读者能够看到这些讲述背后的面孔。我本以为他们会犹豫,但他们很容易地就接受了。只有阿达尔贝尔拒绝了,甚至都不想再讨论,并且拍照当天离得远远的。
照片摄于进行访谈的花园的长椅上,像告别或结束留念的那些照片一样。
从左向右依次是:约瑟夫—德西雷、利奥波尔、埃利、菲尔让斯、皮奥、阿方斯、让—巴蒂斯特、伊尼亚斯、潘克拉斯。

第三部

羚羊战略

52
还有问题吗？

"当撒旦赋予人类七宗罪的时候，非洲人抽中了暴食和愤怒。我不知道这是首轮就做了选择，还是最后才不幸抽中。我也不知道白种人和亚洲人究竟抽到了什么，因为我没有出过远门。但我知道，这选择总让人麻烦不断。贪婪给非洲大陆更多地送来了争斗和战乱，而不是干旱或无知。在吵吵嚷嚷之中，贪婪成功地捎来了种族屠杀，弥散在我们这千丘之间。"

克洛迪娜·卡伊泰西仿佛想缓和语气，她稍作停顿，淡淡一笑接着说："生为非洲人，我还是很高兴的，要不然就没什么值得高兴的了。但这决不是骄傲。心里觉得不舒服，怎么能骄傲呢？我只为图西族感到自豪，真的，绝对如此，图西族差点就从地球上消失了，而我现在还好好地活着。"

两年前采访克洛迪娜时，她正住在表姐家的老房子里，身边围着一群闹哄哄的孩子。房子坐落在鲁加拉马山上，下面是陡峭的山路。土坯房裂痕累累，屋顶铁板锈迹斑斑，外面的园子是她亲手打理的,非常美丽,芳香四溢。后面的茅屋里摆着锅,还拴着牛犊。

后来,毗邻地区的农民出狱了,杀害她姐姐的那名凶手,她尤其害怕晚上与之不期而遇。她只有离开那里才觉得踏实,于是婚后第二天就跟着丈夫让—达马塞纳(Jean-Damascène)到了别的地区。丈夫和她是小学同学,她讲起自己的婚礼来,至今仿佛历历在目:"两年前,我和丈夫重逢了,一开始大家只是叙叙旧。新年的时候,我们开始有了好感。7月,我们倾心相爱了。婚礼像盛大的节日,合唱是婚礼的序曲,大家腰间系着彩带,跟照片里似的。我穿着三条民族长裙,丈夫戴着白手套,教堂为我们提供了地方和桌布,我们安排了三辆小卡车运送客人、芬达、高粱酒,还有成箱的佩里姆斯啤酒。这气氛让我们心醉神迷了差不多三天,不可思议的三天。因为结婚,眼下呈现出可人的一面,但仅仅是眼下而已。我清楚,我过去的经历已经将未来吞噬。"

现在,克洛迪娜住在新房子里。山坡上乱石起伏,荆棘丛生,排列着数十栋相同的公房,下面是通往尼亚马塔的大道,到卡恩泽恩泽只有几公里路程。看见我们来了,她在低矮的桌子上摆了束绢花,让鲜花有了陪衬。然后,她赶开院子里看热闹的孩子,拉上窗帘,坐到木椅上,样子显得很滑稽。

"还有问题吗?"她假装吃惊的样子。"还是关于屠杀。您没完没了了呀?干吗还要添上新的屠杀?为什么找我?回答起来怪别扭的。放到书前面,有可能会挨骂的。在沼泽地区,图西族过着野猪般的生活。喝的是脏兮兮的河水,晚上爬着出去找吃的,连方便也是慌慌张张的。更糟糕的是,他们会告诉您说,他们过着猎物般的生活,蜷缩在罐子里,听着声音,无奈地等待着猎手的屠刀。这是一场非同凡响的狩猎,所有猎物都要被斩尽杀绝,但不会成为口中之食。可以说,他们亲眼见证了活生生的善恶之战,如果可以这么说的话。

"我自然是认为,善最终取得了胜利,善给了我逃生活命的机会,我现在也得到了应有的关爱。但是,爸爸、妈妈、姐妹,还有那些在泥沼中垂死哀号的人们,没有谁能听到他们弥留之际的遗言,他们再也不能回答您的问题了。那些被斩首的人,那些在生命解脱时哀怨叹息的人,那些在离世前衣服已经被洗劫殆尽而知道自己赤身裸体的人。所有的亡者,要么葬身在纸莎草间,尸骨腐烂,要么曝尸在烈日之下,烘烤熏炙,这些人再也不能向谁诉说他们完全不同的想法了。"

克洛迪娜心中保留着这个秘密,但她从来不怨天尤人。每天上午,她和丈夫一起下地;中午时分,她开始生火做饭;下午,她串串门,看看朋友,到教区走走,或者去趟尼亚马塔。她不再要求赔偿,也放弃了诉讼。她从不合作,毫不掩饰,直言不讳。她不掩饰内心的忧虑、对凶手的憎恨,不嫉妒那些父母孩子都还活着的人家,对没获得护士文凭也并不失望。"碰到的困难,我都不放在眼里,从不低头。"她总结说。她有喜气洋洋的脸庞、鲜艳的长裙,还有围着她转的两个孩子,但眼神里却透着忧郁。

她笑了笑,打开了话匣子:"是啊,现在平静了。我的孩子很漂亮,土地也还算肥沃,老公也很好,很支持我。几年之前,屠杀过后您初次碰见我时,我还是个黄毛丫头,混在一堆孩子中间,除了干活之外什么也没有,还有就是各种各样的坏想法。后来,老公让我成了家庭妇女,真是不可思议。即使从噩梦中醒来的清晨,或者在干旱肆虐的日子,勇气都始终与我并肩携手。生活朝我微笑,我应该感谢生活,它没有将我遗弃在沼泽地。

"但要想活得有头有脸,我已经没有机会了。关于您的问题,真正克洛迪娜的回答,您永远都不会听到,因为我多少已经丧失了对自我的爱。我经历过动物般的丑陋，感受过猛兽般的凶残，甚至比这都还要恐怖，连动物也从没有这么可恶过。您知道，我曾被人称为'蟑螂'。我曾被一个野蛮的家伙强奸。我被带到的那个地方，我可什么也讲不出来。倒霉的事情总徘徊在我前面。我心中始终充满怀疑，我从此明白，连简单的承诺，命运也可能不会兑现。

"我运气好，有了第二次生命，我当然不会拒绝。但这次生命只能算一半，因为存在着断裂。当时，我想无论如何只要逃生就行了，但死亡却与我如影随形。后来，耻辱玷污了我的内心世界，当我想离开这个世界时，命运又总是捉弄我。

"少女时期，我毫无保留地相信生活，生活却背叛了我：被邻居背叛，被当局背叛，被白人背叛，运气真是背到家了。这样的生活会让人自暴自弃。比如，男人不想锄地了，想的是在小酒吧徘徊；女人会抛弃孩子，也不再爱自己。

"但被生活背叛，谁受得了？这个负担太沉重了，人失去了前进的方向。从今以后，我只能离生活的路远一点。"

53
高唱颂歌的大队伍

旱季时节,里利马地区的风景终日都是风尘滚滚,让人眼花缭乱,这是布盖塞拉最干旱的地区,山丘上高耸着监狱的砖砌围墙。1月上旬,面前的大铁门打开之后,一群犯人蹦蹦跳跳地跑进院子里,似乎对炎热的天气毫不在乎。这些囚犯穿着各种各样的旧衣服,迈着急促的小步,争先恐后地向前冲,不过并没有彼此冲撞。

警惕的士兵发出命令,他们迅速跑到桉树荫下集合,这是监狱管事们拥有的唯一绿岛。稍远处的囚犯唱着歌,一律穿着粉色制服,看也不看他们一眼,排着两列整齐的队伍,来来回回从湖里运水。他们之间的窃窃私语掩盖不了内心的激动。他们又驯服又兴奋,又担忧又高兴,似乎不知道该采取什么态度;这并非没有道理,因为在被监禁七年之后,他们刚刚被无条件释放,这出乎大家的意料,尤其让他们本人感到惊奇。

三周前,广播播发了这条消息。这是一条像天气预报一样简洁的总统公报,宣布将释放第一批囚犯,共计 40,000 名,这些种族屠杀的刽子手被关押在六座监狱里。

哨声响起，里利马的囚犯跨过围墙的藩篱，还不忘向看守们做出友好的手势，然后向碎石嶙峋的山坡下冲去，迎面跳过一丛丛矮小的灌木。在他们中间，基本戈山区的那帮伙计又凑到了一起，他们曾经出现在"屠刀一季"里。皮奥·穆通吉雷埃在那帮家伙中是最小的，现在也不再年轻；菲尔让斯·布纳尼，永远的副本堂神父学徒，关押期间居然奇迹般地保住了自己的白色凉拖；让—巴蒂斯特·穆兰吉拉，忏悔协会主席，履行起职责来可谓一丝不苟；阿方斯·西迪亚雷姆耶，见到看守、行人和同伴时会忍不住地满脸堆笑，指手画脚；利奥波尔·特瓦吉拉耶祖则正好相反，显得很稳重；潘克拉斯·哈基扎蒙吉利则更加警惕，几乎时时在意，他早已想到了即将开喝的第一瓶佩里姆斯啤酒；阿达尔贝尔·蒙济古拉，他精力过剩，冲在队伍的前面，就像曾经跑在屠杀队伍的最前线一样。他们重新团聚在一起，只有约瑟夫—德西雷除外，他还要在死囚监狱里关押很久。

潘克拉斯回忆起监狱里的最后一天：

"说实在的，我想都不敢想能有这么好的运气，有朝一日能走出监狱。倒是听到过来访者的很多说法，但我不明白这怎么会是真的。2003年1月2日，广播播送了总统公报，我们太高兴了，真是难以言表，大家只是简单说了些鼓舞的话。最后一夜，我们不停地唱歌。很多人连饭都不想吃。当时弥漫着两种截然不同的气氛，服罪的人说着欢呼的话，不认罪的人骂着脏话，还有沮丧的说辞。"

他的老伙计**伊尼亚斯**：

"我想去喝香蕉酒。当初关上监狱大门时，我想这下完了，一辈子也喝不上酒了。获释前，每当疾病肆虐，大家就以为自己会葬身牢房。我们清点着死人和活人的数目，计算自己还能苟延残喘多久。

"我年纪大了,坐的是为老人和病人准备的专车。夜色中,我们停在了尼亚马塔。我们不敢从森林里直接上山,就在政府大院里蜷缩了一夜。第二天早上,我们背起行囊上了路。这是赶集的日子。我们绕了两次弯路,不敢靠近,后来才开始爬山。我碰到了下山赶集的村民,他们中有死里逃生的幸存者。迎头相遇的时候,我听见了恶毒的喊叫、复仇的警告,但没有持续多久。还有人跟我们打招呼,但能让人感觉到他们并不是真心实意。"

团伙中最年轻的是皮奥、潘克拉斯、菲尔让斯、阿方斯,他们一路步行,正如**阿方斯**讲述的那样:

"2,000名囚犯排成了一列。赶路过程中,有人谈友情,有人打趣,有人开玩笑,我们收起了歌声,免得引人注意。我心想:真是不可思议,还有人同情我们,不该有的事啊。"

囚犯排成长龙走上了一条土路,上面覆盖着厚厚的尘土,起起伏伏地越过荒芜的山丘;举目望去,一片黄灰色的世界,尼亚马塔山岭之间的赭色和葱绿色已不复见。他们继续前行,路边瘦骨嶙峋的奶牛躲在稀少的树荫下,漫不经心地咀嚼少得可怜的草料。他们还碰到成队背着铁桶的女人,她们要到20公里外唯一的水源地去运水。他们静静地穿行在这道风景线上,周围碎石遍布,灌木色彩斑驳,在沼泽地或者湖岸边,是横七竖八的玉米地和高粱地。他们穿过了一片曾经属于大象和狮子的领地,后来难民为了躲避布隆迪战乱和北方屠杀而纷纷涌来,动物都跑光了。这一带是干旱的荒漠地带,他们还记得,在与哈比亚利马纳总统政权开战之前,这里是爱国阵线叛军们的后方基地。

几十年来,在这片没有收成的土地上,很多人都搬来安家落户,认为住在这干旱荒凉的地区，住在破破烂烂歪歪倒倒的棚子里，可以免受周边种族冲突之害。饥饿和疲劳都没有让这些囚犯放慢步伐。

在小镇尼亚马塔，人们已经知道囚犯获释的消息，一时间大家都很惊诧。我曾在第一部里提到他们中间的某些人，他们曾经从尼扬维扎沼泽地死里逃生，所以对这条新闻的冲击力记忆犹新。

安热莉克：

"我听到了广播上的公报。我们已经习惯了劫后的新生活，成天忙着家务事，不好的想法已经被淡忘了。我们过上了正常的生活，时间疗愈了我们的伤痛。突然，因为这个消息，生活又改变了方向。我感觉到巨大的震撼。又勾起了翻江倒海的记忆。大家三五成群地邀约，说要到社区集会。我们想知道这些凶手怎么出庭应对。

"我最初看到囚犯的时候，他们正朝家里赶路，我正好奔尼亚马塔而来，他们都不敢正眼看我们。他们紧凑地排着队列，经过时还躬下身子朝我们打招呼。这些家伙杀起人来那么狠毒，也该轮到他们来死一回看看。我对其他的都不感兴趣了。"

让维耶：

"他们身体都很好，这让大家感到很奇怪。他们还不错，也很干净，似乎还长了点膘。而且不久之后，我们发现他们干起活来特别能吃苦。看得出来，由于害怕，他们变得善良多了。

"他们回来之前，当局把我们召集起来'打预防针'，让我们千万不要攻击他们，不要激怒他们，要等到公审大会上再指控他们，平素不要表现出对他们恶狠狠的样子。当局对图西族那些扬言要报复的年轻人说，如果这样的话，保不准他们自己也要进里利马监狱。"

克洛迪娜：

"我和孩子们出去观望，只见他们排着整齐的队伍，头上顶着包裹。我们没有说话。孩子们很害怕，担心囚犯们图谋不轨。我只是很好奇，想看看他们。我最先认出的那个家伙就住在附近，名叫康巴雷拉（Cambarela）。就是他砍死了我姐姐。而他们却用羞耻的口吻说：赞美主啊，赞美主啊！你们好吗？愿上帝保佑你们！为你们而祈祷，彼此爱戴吧，从今以后，一切如此。我们一动不动地看着他们，简直目瞪口呆。"

获释的犯人连打开包裹的时间都没有，一回到家就接到通知，于是又马上出发，直奔比昆比（Bicumbi）临时营房区参加公民和解培训。

阿方斯这样描述他们的培训生活：

"人家教我们如何面对遇难者家属。人多时要表现得老老实实，毕恭毕敬，碰见幸存者情绪失控时要避免推搡。还要避免艾滋病和其他疾病的肆虐泛滥。学习给哀怨的孀妇和孤儿烧制土砖。

"但第一课针对的是我们的妻子。教官们警告说，所有犯人都得直面通奸的通病，还有私生子和变卖土地的问题。人家告诉我们，国家原谅了我们，我们也应该原谅出轨的老婆，她们不知道我们还能不能活着出来，她们独自劳动，没有男人当帮手。

"对老婆花钱大手大脚或者出轨的事，很多人在牢房里早已愤愤不平。他们还为此发过狠誓，但教官们无情地让他们放弃原来的想法。他们不断在培训中重复这些话：对犯错的妻子要保持冷静，对自己的邻居要心平气和，对重创的人员要富有耐心，对政府的部门要规规矩矩。抓紧时间，开荒种地。"

培训结束之后，犯人们再次出发了，他们即将回到山乡。**阿方斯继续讲述：**

"我顶着包，离开了营地，带着好运同行。在尼亚马塔大街上，我想着各种问题，真是越想越糊涂。我得赶快离开这里，免得招来仇恨的目光。老婆把我接回家中，还算很体面。孩子们都长大了，见到我满脸堆笑。我们没有杀鸡庆祝，我们要注意邻里的反应，不想表现得过于高兴，宁愿煮点土豆草草了事。

"以前，我有好几栋房子，还有个酒吧，结果被老婆全部变卖了。以前还有些积蓄，过了这么久，当然早就没了。我一回家就马上去看庄稼地。从前，这块地让人赏心悦目，香蕉园鲜花如盖；这次故地重游，真让人悲痛欲绝，这里早已是荒烟蔓草，形如草原，充满了原始气息。我修剪了几株长势尚好的香蕉树。我给自己放了两天假。正常情况下，得等上19天才能知道艾滋病检查的结果，然后才能行房事。

"在中部地区，不像以前那么炎热。贫穷和绝望让那些小酒吧也没了昔日的乐趣。但是，我发现两个部族都接受了严格的教育。胡图族学会了放下恶意，图西族学会了放下仇恨。"

潘克拉斯：

"没有钱坐卡车的人都排着队上路了。在山岭上，在灌木间，我们蜿蜒前行。我们没有唱歌，却禁不住热情地低声呼唤。

"九年了，我没有踏上过尼亚马塔的土地。我看到了广告图片、新的出租车牌子、被焚烧的墙壁，城市看起来乱糟糟的。我们没有喝酒，只顾匆匆忙忙地赶路。在尼亚鲁纳济，我开始和伙计们拥抱作别，我急着要赶回家，好换上得体的衣服。姐妹们都买了香蕉酒，还有土豆做的菜肴，只是没有肉。全家人都很高兴。但看到家里这般衰败的景象，我不禁暗自伤心：屋顶的铁板穿了孔，梁柱被白蚁蛀了大大小小的洞，水泥也裂了缝。香蕉树都死了。

"第二天，我坐在院子里接待上门拜访的故旧。他们想了解监狱里面的生活，打听那些没有认罪的囚犯的消息，尤其是在法庭上被念到名字的那些人。有些人好心好意地来看我，有些人不过是装模作样罢了，他们巴不得我继续坐牢呢。晚上暮色深重，我则忧心忡忡等待着黎明的到来，好去看看庄稼地。第二天，我得了疟疾，我还是照旧干活。深耕土地，除草开荒。还是从前的老办法，但关节感觉很累。

"开始的时候，我还犹豫是否到基本戈中心区逛逛。我怕碰到熟人，害怕那些危言耸听的话。足足等了一个月，我才喝上第一瓶啤酒，还是一位邻居请的客。我就想着这玩意儿，在里利马时，我想喝得要命。那时，我想都不敢想，何况也没人帮我。

"我们这伙人的友谊没有褪色，大家还经常见面，只有阿达尔贝尔除外，他到基加利过上了市民生活。他回来的时候，穿着皱巴巴的衣服，在酒吧里招待大家狂饮了一通，大家聊起来无拘无束。

"监狱里，我们乱七八糟地躺在草垫子上，也不做太不愉快的梦。在那里，我们忘记了屠杀，我说的是关于屠杀的恼人记忆，我们只会梦到童年时期的记忆，或监狱中的困难时刻，比如打架或生病什么的。而获释以后，我们在谈话中会提及屠杀，因此做梦也步上了前尘老路，这让我们很难受。在家里，睡得更舒坦，睡得更踏实，噩梦又清晰地出现：烧房子、在沼泽地猎杀、池塘中的血，尤其是被追赶的人群。

"我没去拜访幸存者，我害怕他们心灵上的创伤。我们碰见过，打打招呼，没有恶意，我们也就满足了。从他们的目光中，我也没有发现危险的信号。说到底，我觉得彼此都接受了严厉的训诫。

"我被抓捕，被判刑，又被特赦。我没有请求原谅。再说，假如别人压根就不接受你这请求，请求原谅又有什么必要呢。"

如果说幸存者没有被吓个半死，那至少也非常惊诧，非常担心。他们等待着这些人回家后的下文。很久之后，克洛迪娜讲述道：

"没有一个犯人来说声对不起。他们害怕对话，如果你走近他们，他们马上抛下一句'你好'，决不会跟你握手，那样子就像天使一般，但没有任何亲密的动作。

"我可以看着他们当中一个个地被枪毙。他们躲过了昭昭天理下的刑罚。原谅他们真是太不人性。这可能是上帝的意图，而不是我们的心愿。

"他们出来的时候，看得出来他们在狱中受过教育；改过自新嘛，那又是另一回事。抓住第一次机会过了这一关的人，如果再有战争要他动手的话，他绝不会拒绝第二次。一开始那些日子，当他们自由散步的时候，我又开始做噩梦：跑啊，跑啊，凶手们不停地追赶我们，有的人被抓住了，我逃掉了，我又回来，只见那些死人坐着聊天，他们不再理我。不久之后，我习惯了那些犯人，也不再做这个梦了。大家习惯了比邻而居。"

贝尔特：

"我搞不明白，而且很受打击。到布塔雷去的路上，我碰到一队祈祷的人。我那样子就像医院做清洁的女工一样。我曾经发过誓绝不再回来，免得再遇到如此不怀好意的眼神。当然，我还是回来了。

"没有谁发过一封道歉信，送过一件小礼物。他们才不在乎呢，或者他们是害怕受到谴责。他们觉得，既然共和国的总统公报已经宣布了释放的消息，那就再没有必要在一帮农民面前低三下四或支支吾吾。他们心想，他们不需要再进行名副其实的道歉了，因为他们压根没受到名副其实的惩罚。

"我碰到的第一个犯人曾经是我最好的老师，名字叫让。倒是我本人吃了一惊。他穿着光鲜的外套。他没有跟我打招呼,我当然也没有。我觉得非常失望,我从路上绕了过去。"

伊诺桑:

"要说的话,谁提起过道歉的事呢?图西人、胡图人、释放的犯人、他们的家人?谁也没有,不过是人道主义组织在说罢了。这些组织给卢旺达灌输了道歉的想法,还包装上很多美元,用来说服我们。这里有道歉计划,就像有艾滋病计划似的,因此有吹风会、海报,还任命了很多地方的老总,还有彬彬有礼的白人,他们真是全天候的。这些人道主义者给教师们上课,培训地方顾问。他们还资助了很多附带的援助项目。我们呢,我们说道歉,不过是要求得到应有的尊严而已,因为补贴毕竟还是金钱层面的问题。

"但在我们私下的谈话中,'道歉'这个词怪怪的,我的意思是说有点强迫的感觉。比如,您看到阿达尔贝尔回来了,他曾经领导过基本戈的屠杀,他也得到了赦免,他在基加利耀武扬威,回到家里又拾起了砍刀。假如你是从基本戈过来的,离他家就500米远,你失去了爸爸、妈妈、两个姐妹、妻子、小孩。你在市中心碰到阿达尔贝尔,你们大眼瞪小眼,谁会说'道歉'二字呢?这很不正常。您看吧,时间会让我们咽下这些苦果。"

让内特:

"把他们从牢房里放出来,这可以接受,因为需要人来种地,但首先应该赔偿受害者的损失,我们只是不明白为什么他们被无条件释放了。我们还在想:又发生了什么?政府支持胡图族,政府根本不再考虑我们,根本就不考虑我们的感受。还不能表现出生气的样子,大家只有讲笑话自娱。有人说,看来还是胡图族有运气:他们杀了人,自己却安然无恙;他们远走刚果,还被免费接回来;他们进了牢,出狱时居然还长了膘,气色也不错;他们烧了我们的家园,自己倒没费周折就回了家,家里还有老婆烧火做饭,晚上还可以干好事。"

凶手中最年长的**伊尼亚斯**:

"刚获得自由的那些天,干起农活来感觉非常累。手掌心受够了苦,胸膛气喘吁吁的。两个月之后,双臂开始习惯这干了一辈子的农活。我先把房子修补了一番,梁柱啊,坏了的瓦啊,等等。我种了红薯、扁豆。我每天5点钟就起来,直接下地劳动,中午就吃点扁豆充饥,然后在长椅上躺一会儿。然后又下地劳动,5点左右才收工。洗个澡,然后就出去遛弯,直到晚上。现在还赶不上屠杀前的农业水平,但我们尽量争取好的收成。

"我坐牢期间,老婆斯佩西奥斯去世了。这时候,女儿想独占我的土地,我不得不让她搬走。我还得再婚啊,一个人过日子很苦。播种,锄地,打理房子,一个人吃饭,一个人睡觉,真不容易啊。孤独的时候,各种坏的想法就多了起来。监狱中生活还好些,大伙儿待在一起,比独自生活强,我成天都怀念过去的日子。我让本家叔叔去给我做媒,他物色了一名带着两个孩子的妇女。她来了一趟,看看我的地。她觉得还算满意吧,没说有什么问题。

"第一天,我抓起了一瓶啤酒。酒很好,但我眼大肚皮小,喝不完,再说也不能喝醉了。

"我们那些年轻人和图西人还存在问题,他们屠杀时更勇敢、更活跃。而我呢,没什么麻烦:我不觉得有什么,虽然我是胡图人,我还是收到了一头奶牛,算是见面礼。我没受多大冲击,也没被人怒骂。"

西尔维：

"我想：'图西族成千上万的寡妇，她们没有足够的劳动力，以后男男女女要在地里累死累活，她们还要养孩子，却没有任何帮助，而胡图族成千上万的女人，她们收到的礼物是男劳动力。最可恶的女人却收到了最好的回报。'我给布塔雷那边去电话，那是我的故乡，人家给我讲：'这里也一样，灾难开始了。大家都在说这事。幸存者都很难过。当局还总是威胁闹事的人。受过心理创伤的人更加遭到打击。你姑姑已经病了。'

"一天，我听到外面闹哄哄的。就跑到大街上人群中去看个究竟。只见远处走过来一帮劳改犯，于是又想起1994年的情景。大家很害怕，动都不敢动。他们越来越近，排队从我们身边走过去，看起来很不光彩，很不好意思，默不作声，似乎改造得不错。他们没有回头，渐行渐远，后来消失在远处，而我们呢，也不再害怕了。

"下午，有位先生牵着个小男孩来到面包店。他给孩子买了芬达，还有奶油面包。他满头大汗。他刚刚出狱，看起来很苍老。我们聊了几句，他说：'今天，我很难过，因为我没能看着儿子成长。我曾经是个强者，今天俨然是个懦夫。我曾经受到尊重，今天再也没人理我。邪恶破坏了我的生活。'

"我想：'好吧，这家伙还算坦诚。如果说胡图族这个群体犯了错，那是所有胡图人的事，知道某个个体犯了什么错又有什么用呢？如果他表示自己的忏悔，或者向我示好，我应该真心回应他才对，生活还得继续嘛。'他继续说了些哀怨的话，讲述他的苦楚，他说到动情的地方，让人觉得很是同情。但他没有什么要求，也没有什么建议。这些人不会尊重我们，不会请求我们的原谅。为什么？我不知道。"

54
宿命的神启

七年前的一个早晨，淡黄色的薄雾慢慢升腾，笼罩在难民营的板房和帐篷之上，在刚果东部卡里辛比（Karisimbi）火山脚下，突如其来的神启让利奥波尔·特瓦吉拉耶祖在路中央停下了脚步。

他将一袋面粉从肩头放到地上，甩开膀子从人群中挤出一条路来，大步流星朝教堂而去。他走进一个土墙棚屋，房屋四周支撑着一段段木头，顶上覆盖着树枝，外墙上张贴着从教区日历中剪下来的一幅幅虔诚的图片，只有这显示出这是个神圣的场所。他朝祭坛冲了过去，开始祈祷，和其他基督徒一起声嘶力竭地歌唱；他跪下来，正好就着投射进来的阳光。但没有什么能驱走他脑海中的想法，不管是当天晚上，还是以后的日子。他开始高声独白，他滔滔不绝地为沼泽地、为砍刀、为喷射的鲜血祈祷。他开始当众谴责自己的罪行，向所有遇到的人诉说自己应受的惩罚。

在营地里，利奥波尔一直有着胡图族极端分子的坏名声。他提着步枪，荷枪实弹地在营房间来回巡逻，监督人道主义机构的油盐分发情况。他也在火山坡上训练游击队。因此，他突然间的良心发现真是让人大吃一惊。因为他的谴责并没有引起什么口角，所以大家也逐渐习以为常；况且他自责的屠杀事件也不是什么秘密，营地里也不乏到处宣传的人。

25,000名胡图人已经在马西西平原（plaine du Masisi）的难民营里住了16个月，这是1994年春天开始的流浪生活的终点站。种族屠杀之后，可以看到川流不息的人群，妇女们背着孩子和大包小包的日用品，男人们赶着牲口，老人们拄着拐杖。他们必须穿越卢旺达，一路有记者前后跟随不断拍照，有时候还有急救处理。然后，在精良的法国部队眼皮底下穿越赛贝亚河（rivière Sebeya），来到戈马地区以得到人道主义机构的保护，最后分散在基伍湖附近的平原和高地上。

利奥波尔来自穆扬盖山区，离尼亚马塔十多公里路。5月14日中午过后，他在万分恐惧中离开了家人。那时候，他佩着枪支和砍刀，跟其他极端分子一样开始在这条流亡之路上护送难民家庭。

利奥波尔出生在穆扬盖，家中有四个姐妹，父亲有一大片土地。利奥波尔在学校里是个差等生，课堂上老实听话，但他一走出教室就活力四射。"他身体敦实，体格强健，从来没生过病，比同龄人壮实，劳动起来不知疲倦"，他妈妈格扎维里娜·尼拉布塞鲁卡（Xavérine Nyirabuseruka）讲述道。

少年时期，他身材长高了，也有肌肉了，但并不胖。每天，他在地里干农活，一直到下午时分，然后再受雇去帮别人家干活，有时候还到森林中砍柴，挣点小钱，高高兴兴地跑到小酒吧去消费。他只有星期天才休息，也不饮酒，他是唱诗班的男高音，从来不缺席弥撒，黑西服领带穿戴得整整齐齐。他相中了当地一名最漂亮的女子，在喜气洋洋的婚礼之后把新娘子娶回了家。邻居梅拉妮·穆卡卡贝拉（Mélanie Mukakabera）还记得："他当时住在村子里的第四街，我住第五街。我每天都碰见他。他身强体壮，无所事事。谁也抵挡不住他，不管是荆棘，还是麻烦，或者是邻里。他比较腼腆，人不坏，但有点像秸秆，沾火就着。"

1994年4月，跟所有类似的胡图人一样，他加入了朱韦纳尔·哈比亚利马纳的政党，但其实并没有坚定的信仰。在总统专机被袭击的消息发布后一小时内，他非常兴奋，参加了胡图族的最初集会，他们在山上慢慢集结。"一下子，他在集会的核心找到了自己的位置，叫嚷着要复仇。"他的邻居梅拉妮讲道。屠杀开始之后，他自然一马当先，直奔尼亚马塔市场。我们在第二部里已经看到，后来在里利马监狱里，他也曾谈起第一天的情形。

让我们回到难民营吧——那是他突发奇想三个月之后。利奥波尔继续向大家训话，反复诉说自己的罪过。1996年11月，爱国阵线军队突然出现在基伍湖的夜空下，包围了难民营，并进行炮轰。炮弹让人惊慌失措。难民离开山地之后，纷纷涌入保罗·卡加梅军队留下的通向卢旺达的通道。长长的队伍从高地上的难民营出发，直奔卢旺达而去，其间不断受到基加利军队的骚扰。

刚刚回到穆扬盖山区时，利奥波尔和其他罪犯一起被关在镇上的囚室里。他等待着自己的刑期，因为在两年的流浪生涯里，沼泽地跑出来的幸存者让他留下了沾满血腥的声誉。

但从检察官初次审问开始，他就让人着实吃了一惊。他与别的犯人不同，其他人要么撒谎，要么死不认账。利奥波尔一直想着神的启示，表现得服服帖帖。他比在难民营时还要健谈，从前他在那里为看热闹的听众宣讲忏悔的心情，如今他面对检察官又就奔赴屠杀第一线的事情侃侃而谈，还列举了姓名，描绘了当时的准备工作和曲折经历，对任何问题都没有回避，也从来没有辩解。

为什么是他呢？为什么身处这个充满谎言、健忘、沉默的群体中，他却打开了记忆的闸门？为什么他没有像同伙那样患得患失？在对乔纳森·利特尔（Jonathan Littell）的小说《仁人善士》（*Les*

Bienveillantes）的批评中，克洛德·朗兹曼（Claude Lanzmann）强调了主人公纳粹党卫队成员马克思·奥（Max Aue）——他"在长达 900 页的书中滔滔不绝，这个不知道记忆为何物的人绝对熟记一切……他像书一样讲话，像利特尔读过的所有历史书一样讲话……"——和党卫队之间的冲突，却不能在电影拍摄过程中让他正常说话。在趣味盎然的著作《平民如何变成屠夫》中，美国历史学家布朗宁更加准确地描写了汉堡后备警察营的警察们怎么也不能重提他们的罪行，可他们曾经大开杀戒，且应该为数以万计的波兰和俄罗斯犹太人流放到异国他乡而承担责任。为什么利奥波尔却如此健谈？他是否推翻了布朗宁所谓纳粹罪犯死不认账的论断？他是否证实了马克思·奥的特例？我们不能肯定，因为他讲话的环境及其赎罪言辞的性质本身都没有可比性，我们随后便可以看到这一点。他一直讲述，反反复复，检察官问多少次，他就回答多少次，甚至还说得更多，因为谁也拦不住他。

审查时，他再次坦白认罪，到好几个法庭上做证，外国游客还慕名去拜访他，他也娓娓道来。他与司法机关合作得非常好，所以免于一死，不但如此，最后还减刑为七年监禁，比同室的狱友强多了。他还是安静不下来，坦白交代演变成忏悔癖，而且没完没了，这免不了会闹出事来。

例如，有一天，他从监狱出来，去一个公审预备大会上做证，那个村庄离他家不远。主席台上插着话筒，很多人都在等他。他穿着粉色囚服，大摇大摆地走上台去，像传令官，像大英雄，一副踌躇满志的样子。但让他奇怪的是，叫骂声此起彼伏，他一说话就有人打岔。图西人为他的罪行满腔仇恨地吼叫，胡图人因他的控诉行为而愤怒地声讨他。利奥波尔被糊里糊涂地带回监狱，可是他的信念更加坚定了。

不管是在老家山区第一次直面他人的怒潮，还是面临来自即将受审的狱友的不断威胁，这些都没能说服他，让他缄默不语。相反，在一位比自己更会写的伙计的帮助下，他用练习本记录下了各种屠杀故事。他分了很多类别，把死在自己手下的人都记录在册，并注上日期和屠杀的主要地区，还用双横线标示了同党的行为及杀死的人数。

当他和皮奥、潘克拉斯、阿方斯等同伙们出狱的时候，他悄悄回到了家乡的山区。他的老婆已经弃他而去，跟了一个没有他那么讨厌的农民。他独自种地，不能自给，时而也到桉树林中砍柴烧炭。晚上，他就跑到酒吧过酒瘾。

穆扬盖的市镇议员埃瓦里斯特·尼伊比济（Évariste Niyibizi）打孩童时代就认识他，形容道："他不觉得自己很有力量，干什么事情都没有小心思。如果有人让他耕地或唱歌，他是第一个。如果有人让他去杀人，他是第一个。如果让他坦白，他还是第一个。揭发、饮酒、烧炭，他一直都勤勤恳恳，兢兢业业。"

他和女邻居巴齐扎娜·尼拉登德（Bazizane Nyiradende）凑到一起过日子，她是特瓦族，也是森林中烧炭人家出身。她喜欢到尼亚马塔的小酒吧喝两杯香蕉酒。这对夫妻放浪形骸，当地人说起他们来都津津乐道，两口子深夜打架，白天劳作，傍晚喝酒。

这个镇已经开始组建种族屠杀公审大会预审委员会。幸存者通常都没有亲眼见过屠杀的场面，凶手和他们的亲人则大都不说实话，因此信息很不确切，这些委员会需要利奥波尔的详尽描述。想到可以在法官面前尽情扮演无情的——他甚至威胁自己的母亲，说要控告她——公诉人角色，他顿时热情高涨，当然他照例可以在集市上或酒吧里扮演这种角色。"据说，利奥波尔挨个儿在酒吧兜售自己的证言，"玛丽-路易斯·卡戈伊雷讲道，"他喝醉了或受到刺激时，就会威胁其他喝酒的人，说要控告对方，除非对方给自己买瓶最贵的啤酒。"梅拉妮·穆卡卡贝拉继续说道："但是，天知道他是不是在做假证或者吹牛皮，这可是现行犯啊。"

确实，这是让很多从前的老伙计们担心或害怕的事情。尤其是他们中间有三个人还三番五次试图哄骗他，后来还直接威胁他。利奥波尔写下他们的名字，向埃瓦里斯特议员投诉。"他觉得有危险，经常过来找我。他说过不了多久就会遭到陷害，他听说很多以前的同伙都对他满腹怨气。那三人比别人态度更强硬。其中一人叫塞布图拉（Sebutura），先是想用一群山羊收买他，后来软的不行就来硬的；另一个人叫米西加洛（Misigaro），还曾经给过他一大笔钱；最后一位叫恩扎兰巴（Nzaramba），他的态度最坚决，也最可怕，他在基加利大学任教，非常强势，害怕自己的位置受到影响。"

2004年9月15日晚，利奥波尔从集市回来。在公房区，一位邻居跟他打招呼，递给他一瓶啤酒。他老婆巴齐扎娜大声喊他回家吃饭，两人都喝了点酒，于是吵了起来，声音响彻他们的院落。巴齐扎娜一边叱责，一边朝哥哥家跑去，利奥波尔在后面穷追不舍。忽然，两声枪响，利奥波尔应声倒地。在茫茫夜色里，一颗子弹洞穿了他的太阳穴，另一颗子弹击中了他的心脏部位：这是专业人士干的。

婆婆得到消息后，急匆匆地跑到院子里来，开始谴责儿媳妇。"主要是想取回那个被我收缴的练习本。"早两分钟到达现场的埃瓦里斯特议员纠正说。

他们之间吵架是家常便饭，临死前还斗了好几分钟嘴，大概因为巴齐扎娜是特瓦人，又爱喝点小酒，被关押了六个月之后就宣布无罪释放。调查人员认为，很难想象在自己男人喝了酒疯跑的过程中，她可以将步枪瞄向他。利奥波尔控诉的那两位农民和一位大学教师也受到警方的审问。前两个人先被收押，后来因缺乏证据又被释放；第三人则提供了不在现场的铁证。

要不是他们能是谁呢？被图西族遇难者的某位亲人所暗害？抑

或是被他凶手／检举人／酒鬼的名气和虚张声势所激怒的某人所枪杀？还是被某位受到控诉威胁的胡图人所残害？还是由某位声名显赫的富商组织并由某位曾经的警察或军人来实施的计划？因为没有证据，埃瓦里斯特只好把该案归入了悬而未决的卷宗。他说："在得到暗杀消息时，图西人更加悲伤，他们原本期待在法庭上从利奥波尔嘴里得到更多的揭露。他们还指望着了解更多的秘密。相反，胡图人则欢欣鼓舞，纵酒狂欢，挤在酒吧里大吃烤串，狂饮啤酒，举杯相庆。"

伙伴们曾经在沼泽地一起杀人夺命，曾经在里利马监狱同寝一室，他们怎么看呢？比如潘克拉斯，他早上骑车去市场卖木薯，当被问起这个问题时，他先是淡淡一笑，然后回答说："屠杀的时候，利奥波尔非同凡响。说闲话和检举别人的时候，他也不想随大溜。他说的都是实话，他什么都敢说，一点细节都不落下。谁受得了他呢？他说的大实话会坏事的。在国家和解的新形势下，这些话显得太夸张了。"

55
在主干道上

梅迪娅特丽丝很乖巧，假期第一天下午就开始准备上大学的文具了。她沿着主干道方向去尼亚马塔新开的两个文具店采购。

这是赶集的日子。在罗斯之家前面，正如门楣上招牌显示的那样，酒吧已经更名为格察察，双排座小货车和空调越野车占了卡车的习惯位置，从基加利来的人在旁边侃着大山。在卢旺达乡村，没有什么比基加利人更扎眼的了：刚果人的发型、薄底浅口皮鞋，高高的后跟似乎很不稳定，妆化得很刺眼，粘上灰尘之后显得杂乱不均，虽然天气炎热，却仍系着领带，穿着深色西服。在全世界，大都市的人都喜欢自诩精英，但没有任何其他国家的人有这么害怕被与所到外省的居民混为一谈。大概因为他们大部分都出身于图西族流亡聚居区，基加利人还克服不了归国后的不适心理，不能接受这血腥的过去，这是他们的过去，但并不是他们的亲身经历。

我们穿过一个阴暗的酒吧，进入罗斯之家。罗斯是一位长期寓居内罗毕的英国人，她从那里带来了典型的肯尼亚色调。她负责收账。酒吧的另一端是个宽敞的内院，四面一堵绿墙，布置着一圈小雅间，中间有一个圆形游廊，四面都看得清清楚楚。

今天，谁也别想去抢游廊这个位置，地区最高军事长官已经抢先一步，周围一群手下军官正陪着他喝啤酒。旁边座位上是一位白人——在布盖塞拉很少见——他是水站工地的法国老板，正和工头们在这里放松。在法国人承建自来水系统之前，德国人修建了一条道路，路边还安装有电缆和电话线，全都是欧盟投的资，此外还有五旬节派修建的医院……还有新建市场的项目，可能还有个名副其实的体育场，这些都得等到排干沼泽之后……尼亚马塔跟所有国家一样，吸引着大发慈悲或者深感愧疚的西方人的恩赐，根本不惧怕依赖国外的风险。

在罗斯之家对面，也就是主干道的另一边，是一周两次的集市——星期三和星期六——开市时每每人满为患，这说明胡图族也不再害怕来赶集了。尼亚马塔的商人们还说这个市场大不如前，以前连上百公里外的人都来凑热闹。也许这说的是当时的气氛，而不是商业活动本身。广场上没有一丝空地，农民、批发商、手工艺人，各自划分地盘，谨守神秘的行会惯例，正如所有的非洲集市一样。在高处的地方，左边是蔬菜、香蕉、木薯、扁豆。在下面的地方，右边是鞋子。中间是布匹和衣服。这边是禽类，那边是鱼类、面粉、二手收音机、新旧电池。山羊和木炭交易市场移到了足球场，旁边又兴起了陶瓷和席子旧货市场。

在那些不那么可爱的新生事物中，昔日花花绿绿的太阳伞上，现在绘的是共和国总统的肖像，卖东西的妇女、爱护皮肤的年轻女孩、背着孩子的母亲，人人头上都罩着一把伞。黑色的背包真是难看透顶，还有那堆成山的人字拖鞋，厚厚的塑料和银灰的颜色一样不招人喜欢。还有大堆西方所谓的"二手"衣服，也不知道从哪里募捐来的，在这里廉价出售，冲击着本地的服装业。

到目前为止，幸好缝纫女工们还工作着，用着胜家牌或蝴蝶牌黑色镶边缝纫机。这些打工女并排坐着，围着成卷的布料。有几分名气的女裁缝安顿得更加舒适，在周围的铺子里工作，专门定做上衣和裤子。让内特那个位置空着。她的同事们看见我吃惊的样子，都笑了起来："别担心啊，让内特小姐今天上午刚刚下了崽，她星期六肯定回来上班。"

探寻幸存者的消息，追踪他们的生活轨迹，也就是要继续讲述种族屠杀的故事。而说到让内特·阿因卡米耶，就仿佛开始了一部连续剧，大屠杀每天都干扰着她的生活。

我们第一次见面时，让内特还是名少女，还在种地，她说了下面这番话："……一个长时间观察过恐怖和痛苦的人，不能再像以前那样和人们一起生活，因为他会变得非常警惕。他会提防别人，即便别人什么也没有做……"后来，我经常重复下面这些话，用这些话来回答"赤裸生命"的读者们提出的问题："……我不会相信那些口口声声说以后再也不干坏事的人。已经发生了一次种族屠杀，那就还可能发生第二次，在未来的任何时候，在任何地方，不管是在卢旺达还是别处；虽然始终都有原因，但人们并不了解。"

两年前，我在卡纳济告别了让内特，她当时正寄居在一座漂亮的小砖房里，那是一家人道主义机构借给她的。她在附近的土地上劳作，她养活着一大群孤儿。后来有什么消息呢？"从屠杀开始，我就特别倒霉，"她回答说，"生活退步了，当我遇到挫折的时候，我看问题也更加相对。例如，该要的时候，我就要；但泄气的时候，我就得放。"

什么呢？"我不想说得太具体，这让我心里不踏实。这让我害怕。"

我就不把所有的事情都写下来了，下面是大致的情况：

"干旱、土壤板结、锄地非常费力……我要养活太多的孩子，这些孩子都不是我生的。没有谁能帮我一把……我放弃了务农……我做起了流动小买卖，到批发商那里买各种调料，再拿到市场上卖……有个叫阿纳斯塔塞（Anastase）的人，把他家游廊上的缝纫机租给了我。我很喜欢缝纫。我挣点小钱，因为干旱，连顾客都跑光了……我又到困难女性协会的一家商店当售货员，卖糖、米、油等。因为没有人付钱，这不行啊，我要离开，我甚至都没有锁门……广播上发了通知，说地方防务大队要招人，为了挣钱，我倒想穿上制服，但训练时差点没把我累死，我也放弃了……困难女性协会到警方投诉，说商店里浪费严重，我被认定对此负责，我就跑到山里面，因为我赔不起啊，我躲了起来，后来被抓住了，还坐了一些日子牢……晚上，我的缝纫机也被偷了。我妹妹也中毒死了……就这些啊。

"幸好，后来呢，我还是继续前进。我的日子也渐渐好起来了，不再觉得自己受了诅咒……人家又给我买了一台新机器。生活越来越复杂，但往往是天意使然……有个叫西尔韦斯特·比济马纳（Bizimana）的人。他开自行车的士……我搭他的车，在市场上做完缝纫活之后，好多个晚上都是他把我从卡纳济送回来的……我们都觉得很合适……就怀上孕了……他也很疼人……他出租自行车，我们攒了点钱，凑够了费用，就要结婚……人道主义机构让我从耐用砖房中搬了出来，因为我不再是孤儿，而且我也怀孕了……我住在加塔雷一座土墙铁板房子里……债务缠身，麻烦不断，但我们喝高粱粥，能填饱肚子……上天让我做母亲，我终于生了孩子，这可不是小事啊……"

在尼亚马塔，只有红、蓝、黄、绿等布料的欢快色调让大街显得生机盎然。的确，卢旺达是个中间色调的国度，也是个音色柔美、品位淡雅的国度。这里有全非洲最不辛辣的美食。音乐如同葡萄牙音乐那样柔情感伤，圣歌一般的古典唱法浸润着忧郁，从来就不会激情飞扬。这里被称为千丘之国，不是为了强调"千"所代表的数目之多，而是为了表明在这个狭窄的国土上，成百上千的丘陵让沙漠没有任何插足的地方，有的是高原、原始森林、壮丽的景色。即使是孪生兄弟一般的邻国布隆迪，那里荡漾着一望无垠的坦噶尼喀湖（lac Tanganyika）的碧波，也回响着传统的鼓乐声。

卢旺达也是密谈私语之国。在卢旺达的酒吧里，当两个男人想说几句悄悄话的时候，他们怎么办？他们站起身来，牵着手走到一边悄声低语，然后再回来坐下，似乎什么也没有发生。如果两名女人吵起嘴来，她们中的一位肯定会找旁边的男女去当中间人，去低声地调停。谈判收成、工作、合作的时候，没有空谈，没有礼仪，没有讨价还价的兴致，论点明确，直入主题，很快拍板。"敲诈"、山里面的流言蜚语，这是很多谈话的内容；传说中的中毒也强化了坚守秘密的信仰。大家通常都在家里吃饭，以躲过邻人的目光，不管怎样，大家都不请客上门，除非有重大仪式。人们把奶牛隐藏在不知名的牲口群里，牧羊人在灌木林里放羊。包二奶绝对不可告人。拥抱不光彩，打招呼很礼貌，这些都是约定俗成的仪规，人们说话都轻声细语。人们讲卢旺达地方话，语言简洁,语法异乎寻常的完善，只有布隆迪人听得懂，与斯瓦希里语、法语或英语格格不入。

很多人了解这个国家是因为种族屠杀，因为这闻所未闻的残暴，但秀丽的风景、腼腆的居民又让他们着实吃惊。大街上的建筑都很低调：没有任何华而不实的招牌，没有哗众取宠、诗情画意的口号可以一下子照亮你的心扉，门楣上、卡车上没有任何鲜艳夺目的图画，不同于大湖区的任何城市，或者桑给巴尔（Zanzibar）、坎帕拉（Kampala），更不必说金沙萨，以及更远的卡诺（Kano）或瓦加杜古（Ouagadougou）。墙面都刷成绿色——所有的绿色色调——桉树的色调、咖啡馆的色调、香蕉园的色调，或者泥土的赭色、褐色、红色，从视觉角度来说，也是温馨的色彩盛宴。

跟上次我来到尼亚马塔时相比，这条主干道有什么新气象呢？这条宽阔的大街长约1公里，货车和卡车来往自如，还有穿梭的自行车、徘徊的行人、来往的牲口，这是尼亚马塔的繁华地带。新添了很多药店，说明医疗卫生条件发展不错。还有很多发放小额贷款——世界银行和联合国各金融组织游走在人道主义和高利贷之间，这是他们最流行的做法——的储蓄所，表明商业开始缓慢地复苏。

旱季时节，太多的磨坊工人在电磨前期盼着顾客的到来。面包店和咖啡馆都只提供一种面包、烤饼和蛋糕，而且让人非常奇怪的是它们都很相似。例如，西尔维在交通要道处的游廊里开了家面包店，你绝不能让她的技艺高超的面点师烤制别的面点、尝试别的口味，或其他形状的面包和糕点。

自行车的士多如牛毛，但自行车的优雅还没有遭到破坏：黑色厚重的架子，加了一个汽车顶篷似的罩子，安装了三四个镀铬的后视镜，搭乘客的后座用红皮或蓝皮做成，周围是一圈黑色的流苏。我也发现了更加气派的摩的，和基加利那边一样。进城的地方有个自行车的士聚集点，正对着正规的士车站；最大的站点通常在高大的金合欢树下，在芝加哥公司所在那个十字路口；还有第三个集中的地方，在城的另一端，那里可通往卡纳济或更远的恩干达。每天从晨光初露开始，这些车手们片刻也不休息，蹬着车，忙着载人、动物或扁豆，有时候，每辆车能驮满满的五个口袋，每袋重25公斤，全都捆绑在后轮两侧。他们穿行在尼亚马塔和郊区地带，有时一直熬到深夜，拉那些晚归的酒友，经常还要去到几十公里外的地方，坡道上崎岖不平，溪水泛滥，即便是对最疯狂的环法自行车赛领骑者而言，要是不注射兴奋剂的话，也要累得人仰马翻。

开集的日子，如果你一屁股坐到遮雨檐下的长椅上——比如就在大伙儿经常跟他开玩笑的泰奥内斯特的铺子前面吧——您就会有这样的感觉,随时都会出现从周边山上下来赶集的熟人。你看,她啊,这不是安热莉克·穆卡曼齐吗,她牵着塞德里克(Cédric)的小手。她经历过一段痛苦的时光,这时光曾经在脸上留下无情的痕迹,如今她又找回了细腻和风情,这大概是从她遇到自己的中尉开始的吧。再后面一点的地方,那是克里斯蒂娜·尼兰萨比马纳吧,她对谁都爱笑,什么都能让她笑,嘻嘻哈哈,就是在100米开外也能认出她来;她心情很好,和一位大兵怀上了第四胎。

让-巴蒂斯特·蒙扬科雷骑在黑色自行车上,宛如阿尔塔班(Artaban)*骑着自己的骏马。他双腿蹬着车,缓慢而有节奏,背挺得很直,肩头毫不摇晃,双臂紧握着龙头。虽然他来自15公里外的恩塔拉马,有一半路程还得穿越森林,他脸上却没有任何表情。他穿着最新的绿色上衣,里面穿着花衬衫,戴着金丝眼镜,头顶卷檐帽。如果他要过来赶集,谁也拦不住他,再说他在求加罗小学教了55年书,现在已经退休了。

每逢赶集的早上,天刚亮,他就把老婆贝朗西勒(Bellancile)送到庄稼地里锄地干活。他还会交代小牛倌,让他好好照看牲口,然后再回到家中穿上外套,还不忘记带支笔,带个小本子,然后才跨上自行车。

第一位太太死在沼泽地之后,让-巴蒂斯特饱受寂寞之痛,直到后来又物色了这个续弦。"我等了三年,可不是谁都能忍受这种没老婆的日子,家里家外都要自己来操劳,尤其是做饭啊,做卫生之类的。"我们上次拜访他时,他这样说道。"真的,我感觉自己出局了。但运气还是不错,没过多久总归找到了,我还托了媒人。他

---

* 美国小说家亨利·范戴克(Henry van Dyke)根据《圣经·马太福音》创作的短篇小说《第四位博士》("The Other Wise Man")中的主角。他观察星象,认为耶稣即将诞生,于是变卖家产,骑着一匹马跋山涉水前往迎接。——译者注

去送了聘礼,没费什么周折,就订下了婚事。"前妻生了11个孩子,如今有的已经成人,有的已在大屠杀中丧命,5年之后又新添了3个同父异母的弟弟妹妹,迪奥热纳(Diogène)、让、让娜-达尔克(Jeanne-d'Arc),这还不是最小的孩子,连他自己都说:"问题比较麻烦,妻子还很年轻,正是生育的年纪。"

这时候,让-巴蒂斯特骑着自行车,首要目的是去县教委领取退休金。然后还要去教区,那里有意大利心理治疗专家组织的受害人群心理治疗培训;接着去慰问去世的女同事的家人,最后还得去山羊市场逛一圈,几个星期前,他家的黑母山羊被偷了,他一想起来就觉得恼火,他打算挑头能生产的黑母羊。但是路上无意中碰到熟人,大把时间就这样浪费了,教了那么多年小学,到处都是从前的学生,大部分都很感激他,很乐意请他喝瓶啤酒。

基本戈的大队人马如同去参加婚礼一样,穿着星期天的盛装,骑着自行车,争先恐后往山下而去。皮奥穿着黑色西服上装,带着妻子若西亚娜(Josiane)去诊所做B超;我们回头会谈到他们,他们的结合太神秘了。潘克拉斯穿着深蓝色缎子衬衫,载着妹妹去给母亲买驱虫药。菲尔让斯·布纳尼骑着单车,穿着白色拖鞋,脖子上挂着个银色大十字,托着两袋粮食到市场上去卖,妻子已经在市场等他。

他们绝不敢进大街小巷中的那些酒吧,他们害怕受到挑衅或发生口角。香蕉酒,他们也只是晚上在山上才喝;但下午的时候,他们也下山去和朋友们聊天,一起闲逛。三年前刚刚获释的时候,他们甚至不敢下山来尼亚马塔,不敢到大街上溜达;那时候,他们既没有自行车,也没有像样的衣服。

56
说什么呢？

很难跟别人谈起自己的经历，通常压根就说不出来，也不能与没有切身体会的人一起分享：这就是种族屠杀见证者们异乎寻常的心态。这与那些经历过其他人为灾难（战争、种族灭绝、占领）或自然灾害（地震、火山喷发、干旱）的人们的心情不同，他们的情况更为罕见。

在这些悲剧发生之后，不管损失有多大，不管是何等的残暴和野蛮，幸存者总是自发出来做证，言辞通常都很尖锐，尽可能多地讲述他们的遭遇。巴勒斯坦的小伙子，塞拉利昂的男人，车臣、波斯尼亚或斯里兰卡的女子，他们和她们都在控诉、揭露、诉求、指责、摩拳擦掌，她们和他们都在抗议、痛惜、索求、不停地呼唤外国人。

在种族屠杀之后，幸存者和凶手们则都试图保持缄默，很难就自己刚刚经历过的屠杀进行交流。他们都有着沉默的想法，有时候甚至是永远的沉默。凶手一边的原因大家都可以理解，幸存者一边的原因却更加复杂、感人。谁都不会忘记艾希曼（Eichmann）诉讼案，也不会忘记西蒙娜·薇依（Simone Veil）在多年的沉默之后突然讲起了在奥斯威辛集中营的经历，这种揭露具有非常大的冲击力，谁都不可能不知道这些秘密，这些秘密在无以数计的犹太或非犹太家庭里延续，永远封存在记忆深处。

那怎么看待旧话重提的这些困难呢，不是跟外国人谈，而是和身边的邻居，和昔日的同事，和从前的女伴？凶手怎么面对幸存者，面对自己的孩子和朋友？幸存者怎么面对杀害自己亲人的凶手？对一个追杀过你的人，或者你曾经拿着大刀追杀过的人，对抛弃过你和揭发过你的人，你能说什么呢？卢旺达这个国家的命运在当代历史中是独一无二的，死者的家庭和凶手、头领、策划者的家庭马上又得朝夕相处。在这个人口众多的国家，命运使得他们要重新扮演起相同的角色。和从前的位置一样，在相邻的土地上，在教堂的长椅上，去赶集的时候要穿过森林走相同的路，一起在医院焦急地排着长队，在尼亚马塔足球场边为每一次进球欢呼，彼此一起工作，现实里不得不相互说话。说什么呢？这次种族灭绝差点就达到了目的，各自的想法又怎么说得出来呢？

伊尼亚斯：

"我虽然年纪大了，所有的细节却记得清清楚楚。其实，凶手呢，他们知道失败了，所以不想回忆这些，但他们抹杀不了这些细节。他们在撒谎，这也很自然，但是太过分了。把自己封闭在谎言中是很危险的，时间长了你可能会把谎言当成真相，这会毁掉你的精神。那些接受了一小部分真相的人反倒让记忆减了负。不好的记忆被好的记忆所取代，对人来说是有好处的。

"真正的真相不应该到处宣传。要让图西人相信你说的是实话，这是不可能的。即使某个情景的所有细节都说了出来，他也不会相信；在这样严肃的问题上，大家很难达成一致。你想讲你怎么杀了某个亲戚，他就会发火；你就会逃避，他就这样生气了，就会怀疑你。

"我们不能直接谈起屠杀,如果揭人伤疤的话,这会让幸存者受不了,对杀人犯来说也很冒险。我们如果说起,那也是打马虎眼、假模假式,说些面子上的话。胡图人犯过错,因此很害怕图西人,谁都不敢再说真话,不敢说要报复的话,或可恶的话。"

阿方斯:

"我们这帮基本戈的伙计经常见面:潘克拉斯、皮奥、伊尼亚斯、菲尔让斯等。我们经常走动,一起喝酒,一起回忆。我们在一起很放松,随便发表评论,可以说在沼泽地或刚果的各种经历。我们希望患难与共。但和图西人在一起的时候,我们感觉不自在。

"说到底,对发生的事情,图西人肯定不如杀人者知道的多,他们只顾逃命,他们太弱小了。现在,他们要求屠杀的细节。你刚一说,他们就开始发火。他们平息下来之后,又想要新的信息。于是重新来过,但真正的真相,也就是说当时的那种气氛,其实是描述不出来的。

"要描述当时的激情岁月,当时的如火如荼,这是不可能的。怎样在出征途中逗乐,怎样在庆功的日子里分配啤酒,怎样杀奶牛,怎样在沼泽地高歌猛进,怎样跟那些不幸的女人发生关系,怎样在晚上会师,怎样模仿那些垂死挣扎的人,所有这些开心的玩意儿,真让人受不了。如果说所有的人都曾经参与其中,只有老人、妇女和孩子除外,这也是需要甄别的真相。

"有时候,你在酒吧里可能会遇到某个图西人,他会取笑你。他会跟你开玩笑,说你如何吃掉了他家的奶牛,或者类似的故事。你得聪明点,稍微有点小闪失,局面就可能急转直下。

"在出征的日子里,我们干了太多的傻事。现在,我们很难摆脱曾经干过的坏事,也很难避免在讲述这些故事时会干下的坏事。在图西人的家里说话,从来都很含混,谁也不能认认真真地说话,必须得马虎点。我喜欢在酒吧里说说这些。举起酒瓶子,敞开心扉,说些恭维话,主动说要去帮别人家播种,这样说话呢,也算是旁敲侧击啦。"

潘克拉斯:

"从监狱出来后,我们被运到了比昆比营地。我们在薄膜仓库里住了三个月,仓库改装得很好,我们还可以买香蕉酒喝。第一个月主要是上课,我用圆珠笔做了笔记。教官给我们讲卢旺达的历史、国王、殖民者、共和国的更替。对我来说,一切都是新内容,当然屠杀除外。

"还教我们在山上要老实做人,善解人意。在教室的长椅上,有些胡图人吵吵闹闹,很不安分。这些教官气势汹汹,把他们都调教过来了。他们对我们讲:'你们离开山区的时候带着凶手的嘴脸,回去的时候必须改头换面,带回去羊羔的相貌。你们会遇到愤怒或怨恨的图西人。你们会遇到某些邻居,他们知道你们干过坏事,他们有些人精神受了创伤,有时候可能会出现不测。如果他们骂你们,不要还嘴,转过头去叫个信得过的人,比如地方当局什么的,或者直接走开。

"还教我们要忍受艰苦的生活、干旱,要俭朴,面对幸存者要有耐心。绝不能直接谈起屠杀,绝不能提及尴尬的细节。除了面对法庭的听众,绝不能私下表示遗憾。不要吹牛,不要嘲讽,不能多嘴。这些品德课很管用。"

菲尔让斯:

"1994年,我们离开图西人的时候,说的话非常可恶。他们都像受了惊吓的样子,也不想跟他们打招呼。我们看他们那样子就跟蟑螂似的,在酒吧里,我们嘲笑他们指日可待的末日。屠杀期间,我们高声歌唱,气势如虹,头顶草帽,对他们骂骂咧咧,举起血腥的屠刀,他们讨饶的时候,我们只有冷笑。

"如今,我们开始说话。怎么样,还好吗,家里都好吧,庄稼还过得去吗……我们谈播种;以前那些恶毒的话语也都改头换面了。不管在什么地方,我们都表现得很热情。幸存者听到我们说话乖巧了,感到很奇怪。行不通就改,这也很正常啊。"

孔索莱·穆雷卡泰泰(Consolée Murekatete):

"比起男人来,女人更容易滋生怨恨,更容易产生同情。男人可以劈头对骂,女人则应该掩藏起来,不管如何,卢旺达女人就是如此。但大家天天都在抱怨。

"他们抱怨胡图女人比图西女人要多说十遍都不止。有些女人认同了丈夫的劣迹。她们谴责丈夫在沼泽地干了坏事,败光了昔日的家业,杀了好友的邻居。但有些女人却不接受这些。她们否定一切。甚至连丈夫的坦白也矢口否认。她们只知道反复唠叨自己的损失。她们还在院子里抱怨,说要报复云云,在心地善良的女人之间制造新的麻烦。"

玛丽-路易斯:

"和胡图人说话的时候,我尽量掩饰自己的感受,也就是说坏的想法。如果谈工作,那就谈计划吧;如果他需要我,或者我需要他,那没有问题。谈话中,我们可以提到屠杀,但都是以开玩笑的方式、行话的方式,只是一带而过。

"我不知道自己想了解屠杀的什么细节,但我得小心在意,和胡图人谈话如履薄冰。如果话说重了,如果伤了人,他就会觉得遭到了冒犯,然后就会不理我,我也觉得输了棋。说实话,如果凶手撒谎的话,听起来让人很别扭。但他说真话的话,还是同样让人觉得尴尬；他也羞于说实话，如果撒谎，也同样觉得不光彩。

"从前，我小的时候，作为图西人，即使生活贫穷，也感觉很受尊重。我们一直都有心理优势。后来，我们感觉被背叛了：被追杀、威胁、污辱，好像图西人犯了罪似的。真是恶咒。现在呢，我既不害怕，也不害羞；相反，我为身为图西人而感到骄傲。我有幸为图西族父母所生养，有幸嫁给了英俊的图西族丈夫。有幸被当作图西女人看待。当然，我不能大声这样宣传。"

卡修斯：

"严厉的和解政策限制我们不能随便对幸存者胡说屠杀的事情。只有哀悼期间或受邀在法庭上做证时除外。比如：我绝不会娶胡图女子做老婆，我绝不会公开地谈起。对分裂主义分子的惩罚十分严苛。

"人道主义机构组织了很多培训班，目的是让图西人和胡图人能够说话得体。这些组织花了数以百万计的美元，帮助我们学会谅解，建立友情。但幸存者呢，他们不愿意用自己的金口玉言和小小的补偿做交易，因此他们也没有得到什么有价值的东西。他们不想以任何方式谈起往事。

"在幸存者内部，大家谈起来没问题。和别人嘛，这不大可能，即使和外国人，也不是那么有把握。有些人可以理解，有些人可能会嘲笑，或者咄咄逼人。为了不冒失败的风险，最好还是关起心扉。

"胡图人表现得很客气，因为他们自感羞耻，但也有人私下说要重新再来。图西人也哼哼唧唧，说要报复。如果嘴上重复心里嘀咕的话，那肯定会带来恐惧、复仇，也就是某种意义的屠杀。最好把悲伤埋到心底，把怨恨留在心间，或者要不就和某个命运多舛的伙计分享。"

弗朗辛：

"在市场上，大家互相出售商品，没有麻烦。在酒吧，大家一起谈庄稼、气候、和解；大家一起喝酒，谈起话来很投机，当然这个话题除外。

"胡图人没有被真相所触动。他们在法庭上谈起屠杀来，也不过出于利益的考虑，当同伴揭发他们的时候，目的是为了避免坐牢或者处罚。如果没有回报的话，他们对屠杀绝对只字不提。因为法律的力量，因为想得到法律的赦免，他们才不得不说。酒喝高了，他们就互相逗弄起来，或者辱骂还在狱中的同伴。甚至还有些坐过牢的人开这样的玩笑，说如果干旱继续的话，那还得再来一次，因为在龟裂的地里干活比待在监狱里还要苦。

"但他们从来就不会向图西人提问题，比如：我们如今怎么样，还有什么心里的伤痕，哪些人死了，我们当时的生活如何，要是没有死者的力量或者恩惠，我们现在的新生活会如何？他们根本就不好奇，根本不。

"如果某个图西人要问细节，胡图人就会躲避。即使知道是他杀了某人的亲人，问他的目的是为了挖掘和找到遗骨，为亲人修一座基督教式的墓地，那他也不会回答。

"我们呢，也多少有淡忘的趋势。夸大记忆，回味历史，比较细节，这也很烦人啊，平日里生活已经不容易了，这样还会徒增烦恼。胡图人呢，他们绝对回避一切。他们只想谈还算过得去的现在。大家喜欢开玩笑。聊得越多，他们说起来也就越和善，我们也就被他们的友善软化了。这友善缓和了愤怒的心情，而不是警惕的心理，但愤怒嘛，确实是缓和了。"

让－巴蒂斯特：

"人家不允许我们直接和胡图人谈起屠杀。审判期间什么都可以问，但之外的都是禁止的；在法庭上，有人讲，有人问，有人指控，他们作答，然后就结束了。没有人争吵。在偶然的谈话中，我们不能问他们任何尴尬的细节。大家都说些客气的话，事后谁也不会记得。

"在酒吧里，谁都不敢问真相到底是怎么样的，当然酒醉之后除外。我呢，年纪也大了，我可不能成为坏榜样。不能挑衅对方，反之亦然。如果敢的话，那也是有用的，但大家宁愿避免争端，大家都多少有一丝怜悯，一丝害怕，一丝尴尬，当局对我们影响不小。

"例如，两个人来家里道歉。他们也不是真心实意地来，来也不过是为了避免牢狱之灾。主动来跟一个父亲说，自己如何杀了他的女儿，或者让父亲来问那些人，到底是如何杀了他的女儿，这确实很不容易。因此我们什么都不说，除了客气之外。他们还送只铁桶啊，我们答应互相帮着做农活啊什么的。听他们的，还是不听他们的，其实都一样。我之所以听他们说，不过是为了快点打发他们走，让我独自品尝痛苦。离开的时候，那些人还讨价还价似的说，他们对我很友好，他们在沼泽地里没有杀我，等等。我还装模作样感谢他们。"

西尔维：

"我的感觉不同了。以前，十年前，如果让我讲述自己在屠杀期间的感受，我可能非常害怕，我可能讲不下去。回顾历史的时候真是心潮起伏，于是没有信心，只感觉到无处不在的惊慌，我只有逃避。很早的时候是这样。现在没问题了，因为有比利时心理医生的帮助，我学到了很多。

"我的内心轻松多了，不再害怕，但还是感觉到不舒服。如果我重提旧账，回忆对我的冲击很大，有时候我会沉默，我会想到将来，想到等待我的美好事物，慢慢地情绪就过去了，于是又可以接着说下去。"屠杀之后,我对什么都没有信心。得了,对他们的信任感,当然也不复存在,但我找回了信心。是的,我对自己充满希望,我可以坦然对话。"

"我有任务去了布塔雷监狱,那里关押着很多参与屠杀的名人。我们聊精神创伤,聊坦白交代,聊和解问题。我很吃惊,这些知识分子说得很好。他们很坚强,给受害者家人写信,信大概都写得很诚恳,当然也许有自己的如意算盘。他们筹划着出狱的事情。他们很稳重,很礼貌,什么都可以和你谈,绝不回避,当然他们的错误除外。

"他们和山里面的胡图人完全不同。山里人表现得很胆怯,很羞耻。看到邻居伤心的眼神,听到寡妇哀怨的话语,他们容易发脾气,反应可能来得很突然。

"我想:这可不行啊,这些胡图族农民占了多数,还需要他们劳动来养活居民。他们知道的事情太多了,但却不能讲出来。如果他们透露得太多,同伙们也会看不起他们,会威胁他们,当然也包括他们自己的儿子,可能也会受到指控。需要帮助他们,让他们说出来,尤其是那些想开口说话的人。自己痛苦地咽下秘密,这是卢旺达社会古老的传统。

"一天,我们接待了北部地区的一个小团队。北部地区住着阿卡祖*胡图族,这是哈比亚利马纳家族,纯粹的胡图人。很久以来,他们把当地的图西人都杀光了,时间久了,他们以为我们的耳朵也麻木了。这是个和解代表团,要参观纪念馆和祈祷仪式。大家没有任何可说的话,除了礼貌性地打打招呼。

---

* 卢旺达语,表示"同住的一家人"。事实上,这个词是指当权者的亲信。从 1993 年起,"阿卡祖"开始指代大屠杀的领导核心,由朱韦纳尔·哈比亚利马纳总统身边的北方贵族掌控,特别是其妻子阿加特·坎齐加(Agathe Kanziga)和她的三个兄弟。——作者注

"后来一起参加告别宴。几乎就是默不作声地吃饭。坐我旁边的一个人跟我说:'我从来也没有想到过,有朝一日会和图西族女士坐在一起吃饭。要是回去说起来,谁也不会相信。'我们笑了,他接着说:'我觉得,所有布盖塞拉的图西人只一心想着要报仇雪恨,要杀死我们。'我回答说:'我觉得,所有北部地区的胡图人一心想着要杀光所有的图西人,从1959年就开始动手了。'我们聊得很好。我们倒觉得无所谓,因为我们彼此也不熟识;我也不知道在屠杀期间他干了什么,他也不知道我怎么活过来的。

"不久之后,这名胡图族先生又给我们派来第二个北方胡图族代表团,挤了满满一大车。我想:他跟我一样,也很清楚,我们彼此的命运绝不会脱离卢旺达。我们还得比邻而居,我们还得彼此对话。

"就像我上次跟您说的那样,按照卢旺达的习俗,邻里关系非常重要。只有邻居才知道你是怎么醒来的,你缺什么,大家可以怎么互助。如果你不再认识你的邻居,或者你跟他说话时,他理都不理就走开了,那你就缺少点东西,这是很严重的。说说话,既不会带来道歉,也不会带来遗忘,这是不可能的,但缓和呢,这是可以的。相反,互不说话只能增加蔑视,增加怀疑。这让人更加害怕,更加怨恨,恨不得又抓起屠刀。

"如果彼此说话,我不敢肯定他们是否会再犯错误。但如果互不搭理,我敢肯定他们还会继续尝试。我是图西族,如果说我必须迈出第一步,那是因为面对我的胡图人太不自然,我必须和他们交流,我成为受害者只好自认倒霉,再说我也可以成为赢家。我的心里,不应该始终绷得紧紧的。"

安热莉克:

"我虽然苟活下来了,但不觉得该受谴责。那些胡图人看见过这一切，谈论过我们穿的破衣服，我们有过的想法，喝过的泥浆，吮吸过的芭蕉树汁。和这些胡图人聊天，我会觉得很羞辱。这很痛苦。对他们说我们躲在地里找生东西吃，还有人在死人旁边寻欢，这太不体面了。

"我还没有跟孩子塞德里克说起过屠杀的真相。他才五岁大。但这绝不是一天两天就说得清的。孩子已经开始提出很多问题了：为什么妈妈没有爸爸？为什么妈妈没有妈妈？他还不明白为什么星期天我们不能举行家庭聚会。如果听说祖父是在泥沼中被杀死的，他会感到很羞愧，也会非常害怕。很难知道一个小孩子对种族屠杀的了解程度，孩子们永远不应该谈起这个话题。他以后什么都会明白，因为大家都在人云亦云，他也开始有所了解了。"

伊诺桑：

"以前，每天晚上，我们都在玛丽－路易斯那里碰头聊天。回家之前，这好像成了必不可少的习惯。我们一起回忆，一起盘问，怎么受苦的，怎么逃出来，死亡、贫穷、失望等等。我们翻来覆去地说，都说得有点烦了。后来，酒吧里来了些没有经历过屠杀的人，大家成了朋友，我们害怕刺激他们。大家渐渐地就散了，也没有争吵。

"现在，你可以看到，蒂特（Tite）在芝加哥酒吧，多米尼克在出租汽车对面的那个酒吧，伊诺桑在凯比西酒吧。当然，谁都没有忘记。但说到底，我们明白了，如果没完没了地重复，在共同相处的生活里，大家都不会觉得舒坦。很多人都不想再提那些事，他们想改变自己的生活。

"你看，在卡云巴山那群人中，埃马纽埃尔（Emmanuel）已经投身市镇政治工作了，泰奥内斯特在新铺的沥青路边把生意做得红红火火，欧也妮开了家酒吧，我则成了学校校长。有些人当上了大批发商,生意做得很大,还有人在基加利当上了议员,或者做起了身宽体胖、仪态优雅的贵妇人。

"他们不再喜欢那些闲言碎语,破衣服啊,虱子啊,这都很丢面子的。他们都不再提了,逃避了曾经逃避的经历。你越是谈起你的幸存,人家越是看不起你。幸存者拼尽了老命,目的是为了活下来,而不是为了生活,很多人都担心被同事们瞧不起。那些被强奸的,那些拿钱买命的,那些不得不到基加利或布塔雷出庭揭露同胞的,那些甩下小孩子自顾自逃命的,他们的情况更加糟糕,不敢向任何人吐露心声,尤其是外国人和看笑话的胡图人。要不就简单地开开玩笑,放松一下,表面上显得很坚强,或者努力和邻里装出亲近的样子。

"如果某个图西人和胡图族坏蛋谈起屠杀,那不过是为了从他嘴里了解狩猎的细节、死者的名字、遇难的地点、埋藏的场所、说过的话语,因为图西人在自己的藏身之处几乎什么都没有看到。相反,为什么我们受到了虐待,为什么我们幸存了下来,我拒绝谈起。

"总之,幸存者没有地方可以说话。在做弥撒的时候,他们歌唱、祈祷,然后就结束了。在酒吧里,他们喝着啤酒,打开话匣子,完全是自我解嘲;但必须得谨慎行事才行,胡图人可不喜欢听到这些玩意儿,他们可能会大动肝火。收音机里、电视上,大家谈得很多。很多人都在解释种族屠杀的原因,尤其是在哀悼期间更是如此,但他们却回避了让人不堪回首的事实,死者的名字、残酷的细节。大家谈论的方式,不过是在两边阵营之间做和事佬。对胡图人说不能再干傻事了,要表现得老老实实、勤勤恳恳;对图西人说不管有什么担忧,一定要接受和解,要表现得宽容大度、谦让可亲。

"说穿了,还是国外的图西人、流亡的图西人在领舞。这些图西人饱受流亡之苦,他们在屠杀之后重返故园,收回昔日的房屋,购买大量的奶牛,开始做生意。比起谈论大屠杀,他们更容易为财产而吵得不可开交。他们畏惧胡图人，但他们不害怕屠杀，他们在利用屠杀；和胡图人在一起时，他们还互相说些中听的话，免得惹起对方不快，他们考虑的只是未来，他们统治着国家。

"幸存者呢，他们觉得很失望，他们很压抑，他们怨声载道。愤怒、忧伤、怀旧，这些都不能说出来，从来都不能推心置腹地把事情说出来，免得触动了胡图人，免得让当局震怒。违心真是让人万分痛苦。

"说实话，对幸存者来说，没有任何公开表达自己内心感受的机会，没有任何要求小小补偿的机会。

"太让人难受了。比如，克洛迪娜悄悄跟您讲过，她很恨胡图人，弗朗辛说她在路上看见胡图人就吓得发抖，贝尔特害怕和胡图人坐到一起，甚至连弥撒都不参加了。卡修斯不能跟胡图女孩子说话。玛丽-路易斯害怕隔壁的胡图女人，连田地都不管了。这种压抑让幸存者非常痛苦。如果能敞开心扉，坦述衷肠，心灵就可以得到抚慰，但国家就会乱。"

贝尔特：

"我们所经历的和今天所讲述的，这之间的鸿沟在不断扩大。大家讲得很好，就像整理好了的流血史。内容在那里，事实越来越准确，细节越来越相符，但整体的气氛不复存在，我们不能再谈起当时的心理感受。幸存者的心里缺少了事件发生时的真情实感。当时的焦虑是讲不出来的，这种感觉在逐渐淡化。

"当时的所思所想也讲不出来了。比如，您问我当时想到了什么，我只能回答说：我可能想到了很多东西，想到了上帝、上帝的死亡，想到了躲藏，想到了屠刀，想到了恐怖的寂寞，甚至想一死了之。我感觉被逼得无路可逃。每天晚上，我都做好了第二天要面对死亡的准备。真正在想什么呢？您要写书，我当然可以跟您说说，可以找些好的词语让您满意,但这根本就不是我的确切思想,不是我躲在沼泽地里,或者静夜时分,与身边人长时间的所思所想。

"我的想法可能已经烟消云散,我可能不再思考,逃生的想法可能压根就不像真正的思想。我们不再是完整的自我,因为很多东西都忘记了。对那些没有经历过屠杀的人来说,真相将一直付诸阙如,因为幸存者已经力不从心。"

57
不仅仅是一个画面

拍电影的来了。大家传闻了好几个月。今天上午,终于在尼扬维扎,在沼泽地边看到了他们的踪影。

我们来到小山顶上,山下河水环绕,30多辆小卡车停在一片帐篷外面。发电机声声轰鸣,技术员忙前忙后。这与曾经穿行在这个地区的数不胜数的电影摄制组没有任何可比之处。经过了三年的剧本创作,经过了几个月在各地的选景,这位知名的海地导演现在带队来到这里,拍摄一个传奇故事,这是美国的大制作电影。电影这个称呼非同小可,因为当地人压根就不知道电影院长什么样子。

在下方100米处,在陡峭的山坡上,也搭建有帐篷,保护着摄制组成员免受骄阳之苦。他们穿着短袖上衣、塑料靴子、漂亮的工作服,手里拿着步话机和矿泉水。

最下面的地方,水边的场景:导轨上的摄影机、泥沼中的假尸、扬声器的督促,一名赤身裸体、满身污泥的小伙子拍了一个又一个的镜头,从纸莎草里出来又进去,来来回回。突然,一声尖叫,接着又是一声。法国的一家日报对摄制组进行了跟踪报道,在他们的新闻稿中，我们可以读到这样的内容，说是某些幸存者情不自禁地发出了撕心裂肺的叫声。事实上，这是女性技术人员受不了那些太恐怖的镜头，随团心理专家马上朝她们奔了过去。后来，人群里弥漫着愤怒的哀怨。还是这份报纸：看到屠刀的时候，当地农民不能压抑自己疯狂的心理和愤怒的情绪。为了那20美元，他们清晨5点钟就急匆匆地跑过来，这在干旱季节多少算点小恩小惠，实际上，他们刚刚得知只有在电影里扮演群众演员才能领到这笔钱。

除了这些插曲之外，虽然很炎热，草地上依然蹲着成百上千看热闹的人，大家都鸦雀无声。他们觉得，让泥浆中的小伙子再现屠杀场景简直不可思议，他们已经完全麻痹，在随后很长时间内大家还会说三道四。

我坐在伊诺桑·鲁维利利扎的旁边，和他讨论这些场景，向他描述了几个摄影师和摄像师朋友当年的惊诧。在大屠杀时期，他们穿越了尼亚马塔地区，在沼泽深处15公里的地方拍下了当时的狼藉和破坏状况，他们想象不出屠杀的经过。后来，我们谈到了种族屠杀的图片和影像资料的缺乏，每次拍摄这个题材的影片时，人们都会碰到这个无情的问题。我告诉他说，在第二次世界大战期间，战争冲突留下了全方位的图片和电影资料，从斯大林格勒到阿拉曼，从珍珠港到德累斯顿，但关于犹太大屠杀中逮捕和流放的图片却非常少，更不用说关于东欧和集中营死亡机器的图像了。伊诺桑觉得，这已经很幸运了。

我很惊奇。过了些日子，我又与其他幸存者谈起此事，他们也感到很庆幸。他们的解释和伊诺桑、贝尔特一样，都非常清楚。

伊诺桑：

"幸存者不能主宰自己的记忆，不能摆脱那些烦恼的记忆。想把它放到一边，想改变大脑的分区，这是可能的：如耻辱的记忆，就像虱子啊、强奸啊、小小的背叛啊什么的。但要想把它们剥离出来，这是不可能的。如果幸存者试图这样做的话，他就会发现随即产生的结果更糟糕。因此，他会努力和那些画面一起生活，脑海中的画面不断来回闪现，根本不会征求他的意见。幸好有些画面只有他自己可以看到。最丑陋的、最恐怖的，他也不会向不在现场的人展示。即使他知道，其他幸存者在记忆深处也保留着同样的画面，但这些画面不能像话语一样自如地得到交流。时间流逝，幸存者心里相对踏实下来。他感觉到达了安全的地方。他不再经常回想那些画面，他越来越如释重负。

"每年哀悼日期间都要公布很多屠杀的画面：尤其是尸体和骷髅，在电视上、报纸上、展览中。我能够接受，因为这是大屠杀之后的画面。大屠杀期间的画面，人们几乎从来没有见过。这也不奇怪，其他的种族屠杀同样几乎没有任何画面，比如犹太人大屠杀、亚美尼亚人大屠杀。之所以没有照片，那是因为在大屠杀的现场、在沼泽地、在森林里，没有摄影师的容身之地。在屠杀者、被杀者和要被杀的人之间，外国人没有任何途径可以跻身其中。外面的人不可能进来，来了也活不下去。

"这倒是幸运的事，因为我肯定受不了大屠杀现场的画面。假如您看见欧也妮的照片，她在森林中奔跑，腰上缠着布条，或者玛丽-路易斯的照片，她和狗躲在一起，连粪便也顾不上了——这很吓人的。纸莎草丛中，一群群的人在祈祷，受伤的人匍匐在地让嘴唇沾点水喝，饥饿的老者在刮着木薯屑，一张这样的照片。我们在卡云巴山过着猴子般的日子，他们在沼泽地里过着两栖动物般的生活，这样的照片是非常不人性的，会加重幸存者的痛苦，再说也没有什么用处。对那些没有身临其境的人来说，这些画面也说明不了任何问题，除了能展示死神之舞外。"

贝尔特：

"藏身纸莎草丛中的时候，我们心里在无声地独白。我们心想：今天是不是活不过去了，或者明天就要死到临头，屠刀的利刃一定让人疼痛万分？这邪恶是否还要继续？同样的印象不断重复：等待、恐惧、恐怖。谁能在沼泽地拍出这种内心体会？母亲将婴儿抱在缠腰布下面，周围响起了一群暴徒涉水的声音，谁能拍这样的照片？逃生者之间交换个眼神就知道是互相鼓励，还是惊恐不安。很多人太恐慌了、太绝望了，眼睛已经表达不出情感。谁能够拍摄这些眼神？还有晚上从淤泥里走出来看到四周都是死尸时的眼神？当知道自己是待宰的羔羊时，还能像在婚礼上那样从容面对穿行于沼泽间的摄影师吗？"

伊诺桑：

"拍摄种族屠杀应该在屠杀之前，这才能反映其筹划的过程、中坚分子的嘴脸、储备的屠刀、法国军人和比利时神父的串通一气、凶手出征时周全的方法。我觉得只有拍序曲和前奏才有意义，可以让局外人明白其中的来龙去脉。

"还可以在屠杀之后拍摄。为了展现死尸、幸存者饱经折磨的脸庞、凶手们扬扬自得或不胜羞愧的脸庞、白骨累累的教堂、逃到刚果和加拿大的人、监狱中的囚犯，还有来参加纪念仪式的外国人。目的是说服那些怀疑者，反驳那些持否定态度者。

"但真正的屠杀现场属于那些亲身经历过的人，那些应该将其深埋心中的人。这实景，和谁也不能分享。"

58
与死亡和死者为伍

玛丽-路易斯：

"我都做好了死的准备，但死亡还是与我擦肩而过，我感觉到了死亡的徘徊和纠缠。从此，死亡也就不算回事了。死亡不再让人提心吊胆，仿佛自然多了。从前，当我们山上有人死的时候，总是让人难以适从。但屠杀期间眼睁睁看着那么多人死去，死亡已经不像从前那么震撼了。如果有知心朋友死了，我会受到震动。如果家族中最年长的人死了，我会感到伤心。但害怕吗？不。看着入葬的时候，我不再像从前那么惶惶不安了。"

贝尔特：

"在沼泽地区，我们对死者丧失了同情心。我们想不到要安葬他们。再说死者太多了，也没有这个可能。这些尸体都快让我们想不起活人来了，他们赤身裸体，对我们触动特别大。对那些运气不好的死者，我们想不到还要举行什么仪式。我们说他们运气不好。每天，死亡都与我们如影随形，从早到晚片刻不离，连安顿死尸的想法都没有了。如果碰到认识的人，如亲戚什么的，好歹还可以在他们身上铺些泥土；但对其他人呢，我们整日价惊魂不定，压根就不敢逗留。

"从前，我根本不知道种族屠杀是怎么回事。我特别害怕死亡，从来不敢正视死亡，死亡总带着非同寻常的色调。每每需要过两到三年，我们山上才有人去世，我们将死者送到墓地，一路上陪着伤心落泪。

"大屠杀结束后，我们见到了那么多赤裸腐烂的死尸，从我藏身的水边就可以瞥见他们，我还多次从他们身上跨过，我根本就不拿死亡当回事了。我的意思是说，我不再把死亡看得那么神秘。邻居的死讯传来，也不可能再深刻地打动我。

"大屠杀之后，就这样持续了很多年。安葬随随便便，坑也懒得深挖，花也懒得采摘，漂亮的长袍也懒得给死者穿戴。我们对死亡非常超脱。后来，外国人对我们帮助很大。人道主义者让我们重新审视沼泽地被害家族的骸骨，让我们把遗骸收集起来，像看待平常的事故一样。他们让我们参加葬礼，让我们学习现代人情味，重新举行隆重的仪式。他们担心我们永远对死亡抱着无所谓的态度，他们推动我们做了很多工作。

"有时候，我在梦中重返沼泽地。我与淤泥里长眠的人们重逢，只见到处血迹斑斑。我见到了我的父母、妹妹、亲朋故旧。我还看到一些活人，他们与死人相类。这看起来似乎很正常、很平静。好吧。我就像死人那样和他们慵懒地睡吧。醒来时，等待我的是恐怖的焦虑，这种焦虑，这种伤感，犹如我刚刚造访阴间回来。"

安热莉克：

"我曾经像猎物一样被追杀，但我最终又变回了人。人的本性带着我向前走。因此，记忆有时候并不顺着我的意思。记忆淡忘了那些不好的想法，让我有喘息的机会。记忆在进行过滤，它把过于沉重的伤痛放到一边。记忆不想始终停留在沼泽地，这是很正常的。

"如果要讲给您听，肯定是不完整的。我们曾经过着猎物般的日子，只有像猎物那样死去的人，才敢直面这样的记忆，才敢原原本本地复述出来。"

弗朗辛：

"死亡不再让人恐慌。当然我不想死，但死亡并不让人害怕。死亡可以带来彻底的休息。在沼泽地里，我们看见死者可以免受威胁，无须奔跑，尤其是可以躲过屠刀。看到安静的死尸，我们甚至嫉妒他们能够安安稳稳地休息，而我们还得继续躲躲藏藏，还得躲避死神的魔爪。对屠刀和痛苦的恐惧胜过了对死亡的恐惧。早上开跑之后，为了寻找藏身之地，我们从死尸上跳将过去，而没有任何葬礼仪式。晚上回来，我们已经非常泄气，脑袋里一片空白。

"现在，很多人都补上了这一课。葬礼似乎比屠杀前更深入人心。我们发现了一些小小的变化，有人开始革新礼仪，尤其是那些去过欧洲的人，因为欧洲人把葬礼和墓地管理得更好。还有那些在电视电影中看到过葬礼的人。

"葬礼期间，我不再忧心忡忡。如果持续时间较长，我还可以和同事开玩笑，或者说悄悄话。如果是埋葬1994年亡者的骸骨——假如是在某条沟里发现的骸骨，需要将其存放到纪念馆——我内心会隐隐作痛。

"杀人犯在纸莎草中抓住了我。他们从怀中抢走了我的孩子。他们杀了孩子，把他扔到了泥沼中。我头上挨了一棒。当我苏醒时，我既没有哭，也没有自我安慰。我已经没有了思维，也想不到哭。小家伙被杀死了。我头痛得厉害。在沼泽地中，我们心里也提不出什么问题。只有类似的问题：明天还有更厉害的追杀行动吗？明天，我会不会像他一样被杀害？如果可以这么说的话，都是些关系到当下痛苦的问题。理解形势的变化，构建深度的思考，作为母亲把孩子拱手让给凶手，最后惨死屠刀之下，想想由此带来的羞耻和绝望，这些都不曾有过。

"死亡和恐惧让我说不出话来，也阻止了我们自省的能力。沼泽中的死尸不再是死人，我们已经习惯与他们为伍。"

贝尔特：

"在沼泽地苟全性命，生死早已置之度外。每天早晨要跨过之前的死尸，每天晚上又添了新亡的冤魂，这样的记忆不断膨胀，压根就没有出口。那些被遗弃的裸尸，那些被害老妈妈的尸体，那些年轻女孩的尸体，那所有人的尸体，真是噩梦一场。

"是的，我们可以谈起死者，我们见证过他们的境遇，我们可以提供细节，关于追杀，关于逃亡，关于惨叫，关于恐惧。但当我们躲过了死亡之后，我们却不能讲述死亡。

"幸存者缺少了点什么东西，所以不能讲述这场屠杀。我们能够看到和听到的一切都可以讲述出来：刀起刀落，纷纷倒地，低声细语，弥留之际，伏地尸首。

"但关于死亡呢，我们只能依靠旁证。我可以说：我看见了泥潭中腐烂的裸尸，我听到了凶手的欢呼声、不幸者的叫声，还听见过刀刃触及他们血肉的声音。但不幸者面对屠刀的感受、面对凶手的眼神、倒地时的无言心声、赤身裸体或被强暴时的内心体验；对于这些，我什么也说出来。死者带着他们的秘密离开了人世，死尸留给我们无限的猜想。

"讲述不能重新赋予他们生命，我们不可能让他们死而复生，只能给他们以尊严、以关爱，尽可能地想起他们，一有机会就说他们如何值得称赞。

"因此,对我来说,讲述死亡之旅是非常严肃的,在悼念时期,我们受到鼓励需要说几句,而这时死者早已成了无名氏:如在4月哀悼日期间,或在大树下的公审大会上,或在面对您这样的外国人的访谈。

"偶然相遇,绝对不可能自然地谈起死亡话题,我的意思是说开诚布公地谈话。但死者都为人熟悉,为人爱戴,在讲述大屠杀时,他们是绕不过去的。"

西尔维:

"对我来说,死亡当然和以前不同。一般情况下,我不再惧怕死亡。在屠杀之前,我很害怕死人,甚至连棺材都不敢靠近。现在,如果我接到某人的讣告,我就马上去医院或墓地,心想:得了,这人生病嘛,日子到了,人生的路走完了,他就这样走了。对我来说,死亡不再棘手,死亡不再形而上。如果听到哪里举行葬礼,如果看到送葬队伍中的漂亮衣服,如果听到对死者的赞美,我不会有太多的情感波动。我可以耐着性子。我们看到过赤裸的尸体、吃尸体的野狗,还有双腿间夹着棍子、被刺穿了身体的女孩子,她们的尸体已经开始腐烂。他们留在了风景之中,就像树木在环境之中。在卢旺达,种族屠杀让死亡不再神圣。

"我不再怕死。我想,那时候,我就该走了,那时候,我就得走了。我说的真心话。除非要被屠刀杀死,是啊,确实,我害怕屠刀。如果我碰到农民肩上扛着大刀,我马上会六神无主。跑吗?不,等着吧。"

伊诺桑:

"虽然不能埋葬死者,这也没有什么。我们不怎么感到遗憾,因为不能久作逗留,我们还要逃生。我们也同样面临死亡的威胁,我们很清楚,自己也可能会有同样的遭遇。我们只好对他们不近人情，如果下个回合轮到我们了，谁也不会做得更好。我们明白，死亡就像生命的终结。我们可以在死尸旁心安理得地吃东西，和他们同在灌木丛里睡觉。我们心里有点不安，觉得没有像惯常那样打理死者，但在这时候嘛，这也很正常……

"刚开始的日子，我心里难受，但还不是很严重；垂死挣扎的人太多了，我不认识他们，或者说对他们不是很熟悉。现在，我不再难过了。如果我碰到妻子或孩子的尸体，也许我就不会这样说。有时候，当我陪参观者去纪念馆的时候，我看到整齐排列的头骨，我发现自己喜欢观察细节，比如牙齿啊什么的，好像我不由自主想辨认出妻子或儿子的头骨来似的，他们都是在教堂里遇难的。

"贝尔特说得对，有些事情和感觉，我们是描述不出来的，有些事情只有死者才能说清楚，假如他们还在的话。我们不能以他们的名义来描述。为什么？因为只有他们才完整地感受过屠杀，如果可以这么说的话。我们不可能站在死者的角度来谈话，因为每个人讲述经历的方式各不相同。玛丽-路易斯有自己的方式，贝尔特有自己的方式，让-巴蒂斯特也一样。死者也有他们自己的方式，他们的方式可能差别更大，因为他们真的触碰到了死亡。

"如某位曾经讨饶过的死者，他眼睁睁地看着自己被凶手拒绝，看到屠刀降临在自己的脖子上，甚至可以感觉到喷溅而出的鲜血；或者在泥浆中最后一声叹息，然后赤身裸体地告别人世；或者说了些平日里从来不曾说过的话。他大概可以将死亡讲述到极致，为死亡画上一个句号。

"但总的来说，幸存者还是可以讲述屠杀的，而且可以与死者保持默契，这是需要明确的。死者存在于我们的故事里。对活着的人来说，他们已经死了；但对幸存者来说，他们从来就没有死去。我的意思是说，相对于活着的人来说，他们与幸存者更加默契，他们之间的距离更近。他们会倾听我们，会给我们带来幸福或痛苦。

如果我提及前妻罗斯和我们的孩子,他们会给我带来尊严的感觉,而这正是我讲述的故事中所缺少的东西。"

让—巴蒂斯特:

"在沼泽地里,我失去了所有亲人。我和两个邻居一起逃命,男人跟我一样是名老教师,女人是他太太。三个人一起东藏西躲,在藏身的地方小声说话,用眼神交流。晚上,他们的孩子来帮助我们,送来从野地里掏出的食物。我们则给他们一些长者的忠告。

"一天,他太太被杀死在离我藏身之处仅一米远的地方。我听到了拿钱买命的尖叫、求饶的哀鸣,而后就是砍头的声音。我什么也没有说,眼睛也不敢抬,什么都没有看到。在他们离开之后,我才看见血泊和泥污中的裸体女人。

"只剩下我和那位先生了。白天,我们躲藏时形影不离;晚上,我们在山上一起过夜。我们两人完全不同,我很乐观,他很悲观,刚好互补。我们肩并肩地睡觉。躺在地上聊天时,我们从来没有正视过对方。一个朝左,一个朝右,仿佛各自都在负责放哨,互不干扰。我们谈白天的屠杀,谈那些死者的遭遇。我们问爱国阵线的军队还远不远,我们低声地聊,非常投机。

"每天晚上,我们都相互作别,害怕次日傍晚不能再次相逢。听到远处的凶手们开始开枪了,我们才匆匆对视一眼,撒腿就跑。在躲藏的地方,我们紧盯着前方的水面,我们知道自己的目光可能会吸引凶手的注意。我们也不想互相对视,不想看到泄气和恐惧的眼神。走出纸莎草丛时,我们才看看对方。我们渐渐觉得仿佛融为了一体。他弟弟曾经是基加利的部长候选人,弟弟去世之后,这位先生的身体急转直下。一天,他从纸莎草丛中站了起来,也不管随时可能出现的刽子手,一路跑啊,跳啊。他在逃跑中被砍死了,而我仍待在藏身处,动都不敢动。只剩下我这个孤家寡人了,我依旧低声地自言自语，重复着我们此前的对白。

"我们对死者也做不了什么。如果白天的屠杀不是太恐怖，如果能返回相对平静的山上，我们还有工夫在沼泽边安置几具尸体，好心为他们盖上树枝。这只是极少数而已。

"晚上，有些人正处于垂死的边缘，我们就和他们一起祈祷，希望他们升入天堂。我们还试图相互告别。我的侄子、妹妹，还有其他人，我已经记不起他们的名字。妹妹曾对我说：'等我离开后，你要照顾好我的孩子，要把他们当亲生孩子。'

"垂死的人也分为两类，他们的行为各不相同。有些人大声呼喊死亡，辱骂刽子手，有些人还没有被杀，却先就半截入土了。他们非常怕死，在屠刀临头之前，他们会突然大声尖叫，这样就引起了凶手们的注意。

"相反，另外一些人不断地鼓励自己，死得很平静。他们说：'再见了，好好保护自己吧，对我来说一切都将了结，你们争取躲藏到最后吧。'有些老年人非常勇敢，死的时候出奇地平静，说这下终于可以安息了，也可以减少我们的负担了。还有人想自杀。我们劝他们坚持到宿命降临的那天，但他们不想等下去了。

"我还记得有两位老人，听不进我们的劝告，已经勇气全无。他们发现，很多年轻人都已成为刀下冤魂，不久之后，晚上再没有年轻人送食物给他们了。他们开始绝食，死神还没降临自己就先放弃了，他们不想向别人讨吃讨喝，他们不想这样死去。他们不希望被凶手嘲笑和侮辱，不希望在讨饶半天之后照样被结果性命。他们厌倦了侮辱的日子，他们就是这样解释的。他们喝了壶高浓度杀虫剂，在呻吟中离开了我们。一天，有位老人拒绝去沼泽地藏身。他说：'我不想藏到泥塘中，我以后就待在这里。'他安坐在椅子上，和往常一样平静地望着自己的庄稼地。晚上，他被杀身亡，几乎没有挪窝。

"4月30日这天，狩猎行动异常恐怖。晚上，凶手们将尸体和垂死挣扎的人横七竖八地抛在沼泽地，那些能爬到岸边的人也与死尸相差无几。只听见四面八方哀号声声。我们在泥浆里爬动时，已经没有活着的感觉了。

"我后悔自己没有像模像样地安葬死者。死亡已经剥掉了神秘的面纱。我们逃跑、躲藏、休息、活命，对什么都不再尊重，尤其是死亡。不再有尊严，不再有悲伤。那么多的死人，衣冠不整，腐烂变质，让人很难相信以前在教理书中读到的内容。

"现在，死亡重新获得了它的精神内涵。有人去世时，我会心情郁积，会穿上西服和其他人一起伤心落泪。"

欧也妮：

"我从来就没有亲眼看见杀人的过程。我一路飞跑，不敢分神去偷看。杀人都是在身后的地方。我听到过，感觉到刀起头落，但从来没有看见过。

"但有人遇害了，却并没有死去，我们经过时，他们还哀求我们，给我们看他们伤残的大腿和胳膊，他们呼唤我们，但谁也不敢停步，我们得赶紧逃命啊。有时候，我们从临死的人身上跳过去。他们想让我们帮助结果他们的性命，或者给他们取点水喝。他们想弄点草药止痛。这都是不可能的。

"晚上，我们又聚到一起，还没死去的人会抱怨说：'要了我的命吧，别让我再受苦了。'我们用树枝盖在那些快死的人身上，但要结果他们的性命嘛，谁也不会那样做。我们喂他们点水喝，凑到他们耳边说点安慰的话，也就这样了。

"我们到处被追杀，惶惶不可终日，晚上也不敢睡觉，而且自那以后就不敢再放松警惕了，没错。但我们的不幸遭遇止步于死亡的大门之前。大门之后，只属于死者。

"要说死者死得如何不光彩，被杀得如何残忍，那太不尊重他们了。要详细描述他们如何被脱光衣服，或被砍断身子，他们如何在地上苟延性命。他们如何讨饶，如何尖叫、呻吟、呕吐、流血，这是对他们的侮辱。应该对死者保持礼貌，尊重他们的隐私。讲述我们自己经历的一切，这是可以的。但不能讲述别人的经历，尤其是死者的故事。"

埃利：

"在尼扬维扎沼泽地里，比起淤泥来，纸莎草更具有死亡的感觉。这是唯一碍事的玩意儿，但不至于让我们害怕，不至于不敢进去行凶。我们感觉到了死亡的气息，但不是死亡本身。实际上，只有在囚室里，死亡才让我害怕。

"我们凶手决不会忘记自己干的坏事。我们杀害的生命排列在我们的记忆里。那些死不认账的人都在撒谎。在监狱里，我回忆起沼泽中的死者，我想：既然你杀了那么多人，现在也该轮到你了。一想到沼泽中的死者，我就害怕得发抖，比得了疟疾还厉害。后来，我得到赦免，就不害怕了。我恢复过来了。"

伊尼亚斯：

"尸体腐烂得很厉害，也认不出到底是谁。几乎每走一步都要碰到死人，但几乎从来没看到过自己的家人或亲人。死亡变得既寻常，又非常，我的意思是说，我们对死亡已经无动于衷。大屠杀期间，我每天都在想，早晚我也要直面死亡，没准就突然轮到我了。

"真相在凶手嘴里，但他们要不就瞎说一气，要不就隐瞒事实。真相也在死者嘴里，但已经被他们带到了另一个世界。"

阿方斯：

"杀的人太多，看到太多的人被杀，死亡已经不像以前那样能对我有所触动。如果说我现在更害怕死亡,那是因为我曾经认为自己会死在刚果。大屠杀时,我们不会想到死亡的可怕。这一点,让我觉得很不寻常。

"幸存者始终觉得与死亡如影随形。他们仿佛会看到可恶的眼神,会听到尖叫的声音,会从尸体旁边跳过去。他们的焦虑不安让我们很不自在。而凶手如果重返家园,不会觉得有什么纠缠,甚至不会想起死亡的血腥味道。"

59
鸟儿啁啾

土地荒芜了好几年,伊诺桑·鲁维利利扎也没有办法,他决定把卡云巴山东坡上的土地让给马尔特·穆卡苏姆巴(Marthe Mukashumba)种,这是一位被丈夫抛弃的胡图族女人。这女人对这份馈赠非常开心,重新打理了土坯老屋,安顿下六个孩子,然后就开始卖力劳动:除草,耕地,播种。

现在,两公顷的土地分成两块,中间被一条车路隔开,上面种着扁豆,下面是新开的香蕉园,长势旺盛,一直铺展到田地下边的小树林。伊诺桑和马尔特对合作非常满意,他们还计划种植咖啡,这个地区在大屠杀之前就曾经广泛种植这种作物。

一天下午,我和博尼法斯(Boniface)神父在香蕉园里聊天,有意躲开基本戈这位神父周围基督徒的人多口杂,神父总是谨小慎微。突然来了一群小孩子。小的只有三四岁,他们都托着一个2升的水壶,大的托着20升的汽油桶,估计和他们的体重差不多。这是他们在放学后来打水的时间。他们看到停在地边的小卡车,就马上蜂拥而至。为了不受打扰，我们答应回头用卡车送他们和水桶上山，如果能让我们现在安静地聊一会儿天的话。

两个小时后，我们来到路上，令我吃惊的是，孩子们坐在那里鸦雀无声，一动不动，把汽车围在中间，铁桶放在双腿之间，显然对我这个白人的意图有点担忧。他们都光着脚丫，有几个孩子穿着短裤和粗线衫，或一块破破烂烂的布，有几个女孩子穿着学校的长裙。得到了信号，他们开始冲向车斗，互相帮着把铁桶递了上去。

车刚刚启动的时候，我听见传来极不熟悉的喧哗声：一种类似合唱或交响乐的欢笑声。我从后面的窗户看了看他们，他们在车斗两侧有的站着，有的蹲着，尽量保持着身体的平衡，非常开心，非常快乐，有的放声大笑，有的咯咯地笑，有的扑哧一笑，有的满脸堆笑。他们从没有如此接近过白人，从没有上过汽车，而且他们中间很多人多年都不会再有机会重上汽车，因为在基本戈谁也没有汽车。我就这样带着他们上路了。他们心花怒放，路上的颠簸、飞驰的清风、马达的轰鸣，都让他们乐不可支。他们唱起歌来，学校教的法语歌或圣歌，把所有学会的歌曲都唱了个遍。

当然，我们没有走那条去村庄最近的上坡路，而走了另一条环山路，上上下下，坑坑洼洼，颠来颠去，一会儿消失在灌木丛中，枝条在乘客身上来回摩挲，一会儿又绕过一段巨木，一会儿又穿过放牧的牲口。孩子们在车后面撕心裂肺地唱着，互相逗乐，路上遇到收工回来的人，就挥动双臂像凯旋似的跟他们打招呼。

夜幕降临了，终于到了山顶上面，他们四散而去，带着铁桶各自回家。每个人都恋恋不舍地望了望小卡车，虽然暮色笼罩，但还是可以看到他们眼睛中流露出的幸福色彩。

从山下河流处出发就是那条上山的陡峭山路，基本戈坐落在山顶的平地上，沿着道路铺展开来。从右边下山的路不是很陡，可以通向尼亚鲁纳济和恩塔拉马，一直到新铺的通往尼亚马塔的沥青路；从左边下去可以通往沼泽地，还有皮奥、菲尔让斯、阿方斯等人的家园，更远的地方是热带丛林。

在基本戈的中心地带，几乎没有什么居民，以前居住在这里的图西人大部分都选择了搬家，迁到了集体公房区，在那里一家紧挨着一家，他们感觉很好。以前的房子都逐渐废弃了，现在大都改作仓屋或库房。胡图人呢，他们宁愿住在自己从前的家里，那里离庄稼地更近，离邻居们更远，一直耗在这里，除非迫不得已才搬去公房。

晨曦初露，基本戈在第一缕阳光中苏醒过来，到处弥漫着动物的气息：奶牛哞哞直叫，在棚子里早已不耐烦了，有些幸福的奶牛已经成群结队穿过村子中心，去灌木林里吃草；山羊咩咩直叫——没有狗叫声，在非洲，狗不干活，吃得很少——当然，还有本地鸟（蕉鹃鸟、蜂鸟、花蜜鸟）或候鸟（织布鸟、鹳、燕子）的啁啾啼鸣。数不胜数的鸟儿，在熹微的晨光中，有的轻松，有的急躁，在大树上，在密林里，在屋舍旁，此时此地它们仿佛是名副其实的居民。

迟归的酒鬼醉卧在屋檐下；冒失的牧民穿得破破烂烂，因为不断会被树枝摩擦，再说也不想让别人注意到东家的财富。除了这些人之外，黎明时分，首先出现的是女人。她们把婴儿安顿到树下，用缠腰布给他们弄了个安乐窝，然后把缝纫机搬出来，把家禽放出来。她们在土坝子上铺好布，用长棍子在上面打豆子。在磨坊的墙边，她们放了几袋木薯，白天好加工成面粉。然后，她们在后面的院子里生火做饭。

男人们先去地里看看，他们骑着自行车，或者推着独轮木车。他们运成串的香蕉用来发酵酿酒；或者发动柴油机，开始干木工活或机械活；或者看看天色，跟世界各地的人们一样关心天气的变化，如今心里又弥漫着惩罚的担忧。

8点钟，成群结队的学生从四面八方涌了出来，女孩子穿着蓝色衣服，男孩子穿着草绿色衣服。他们出了村庄，朝殖民时期留下的三间房而去：学校的三栋砖房，还有教堂和镇上的房子，周围是碎石铺成的场地，孩子们整日价在那里玩足球。壮实的孩子独霸着学校的皮球，从早玩到晚，一拨一拨地追来赶去，球也到处飞来飞去；小孩子则玩的是香蕉叶子扎的球。有些小孩子球技高超，能做出高难度的杂耍动作，连我们那些欧洲培训中心去挑苗子的人都瞠目结舌。

大人们却不怎么喜欢那个真正的球场。那个球场稍远一点，靠近车路边，已经长满杂草，还有标准的球门。过去，这里是大屠杀出征的集合地。比如皮奥，他很喜欢足球，在监狱里都没有放下踢球，当然疾病期间除外。某些星期天，他下山去尼亚马塔看基加利两支球队德比的电视直播，可他却不在这里踢球。他的借口是家里忙着盖新房子，而不愿承认他不敢去那里踢球。

让-达马塞纳（Jean-Damascène）是一名沼泽地中的幸存者，从调到基本戈小学之后，就再也没有穿过球鞋。当年，他在布盖塞拉体育队踢过自由人，首都的不少俱乐部都想把他挖走。他只给孩子们的比赛当裁判。星期天，在尼亚马塔体育场，在一些著名的活跃分子——企业家欧仁·西吉罗（Eugène Higiro）、护士德德-莱昂纳尔（Dédé-Léonard）、监狱长穆利戈（Muligo）——的支持下，因为奖金的吸引，一些年轻球员从很远的地方过来踢球，布盖塞拉体育队让观众欢声雷动。

但是，在基本戈却没人有踢球的欲望了。

下午，人逐渐多了起来，中心地带也热闹起来。他们从地里劳动回来，回家吃饭，换好衣服，然后聚集到这里来打发余下的时光。菲菲（Fifi）为人和善，性格开朗，每每这时候，她的小酒吧就应时开门，里面有香蕉酒、高粱酒、啤酒，时不时还有一种从香蕉酒中蒸馏出来的被禁烈酒。

周末的时候，美丽的弗朗辛也经营起自己的酒吧。她主要接待丈夫泰奥菲勒的那帮牧民朋友们。丈夫没有文凭，被剥夺了镇议员资格。从开始照顾牲口以来，他倒是越来越胖了。买啤酒的都进到酒吧里面，喜欢喝香蕉酒的则坐外面的长椅；当然还有人喜欢来回走动，盯上了别人的酒瓶，旁人也会递给他一杯。

对自己60年的农民生涯，伊尼亚斯并没有好感，他每天都穿越五公里的灌木林，从他家来到基本戈中心，再像以前那样待在家里他实在受不了。实际上，他住的地方景色迷人，那是个曲径通幽的地方，周围的原始密林遮天蔽日。

他的家是一座高大的耐久性建筑，盖着浅褐色的瓦，里面还有层芦苇顶子，这是吉塔拉马地区典型的胡图族民居。这房子还保留着当年富裕时期的痕迹，虽然在他坐牢期间，墙上已经裂缝累累，伤痕斑斑。他在恩干瓦山另一条山脊上修了新房子，下面俯视着阿卡尼亚鲁河，后面大树参天，浓荫如盖。房子下方有几公顷土地，坡度很大，急促而下，从那里可以看到该地区美丽的全景。

他的妻子几乎全天都在地里劳动，有时候还会有一两个帮工，地打理得没有一丝杂草。地的下方是开着星星点点黄花的灌木林，掩映着红色山坡上曲曲折折的溪流。再下面是更加苍翠的香蕉园和青葱的棕榈树，勾勒出火灾留下的道道黑痕。在那外面，就是无边无际的沼泽，景色摄人心魄，那里隐藏着阿卡尼亚鲁河看不见的流水，可以想象出来，流水几乎一动不动，这沼泽就像铺展无余的绿色海洋，一直延伸到远方若隐若现的山峦处。

早上，阳光斜射在这片绿色世界里，令人眼花缭乱。下午，太阳炙烤大地，笼罩在白色的光线之中。晚上，太阳已经落山，沼泽地一片橘黄的色彩，随后又蒙上奇异的玫瑰色。阴雨的日子，天空铅灰，乌云翻滚，这片由纸莎草、睡莲、芦苇、矮壮水生灌木组成的广袤水生世界又变换了情调。

我们理解伊尼亚斯为自己辩护的证据，他说自己年纪大了，不可能每天早上都从基本戈出发参加屠戮大军。他和几位老邻居可以直接从家里去参加这场运动，不用拐弯抹角就可以直接猎杀图西人。

在他的院子里，可以听到蜂鸟的奏鸣，从邻居家也可以听到他女儿们的叫声，那是在对伊尼亚斯的续弦寻衅滋事。向下朝水边走去，就响起了各种鸟儿的叫声，火烈鸟的喧嚣、蕉鹃鸟的欢叫，还有猕猴的哀鸣、野猪的低嚎，以及其他不知名的声音，此起彼伏，相映成趣。

自然美景让人物我两忘。有时候，我们无比惊奇，这怎么就成了20世纪最恐怖的大屠杀的布景；我们会想到克洛德·朗兹曼的电影《逃离索比堡》(*Escape from Sobibor*)中的画面，在如诗如画的森林图景中，集中营的痕迹荡然无存。有时候，我们会千百次地想象，在这么开阔的环境里，从周边山山岭岭之上可以将这里的景致尽收眼底，飞机或直升机从空中也可以看得一清二楚，大屠杀怎么可能持续七周时间，而没有任何联合国、布隆迪或法国军队投一颗炸弹，以终止屠杀的进程？

关于犹太人大屠杀的问题在我的心头不断回想，却没有任何答案。在盟军炸弹轰炸下的德国，很多工业区和城市都沦为瓦砾，但没有一颗炸弹掉到铁路线上，在波兰和德国大平原上，铁路线是那么显而易见，全欧的流放列车都朝六个集中营开来，这是为什么？85列流放法国犹太人到这几个营地的列车没遇到任何麻烦，没有受到法兰西抵抗运动的任何破坏，而他们却使那么多运送装备、食品、军队，有时甚至是政治犯的列车出轨或瘫痪，这又是为什么？没有火车在站台或行驶中受到攻击，从而传递给火车或军车上的犹太人关于清洗的关键信息，这是为什么？

在这帮男人里，伊尼亚斯似乎是最难理解的。你很难读懂他长满皱纹的脸庞后面的想法，他始终带着冷嘲热讽似的微笑。他为人狡猾，玩世不恭，但谈起大屠杀和他本人的时候，有时候又出奇地坦诚。四年前，他在里利马对我们说："真相，向司法机关、向人民、向伊尼亚斯本人说出真相，这都是不利的。即便对于内心世界来说，回忆也比遗忘更加危险。因此，我尽量对自己保持缄默。需要假以时日才能听到真相，这些事情已超出惯常的罪行。"

伊诺桑·鲁维利利扎认为，所有人中就数他最差，就数他最坏。对约瑟夫—德西雷·比泰洛，他还相对少一些攻击。直到大屠杀前三个月，约瑟夫和他还是朋友，还是同事。后来，约瑟夫在军队中当上了头目，率军杀进了教堂，而他的老婆和孩子就是在那里遇难的。伊诺桑为会谈当翻译时，每次一碰到伊尼亚斯，他就会本能地避开。大概源于童年的记忆吧，他认为伊尼亚斯代表了胡图族对图西族代代相传的骨子里的仇恨。我不太了解伊尼亚斯，但并不觉得他比其他人更坏。

20世纪60年代，吉塔拉马地区闹饥荒，伊尼亚斯逃难来到基本戈，并且安顿下来，开始做泥瓦工，后来又开荒垦地。他很快就发了横财，日子过得很殷实。他喜欢琢磨新玩意儿，开始投身烟草和咖啡事业，经营这些作物都很冒风险。他干起活来不知疲倦，生意上寸步不让，在家里非常苛刻，对老婆、儿子和短工从来都不客气。从性格上来说，他与常人不同，大家都怕他，也嫉妒他。据说，以前的星期天，他穿着条纹西服，口袋里塞满钞票，在做弥撒时间来到基本戈，买几只鸡或杀只小山羊带回家去让老婆烧烤，然后大口吃肉,大口喝香蕉酒,一直吃到晚上。

他和别人吵架时也不一样。在酒吧里,伊尼亚斯绝不错过任何挑衅图西人的机会,处处威胁他们,预言他们的末日,等等。这种对图西族的怨恨,他从年轻时就饱受浸淫,他在图西族国王治下生活了30年,在这片干旱的土地上,和他那一代的很多同胞一样,他将苦难归罪到图西王室身上,苦难也成了他饱受侮辱的记忆。

现在,他牢骚总比别人多,他嘲笑同伙们装模作样的忏悔,他给小儿子取的名字叫哈比亚利马纳,他对自己的名声根本就不在乎。现在,他比较洒脱,或者说比较幽默,走路的时候拄着根图西族牧民的棍子,在屋后棚子里养了两头图西族特有的奶牛和牛犊,在菲菲开的酒吧里,他毫不客气地凑到幸存者中间和他们一起喝酒。他常常悲天悯人,经常谈起自己的命运,说起那些带给他失败的人,总是满腹牢骚。

一天,他说了下面这番话:"从前,大家都说为了幸福而劳动,当然是为了胡图人的幸福。现在,人家谴责我们对图西人干下的坏事。事情落败,知名的同胞成了闻名的罪犯。这就是历史,这就是现实。错就错在历史的幸运没有光顾我们的家门。"

从他家那块田地下方出发,如果从芦苇丛中开出一条路来,就可以来到尼亚巴隆戈河河口。阿科纳卡马肖扎(Akonakamashyoza)小岛漂浮在河中,笼罩着沉沉的江雾,很多神话传说都提到了这个小岛的名字,卢旺达人希望有朝一日将其纳入尼罗河源头之旅的线路。

同时,平静的水面上划过黑色的小船。图西族牧民挥动着长长的篙杆,深深地插入淤泥之中,推动着小船前行,他们载回了成堆的水草,去喂牧场里哞哞乱叫的奶牛。有时候,划过来的是胡图族渔夫,他们把鱼送给岸上的妻子,她们把鱼熏制之后,再拿到基本戈小市场去出售。

小市场在一块空地的尽头，每逢傍晚开市。有时候像西红柿或笋瓜这样的蔬菜并不比鱼更受欢迎——要不就是肉，要不就什么都不要，非洲通常都是如此——还有一包包的盐、一支支的蜡烛、一壶壶的油。不知道为什么总有那么多人爱凑热闹，大概是由于音乐的作用：摆放在地上的收录机播放着刚果苏库斯音乐。这是胡图人的市场，年轻人穿着印有迪亚拉（Diarra）、罗纳尔迪尼奥（Ronaldinho）、西塞（Cissé）头像的汗衫，他们徘徊在市场周围，身边围着农家妇女，她们的丈夫很多都刚刚从里利马回来，还不敢大张旗鼓地欢笑，也不敢明目张胆地舞动。

图西人聚集在场地的另一端，远离音乐，更加安静，但同样喜欢喝酒。他们的牲口吃草回来了，穿过村子来到林中的空地，由牛倌看着等待黎明的到来。远处回荡着斑鸠和布谷鸟的声声鸣叫，走到近前可以听到沼泽里动物的叫声。

基本戈离赤道200公里，海拔高度1,400米，夜晚来得早，也很凉爽，只要不是雨季，就不会让人觉得寒冷潮湿。菲菲和弗朗辛开的酒吧已经掌上油灯，场地上和院子里摆放着东一盆西一盆的炭火。酒瓶子开始慢慢传递，在白天的劳累之后，人们开始了轻微的迷醉。

这时候，有人回家休息了。有些人影则悄然而至，趁着黑暗混到人群里，如阿达尔贝尔的母亲罗斯，从儿子跑到基加利郊区之后，她非常不舒坦，碰到有人谴责儿子她就非常生气，所以白天几乎足不出户。

大家谈谈牧场的情况，谈到谁家的树被偷了或者关于学费问题的时候，可能会比较激动，但从来没人再为过去的事情而吵吵闹闹。这也是讨价还价的时刻，也是保持缄默的时刻。

60
这不公正

星期四上午是尼亚马塔公审的日子，主干道上连个人影也没有，店铺都上了锁，出租车也停了业；似乎只有上学的学生还保持着清醒。就是宗教派别也不敢擅自挑战这国民教育的时刻。在周围的田地里、道路上，除了赶着牲口放牧的小孩子之外，没有人破坏这一派懒散的气氛。

卡云巴的公审在阿佩布中学旁，基本戈的公审在教堂旁的草地上，恩塔拉马的公审在纪念馆对面那片迷人的林地里。在马扬盖（Mayange）地区，大家聚集到这片尘土飞扬的平原上孤零零的森林中，那里也是发放人道主义援助物资的地点。

公审场所中央是高耸入云的大树，树下长桌上堆着文件资料，五个人一字排开正式就座。这边，我们见到了贝纳瓦，他戴着宽大的卷檐帽；那边是孔索莱·穆雷卡泰泰，即凶手阿方斯的妻子，她在主持公审大会。来自四乡八里的山民坐在地上，熟人朋友三五成群凑在一起。男人们一般都穿着下地劳动的衣服，除非他们打算发言；女人们用缠腰布裹着婴儿，然后把孩子背在背后，孩子们不耐烦了，刚一哭出声来，她们就赶紧把孩子抱在胸前喂奶。

在卢旺达语中，公审这个词的本义是"柔软的草"，从前，村民们围坐在草地上，公共议事场所一般都在大树下面，大家在那里举行例行的审判。其历史可以追溯到16世纪图西王政时期。400年来，如同其他很多非洲国家一样，这种民间法庭通过了许多司法决议，一直到殖民时期引入西方检察体系为止。后来，这种民间法庭在乡村没有消失，多数都是裁决小争端：如牲口造成的损失、对土地的划界、对嫁妆的估价等等。有些争端太棘手了，而不得不找法官来解决：巫师行为、通奸、贩卖人口⋯⋯

在图西族国王统治时期，涉案双方必须回答在场民众提出的问题，然后由头领进行宣判。伊诺桑解释说："这跟老人们讲述的有所出入，在当时人们的心里，这种宣判并不是特别武断，而是更倾向于和解。当然除了偷牛之外。只有国王才能宣判死刑。"

1998年，法学家和部长们在乌鲁格维罗饭店开会，讨论大屠杀罪行所提出的悬而未决的司法问题。在屠杀和流亡期间，卢旺达司法机关早已分崩离析，监狱里关押着数以万计的囚犯；数以百万计的人还在山区逍遥自在，而他们本应该受到控诉和惩罚；成千上万的幸存者绝望地期待着司法机关的表态。

会议期间，产生了重新启用这种传统公审大会的想法，从理论层面来说，其目的在于：消灭漏网行为，推动国家和解，让卢旺达人集体参与司法活动。从2003年开始，各地选举产生了公审委员会，19名委员被称为"廉洁者"，后来他们参加了司法速成培训。

在尼亚马塔，第一阶段的任务主要是取证，一年之后正式启动，每周星期四上午举行公民大会。玛丽−路易斯解释说："我不想发言。我8点钟来，就是听听而已。杀人的地点、凶手的名字、杀害我丈夫莱昂纳尔·鲁韦雷卡纳的所有细节。每个凶手只说出了一点点真相，因为没人向他们施加压力。但是，他们总算说出了一小部分有用的内容。再说，我们本来就没有指望什么。"

而克洛迪娜只参加了两三场大会。"我坐下来听了听。凶手们哭哭啼啼，说偷过柜子，偷过用具什么的，说他们必须要离开，说他们从没杀过人，说他们什么也没有看见，说他们已经受了处罚，说他们连奶牛都没有动过，说他们很痛苦、很倒霉。我等别人向我提问，然后作答，我说我几乎什么都没有看到，然后掉头就走。第二天，一个叫阿尔多·莫洛（Aldo Moro）的胡图人大声叫嚷道：'好了，如果你们给我点时间，我就可以说出巨大的真相。'他从听众群里径直站起身来：'这就是在大屠杀期间和我并肩战斗的人。'他指着一名伙计说：'你也像我一样站起来吧，你当时和我在一起啊。'又指着另一个同伴：'你也是，站起来啊，你也和我在一起。'他指认了所有的胡图人，一个接一个。人群里马上炸开了锅。四面八方响起了威胁声、尖叫声、笑声。大家就散伙了。我不想再回去了。我住在卡恩泽恩泽，为了这种玩意儿，还得走很远的路程呢。"

昂格勒贝·蒙扬蓬瓦（Englebert Munyambonwa）只去了一小会儿："我想见一下杀死我姐姐的凶手，主要想知道她的遗骨在哪里。但他们谎言连篇，成心添乱。我仿佛受了践踏似的，还不如一走了之。我曾经躲在齐脖子深的淤泥里，现在听凶手们说话的时候，却感觉自己像局外人似的。"

年老的伊尼亚斯不觉得自己置身事外，只不过在那里他觉得不自在罢了。"出狱之前，人家严肃地忠告我，必须在公审时说点真相。我每周都去一次。我曾经讲过两次我的狩猎行为，多少说了点东西。要再说更多的内容嘛，你可能就会惹着你的同伴，他会找你的麻烦。要少说点呢，你又可能冒犯某个图西人，他也会控诉你。你得说出些细节，还得老老实实等着回答问题。"

当地流传着一个笑话。在公审大会上，幸存者指责某人参与了屠杀，这人矢口否认；接着第二个幸存者站了起来，也指责他同样的罪行，他还是拒绝承认。第三个人、第四个人，锲而不舍，但那家伙还是岿然不动。大会主席动怒了，质问道："那你说说，这样明显的事实，你否认多长时间了？你简直拿法庭当儿戏！"被控诉者掉转身子回答说："凭你也来问我吗？你本人清楚得很，那天你不是跟我在一起吗？"

有的大会开得拖沓啰唆，漫长的独白让人昏昏欲睡。有的大会则冲突激烈，针锋相对，宛如引发神经危机的心理剧；有的大会引起愤怒；有的大会引起好感。在北部和西部地区，图西人在大屠杀前本来就占少数，如今更加孤立无助，有时候公审也演化成残酷的笑剧。时而，一个胡图族小分队扛着大刀，在出庭前夕突然造访某户人家。时而，一位在苦难中挣扎的寡妇接受了几袋豆子，同意不再提难堪的往事。有时候，法官的高傲让外国人倍感惊讶；公众冷嘲热讽老年人的执着或少妇的迷茫，这也让外国人哑口无言。在别的地方，如尼亚马塔，图西人分庭抗礼，毫不相让，公审大会开得好一些。

在尼亚马塔，负责公审大会的人叫安德烈·卡曼达（André Kamanda）。他是流亡回来的大学法律学者，属于那代杰出、果敢、会讲英语的高级官员，他们在种族屠杀之后随爱国阵线军队返回祖国，就像镇长、检察官、警长和军队指挥官一样。在大树下公审三年之后，安德烈·卡曼达接手了10,000个案子，从铁板偷盗案到屠杀50人的大案一应俱全，最后有50多个涉案当事人被判入狱。

"很多胡图人都不认账，"坐过牢的阿方斯·西迪亚雷姆耶说，"100人中也没有一个承认真相的。这可以理解。如果他们都坦白曾经参加了大屠杀，而且透露一部分真相，如果他们向别人提供细节，那他们就不会走上监狱之路。"阿方斯接着说："在公审大会上，因总统令而获释的囚犯起的作用最大。他们想感谢国家，他们很高兴能揭发其他同志,当他们在监狱里的时候,这些人还曾经对他们冷嘲热讽。"

那正义呢?在这潮水般的举证中,要么带着激情,要么带着利益的牵扯,那么法律的精神还能继续存在吗?这些缺乏专业法官参与的公民审判大会到底有多大的合法性?对于成千上万的原告和被告来说,这是否公正呢?

阿方斯:

"我们受到了赦免,而不是惩罚。因为战争、土地、荒芜、饥饿,以及缺少管束的女人带来的各种问题,在新的国家形势下,赦免更显得必不可少。

"国家认为,很多人虽然参与了屠杀,但并不是不可改正,最应该谴责的是过去的统治,而不是作为凶手的农民。国家认为,农民们多少有点无辜,让他们种地会更有效果。"

伊尼亚斯:

"坐牢抵不上我们犯下的屠杀罪过。要枪毙我们又不是那么容易。就把我们像这样养在里利马成本又太高,而山区到处都在闹饥荒。当局想:如果他们就这样在监狱里吃闲饭,如果他们的土地都荒芜了,如果幸存者有钱都没地方买东西,也雇不到劳动力来帮忙,如果大旱时节所有的家庭都在饿肚子,问题岂不是更严重了。自然,和解有助于种地,这可以养活人。"

埃利:

"别人没有招你惹你,就拿起屠刀杀人。没有问问为什么杀了人。没有问问杀这么多人意味着什么。这是心理活动,这不能审判。面对这样的坏蛋，除了枪毙或赦免，司法真的拿他们没有办法。我有幸躲过一劫，我只是坐过牢；后来，我被释放了。我曾经很坏，现在很好，我要带个头儿。我会跟随自己的运气，一直等到上帝的审判。"

玛丽-路易斯：

"在法庭上审判坏蛋。这只是一部分凶手而已，好在还有这么一部分。是的，屠杀之后还有司法，但这是和解的司法。这种司法符合法官、凶手和受害人的数量，希望让坏人改邪归正，要防止复仇行为，司法温和地对待坏人，对国家的良性发展是有利的。这对未来是有好处的。当局很满意，国际出资者也很满意，幸存者的伤痛嘛，管不了那么多啦。"

克洛迪娜：

"在法庭上，非正义吞噬了正义。当然，并不是所有的凶手都该被枪毙，但至少有一部分吧。那些把婴儿活活烧死的人、那些砍断别人手臂的人、那些指挥千人大军大肆屠杀的人，那些应该从我们视野中消失的人。国家决定要拯救他们。有人问过我的意见吗？要是我的话，一定要下令枪决那些煽风点火的人，那些打头阵的人。但事实并非如此，外国人发挥了影响，当局也表现得很灵活，支持国家和解。我们真的很难释怀，只有咽下悲伤。说实话，司法没有考虑我们幸存者的感受。"

贝尔特：

"那些人天天杀人，星期天都不错过，现在却要给他们找减轻罪行的理由，好处何在？人们可以减轻什么？受害者的数量？杀人的方式？凶手们的嘲笑？如果还以正义，则凶手们罪在不赦。但这似乎又有点像另一场种族屠杀，这样会出乱子。把他们枪毙，或者处以适当的惩罚,这不可能。原谅他们呢?不可想象。要公平,则是非人性的。

"在种族屠杀之后,正义没有容身之地,因为正义超越了人类的智慧。需要首先考虑的是土地、收成、国家,也需要考虑凶手及其家庭,他们好歹是劳动力,是人口。如果田园荒芜,没有学校,没有像样的房子,在蠢蠢欲动的邻国眼里,这成什么了?这不是人性层面的正义,这是政治层面的正义。只不过我们很遗憾,他们从来就没有真心表示过忏悔。"

伊诺桑:

"通过实施法律来保障正义,而法律却可能将国家颠覆。五分之一的坏人受到处罚,再多了国家就会承受不起。当某位凶手因为和解被赦免而心满意足时,他本人,他的亲朋好友,遇难者的家属,都不会感受到正义。

"图西族的这种失望,或者说胡图族的这种漏网,将作为一个可怕的秘密传袭下去,一家家、一代代;这会破坏山区未来的生活。但就目前来说,这还是不错的。幸存者对不公正现象虽然多有怨言,但他们能够想象从中获得的回报:安全感、吃饱饭。要复仇嘛,如果双手发抖,肚子嗷嗷叫,那你也赢不了啊。

"胡图族群体有600多万人,他们辛勤劳作,老老实实,服服帖帖,不能为了满足几万幸存者的要求,而让这个群体就这样垮了。幸存者是弱者,不稳定、脾气暴躁。幸存者这个群体,将在一代人之后完全消失。

"然后呢,还有一个多少有点被掩盖的真相:如果说我们幸存者既没有获得正义,又没有获得补偿,而国际机构却把犯人们喂养得好好的,而今又这样无罪释放,那是因为我们故意对和解的说辞充耳不闻。"

61
巫术

从里利马监狱出来，让−巴蒂斯特·穆兰吉拉怀着苦涩的心情前去检查耕地，只见地面又坚硬又崎岖。他很伤心，在大屠杀之前，他从来就没想过自己会遭受饥荒的折磨。他出生在一个富裕的胡图族家庭，读完中学之后，参加了政府部门的工作，当上了尼亚马塔镇统计主任。上班时，他每天都穿着熨烫得整齐利落的裤子和衬衫。后来，他在鲁贡加买了块肥沃的土地，雇了农工种植。他娶了图西族女子斯佩西奥斯·穆坎达洪加，他们家住的是砖房，属于半耐久性建筑，坐落在恩塔拉马山坡上，那里是图西族聚居地，大家很热情地接纳了他。

大屠杀期间，他一直有两个愿望：让图西族老婆免受同伴的屠刀之苦，同时要提高自己的地位。在追杀行动中，因为他出色的功绩，这两个愿望都实现了，按当时见证人的说法，他杀起人来既有效率，又有激情。

1996年秋天，从刚果回来后，让−巴蒂斯特主动来到尼亚马塔检察机关投案自首，向检察官交代自己的罪行。由此可以看出他身上的遗憾、后悔、机会主义，或者说这三者同时兼备。法院判了他15年徒刑，这样的判决不会让他对投案自首行为感到失望。在里利马监狱，可以说他重新找回了特权，他在政府的支持下很快组织了忏悔协会，那个团伙中的小伙子基本都加入了这个协会。他的目的就是要让释放合法化，从2003年1月开始，一批又一批囚犯获得赦免，他成为第一批受益者。

在比昆比营地，让－巴蒂斯特是接受再教育模范学员。后来，他和皮奥一起踏上了通往恩塔拉马山的返乡之路，重新回到家中；在狱中，他没有接到任何家里的消息。他回到家时大吃一惊，所见超过了他的期望：妻子斯佩西奥斯还在劳动，一直在等他回来，家里的地还是原模原样，既没有变卖，也没被分割；这期间，妻子没有找情人，也没有生孩子。

刚刚松了一口气，他就听到不太好的消息，让他非常难受。虽然妻子得以保全了田地，但没能守住恩塔拉马的房子和财产，这些年来她毕竟要生活。现在，她栖身在一栋粗制滥造的土墙铁板屋里，以前这是农工们居住的地方。另外，好几个孩子都失踪了，没有留下任何消息，其他孩子也很快朝他吼叫，指责他的罪行，尤其是他无力支付孩子们的学费。他和司法机关的合作也并不能说服他的图西族邻居，邻居对他的忏悔行为没有多大好感。

如今，他的公职已经被剥夺，想做生意又没有资本，只好跟着老婆和长子扛起锄头，走上通往庄稼地的小路；而这条路，他们已经独自走了八年。

5点钟起床，喝高粱糊，然后挖地、除草、播种，不管酷暑时节，还是风雨之日，土地对他这个新手来说都毫不同情。我们每次见面，让－巴蒂斯特的身形都更瘦几分，手掌裂开了，头发也花白了，声音中带着无限的哀怨。早晨边听广播边喝咖啡，在院子里安安静静地待到上班,这样的日子已经一去不复返;星期天吃完烤肉,换上白衬衫,和三四个朋友聚到酒吧喝啤酒,参加各种正式的开幕式,受邀参加婚礼等等,这样的生活已经如过眼云烟。

劳动的艰辛并没有改变他的行动路线。比起其他囚犯来,他并没有更多地要求受害家庭的原谅,大概主要是因为他很害怕,而不是羞愧;他的坦白也多有权衡。但他积极地投身到和解政策中,正如在监狱里就热衷于组织忏悔协会一样。他什么会都要参加,一再表示忏悔,还公开作过证。在去教堂的路上,或在恩塔拉马中心,不管遇到什么人,他总是不厌其烦地说些中听的话,他对战争已经厌倦,现在很同情邻居们,酒吧中喝香蕉酒的酒友圈子,他也能够加入进去。随着公审大会的临近,他没有东躲西藏。他不如利奥波尔健谈,但比团伙中其他人更富热情,他把握着方向,淡化自己的角色,把材料准备得很扎实,目的当然是要为自己开脱,他准确地统计每次狩猎活动,无情地揭露自己的同党。

一天早上,他走老路去地里干活。刚挖了一下地,突然感到脊髓有一阵钻心的疼痛。他的双腿站不稳了,他跪在地上,偏倒下去,开始大汗淋漓,胡言乱语。妻子和儿子把他送回家,安顿在床上,他动也不能动了。

开始的时候,他还以为是累坏了,或者是疟疾发作。"但不久之后,我感觉到疼痛侵蚀着我的骨骼,我发现事情很严重,我知道这可能是常见的中毒症状。"他说。怎么会中毒呢?他回答道:"在我们这里,在卢旺达山区,大家对这种攻击行为是再熟悉不过了。做坏事的人把一根'毒药线'埋在目标要经过的路上。如果想迫害的那人跨过了这条线,毒药就会攻入他的脊柱,慢慢侵入他的骨髓。"那后来经过的人呢?"毒药只对第一个人有效,其他人没事。这种巫术很发达。"谁下的毒呢?"临近公审大会,很多同伙都对我不怀好意，他们害怕我举证，担心自己种下的恶果。"会不会是图西族遇难者家庭不怀好意呢？"不会，图西族的报复不会这么简单，那将是巨大的动乱。对他们来说，以死的方式来回应大屠杀太危险了。没有哪个图西人敢因为屠杀事件来投毒，没有哪个投毒者受得了这个。"

医生怎么说的？"在卢旺达，如果中毒了，找医生也是白花钱。他连自己都保护不了，不能让人免受巫术之害。只有传统医术能治好病。我让人从偏僻的乡下找来了一位老妈妈，她治疗骨头中毒可谓名声在外。她看了看，摸了摸，要了我2,000法郎，说管保治好病。在院子里倒腾了半天草药，还念了神秘的咒语。"

尽管老妈妈很卖力，但让－巴蒂斯特眼看着每况愈下，话都说不出来了，肌肉仿佛包在骨头上似的逐渐萎缩，头疼得很厉害，既不能动，也不能睡。村子里面，大家的预言都不乐观——能不能活过下一个雨季都成问题——但不能说大家都很伤心。三个月过去了，这期间，恩塔拉马举行了最重要的公审预审大会，确定了嫌疑犯名单。此间，老妈妈的草药在让－巴蒂斯特体内与病魔顽强斗争。出乎大家的意料，一天，他终于能够坐起来，还拄着拐杖颤巍巍地走了几步，他妻子看在眼里，简直不敢相信。

斯佩西奥斯干起活儿来非常卖力，扛起锄头下地，一刻也不肯闲着。她做事得体，虽然孤单，却一心关爱着孩子们，从来没有为自己的命运哭过鼻子。有人嫌弃她的图西族血统，对很多人来说，这是不幸的根源。有人说她的胡图族丈夫虽然救了她的性命，却流了本族人的鲜血，所以别人总是对她另眼相看。她常常独自待在庄稼地边，独自承受别人的种种指责，几乎不敢再开口说话。但我们去看望让－巴蒂斯特之后，在她送我们回到车上的当儿，闲聊中，她说了几句幽默的话："从今以后，命运已经改头换面，也许毒药将他从更糟糕的命运中拯救了出来。也许让－巴蒂斯特应该再次入住里利马监狱。这样就可以摆脱高墙之外愤怒的眼神,免得被人讨价还价。也可以远离别人的控诉,让自己的错误从此沉睡。而后,再重新找回种地农民的勇敢气质,恢复名副其实的大丈夫的充沛活力。"

62
非洲的黑色观念

有多少白人作家从非洲回来之后,没有梦想过有朝一日也写部《走出非洲》(*Out of Africa*)?醒来的时候,想到梦中写出了这部杰作该是多么自豪,尤其是像卡伦·布里克森(Karen Blixen)那样在非洲度过了诗情画意的岁月,这是多么美好的幻想啊。卡伦和非洲土著之间的相互理解,她和那名肯尼亚人之间的幸福、人与自然之间的和谐、迷人的风景、美丽的动物、温馨的味道。若真若幻的伊甸园,睁开眼来瞬时消散,隐遁在田园牧歌般的文学作品中。

现在,随着多次到非洲旅行,我越来越感觉到,从非洲人和西方人有接触以来,其中最挥之不去的不理解,大概源自他们看待变化的对立观念。

白人天生对变化有着狂热而执着的热爱。他刚刚坐上新款的"标致307",就透过玻璃打量刚上市的"308"。少年时期,他梦想着改变世界,至少要改变自己的世界。在海边,他梦想着下次到山间度假。当上了餐厅老板,他希望每半年就换一次菜谱。刚刚结婚,他就打算找个情人。作为农民,他竭尽全力想改良牛种。作为母亲,她教育小儿子的方法绝对不能与大儿子雷同。作为体育经理人，连输三场之后，俱乐部一定要换掉半数的球员，等赛季结束再换掉另一半。时尚界走马灯似的换季登场，高新技术的层出不穷，最能说明人们对变化的痴迷，说明这种痴迷所表现出来的症状。西方人喜欢改变团队，不管这个团队是赢还是输。

相反，即使某个团队输了，非洲人也不愿轻易换人。非洲人喜欢"标致504"，又称"沙漠之驼"，因为它强劲有力，性能可靠，外观大方，适应力强，非洲人谈起它来总是念念不忘，始终不明白为什么就不再生产了。以前，他们很喜欢"标致404"敞篷出租车，现在还在不无道理地感到遗憾。作为农民，他们从蒙昧时期就开始驯养奶牛，对农技师鼓吹的杂交非常警惕。每天都吃花生或柠檬调味汁，也津津有味。他重视老人和巫师的话，而不是朝气蓬勃的年轻干部的话；赞扬几代同堂的家庭；更相信广播，而不是电视；信任千古流传的法则和传统，从来就不会尝试去破坏或钻空子。他们更关心的是水，而不是石油。不管是部长还是明星，照样都会回老家村子里看望家人和自己的田地。

但是，起源于游牧部族的非洲人永远是大旅行家，既不怕运动，也不怕新奇。他们生来善于交流，会讲多门语言。他们是天生的移民，能适应新的环境，即便充满敌意的环境也不例外，在新环境里，他们的聪明让人叹为观止。他们心灵手巧，吸收新技术的能力很强，有时候可以直接跨越好多个阶段而一步到位。从前，尼亚马塔只有邮局里才有殖民时期的公用电话，噪声非常大，通常要排好几个小时队才能通上三两分钟电话，马马虎虎凑合着听得清声音，可只用了短短几个月时间，人们就直接进入了手机和电子邮件时代，中间根本没有经历有线座机、传真、留言机和迷你终端设备 Minitel*。他们没感觉到任何不适，既不觉得有多着迷，也不觉得有多享受。

非洲人发明了缠腰布。你很难找到比这更巧妙的发明。睡觉时，这是一块可以躺在上面的多彩的毯子，夜里冷的时候可以裹住身子。洗完澡可以当作浴巾，睡觉醒来时可以缠在腰间当裙子，雨季时可以系在肩头当披巾。可以把小孩裹住背在后背，进城或旅行的时候还可以用来打包行李。铺在草坪上或院子里，几个女伴可以坐上去聊天，系在窗子上可以在上面睡个午觉。

缠腰布可以用来捆扎衣物，它陪伴着难民营的难民，陪伴着异国他乡的移民。它使得春天巴黎蒙特里地区的街道如花般绚烂，它为国际会议的留影照锦上添花。它是赏心悦目的礼品。它美丽、便宜、结实，剪裁方便，简单省事。但它抵挡不住"中国制造"在非洲市场的流行，诸如女装、男装、包包、箱子、窗帘、童车、地毯、毛巾等。

在尼亚马塔，我有个非常要好的朋友，乔治·马盖拉（Georges Magera）大夫。他先后在巴黎和布拉格学医，成绩优异，后来背着药箱几乎踏遍了整个非洲，尤其是在金沙萨，他曾经为蒙博托总统服务多年，位居七名私人医生之列，他从那里带回了很多笑话和故事，往往让人笑得前仰后合。回国之后，他咽喉长了肿瘤，吞咽的时候非常痛苦，马盖拉大夫决定只喝啤酒，从早喝到晚。他那么消瘦，颤抖得厉害，其程度只有他的善良和幽默可以做比。但这并不妨碍他管理这个地区医院，他减少医疗开支，接生孩子，在穷乡僻壤抵御疟疾。

一天晚上，他来向我借西服，理由是下周六要去参加婚礼。事

---

* 20 世纪八九十年代流行于法国的终端设备，由一台显示器和一个键盘构成，体形小巧，可以接入由法国电信运营的线上网络，具有收发邮件、查询股票、购物、聊天等功能。进入 21 世纪后，随着万维网的普及而被逐渐淘汰。——译者注

实上，不久之后，他穿着我的衣服进了棺材。在试衣服的时候，他说："你发现了吗，辽阔的世界分为缝纫族和披风族。我更倾向于缝纫族，但缝纫族总想凌驾于披风族之上，真是太荒谬了！"

后来，旅行者想：西方对变化的这种追求阻碍了非洲的介入。非洲根本没有这种现代性的狭隘观念，不能适应西方强加的飞速变化。就像一个受到约束的人，被迫身不由已地去参加一局比赛，通常他的反应不是不合时宜，就是姗姗来迟，选择时糊里糊涂，不断地做出错误的反应，一有机会就想搅局，因为他先就输了底气，先就觉得已经出局。这种出局的心理在民众中引起混乱，为了找回平静和确定的感觉，民众就会到宗教、方言或民族中去寻求庇护，这是文化的后方基地，可能对外界的任何威胁策动暴力。

不管这种混乱的性质如何，这混乱源自被现代世界抛弃的心理，来自在其中难以适从的心理。它会挑动暴乱、冲突、破坏、反复的战争、无尽的屠杀。我们很容易想到，它会使非洲被自我毁灭的病毒传染，这次对图西族的屠杀就是极端的表现。

尼亚马塔山区的人们，他们是否也有这种感觉？

首先，他们怎么看待非洲，怎么看待非洲人？他们怎么看我们？他们是否觉得不幸运，不被理解，不被爱护，受到操纵？对于西方世界，他们怎样感受那潜在的吸引／反感情绪？他们是否觉得所经历的狂风暴雨不过是暂时的，这是太突如其来的适应的迹象，或者相反是宿命的适应的迹象？他们是否觉得在经历一个动乱的过渡时段，或者一种悲剧似的遗弃？

伊诺桑：

"要说非洲条件差，这真是笑话。首先，非洲是人类的摇篮，是所有智人的祖先、知识的起源、所有文明的开端,这可不是小事。非洲有幸成为发展的排头兵,将自己的哲学推向了世界,但它后来失去了机会,却并没有人偷走它的机会。

"其次,非洲的气候得天独厚,世界上没有哪个地方如此。大地到处都蕴含着恩泽,阳光普照,雨水充沛:你撒下种子,就能长出禾苗。你可以吃饱肚子。每天早上起来,非洲人看起来都很幸福,自然太溺爱他们了。非洲人不需要像北方的德国人或东方的中国人那样,要抗击雪灾、寒冷、饥饿、人口过多、环境污染等自然灾害。他们的意志受到了销蚀,他们丧失了对抗逆境的习惯。在知识研究方面,他们不觉得落伍。非洲人学得很快,可能比其他人更快,他们不缺少想法、勇气,但缺乏韧劲。非洲人住得离赤道越近,就越缺乏顽强的精神,这么说我不觉得有什么不妥,我们自己都很清楚,看都看得出来。

"非洲的民主阵营不断发展壮大,政变逐渐销声匿迹,孩子们都有学上,教徒们都有信仰。很多非洲人到了外国,他们学会了欧美的习惯,回来时都有着现代的心态,还带回了科技发现、发明和电脑。在白人眼里,非洲人的行为越来越好,白人也为此感到高兴,也觉得合算。但非洲人却摆脱不了人道主义援助、世界银行的贷款、国际货币基金组织的项目。运气好的借机发了财,倒霉的底层人民越发贫穷,大家都嫉妒白人。说实话,我们的现代化是跟白人学来的:计划化,现代化,民主化;这牺牲了我们的文明,我们缺少了最重要的东西,如技术创新。非洲人仿制技术很快,他们可以满足国际标准的要求,他们利用了各种补助,同时还抱怨说,他们不想要援助了,他们厌倦了对白人的服从,他们希望白人尽快离开自己的国家。

"当他们觉得受了气,就要发作,但不敢抗议,只敢抱怨几句,压根不敢去争辩。某一天,他们破坏了一切,互相残杀,沿路抢劫,那是因为他们心中的不满情绪压抑得太久。这就是爆发的日子。他们砸了自己的财物，毁了自己需要的东西，那是因为他们不能像美国人或欧洲人那样，跑到国外去发泄、去破坏。非洲人在自己家里耍粗暴、耍野蛮，来解决他们的问题。

"白人在非洲的作用就是援助和开发。他们卖汽车，盖摩天大楼，花数以亿计的美元来预防艾滋病，灌溉连片的种植园。我不知道白人是黑人的朋友还是敌人。白人很严谨，有条不紊，但他们内心很有想法。非洲人呢，他们在地里播下一粒种子，种子发芽了，他们就满足了。白人呢，他们要在种子下面挖呀挖呀，直到挖出了钻石或磷酸盐，然后就摔过来一个小合同。

"白人想象不出来非洲人是怎样嫉妒他们的，尤其是乡下的非洲人；也想象不出是怎样害怕他们的。例如，你看到某个村子正在开上千人的大会，显贵啊，教师啊，名人啊，穿着光鲜的人啊，还有他们身边珠光宝气的太太们啊，等等。正在这当儿，一名白人偶然从那里路过。他穿着皱巴巴的衬衫和长裤，拖着双拖鞋。谁也不知道他知道什么，想的什么，但会上发言的人马上就会停下来，朝他打量；白人受到的尊重，超过与会的任何人，一直到他的身影消失在路上为止。

"很多黑人都对自己的皮肤感到满足，也有很多黑人觉得自己的皮肤碍事。他们知道，在白人眼里，黑皮肤从来就不够干净。他们开玩笑说：'白皮肤啊，你洗一洗，擦一擦，还是白的。黑皮肤呢，你天天擦，年年洗，还是没有变化，因此白人就把我们当作无所事事好脾气的呆子。'他们开着玩笑，喝一瓶啤酒，接着再讲笑话。

"非洲的形势复杂起来，黑皮肤也无济于事，黑人也这样看。比如，在学校里，每年老师都要讲全球不同人种的特点和形态，大家都感觉很不自在。有些小学生总是提这样的问题，为什么黑人的鼻子、头发、皮肤什么的没有别人那么精致。如果我们以后还拿着大刀和步枪,这种荒唐的问题还会从孩子们童言无忌的嘴里冒出来。

"我没有旅行过。除了在书中和电视上所见,我不了解外国风俗。就我看到的来说,国外是很好的。这里也不错,也很好。让非洲人神经发热的东西是气候变化。沙漠扩张,雨季无序,土地减少,粮食的售价不是太低就是太高。非洲人更担心全球气候变暖,而不是艾滋病毒。

"但是,我不觉得非洲人因为贫穷就泄了气,因为全球化和类似问题就害怕。问题是贪婪。他们嫉妒邻居、城里人、白人;吵起架来就失去理智,愤怒起来就什么都顾不上。非洲人不会因为绝望或悲惨而自我破坏。是贪婪引起了战争。更戏剧化的是,那些煽动非洲自我破坏的人都跑到欧洲和美国去了。他们见识了民主,了解进步的所有诀窍,他们攒了钱,穿得漂漂亮亮,说起话来也文绉绉的,等他们回到祖国,就向大家鼓吹和宣传原生态的生活,好从中渔利。

"我对撒哈拉沙漠和周边国家的自然灾害不太清楚,如马里或埃塞俄比亚。但我知道,刚果可以比斯堪的纳维亚更加富饶;科特迪瓦或塞拉利昂同样如此。谁都没有强迫非洲人在此地或彼地打来打去。没有什么消极因素促使他们砸坏一切,除了贪婪之外,没有什么致命的东西,如贫穷、非正义,或疾病。另外,从来就不是最悲惨的人在搞破坏;他们要忙着种地,忙着排队领世界粮食计划署的食品。

"我喜欢非洲的气候,只要气候不恶化。我也喜欢这里的家庭。我们这里,如果有亲戚不期而至,而且住下来不想走,大家还是管吃管喝。我们要住到哥哥姐姐家里,人家也会支持你,没有任何不满的地方,大家你来我往,互相接济粮食。管堂妹吃饭啊,管叔叔睡觉啊,等等。这是很好的。我们看着孩子长大,然后就再生孩子,我们不知道有多少孩子能健健康康地免受疾病之害,我们从来就不想缺少孩子。

"我也喜欢酒吧。在非洲，如果男人不去酒吧，人家就会说，这家伙要不是得了病，要不就是太穷了。大家总是说说笑笑。每天晚上，朋友们聚到酒吧里讨论天下大事，仿佛全天下都在听我们讨论似的，这让人开心不已。我呢，我很满足。但是，非洲的这种友爱精神也会制造麻烦。种族屠杀最终让我明白，非洲人其实并不比白人团结。我们乌干达、布隆迪、刚果的兄弟姐妹们，他们在1994年的时候干什么去了？在沼泽地里被邻人追杀、被屠刀砍头、被年轻人强奸、被小孩子抢劫，而邻国没有任何援助的姿态，真是太恐怖了。"

欧也妮：

"上帝让我做了非洲女人，我得感谢才行。我觉得非洲的优势在于有好的收成。农业和畜牧业，这是非洲的幸运之处，可以让非洲有好的生活。非洲人干活很卖力。只要风调雨顺，就绝对没问题，非洲人也很满足。如果天气干旱的话，非洲人就会眼红邻人的储备了，如果他们人多势众，那准得打上一仗。战争，这是最让大家害怕的，比白人所有新技术带来的冲击都要大。白人，我们从来就不知道他们是怎么锻炼出来的。他们太狡猾了，从来就不露真相。但非洲领导人呢，我们经常听见他们在向农民煽动仇恨和愤怒。

"在非洲，你可以脱离你的家庭、你的国家、你的宗教，但你脱离不开你的种族。非洲人一听见威胁时，一觉得害怕时，就怀念自己的祖先，怀念自己的故园，怀念自己的传统，最怕的时候，一定不会忘记自己的民族。这就是避难之所。当远方的战事响起，你肯定会朝自己的民族飞奔，在那里，你可以大无畏地与众人一同死去。

"我呢，我小时候为图西族而高兴。后来，在卡云巴森林里，我诅咒自己是图西族，我觉得图西族的这种生活背叛了我。现在，我为自己的民族而自豪。不管怎么说,我知道我已经无从改变。非洲如此辽阔,如此古老,而种族屠杀告诉我,野蛮处处觊觎着这片土地。"

克洛迪娜:

"白人都说非洲人做不了长远规划,守不住秘密,完不成有组织的工作。但在1994年,胡图族却高扬着双手做到了这一切,如果我可以这么说的话。他们策划了堪称范例的种族屠杀。这次屠杀表明,如果有利可图的话,非洲人干起工作来和其他人并无两样。

"非洲是农业之地、战争之地。农业是它的幸运,战争是它的不幸。住在我的公房里,我不能想象白人在非洲的功与过。但是,农业和战争主导着我们非洲人的命运。我不知道白人在非洲的战争后面搞了什么鬼。据说是他们煽动了种族间的冲突,比如在卢旺达。但卢旺达人自己拿起屠刀杀卢旺达人,您什么时候看见白人拿过刀啊。

"卢旺达是个小小的千丘之国,这里也成了问题之国。从前,因为有家庭,有邻居,卢旺达比现在更幸福。大家一起种几亩土地,一起分享收成。出现了矛盾,也有老人们拿主意,很快就平息下来。出现了报复行为,大家也团结在一起。我小时候,大家生活得更富足。食物很多,身体很棒,教育很顺,收成多于需求,奶牛养得膘肥体壮。似乎战争都没有那么可怕。

"现在,牧场没了,这引起了和胡图族的很多麻烦,所以畜牧业也衰落了。因为缺少耕地,连粮食作物种植都减少了。大把人上不了大学。我们没有看到什么有利的东西,对曾经许诺的变化,大家也在拭目以待。地球太大了,发现太多了,我们觉得受到的影响很大。我们只对孩子们还抱有小小的希望,我们自己还有能力对付,但不再觉得有什么快乐可言,只有无限的怀旧和嫉妒情绪。因此,人也变得粗暴了。

"非洲是一个深陷绝境的大洲。有些非洲人比美国人还富有，而有些非洲人除了短裤之外，几乎一无所有，比动物强不了多少。在基加利，据说有些卢旺达人都可以在手机或电脑上看电影了，而在基本戈，很多人连电话都没有打过，从来没有看过电影画面，电视更不用提了。因此，人的性格变得非常极端。比如，过节的时候，或者举行婚礼、洗礼的日子，邻居们受到邀请，大家都精心打扮一番，真心实意地去参加，大家都很高兴，互相开玩笑，享受着新娘子的幸福。气氛很热闹，大家打趣逗乐，后来突然吵起嘴来，为了牲口或嫁妆，等等，邻居们大打出手。第二天，这帮人又拿出大刀，举着火把，回来要烧房子。极端的贪婪是这一切的源头。

"白人都说原因是贫穷、泄气，或者无知，但其实是贪婪。在杀害图西人的时候，胡图人似乎既不贫穷，也不泄气，亦不无知。他们害怕爱国阵线，但他们最大的愿望就是独揽国家，攫取图西族的土地，吃掉图西族的奶牛。

"做黑人比做白人难上加难，因此，黑人变化无常。我这样认为，不仅仅是因为种族屠杀。非洲人喝着酒，碰着杯，聊得兴高采烈，说着说着就打得你死我活，在刚果、乌干达、布隆迪，到处都是如此，白人看着他们跟野人似的，马上就看不起他们了。

"我是卢旺达人，但我很害怕卢旺达人。我是非洲人，但我也害怕非洲人。对非洲人来说，幸福首先就是孩子。孩子们好好的，周围人就关注你，就尊重你；你也就强势。培养未来的劳动力，或者提前准备嫁妆，这就是希望所在。在非洲，孩子不仅仅是财富，也是最后一线希望，到底是什么希望呢，我们也不清楚。你看到小孩子平平安安、健健康康地成长，你就觉得这是幸福。对非洲人来说，幸福也是招待客人，是对邻居的安慰，是平日劳动中的互助，是相互理解。你去帮忙收庄稼。你去跟亲戚邻居说说自己的烦恼。但等你的亲人都被杀光了,你就担心孩子们在路上碰见生人,你对邻居也疑神疑鬼,这样的非洲又有什么好处呢?如果你在公房附近听到抱怨,如果你听到远方屠杀的回响,你就安静不下来了。"

"我希望自己是白种人,真的,我想成为白人,不管是在卡恩泽恩泽,还是在任何地方。我说的是实话。我更喜欢黑色皮肤,我丈夫的皮肤,以及孩子们的皮肤。我觉得很漂亮,很细腻。相反,我不觉得白皮肤就更有魅力。但白皮肤比黑皮肤更加自在,更加温和,更有优势。"

这时候,我心中升起隐隐疑虑,难以继续和克洛迪娜讨论下去。我觉得,如果继续向刚刚走出种族屠杀这种极端经历的人提问,以探讨广袤而多元的非洲的各种问题,这对非洲朋友是很不公平的,如巴马科(Bamako)的朋友,或内罗毕、努瓦迪布(Nouadhibou)、卢本巴希(Lubumbashi)的朋友。

63
明显的伤痕

"生活还不错。生活还会改善的。我在吉塔拉马学习中心注册，学习重型汽车机械，因为我受过伤，在高中压根就跟不上。头天学过的东西，第二天就忘得一干二净。多看一会儿书，头就疼得厉害，还流鼻涕，我感觉别人嘲笑我，于是就很具攻击性，我受不了寂寞。我一直是孤儿，和姑妈住在加塔雷。这终归不是长久之计，因为她儿子也受了创伤。姑妈觉得我碍事，毕竟我在家里什么都不干。"

这就是卡修斯·尼永萨巴对自己近况的总结。我是偶然碰见他的，他当时独自在教堂附近的草地上溜达，这教堂如今已经改作尼亚马塔纪念馆。他高兴地接受邀请，到教区酒吧去喝杯啤酒。这是个宜人的地方，一群优雅美丽的女孩子负责管理工作。后面的花园里装点着小竹屋，是密谈幽会的好去处，教区里养了很多鸡，叽叽喳喳叫个不停，因此不必担心隔墙有耳。

7年之前，也是在这个纪念馆，我第一次和他相遇。那时候，他还是个12岁的孩子，放学回来后就在这里消磨下午的时光，等到晚上才回家去。他靠着酒吧，双脚间放着个破足球，面朝一排排精心堆砌的头盖骨,似乎永远也看不够。有时候,他和看门人一起坐在教堂前的空地上,面对从首都过来悼念的外国游客,他总是有问必答。他喜欢讲述自己的故事,讲述自己有幸躲过一劫的屠杀。

当年的小孩子如今已变成了大小伙儿,他肩宽体阔,身体挺直,虽然天气很热,穿衣打扮还是很美国化,方格衬衫、牛仔裤、网球鞋,说起话来也很严肃。但头皮上的伤口还是那么显眼。

7岁时,他从教堂的屠杀中侥幸生还,如今只记得四个清晰的画面:"眼看着妈妈在我面前被杀,然后就轮到我了。刀刃砍在了我的头上。我在森林的草丛里藏了很多天。伤口都腐烂了,小虫子开始吃我的头,我只好用手抠掉。"

其他的:里面人群的拥挤、叫嚷,外面人群的喧哗,刀起刀落,血流成河,在山坡上,一名胡图族女人弯下身来给他水喝……一连串的事情都已经模糊不清,正如他所说:"当记忆纷纷扰扰的时候,我的想象总感觉乱七八糟。"当他试图把这些记忆串起来讲给别人听,并且对自己和他人有所解释时,这乱七八糟正好印证了事情的复杂。在5,000人的大屠杀中,他是怎样突出重围的,何况他受了重伤,后来可能在森林里躲了好几个星期,然后进入了孤儿院,姑妈在三个月之后才找到他,从没有人能帮他解开这个谜团。

然而,卡修斯对自己幼小的童年却保持着美好清晰的记忆。"我父母让我去祖母那边,到恩塔拉马去放牧。我习惯和祖母、姑妈一起生活。我们当时有四头大奶牛,还有些牛犊。我可是放牛的高手,总能在灌木丛中找到好的牧草,绝不让奶牛挨蚊蝇叮咬。住在祖母家,吃穿都不错。我喜欢上学,毫不含糊。在草地上放牧很好玩,就像和其他朋友玩足球一样。

"后来,屠杀封死了我童年的路。我就此止步,我就此缺失。我不能上学,不能安身,不能盖房子,不能活得像模像样。如果能够在汽车机械方面找个差事,我多少可以舒服点,但还是很边缘化。

从今往后我得自己来打理生活，我很烦恼。"

因此，卡修斯也不想改变这种被边缘化的处境，相反，他喜欢离群索居，独来独往，而且他承认，从今以后，他的所有精力都要投到种族屠杀的回忆之上，在这上面，他听了很多，也思考了很多，不断有人求他重提往事，他如今也懂得如何用修饰过的话语来讲述，而且全都坦诚相告。尤其是当他描述说："在我这个年纪，本该痴迷足球，喜欢探险电影，爱说笑话，经常与朋友们喝喝酒。但我的消遣呢，却是别的东西。我每天都想到1994年，尤其是当我发现自己和别人不同。我想到我的躲藏、我的伤口、我消亡的家庭。苦难，曾经的苦难，真不容易，我不想割裂任何发生过的细节。我对屠杀的纪录片、电台节目、纪念活动、哀悼仪式都感兴趣，我喜欢纪念性音乐。我和朋友们不同。我靠近他们时，我感到孤独，如果看到他们非常开心，我马上掉头就走。

"我没有真正的朋友，除了零散的几个幸存者外，我和他们还算合得来，可以谈起种族屠杀。女孩子们也和我聊天，但没有什么感情。我对她们没有兴趣。没事的时候，我喜欢待在纪念馆，而不想去讨女孩子欢心。我没有什么想法。女孩子喜欢那些精心安排的玩笑，我没有心情去编什么玩笑，伙伴们的笑话，我也懒得笑。对女孩子，要用好话去挑逗她们，她们才会陪你，才会和你来往。而挑逗的欲望，我真的没有。

"我想，总有一天，我还是会结婚的，这是对父母的尊重，我是家中唯一的幸存者，我不能让家族没了后。对非洲人来说，这是不可告人的。但如果娶一位普通的女子，并没有什么好处，因为和她不能分享劫后余生的感想。头上的伤口爬满了蛆虫，连续好几个星期的痛苦，对没有亲身经历的人来说，这是不可思议的。不是那么容易接受的。大家可以相互抚慰，相互扶持，但是理解嘛，那可是另外一回事。

"我的伤疤太明显了,直愣愣地横在我的头上,眼睛都上翻了。我很想把伤口遮起来,这真让人闹心。就算戴一顶牧民的大帽子也无济于事。如果说我忘记了什么事,总会有人说:'是啊,他都没有脑筋了,看都看得出来嘛。'如果我做了傻事,人家就会说:'没关系,朋友,这不是你的错,只怪头上这该死的伤疤,我们都看在眼里呢。'还有人低声议论:'他呀,可千万别问他是什么民族的,他脑瓜子不灵了。'我觉得被这样关注真是耻辱。随时都可能被嘲笑;遇到凶手的孩子时,也会被他们冷嘲热讽。我觉得,这造成了我对女孩子的心理障碍,因为她们可能也会暗中讨论我的伤疤。我想独自躲到一边,不被人注意。我喜欢散步,不知疲倦为何物,我喜欢在公路上溜达,喜欢穿越草场,喜欢爬进森林,喜欢从高处眺望这山山岭岭。我喜欢自然风景,我也许会喜欢旅游。

"有些幸存者本想忘记不好的经历,因为他们毕竟活了下来。他们什么也忘不了,他们只好截断记忆,展望未来。他们不想将自己的未来也裹进记忆里。或者,他们想保持缄默,因为成天唠叨往事会让别人觉得厌烦。他们觉得碍手碍脚,害怕对昔日追忆太多。他们已经失去太多东西。或者,他们害怕当局,他们害怕偏离新的行动规则,他们礼貌地承受着人道主义者的忠告。他们学会了谅解,处事得体,不提报复,他们希望得到好处,决定接受国家和解政策。

"但对于受过重伤的人来说,他才不管这么多。他不懂得注意行为举止,也不屑于与人拥抱。他不想和胡图人为伍,他拒绝观察那些罪犯——他们或正在重返家园,或正在称一袋袋丰收的粮食,或正在积攒财物。在新生活里,他首先看到的是自己的伤疤,他想到的是由此带来的影响。他知道只能独自承受。他举目四望,看到的始终是屠杀,因为在他看来,周遭人群的目光无疑都停留在他作为幸存者的伤疤之上。

"当然,他会谈起这些。他抓住所有的良机反复絮叨。跟我一样,他反复讲述着同样的故事。他会永远不知疲倦。幸福,那就是平静。而我呢,却将陷入郁闷和苦难之中,在我周围,我只能看到这些玩意儿。"

64
繁星满天

对幸存者说:"你们继续活着,我们就会感兴趣。"有时候停下来,有时候遇见行人,写下他们本希望翻过去的历史——那些向前狂奔或飞跑的人,那些在痛苦中挣扎的人——报道他们恐怖的心情,关注突如其来的不确定因素。他们在公开场合怎样谈话,他们每次讲述的内容有何不同,关注他们回忆的方式和想象记忆的方式。

夜幕降临,天气骤然凉爽,静谧应时而至。空气中的尘埃悄然落地。我坐在玛丽-路易斯家门前的台阶上,旁边摆着啤酒,观察着街对面的守夜人,他们正在加油站值班。

白天,他们昏昏大睡,半卧在门边墙角或铁板檐下,帽子垂下来把脸盖得严严实实;天黑了,他们开始了夜猫子般的生活,为仓库、人道主义机构站岗放哨,有时候则仅仅照看一辆新汽车。他们和牧民一样,穿着旧衣服,手里拿着长长的棍子,沉默寡言。他们通常是无亲无故的老人,孤苦伶仃的鳏夫,还有傻子,装聋作哑的怪人,精神受过刺激的病者,他们指望靠这工作讨口饭吃。

有时候，他们来自很远的地方，凯比西酒吧的守夜人就是如此。在妻子和九个孩子被杀之后，他逃离了基布耶地区的小镇比塞塞罗（Bisesero），这是"绿松石行动"（l'opération Turquoise）*所在的地区，当时还引发了关于法国军队介入的争议。夜色如漆，悄无声息，这个沉默寡言的汉子坐在酒吧游廊的尽头，开始了守夜的工作。他从来不沾酒，也不与旁人搭话，径直看着前方的夜幕，有时候自言自语嘟哝几句，让人听得似是而非，但猜测可能是因为前面有什么动静。

从凯比西酒吧的游廊上，可以看到尼亚马塔闪闪烁烁的灯火，更远处是被残阳最后一抹余晖染成玫瑰色的山丘，然后就是山丘的暗影。这是个很好的去处，黄昏时候可以排遣淡淡的忧愁，经过了炎热的白天，喝上几杯啤酒，忧愁慢慢消弭而去。夜色里，老顾客渐渐聚了过来，有人刚刚下班，有人已经吃过晚饭，有人从下面的酒吧来这里赶场，热情洋溢地互相打着招呼。凯比西——最初是卡云巴商务中心——雄踞在卡云巴山的高处，受到该区知识分子的青睐。马马·姆文盖拉（Mama Mwungera）守着调料铺子，女儿穆卡马娜（Mukamana）则在游廊上为客人上饮料，早来的顾客已经在长椅上安然落座，还有人坐在凳子上，酒瓶放在矮茶几上，伸手就够得着。大家开开玩笑，天南地北，放声大笑，一直待到深夜。大家聊起天来恨不得把世界从头到脚翻个个儿，尤其是离自己十万八千里的地方，这种阵势其他任何地方都比不上。

我承认对此次种族屠杀的故事念念不忘，当然也包括其他种族屠杀的故事。我承认这起闻所未闻的事件具有巨大的吸引力，能产

---

* 由联合国授权、法国执行的军事行动，旨在保护卢旺达西南部的图西人和国际救援人员。——译者注

生让人昏厥的感觉。我不否认自己开车翻山越岭时的激动心情。每当谈起恶心和糟糕的印象，它从此就围绕在你的周围，仿佛切身经历过似的，这真是以前想都想不到的。谈起这历史的不幸，此前只在书籍、电影、报纸中看到过，而如今却打乱和改变了记者的轨迹。

观察逝去时光的印痕，将幸存者的生活和疯狂的暴力分割开来，时光似乎对所有人都绽开了笑脸，但似乎对凶手格外开恩，时光既没有抹平仇恨，也没有消除焦虑，时光不过暂时隐藏了这一切。

在玛丽-路易斯家，门前台阶外就是主干道的起点。她设计了这座房子的每个细节，这房子与她在尼亚马塔拥有和住过的其他房子迥然不同。屠杀前，丈夫莱昂纳尔是城里最大的商人，他们住在主干道另一端。那是一栋漂亮的房子，周围有花园和配房。后来，她慌不择路跑到布隆迪。屠杀结束回来之后，她把那座房子租给了人道主义机构，自己搬到另一处宽敞的房子中，房子装饰艳丽，孤零零地坐落在路边。新房子周围既没有花园和树木，也没有配房和畜禽棚，狭长的建筑中有她的套房，还有给孤儿、朋友、客人们准备的卧室，此外还有电脑房。

玛丽-路易斯成了寡妇，逃亡途中身体也受过伤。如今，她又开始在浩劫过后的尼亚马塔做起生意。她雇人开荒种地，她的小店也很快成为城里最热闹的酒吧。对于这位身材高大、漂亮优雅的女人来说，成功只属于从前，虽然她又重新开始做生意了，但心里已经没有希望了。*她把土地托付的托付，放弃的放弃，遣散了牲口，变卖了首饰，搬进了新家，与自己喜欢的人一起和哀伤作斗争，主要是她收养的孤儿，还有她的左膀右臂昂格勒贝和让-巴蒂斯特，当然还有她的新宠——电脑。

---

* 完整叙述见于第 93 页。——编者注

玛丽-路易斯富有好奇心,对什么都感兴趣,这让人赞叹。她马马虎虎才读完小学,法语讲得结结巴巴,但做生意绝对是行家里手。突然,她又开始倒腾电脑:学习法语、计算机语言、熟悉软件、排版、上网,还在尼亚马塔开了第一家网吧;她安了"天线锅",装了平板电视,收集了《世界报》(Le Monde)推出的电影DVD及其他经典剧作,她家也成了电影胜地。

只有她家的厨娘让维埃(Janvière)和精致的餐桌还维持着从前的盛况。人们都知道这事儿,农妇们去市场之前都要在她家门口停下来,送她一只羊羔或一袋上好的香蕉,或者在午饭的时候,有些美食高手假装偶然从她家经过。如今,玛丽-路易斯想让劫后余生的新生活也取得成功。她直率地面对一切,她的伤感、她的焦虑、她的仇恨。因此,晚上请她喝杯可乐,然后海阔天空地聊天,真是幸事一桩。有时候,还外加昂格勒贝,当然得在他喝得烂醉具有攻击性之前。

这家伙和很多伙计一样,把自己的流浪生活安排得井井有条,如果他没有在夜幕降临时回来,那他肯定是在诊所大街的某个下等酒吧找了瓶酒,这地方总是脏兮兮的绿墙,里面点着蜡烛,大家喝着白天顾客剩下的香蕉酒,酒里面总是冒着黄黄的气泡。

这条空旷大街的稍远处传来低低的喧哗声,那是安菲德厅(l'Anfield Room)。这里的窗户加了护栏,里面摆着当地第二台大屏幕彩电,每天晚上都在播放英超和西甲球赛。屋子里简直像火炉,球迷们大汗淋漓地挤在长椅上,光着上身,挥汗如雨,欢呼声此起彼伏,围绕着在这些顶级球队踢球的非洲明星的成绩争论不休,如马克莱莱(Makélélé)、埃托奥(E'too)、埃辛(Essien)、德罗巴(Drogba)等等,现在他们的二手球衣已经取代从前的罗纳尔多、齐达内或贝克汉姆。在街尽头的球场上,球迷们没有钱买票看转播,尤其是那些最小的孩子们，他们只有等大孩子们不玩的时候，才能目不转睛地去拍拍皮球，直到累得筋疲力尽。

诊所大街和主干道的交会处，就是尼亚马塔中心十字路口，也是啤酒批发商芝加哥的仓库重地。比起玛丽－路易斯或她的邻居泰奥内斯特来，芝加哥更算得上商业意识的活证。以前，芝加哥是吉孔戈罗地区的富商，在屠杀中侥幸逃生，从布隆迪流亡回来就在尼亚马塔安顿下来，这时候他身体多病，穷愁潦倒。他借了三块钱起家，开着辆噼里啪啦响个不停的破车搞批发，几年之后早已赚得盆满钵满，在周围百十里地数他最有钱、太太最美、卡车最大。在他的仓库前，人们推着自行车一直排队忙到深夜，在行李架上垒起啤酒箱，忙着给酒吧和餐厅送货。

芝加哥想得很周到。仓库的游廊上摆了许多椅子，朋友们有空就过来坐坐，这些人手头大都不宽裕，也从来没想到手里会被塞瓶啤酒。迪特是20世纪60年代的足球艺术家，多米尼克是卡云巴山幸存者中的一分子，让从前是律师，当然还少不了喜欢从中心城区到这个得天独厚战略位置来闲聊的人。今天晚上，大家品尝了阿姆斯特尔啤酒——这款橙黄色啤酒是芝加哥从布琼布拉运回来的——讨论非常激烈。集市广场映过来木炭的火光，周围忙碌着熬夜者的身影，他们在为晚归的顾客服务，后来就躺倒在缠腰布上，一觉睡到次日开市。远处的霓虹灯勾勒出理发厅的橱窗轮廓，映照着三五成群听着尼日利亚祖祖音乐或科特迪瓦最新唱片的年轻人。

从口头到笔头，并不仅仅是从所说到所写的过渡，而是从直接向别人表达的内容过渡到自己向自己表达的内容：在尼亚马塔、基本戈或里利马，我们谈话的时候至少都有两人在场；当我在巴黎写作彼时彼地所谈内容的时候，我就形单影只了。当我伏案写作时，在尼亚马塔曾经讲过话的人都无可避免地消隐到了他言说的话语之后。作者加工他曾经说过的话，作者流连其中，虽然每句话起初都有特定的目的，但作者可以改变方向，为了读者而重新改写。在写作这些话语的时候，虽然还是原原本本的话语，但意义已经多少发生了改变，因为这些话语已经落实到了纸上。在书中将证言呈现出来，即让见证人变成书中人。

大屠杀的不可言说之处不在于恐怖，不在于憎恶。为什么呢？不可言说的是对一部分记忆的破坏，同时还有对人的破坏。是对数以百万计欧洲犹太人或卢旺达图西人记忆的破坏，因为他们的记忆已经被摧毁，只有他们自己才能言说这种破坏，而他们自己已经被摧毁。在尼亚马塔，大部分幸存者都觉得，他们应该站在死者的角度来言说，但他们无能为力，即使站在亲人或邻居的位置也不行，即使他们就在旁边的纸莎草丛中遇害，即使他们之间曾经有过亲情或爱情。不管如何，他们曾经努力过，因为他们觉得如果自己缺席的话，这就不可信了。写作不能代替死者的证言，但可以帮助幸存者以某种方式将其重新纳入历史。写作，也就是追溯未曾言说的内容。

怎么写作别人的话语呢？我从没有碰到过这个问题，只是在书的第一部出版之后，才发现读者非常关心这个问题。从各种口头证言中，怎么裁剪、选择、组织和建构文本？这并不简单，可能还非常复杂。如果出于文学的考虑想将读者带入屠杀的氛围，如果只想传递一个故事，那么写作将是非常自然的工作。为了让本书在未来开启独自的历程，为了书中人物能够像所有或真或假的小说人物一样经历自己的命运，为了让这些话语跨越连接作者与读者的道路；故事、人物、相遇、话语、形象，在写作中相互交织，写作从不同层面反映着事件。这种文学更加曲折，更加缓慢，更加拖沓，更富隐喻，更富启发，但却同样高效，能够将信息从这一点传达到另一点——如果直线、直道、先驱记者所走的道路已经被封死；在经历屠杀之后的欧洲、土耳其或卢旺达，文学总是经历这样的命运——因为记者和其他同样多、甚至更多的人——包括读者或电视观众——都在这异乎寻常的事件上碰了壁。

尼亚马塔的人怎么想呢？很难替他们来回答这个问题，但肯定好处多于坏处，要不然前两部出版后也就不可能写作第三部了。警惕的气氛沉沉地笼罩着"赤裸生命"。一名法国白人花那么多时间，翻山越岭对相同的人群提那么多问题，而且通常都是对乡村农妇，这个法国人不能不让人生疑。但我运气好，遇到了好人，怀疑给了我回报，后来作品出版之后，他们心里的石头也落了地。不但法国人没有背叛，而且所有读过该书的人都认为对屠杀有了更多的了解，包括那些参与屠杀的人，他们读到了自己讲述出来的思想和印象，而此前这一切都是模糊的、私人的，通常都杂乱无章，因为这一切都太痛苦，太难以理解，太不像真的，对别人来说太值得怀疑。

得益于这样的启示，我才能够构思"屠刀一季"。诚然，这是在一种完全不被理解的气氛中进行的，连续好几个月，我每天早上都到监狱和凶手们讨论，幸存者、当局、凶手们的家庭或亲人肯定不会理解。我来了这么多次，从来没有人问过我，我的计划是什么，到里利马来来往往的目的何在；凶手们到底说了什么，压根没人好奇。书出版之后，几乎也没人提起过他们在书中的对白，所有的评论或点评都集中在每章中关于历史——尤其是关于犹太人大屠杀和图西人大屠杀之间相似因素——的插入文字。

当然，凶手们没有看过第一部，看过第二部的也很少。他们收到该书的时候，宛如意外收到一个白色的物体，感谢的时候也不过像对待普通的外国礼物，没有做任何评价。释放的时候，谁也没有拿这事儿跟他们找碴儿，不管是政府还是法官，虽然他们讲述的故事和受审时所做的陈述迥然不同。他们发现这书不会给他们带来眼下的麻烦，于是也没有否认自己曾经说过的话，因为他们当时觉得肯定会被终身监禁起来。

行文至此，我得再回头说说凶手们出人意料的健谈，尤其是利奥波尔，我之前已经说过，其他凶手大都沉默、撒谎、否认、健忘，而他却截然不同。为什么他们愿意回忆并讲述出来？是想与卢旺达胡图族、纳粹德国、高棉和土耳其同类们划清界限吗？他们揭露了特别的人物吗？肯定没有，但他们在心态上做了准备，反映了他们所处的特别环境，过了好几个月之后，他们开口讲话了。一起被收监的有7,000人，他们想不到自己会被提前释放，再说监狱中死亡率非常高，他们猜想可能出狱的日子遥遥无期。另外，他们已经经过审判，所以不觉得讲述出来会对自己有益或者有害。更何况他们都相信，我绝不会到监狱外把他们说过的话转述给别人听，不管是法官、还是邻人，抑或是他们的家人；我只不过要把它们写入一本书而已，出版也是在远得难以想象的地方。

而且更重要的是，当他们同意说出来的时候，他们从来就没有直面受害者家人或外国人的目光，从来就没有再见沼泽地，因为他们在几个小时后就逃离了自己的山区，跑到刚果难民营避难去了，从那里回来后立即就被投入大牢。当我在里利马遇到他们的时候，他们宛如生活在气泡之中，谎言和沉默都没有任何价值。最后，他们也知道我很厌恶他们的行为，他们绝对不会让我对他们产生好感，同时他们也在里利马发现，我的目的并不是要指控他们。奇怪的是在他们获释之后，他们还是一如既往地同意和我讨论，如果可以这样说的话。他们很热情，很乐意，从来就没有涉及作品的事。在他们家和在监狱里一样，谈话过程中没有别的见证者，除了他们习以为常的伊诺桑之外，如果有外人走到近前，哪怕是曾共患难的狱友，他们也会马上掉转话锋，或者压根什么也不说。

但如果要说他们前后浑然一体，那就不是实话了。在我写作"屠刀一季"和这一部的每个阶段，他们每个人的反应都不一样。伊尼亚斯最初是寸步不让，狡猾透顶，后来却最让人惊喜，说得最确切。他和皮奥就不一样，皮奥在监狱花园里算得上最专心的一个，在最后对话时却成了不知羞耻的骗子。伊尼亚斯年纪更大，更加贫穷，他是不是有所醒悟，意识到了他们的失败？婚姻、继承香蕉园、足球比赛，这些给皮奥提了神吗？我不知道，我也没有思考过他们的内心状态，我只满足于听他们言说，满足于和他们见面，一如他们简简单单地来那样。

我和第一部中所提到的幸存者的关系非常坦诚，也更加复杂，更加难以预料。他们都以自己的方式参与到了作品的准备过程中，后来所有人也都读了这部作品，至少读了他们自己讲述的那些段落，所有人都有过类似表示。朋友、亲人、同事，经常还有外国人，都问起过他们这个问题。

有些妇女——比如朋友埃迪特，或对话非常费劲的奥黛特——不想继续这一历程，也没做任何解释。西尔维的态度忽冷忽热，就像换裙子一样随意。今天非常重视，很卖力，说起来很悲观；明天可能就躲到一边去了，人影也看不见；后天可能更见异思迁，乐观得近乎无聊。她喜欢挑衅，既不是为了标新立异，也不是为了专门跟人抬杠，而是不想被某个角色束手束脚，为的是突出自己复杂的心思。每次开始新的谈话，弗朗辛就像新一集连续剧开播似的，细枝末节都不落下。对于其他人来说，一想到要出书，面对录音机时的表现也就大不相同，如玛丽－路易斯，机子一开始转动，她就滔滔不绝地说套话，当我提醒她时，她又开始放声大笑。伊诺桑乐于思考自己的回答，乐于参与到写作之中；让－巴蒂斯特具有极高的知识分子趣味，不仅乐于思考自己的言辞，也喜欢思考他作为见证人的这个人物，还要穿上星期天的服饰，谈话前还得喝上一瓶啤酒。

这些年来，最奇怪的是贝尔特。虽然她还有姐妹，还有生命中的孩子，但可以说她最孤独、最寂寞。她多愁善感。说起话来声音总是低低的、柔柔的。她喜欢自言自语，喜欢追求准确的细节，显然这不是一种治疗形式，而是对她的生命或者说应该具有的生命的认同：一位了不起的年轻女人，配得上过一种本应该是激情无限的生活。

让内特、克洛迪娜、安热莉克、让维耶，他们跟此前一样，还是那么自然。让内特不改从前的质朴，总是想到什么就说什么；让维耶还是那样谨慎，尤其是从自己无力购置牲口而参军之后；安热莉克还是那么清醒；克洛迪娜还是时不时来点嘲讽。时光飞逝，我们之间多了份关爱和友谊，他们也听惯了收音机、电视和公审大会上关于种族屠杀的官方语言——如胡图人也毫不犹豫地使用"幸存者"和"种族屠杀"这样的词，以前可是提都不能提的。回答问题和回忆往事的时候，他们不再那么心情激动，对于图西大屠杀所带来的历史趣味，他们也不再那么惊奇，从此前的著作开始，某些人就不断受到邀请，他们早已习惯了这种对话。

夜晚，星星仿佛离尼亚马塔那么近，仿佛不在苍穹之上似的，仿佛是满天明明亮亮的火光，有时候闪闪烁烁，有时候光焰耀眼，似乎像在沙漠中一样能感受到星星的温暖。清风卷走残云，不管是月圆还是月缺，星星总会照亮没有路灯的街道，以及废弃的乡间公路，似乎不愿意让这些山丘隐没在无边的黑夜里。寻找大熊星座不过是儿时的游戏，满天繁星，密密麻麻，融合成天河的光影，从遥远的地方投射过来，其他著名的星座也勾画在夜空里，交相辉映却有条不紊。观察夜空中星星之间的游戏真是无限的享受。但似乎所有的当地人都并不享受，不管是在院子里闲聊天的成年人，还是在篱笆墙后或远处灌木林里搞恶作剧的淘气鬼，抑或是摇摇晃晃在大街上信步闲逛或紧走慢走往家赶的路人。

整个夜晚，玛丽-路易斯家前面都人影幢幢，在朦朦胧胧的夜光里轻声低语。奶牛摇头摆尾，白天吃饱了草料，已经累了，开始发出沉沉的叫声。远处野狗的吠叫取代了鸟儿的啁啾。时而稀稀拉拉，时而喧哗不止，狂吠声声，乡间路上经常可以碰到灰色的豺，凄厉的叫声正好和犬吠一唱一和。

65
上帝不离不弃

丽萨·罗森塔尔（Lisa Rosenthal）住在以色列北部的集体农庄克法尔布鲁姆（Kefar Blum），她在自家屋前的草坪上卖茶，这个地区紧挨着戈兰高地（Golan）和黎巴嫩，气候炎热，绿意葱葱。在这宜人的傍晚时分，在我们前面，一场艰巨的排球比赛扣人心弦。更远处，一些少年坐在帆布躺椅上，一边打情骂俏，一边抿着冰牛奶。

丽萨·罗森塔尔还记得，她是在1963年大洪水之后来到这里的，在她居住的这个集体农庄，大家都亲切地叫她的名。她出生在布拉格，18岁时被关入比克瑙集中营，但最后活了下来。她身材高挑，气质优雅，博学多才，会讲五种语言，像过去东欧（我们今天想象不出来，这过去的东欧和当代的东欧是多么脱节）知识分子那样异想天开，她向我讲述了她的漫长旅途：她的家庭和研究、被追捕的犹太人、流亡，以及和同胞兼朋友伊利娜（Irina）一起当园丁的旧事。她谈到了自己漫长的孤独，虽然如今农场里人人都爱她、尊重她。有一刻，她说：

"避居在这个农庄里,我不觉得自己是捷克人,也不觉得是以色列人。当然,我不再觉得自己是犹太人。说实话,我觉得有点孤独。"

"您不再觉得自己是犹太人?'当然'?这是什么意思?"

"我的意思是说,不再像我昔日家庭生活中那样的犹太人:比如到梅瑟犹太教堂做祈祷,吃苹果葡萄面包,参加婚礼、赎罪日或在普林节到约瑟佛夫街区的莎罗姆餐厅。从比克瑙出来以后,我甚至觉得上帝的观念很荒诞。也没有兴趣读摩西五经了。我的犹太信仰和别的东西都已经随风而逝。"

20年后,我依旧能听到她关于集中营摧毁信仰和其他一切东西的观点,她的声音中有丝丝嘲讽和哀怨。

很多其他人,很多犹太人大屠杀幸存者,都曾经按照自己的方式说起过这个观点。普里莫·莱维在和本国作家费尔南多·卡梅伦(Fernando Cameron)的谈话中曾经说过:"因为有奥斯威辛集中营,所以上帝不能存在。奥斯威辛就是上帝不存在的证据。两难的选择。我没有发现,我只是观看。重要的是观看要后于发现。"

我拿这些话问伊诺桑·鲁维利利扎,他和绝大部分卢旺达人一样,对犹太民族历史的了解仅限于《圣经》中的内容,因此对后来这些世纪的历史一无所知,他仔细地读了读这几句话,然后回答说:"一方面,这样说当然有意义。两难的选择,这是很强烈的。我们也是,我们也经历过两难的选择。在卡云巴山,我们从早到晚呼唤上帝,最后我自己都已经厌倦了,看到的只有突如其来的大刀。我跟很多人一样,在屠杀初期,当我们还有点信仰时,我想到了上帝存在的问题,后来,我们就没有什么信仰了。在屠杀期间,我们压根就想不起还要不要信仰。

"另一方面,我们不能不知道上帝,在这里总不能褒贬他。我们黑人比白人更加信上帝。这名意大利哲学家有权利说上帝不存在,但非洲可能没人听他的。"

在非洲，无神论似乎很让人费解。一个没有上帝的世界观，不管其影响有多大，总是不可思议的，而且大屠杀对此也没有任何改变。13年过去了，在尼亚马塔地区，没有任何人会大张旗鼓宣称自己是无神论者，大屠杀不会造成这样的后果。

但在当时，正如伊诺桑强调的那样，这事件曾经极度侵蚀了很多人的信仰，如今还有人对信仰多有微词，就像卡修斯解释的那样："可能上帝不能和坏人打架吧。我一直信上帝，要不然就太危险了。但上帝并不是我所有的好运所系，我根本就不像以前那样指望上帝了。"

1994年4月11日早上，三辆联合国卢旺达援助团的白色装甲车来教区接白人修女和神父，集市广场上已经开始了屠杀，图西信众的第一反应和胡图信众不同。图西人马上想到了上帝，纷纷朝尼亚马塔和恩塔拉马的教堂涌去，想到里面去避难。那些没有去教堂的人躲到了森林里、沼泽边。在那里，他们成群结队开始祈祷，开始唱圣歌，一直到屠杀行动开始。

而胡图人呢，他们根本不理睬教堂和寺庙，当然挤满图西人的教堂除外，他们跑过去大开杀戒。阿达尔贝尔还记得那个星期天早上，他们按时来做弥撒，但图西人却没有出现。于是他们愤怒了，拿起了屠刀，他还当上了领班。*

阿方斯还记得次日进入恩塔拉马教堂的情景，那里的图西族难民已经人满为患，到处都是伤员和尸体。对他们来说，这里是不是

---

* 完整叙述见于第302页。——编者注

上帝的圣地已经不重要了。*

他的妻子孔索莱·穆卡雷泰泰经历的情形却不同："我呢，我很害怕。我担心上帝的诅咒。我总觉得，这么惨烈的屠杀肯定会遭到上天的惩罚，流了这么多鲜血，会让人下地狱的。我知道，上帝可能会随时来干预，就像《圣经》中那样。我想到了埃及，想到了被上帝毁灭的蛾摩拉城，如此种种。

"我们离开家的那天什么也没有，在去刚果的路上，在枪林弹雨中，逃亡仿佛是比死亡还恐怖的灾难。我们失去了财产、储备，我们放弃了先辈传下来的土地，我们离开了家，离开了教区，宛如丧家犬一般在路上过夜，周遭吵闹喧哗，疾病肆虐。我当时想：不是不报，时候未到，这就是报应，这就是末日，这就是黑暗。"

胡图人远离了上帝，但并没有与上帝决裂。常理使然，他们还与上帝暗中保持联系，除了有点临时抱佛脚之外。菲尔让斯和伊尼亚斯都承认上帝，只有利奥波尔比较极端，他说自己完全放弃了。†

和大部分非洲小城市差不多，尼亚马塔没有书店——基加利也只有两家书店——对很多人来说，教科书和《圣经》是唯一的读物。奇怪的是，即便《旧约》不是神父引用最多的文本，那也是在信众中影响最广和读者最多的作品；他们祈祷的时候，经常针对的是耶和华，针对这个全知全能、毫不妥协、威力无穷的永恒之神，他们了解他与亚伯拉罕、摩西或所罗门之间的愤怒或默契，而非不太流行的耶稣或圣母玛利亚。

与这个报复心很强的上帝的特殊关系，使得今天很难听到关于否认、信仰缺失或怀疑的证言，但这种心态曾经困扰过沼泽地中的

---

* 完整叙述见于第 303 页。——编者注
† 这三人的完整叙述分别见于第 304 页和第 309 页。——编者注

幸存者，正如让-巴蒂斯特·穆兰吉拉所说："在沼泽地中，有人抱怨说上帝不存在了，因为他根本就没有做什么表示。但从来就没有人站起来大声反对上帝，因为他们知道上帝的无边威力，因为不管怎么说这都太危险了。"

在大屠杀期间，贝尔特、克洛迪娜和安热莉克还是少女或少妇，她们对信仰的焦虑表达得再清楚不过。

安热莉克：

"我小时候受过洗礼，但不是很用功。我跟在后面，只是默默地念诵，不祈求什么。但屠杀初期，我变得非常虔诚，我每天都要祈祷，我不断与上帝沟通，但和以前不同。当我们要在水边躲藏一天时，我们就祈祷，以便忘记屠刀带来的痛苦与恐慌，但说实话，我们不再祈祷能活着出去了。在芦苇丛中看到的尸体越多，就越不相信上帝的存在，尤其是在希望他伸手帮我们一把的时候。

"大家也不指望什么，但还是继续祈祷。我们祈祷就是为了还能有几个人做伴，免得孤身一人在污泥里躲藏太久，到时候就泄气了。我们也找不到别的话语，说来说去就只有祈祷。最后，我们不再祈祷。也不再考虑信还是不信，因为不管怎么样，我们什么都不想了。说来说去还是不管用。"

克洛迪娜：

"解放后，我们又重新考虑基督徒的义务。我全家人都死了，没有留下任何蛛丝马迹。有一天，正逢干旱时节，我在庄稼地里又累又伤心，难受极了，孤独把我重重包围，我只好祈祷，希望哪怕找到一个亲戚也好。几天之后，我在路上碰到一位大哥，他还活着，而我压根就不知道。就这样，我又成基督徒了。

"我等了五年时间，又重新感受到天堂带给我的焦虑。开始这些年，我觉得屠杀可能会重新开始，我唯独害怕屠刀。必须得等我安静下来，等我相信山区是安全的，等我碰到我虔诚的丈夫。我只有镇定下来，才能感觉到对死亡那种宗教般的恐惧。

"我像丈夫一样信了五旬节派。气氛不如以前舒服。我听见胡图人唱着说上帝已经原谅。我认识一名杀了我姐姐的农民，他被从里利马无罪释放，从没有请求过原谅。在酒吧里，他看起来还是恶狠狠的样子，还吹牛皮说谁也不怕，既不怕上帝，也不怕再次坐牢。在路上碰见他时，我们会握握手。我之所以这样做，是因为不希望仁爱的上帝不看好我，为的是不让他看着我的家人不顺眼。我怕他的指责，胜过了当局的训诫。我祈祷是为了天堂里的家人做打算，希望他们能够在死后过得舒服点。至于人间的生活，我对上帝不抱任何希望。"

贝尔特：

"小时候，我每周日都去祈祷，我接受了所有的仪式和洗礼。在沼泽地里，我开始祈祷，希望生还。在躲进纸莎草丛之前，我们每天早上都要祈祷。有些老妈妈喜欢晚上也祈祷一次，数着念珠祷告。随着屠杀的持续，大家对祈祷越来越失望。在追杀过程中，刽子手们高唱着说上帝抛弃了图西人，上帝已经离开了卢旺达，在大屠杀结束之前，上帝不会回来，等等。我们觉得他们说的不假。

"4月30日恐怖大屠杀开始那天，我已经失望至极，于是放弃了祈祷。首先，与我们平常接受的教育不同，我觉得撒旦比上帝还要强势。后来，我也不管什么上帝还是撒旦，我既不怀疑，亦不相信，我什么也不相信，除了相信自己要被杀之外。没有任何人能够帮助我，我什么也不想，除了想和身边的孩子们苟延残喘一天。

"我们活着从沼泽地出来。生活又开始拖着我们向前走，上帝自然又回来了。我想，既然活下来了，就应该再成为信徒，胡图人的凶残我可受够了，上帝如果再发火的话，那我可受不了。但我不再去参加星期天的弥撒。如果想起教堂里面曾经手拿屠刀的暴徒，如果现在听见他们为了自我赎罪而声嘶力竭地唱圣歌，但对自己做过的事情却只字不提，人们会对教堂的门望而却步。

"我不能参加不说真相的祈祷。在我看来，幸存者和同类人为的是不感到那么孤独。凶手们去教堂则是为了向人们示好，与别人接触时表现出好的姿态。基加利当局把教会都动员起来了，要为和解政策服务。在教堂里，不管神父怎么说，大家都得忍受。大家接受了自己并不相信的东西，因为你身在神圣的地方，两边都坐着信徒。但一出教堂，马上就跑开了。

"以前，宗教在教育中根深蒂固。卢旺达的学生非常虔诚，神父也很受尊重。现在，我们知道，死在教堂里的人是由神父把他们集中起来的。连续三天，他一再重复说，要保持安静，要不断祈祷。一天早上，他坐着白色汽车离开了教堂，连对信众告别的话都没有说，甚至都没有说一句'祝你们好运'。以前，大家从父辈那里继承了宗教信仰，如果你受洗成为天主教徒的话，你的葬礼也应该遵循天主教仪轨。现在全乱了套。信徒们时而信几天复临派，如果不满意的话，又去信五旬节派，如果还是不行，就又转向多明我会。有些老妈妈一年里要改宗三次。

"很多昔日的信徒像我一样离开了，很多人又开始在新教堂里热情满满。在山区，五年添了五座教堂。"

尼亚马塔的情况更严重。玛丽-路易斯在进城的地方盖那座漂亮砖房时，她图的就是安静。结果，一个星期天，超强的扩音设备从墙那边传过来雷鸣般的做弥撒的喧哗，让她大吃一惊。这是诞生在首都富人区的郁山隐修会新建的寺庙，他们刚刚在旁边安营扎寨。哗众取宠的布道者自封为第十三使徒，狂热的唱诗班拖拖沓沓，兴奋的乐队经久不息，歇斯底里的教徒聒噪喧闹，一会儿欢声如雷，一会儿痛哭流涕，一会儿哀号连连。

我们看到鱼贯而入的医生、护士、大老板太太、足球队教练、漂亮女人，还有很多年轻人，很多胡图人。在主干道上，复兴教派可以和耶和华见证人教派一比高下，也可以和远处马扬盖山上的基督复临教派竞争地盘。因此，一个一个的教派占据了一片片的灌木林、一个个的小村庄，一直到里利马监狱，正如约瑟夫—德西雷·比泰洛在死刑囚室所说：

"上帝没有抛弃我们。只有他在支持我们，让我们克服人间的麻烦。因此，囚犯是最虔诚的祈祷者。在死刑囚室里，大家希望尽可能多活几天。大家尽量不让自己感到孤独。生活在囚室里而没有被杀，只是因为上帝的恩宠。在这里，从早到晚，各个教会和支派轮流登场。改宗换派的情况非常多，更有希望的誓言总能影响到犯人。很多教派还发放食品和衣物，表现非常抢眼，不仅仅宣讲原谅，也主张赦罪，神气十足。"

在布道过程中，郇山隐修会的布道者穿着紧身裤子、皱边衬衫，十分迷恋驱魔避邪仪式。今天，他叫艾滋病感染者上台，明天又叫残疾人登场。他抚摸着他们，朝天上大叫："让艾滋病魔见鬼去吧，让残疾病魔见鬼去吧！"唱诗班兴奋不已，大堂内颂歌高唱，他一会儿跳，一会儿乱扭，然后宣告说信众不日即将痊愈。今天，他承诺说幸存的寡妇都能再婚；明天，他又大叫说："让屠杀的恶魔见鬼去吧！"然后又叫凶手们上台，答应给他们通往天堂的门票。

作为邻居，玛丽—路易斯很懊恼，她这样评价道："我不觉得那些人是真心实意地去那里，我倒觉得他们聚在一起就是图开心，好把往事遗忘掉。气氛很热烈，音乐很悦耳，让人活力四射。他们看到了好处。没有人要你学《圣经》，没有人要你连篇累牍地念祷文，只有颂歌和简单的忏悔。洗礼在儒尔丹水塘（Jourdain）进行，据说从水里出来后，所有的罪孽和疾病都将被洗去。在前面排队的都是凶手。他们希望来参加仪式的同时能为自己祈祷,能够帮助自己得到救赎。"

在非洲,教派泛滥已经不是一天两天的事情,尤其是在这片已经失去标志特征的南撒哈拉地区。星期天,这些教派上演的戏码既可笑又可悲。以前,卢旺达受弗拉芒神职人员保护,从大屠杀期间主教团分崩离析以来,这个国家和邻国一样抵挡不住教派的泛滥。

伊诺桑·鲁维利利扎已经四五瓶啤酒下肚了,这时候他想起了老婆和儿子在教堂中遇难的痛苦回忆,于是说:"一开始,在卡云巴山,有个小伙子拿着收音机和电池来来回回地走动。晚上,大家都仔细听着,希望听到教宗或大主教能够禁止胡图人滥杀孩子,至少能禁止他们在教堂里这么做。但这位小小的波兰教宗,一直都缄口不言,除了后来为了救主教米桑戈(Misango)的命之外,而主教的祭披早已沾满了鲜血。在师范学校的时候,米桑戈大人还教过我。他是最聪明的人,是出色的教育家,为人亲善,富有耐心,学识渊博,他在罗马学的福音教义,在吉孔戈罗传过教。"

后来,玛丽-路易斯语气稍微平和、更加理性地说:"在屠杀期间,基督徒表现得不太有人性。我对上帝并不失望,我还是要向他祈祷,但要参加组织的话则感觉不自在。我不去参加弥撒。我过去非常喜欢弥撒,圣歌总让我感觉到温暖。我也喜欢参加洗礼和婚礼仪式。现在,我还是去,我等待着仪式的结束。我不觉得激动,不觉得亲切。教堂成了剧场。幸存者因为活着而去感恩。凶手们规规矩矩地去领圣餐。如果谁杀了10个或15个人,他准会吞下三份圣饼,但对遇害者却不会说一句道歉的话。"

有些凶手呢,他们不在这上面浪费时间,他们有自己的解释,就像伊尼亚斯所说:"到教堂的人都希望带回福气。大家求雨,求收成,求多生几个孩子、身体健康、生活如意。没有必要浪费精力为屠杀而祈祷,这让你觉得不舒服,而且别人也不给你好眼色。为过去而祈祷,没什么意思。星期天,我宁愿下地劳动,还能挣点小钱,我不想换上漂亮衣服去做弥撒。"

博尼法斯在更高点的地方,坐在尼亚鲁纳济酒吧的游廊上,双手握着香蕉酒,他对这些说法进行了回应。"我不能接受这些说辞,但我能理解。因为我也曾与死神擦肩而过。我是一位幸存的神父。"

博尼法斯身材瘦弱,常常带着善意的微笑,脸因为忧伤似乎小了一圈,因为疟疾和酒精的作用,眼睛黄黄的。他戴着宽檐帽子,挂着根牧民的棍子,上衣已经破损,像牧民的裤子一般沾满泥土。他的声音既严肃,又柔和:"我曾经做过牧民、教师,我是图西人,也是信徒。以前,我们平静地种地,对基督徒没有什么二心。我跟着基督徒们去了沼泽地,做好了最坏的打算。每天都有人遇难,但我还是不能相信上帝会同意消除他的图西子民。我请求上帝的恩宠,希望能够多活一天算一天。

"最后,在绝望中,从烂泥浆中活了出来,我想:要是上帝派给我天使的话,我得感谢他。我拿着牧民的棍子,到教区去学神学。我成为基本戈的助理神父,我在祭坛上布道。当然,看着面前那些曾经拿着大刀追杀我们的人,我必须得克制,必须得忍受。

"在誓言中,我谈到了上帝,谈到了同情,谈到了和解。气氛就是这样,唱歌啊,朗读啊,听众们听得很仔细。但一触及大屠杀和沼泽地,胡图人就会生气,脸马上就会变形,这就完了。弥撒不能对准屠杀,否则胡图人会大动肝火。他们会在布道过程中站起身来不辞而别,再也不会回来。如果我烦着别人了,教堂到时候就会人去屋空。

"各地的情况都差不多,所有的神父都害怕提起屠杀。因此,我鼓励宽容、爱心,以及干旱时期的互助。我宣讲耐心,因为信仰已经褪色,而我还在坚持。如果说我认为上帝不会在任何情况下有所逃避的话,那么我自己倒是有所逃避了。"

66
皮奥和若西亚娜

8月末,伊诺桑·鲁维利利扎把下面这封信寄到了巴黎:

亲爱的朋友让:

我们这边一切都很好,天气很热,过不了多久,9月初就该种豆子了。您的熟人们都很好,都很想再见到您。闲话少说,我想跟您讲讲皮奥的婚礼。

8月13日,星期六,10点钟光景,皮奥在家人、狱友以及家乡(吉塔拉马)亲朋的陪伴下,坐上丰田皮卡小汽车,去向乌姆雷娃·若西亚娜(Umwrerwa Josiane,大屠杀的幸存者)求婚并送彩礼。新娘那边的亲朋好友对皮奥他们接待得不冷不热,皮奥参加过屠杀,他们很不乐意。皮奥说了几句不咸不淡的话,用奶牛做了定亲礼。倒没有什么明显的拘束,只不过旁边的人一直嘟哝个没完。皮奥穿着黑西装,脚蹬黑皮鞋。您从照片上可以看出来,虽然他气色有点不好,但还是很帅气。若西亚娜从尼亚马塔租了条漂亮的白长裙,就像所有的新娘子一样,她非常漂亮。

下午3点钟，迎亲队伍来到尼亚马塔教堂，到得太晚了，还被罚了5,000法郎。伴郎把皮奥照顾得很周到，伴郎的父亲还关押在里利马，因为参加大屠杀而被判了死刑。若西亚娜的伴娘非常可爱，和她本人一样也是劫后余生。还是平常的情景，女方这边很少有人说话，但男方人多势众，兴高采烈，当然少不了狱中的难友，包括潘克拉斯和摄影师。我太太埃皮法妮（Épiphanie）和她女儿雷扎（Reza）也在场，她们是去顶伊诺桑·鲁维利利扎的空缺。皮奥非常高兴，因为上个星期，他通过埃皮法妮收到了您小小的援助，而且埃皮法妮和其他的幸存者不同，她显得很开心，没有不高兴的情绪。

宗教仪式之后，迎亲队伍上了路，朝尼亚鲁纳济而去，皮奥的新家那边已经备好了酒水，您去过他新家的。准备了不少饮料，当然少不了啤酒。皮奥住的是土墙瓦顶房子，您也参观过，这还得等以后再粉刷。他必须得赶紧办完婚事，免得公审时再惹闲话，到时候可能会妨碍他和若西亚娜的结合，也许还会把他再送进监狱。

关于皮奥的婚礼，我就通过太太的转述给您讲这么多，因为我本周六去参加了一个考试。

最后，问所有人好，下次再聊。

伊诺桑·鲁维利利扎

皮奥第一次提起婚事的时候，我们坐在他新房子工地旁边的木头上，就在公路和他位于山顶的老家之间的半坡上，脚下就是香蕉园，远处可以看到沼泽中河流蜿蜒的全貌。皮奥刚从里利马监狱出来，他在里面度过了七年多时光。他说香蕉树都干死了，香蕉酒很匮乏，自己成天在地里累得腰酸背疼，他喜欢和哥们儿一起玩球，还说起初次与幸存者的面对面经历。有一阵子，他说道："我盖这房子就是为了结婚。土砖和烧制的瓦，尼亚巴隆戈河两岸都在生产。当然没有铁板房子体面，但更加凉爽，更加便宜。"

"未婚妻呢？"

"已经物色好了。她也是这山区的，我们小学时就认识了。大屠杀发生之前，她还是个小女孩。我出狱后，她也成人了。她黑黑的，皮肤很细腻，身材不是很修长，人非常好。非常勤劳。"

"她对您狱中的经历没有看法吗？"

"没有。我们谈起过1994年的事情，我们没有回避，她说：'是这样的，就是这样发生的，再继续为此痛苦有什么好处呢？生活还得继续啊，谁也不能怎么样了。'我们谈到狱中的日子，她说：'谁也说不准哪天会坐牢，没准是张三，没准是李四，这是天意的选择，这不再是问题。'她父亲被杀死在沼泽地，她和妈妈一起住在加萨加拉（Gasagara），离阿方斯家不是很远。她妈妈种了不少地，算不上富有，也不算贫穷。她叫若西亚娜，是图西族幸存者。"

皮奥大笑起来。很怪异的笑，让人不知究竟。当然，不管是在这山区当过小学老师的伊诺桑，还是我本人，我们都曾经有过那么一秒钟的怀疑，很难相信沼泽中最叫嚣的刽子手会与一名躲过劫难的少女结合。后来大家问起这个问题的时候，皮奥的母亲总是咄咄逼人，但潘克拉斯很高兴，有问必答，你说几句笑话，我说几句流言，很快在基本戈各家酒吧里散布了怀疑的气氛，一直到他们宣布婚期为止。

该怎样看待这桩婚姻？这是和解的第一个奇迹吗？如果看看谈起这件事时两边人眼中流露出来的凶光或不堪，抑或相信基本戈流传的关于这浪漫情事的飞短流长，这简直不能想象。年轻的胜利，爱情的力量？莎士比亚式的激情？都不能确定，因为如果说若西亚娜表现出了朱丽叶的执着和轻率，那么皮奥则并没有到沼泽地里扮演罗密欧，并为自己的朋友墨丘里奥复仇。在六个星期中，他在那里挥舞大刀，搜遍了纸莎草丛，而若西亚娜一家也正好藏身其中。

然而，他们大概在沼泽地就结下了私情。皮奥否认，若西亚娜也否认，当他们同意就这个话题谈两句的时候，老公怎么说，她就怎么说，就像周围的夫妻一样演双簧。只有菲菲例外，她是唯一敢讲述原版故事的人，虽然讲得很确切，也极有可能是真的，但还是让谜团越来越重，根本没有解决问题。

菲菲在附近教小学的时候，真名叫克莱芒蒂娜·穆坎库西（Clémentine Mukankusi），周末忙着打理基本戈最热闹的酒吧。她是土生土长的胡图人，是图西族幸存者联合会主席伊波卡（Iboka）的女友。年轻的时候，她就和皮奥与若西亚娜是同班同学；在种族屠杀的4月和5月间——她那时还是小孩子，我们也没有问她的看法——每天早上，她的胡图族朋友跟随追杀大军出发的时候，她看见图西族朋友往沼泽地逃亡。今天，她坦言不能接受自己的老公是图西人或者胡图人，也很难在成天和儿童打交道的教书生活与顾客云集的酒吧管理之间做出选择。她表现得很困惑，既不理解山里人的愤怒，也不理解他们的"讹诈"。

下面是婚礼的两个版本，分别由丈夫皮奥和这对新人的朋友菲菲讲述，这两个版本互相补充，互相矛盾，隐藏着难解的谜团。

皮奥：

"我们在基本戈小学就认识了。两家人相隔200步远，我们一起上学。星期天，我们结伴到基本戈教堂去祈祷。我在唱诗班唱歌，若西亚娜没有参加。我们之间年龄差别较大，没有很深的往来。"

菲菲：

"皮奥家是胡图族，若西亚娜家是图西族，彼此走得不近，甚至都没有好感。但皮奥和若西亚娜在小学就互相倾心，每天上午都挨着坐同一条长凳。这是学生之间的爱情，没有成人的那么热烈。尽管他们那时候还小，但彼此很默契。我也在同一个班，眼睛很尖。"

皮奥：

"屠杀期间，我猜测若西亚娜和家人躲藏在沼泽地里，但我从来就没有看见过她。再说即使能找到她，也不敢救她的命。在沼泽地饶过熟人一命，这在同伴眼里是很严重的。这样很危险，那位熟人可能会更倒霉，会被同伴们杀鸡儆猴，一刀刀折磨致死。说实话，我以为她和其他人一样已经成为刀下之鬼了。作为小学的朋友，我不再为她感到遗憾，我痴迷于狩猎行动，我太狂热了。"

菲菲：

"据认识两位新人的众多乡亲们讲——因为这些说法属实，我也可以讲一讲——一天上午，皮奥掀开一丛纸莎草后，意外发现了若西亚娜。他放下了屠刀。他遇到了从前的好友，并没有直接杀她。他朝周围看了看，幸好周围没有别人出没。其他人都忙得晕头转向，也顾不上怀疑，他就设法把她安置到了一个隐秘的地方。除了皮奥和若西亚娜外，到今天都没人知道具体位置。我觉得他把她带到了一个我熟悉的小窝棚，以前那是鲁亨盖里的农工们睡觉的地方。后来，皮奥和同龄青年们继续东杀西杀，晚上，他就到这个秘密场所和若西亚娜幽会。当然，他可以让她成为女人。不管怎样说，从那时候开始，之前就存在的感情更深了一层。

"在沼泽里，强奸如同家常便饭。皮奥的很多同伴也在沼泽地里捉出了女孩，然后带到灌木林中干燥的地方开始享用，接着再继续到处搜罗。如果大伙儿都欲火难消，则几个人同时上阵；如果女孩子很对某个单身汉的胃口，还会被带回家中。只不过皮奥在用完了之后，没有杀死若西亚娜。"

皮奥：

"爱国阵线来势汹汹，我带着家人开始逃亡。我们先经过了吉塔拉马，那是我们故乡的政府所在地。我压根不知道若西亚娜的命运；我想大概所有的图西人都死光了，我不知道她是否还活着。在刚果，我们开始了难民营中的新生活，这种生活似乎没有尽头。我们丧失了重返卢旺达的希望，因此根本就不再想念留在国内的人，不管是死人，还是活人。"

菲菲：

"当战争开始对凶手们不利的时候，皮奥跑到窝棚里，伤心地告诉若西亚娜，说自己要远走他乡。他们悄悄地道别。他在鲁托布韦（Rutobwe）躲了两年，那里是他父母原先待过的那个镇，离吉塔拉马不远。

"皮奥出逃的那天晚上，若西亚娜从窝棚里跑了出来，默默地挤进了尼亚马塔幸存者的队伍。人流、惊惶、污泥、衣不蔽体、苟延残喘，那么多受苦受难的人凑到了一起，谁也不会更引人注目，活下来的人谁也没有对若西亚娜的回归感到惊奇。后来，她跟着妈妈回到家园，她整整等了两年，一直不知道皮奥是死是活。"

皮奥：

"从刚果回来，我到了尼亚鲁纳济，后来被起诉和逮捕。我先在镇上的监狱里待了几个星期，后来被送到里利马中心监狱。我在那里度过了七年时光，家乡山区的消息从没有跨进过监狱的大门。

我差不多都忘记了若西亚娜。我根本没有希望重获自由；监狱的苦力让我无暇他顾。在审判的时候，我选择坦白，我和同伴一起做了有罪辩护，我们那帮人都获得了自由。"

菲菲：

"看到川流不息的难民从刚果往祖国方向进发，皮奥也跟在他们后面，跟着他们回到了尼亚鲁纳济。他被指控参与了屠杀，于是被关进监狱。

"若西亚娜和母亲在家里过着劫后的生活。她知道皮奥进了监狱，于是急不可耐地去探监。皮奥有位近邻叫穆坎代凯齐（Mukandekezi），在她的帮助下，若西亚娜混在一群胡图族妇女中去了里利马。她悄悄去看了皮奥好几次。她给他送食物，表示对他的忠诚和感谢。"

皮奥：

"在脑海中，我已经想不起若西亚娜了，成天想的都是释放和新生活的事。回来几个月之后，我在爱德华·特瓦吉里马纳（Édouard Twagirimana）家意外碰见了她，爱德华是个农民，是我在里利马监狱的狱友。若西亚娜和爱德华的姐姐在一起。我们都很惊奇，高兴地打招呼，说了些开心的话。两周之后，在穆坎代凯齐的鼓动下，她到我家来看我。她的到来让我很感动。看到幸存者来看望坐过牢的凶手，而不是来讨价还价，这真是天方夜谭。因此，我非常佩服她、喜欢她。

"相互走动了两次之后，我了解了她以前的职业。我心里非常踏实。我决定向她求婚。一位卡恩泽恩泽的图西族军人已经向她求过婚，但若西亚娜拒绝了他。"

菲菲：

"当然，得到皮奥获释的消息，若西亚娜非常高兴。一开始，皮奥还不敢公开四处走动，若西亚娜就在朋友穆坎代凯齐的陪同下去看他。在拜访过程中，皮奥和若西亚娜定下了婚礼的时间；也许是作为对彼此的感谢吧。对皮奥来说，需要感谢对方带着吃的来里利马探监。对若西亚娜来说，需要感谢对方在沼泽地里救了自己的性命。也许他们很早以前就暗中打定了主意。"

皮奥：

"订婚仪式并不复杂。双方家庭约好了时间，还有酒水。姆温瓦内扎（Mwumvaneza）答应送给我奶牛当聘礼。但最后一天，他却因为新娘子的民族身份而出尔反尔，我只得到我们的队长卡伊纳穆拉（Kayinamura）家去借了头奶牛，条件是在举行完仪式之后还他。双方都同意了。

"我们给若西亚娜家送了一箱佩里姆斯啤酒、一箱缪泽格啤酒、两桶香蕉酒、七壶高粱酒。都是我出的钱，家里什么也不管。我这边还开了辆小皮卡。很多客人都加入迎亲队伍，他们习惯步行，倒也没什么问题。

"若西亚娜家呢，他们也准备停当，一辆小货车用来接送贵客。我们下午3点钟才抵达教区，因为迟到还被罚了5,000法郎。那天，一切都很顺利，只是双方家庭有些芥蒂，拒绝按照传统习俗为新人购买用具和支付饮料钱。"

菲菲：

"当若西亚娜宣布要举办婚礼的时候，她的家人都极力反对。亲戚们说：'我们不能让你和杀死你父亲、哥哥的凶手中的一员结婚。'他们不断重复说，如果她坚持要结婚的话，一没有嫁妆，二

皮奥和若西亚娜

没人帮忙。他们还说，她会被赶出家门，还警告说要诅咒她。女孩子从不动摇。她回答说：'你们诅咒也无所谓，你们说他背着刽子手的污名，但我们这山上没有图西人向我求婚，我也老大不小了。我想嫁给曾经救过我性命的人，而不是那些现在对我毫无兴趣的人。'

"害怕干涉婚姻不合法，害怕名声太糟糕，最后母亲也让了步。而且她也知道，其他求婚者知道他们隐秘的情事之后，也都不再登门了，再说女儿年纪也不小了。说实话，只有姑妈支持若西亚娜，姑妈住在基加利，生活很富裕。姑妈帮她租了小货车，买了饮料。她本打算全部埋单，但又害怕因此让家里人丢了面子。

"皮奥的家人拒绝得更加坚决，尤其是他妈妈和姐妹们。她们吼叫说：'图西族女子好吃懒做，对农活一窍不通，把手养得嫩嫩的，只会来分家产，不但白吃饭，还要嘲笑我们。'母亲还威胁说，要到公审大会上去检举儿子的罪行，要把他送进监狱，要彻底葬送他和若西亚娜的好事。皮奥置若罔闻，坚定地开始打土砖，筹划盖房子的事。

"虽然家里人反对，婚事还是定了下来。作为若西亚娜哥哥的朋友，我接受了邀请，前去参加婚礼。说什么闲话的都有。议员中也不乏可恶的言辞，但这些话都不管用。双方家庭均没有送生活用品。皮奥还是借了头奶牛，送给若西亚娜家作为彩礼。双方针锋相对。只有很少几个人送若西亚娜到皮奥家去，大多数人更愿意到尼亚鲁纳济的酒吧去开怀畅饮。"

皮奥：

"结婚之后，一切都变了样。家人开始出现怨恨情绪。1994年，姐姐卡特琳的丈夫被爱国阵线打死，她如今成了寡妇，指桑骂槐地抱怨和侮辱若西亚娜。后来，母亲想把我盖房子的那块地收回去。

那块地是父亲临终时留给我的,在尼亚鲁纳济是人所共知的事儿。她们不断威胁若西亚娜,恫吓她,说要把她遣送回娘家。

"2005年10月10日,形势非常严峻。一大早,母亲带着锋利的大刀,跑到我家来滋事。我也取出大刀,推开了母亲,她仰面倒地,大声呼救。因为没有人来劝架,她只好又站起身来,气冲冲地挥刀砍了四串香蕉。她想故意激怒我,好让我干下致命的傻事。她不断挑衅,想让我再进监狱,好把若西亚娜赶走。若西亚娜很冷静,在这即将掉进陷阱的当儿,她拽住了我的胳膊。她懒得听这些恶毒的话,自己下地干活去了。从这天开始,我就得时时在意,免得太太遭到这些恶人的暗算,同时也希望她们能够接受我继承遗产和拥有婚姻的事实。"

菲菲:

"皮奥和他母亲来到当地法院,就打架和遗产的事轮番进行控诉。公审大会上,母亲还想火上浇油进行复仇,想让儿子再进监狱。最后,她还是比较谨慎,没有肆意妄为,因为这事已经传到当局敏感的耳朵里。

"若西亚娜没有被赶走,她很有韧劲。她操持家务,下地劳作。她习惯了农业生产。她对周围的胡图族邻居都很好。她很开朗,喜欢开玩笑,像胡图族女人一样说说笑笑。皮奥和若西亚娜三天两头往娘家跑。若西亚娜当老师的哥哥也多少习惯了皮奥,他们还一起喝酒。若西亚娜的家人从来不去看望皮奥的母亲,害怕对方拒绝按照老规矩送礼物,而让自己没有脸面。"

皮奥:

"屠杀没有给我留下任何糟糕的印痕。我学会了接受沼泽地中发生的事件。我虽然还是以前的性格,但现在是一个比以前更好的人了。以前,我被带进了闻所未闻的凶残状态,我在狱中已经改邪归正,我学会了避免与幸存者发生冲突。我和别人来往的时候,也没有什么阴暗的想法,我也不想复仇。若西亚娜快怀上我们的头个孩子了,我已经迫不及待想拥有一个新家庭。因为闹出遗产争端的事情,现在香蕉园已经不再属于我了;地小了很多,但是很肥沃,出产大量的豆子和红薯。如果没有干旱的话,每个月还能卖两次香蕉酒。若西亚娜会缝衣服,她也适应了农业劳动。我们一起有了好收成。"

菲菲:

"他们在窝棚里说了什么呢?有什么承诺?他们从来不说。这太羞耻了,太危险了。对若西亚娜来说,她保住了性命,但爸爸和兄弟们却葬身沼泽之中。对于皮奥来说,他背叛了同伙,参与了那么多次屠杀。同学之恋让他们彼此感动,沼泽地让他们走到了一起,后来的感激或感谢之情让他们结合,成就了这份如此隐秘的爱情。"

67
让他们和解吧

房子被烧，屋顶被拆，大街上尸横遍地，牲口四散游荡，屋门零落，垃圾丛生……1994年夏天，动乱之后，荒凉的气氛笼罩在尼亚马塔的每个角落，十年之后举行纪念活动时，当时经过此地的记者已经辨认不出昔日的这座小城。流亡者和战争带来的破坏非常相似，而且给人更多的印象是，这种突如其来的人去楼空超出了大家的想象，爱国阵线军队回来也无济于事。

5月14日，爱国阵线的军队启程。军队出现在沼泽地周围，帮助大约2,500名图西难民逃离苦境。大部分幸存者都被护送到主干道尽头的营地，其他人则很快分散在乡村田野之间，他们找到了栖身之所，有的在废弃的房屋里还找到了战利品。伊诺桑回忆说：

"我在一座小房子里睡觉，没有任何援助，等到傍晚才出去找点东西。每个幸存者的命运各不相同。有些人找到了亲人或工作。有些人剩下些许气力，他们开始了碰运气般的搜索发掘，找到了一袋袋的粮食、被掩埋的摩托车、散失的奶牛，甚至还有存款。逃亡者当时粗心大意，倒让某些人发了财。"

胡图族逃亡大军共有 50,000 人，一路向刚果进发，男人、女人、孩子们浩浩荡荡，而此前他们曾洗劫过惨遭屠杀的 50,000 图西人的家园。

这个夏天，从布隆迪和坦桑尼亚归来的流亡者纷纷涌向尼亚马塔。他们坐着汽车，纷纷攘攘地到来，与当地荒凉的气氛很不协调。他们唱着歌，按着喇叭，挥动着横幅，跟足球场边的球迷似的。他们出生在这个地区，离开祖国多年之后重回故里，真是开心不已，但一看到悲剧之惨烈，不禁心痛难忍。他们大部分人都支持爱国阵线，把持了空出来的权力机构：市政府、法院、军区、警察署、两所高中、市场对面的大酒吧、医院、教堂。

但是，需要等到两年之后，需要等到 50,000 胡图人从刚果回来之后，山区才开始脱离幽灵般的荒凉色调。胡图人排着队由军人们押送着回来了，7,000 多人很快被关进了里利马监狱，在荒芜的土地旁又释放了另一批人，他们发现达摩克利斯之剑悬在了自己和图西族幸存者的头上，从此他们又将比邻而居。

幸存者注定要和刽子手及其家人一起共处，这是多么阴暗的命运！历史是多么残酷！由此诞生了"和解计划"，掌权的爱国阵线、欧美出资者、人道主义机构、联合国驻该国机构、教会组织都坚持采用这个名称。五年和解计划或项目最后怎么样了，究竟是值得称赞，还是有点虚伪？"和解"这个多义词到底是什么意思：是礼拜仪式的，政治层面的，还是精神层面的？

想象一下初到尼亚马塔的外国人，一名导游正在等他。外国人住进教区的房间，管理人是一名胡图族神父，或者住进图西人埃马纽埃尔（Emmanuel）新开的旅馆。他信步到集市去闲逛，去参加弥撒，为歌声而心醉神迷。在体育场内，站在扶手旁边，周围是喜形于色的人群，他看到布盖塞拉体育队正在进行足球比赛，这支球队足以和首都所有的甲级队对垒。第二天，他受邀来到小学校。走到任何地方，导游都让他看图西族和胡图族随处可见、密不可分的生活，并且确切地告诉他，他们之间已经没有了争斗。外国人可能会由镇长陪着和公众座谈，与高中教师或公审大会主席闲聊：所有人都会向他描述这种严肃认真的气氛，不管是在会议中，在勤奋学习的课堂上，还是在顺利进行的审判里，总之和解正在有条不紊地进行。

因此，在前两三天，和解的幻象一直延续着，直到清晰的裂痕被看见为止。例如，做完弥撒出来，信徒们在广场尽头就分为两群，各自谈论誓言和本周的新闻；然后，他们分头回家，两群人互不搭话。市场上，农妇们双眼对视，没有好眼色，彼此都不开腔。在兽医或司机聚集的酒吧里，某位顾客自个儿在一边喝酒，或者想插进去和别人聊天，但没有人听他说话。别的地方，某人干脆拒绝了别人的盛情，不理对方递过来的香蕉酒。

离开尼亚马塔，越往山区走，这种对立的迹象越会频频映入眼帘。行人突然横着穿过道路走到另一边，嘴里嘟嘟囔囔朝另一名路人说难听的话，或者来几句冷嘲热讽。从集市回来，很多人逗留在森林外面，想等人多了一起穿越森林。我想起了初次见到西尔维·乌姆比耶伊时，她对我说过的各种"害怕"。

外国人爬到基本戈的中心，只见农民们劳作了一天，都到这里来消磨时光。这边一群图西人正在闲聊，百米开外是一群胡图人。翻译介绍着随处可见的例外情况：伊尼亚斯因为小牛犊的事情而向图西族养殖者请教，菲菲正在和图西族女伴聊天。但一开始和他们聊天，外国人马上就会感觉不对劲儿——这种不对劲儿将成为每天都会发生的事，将转化为焦虑，或者说一种恶心的感觉——这种不对劲儿在逗留期间可能会与日俱增，甚至在他回国之后还经久不息。

人们怎么看待共处和"和解"这个主旋律？他们之间也谈这些吗，在什么场合？因为这和解是专制政策的基石，是外国出资人的关键词，我事先想到了一些并没有意义的客气的答案。令我出乎意料的是，胡图人和图西人——至少说参加过前两部访谈的人——都坦诚地进行了回应，说话很放松，很有意思。

伊尼亚斯：

"要重建信任，互相通婚，这是很难的。但一起喝点东西，互相送送奶牛，帮着干点地里的农活，这就要看每个人的性格了。胡图人比图西人更容易和解，因为他们更容易成为正常人。他们损失也少一些。损失让人心里难受，让人没齿难忘。

"和解是卢旺达人的义务，他们国家很小，只有这么多土地。虽然很折磨人，但是会成功的，当局对两边的人都很公正，要求大家都同等地接受。"

阿方斯：

"我可以按照要求来适应新的生活。酒吧倒闭关门之后，我开垦了土地。我永远也不可能达到之前的富裕程度了，但是没关系。凶手比幸存者更快地适应了新生活，因为他们没有丧失生活的热情。他们一直开荒开到了潮湿的洼地，干旱肆虐的时候，他们灌溉着新的庄稼地，他们把好的收成储藏起来，到时可以卖个好价钱，他们烤制大量的香蕉酒，市场都红火起来了。

"看得出来，图西人不像以前那样干活了。他们一直很难过。他们还是有这样那样的痛苦，他们很脆弱。要是没有及时的降雨，他们很快就失去了动力。

"胡图人呢，他们劲头很足，以前他们觉得这下子可完了，老婆也可能会跟别人生孩子去了，后来他们却获释了。因此，他们觉得和解是有利的。

"我加入了两个农业合作社，一个是尼亚巴隆戈河沿岸的甘蔗种植合作社，共有83名胡图族和图西族农民参加，另一个是粮食种植者合作社，共有130名成员。我们还组织了实物抽奖来鼓励购买，我们一起喝酒，聊天也很得体。但要说友谊嘛，那是另一回事。

"国家发挥了作用，不允许复仇情绪破坏和解政策，但这并不能从幸存者心里彻底消除复仇的念头。我知道他们并没有原谅我，但是国家原谅了我。即使幸存者同意和解，他们和凶手们在一起也没有安全感，害怕再次受到打击。卢旺达已经没有信任可言，重拾信任得等好多代人之后了。

"我呢，我没有想过，为什么大家当时会同意上演这场闹剧。当局很有说服力，推着我们往前走。我们收到指令奔赴沼泽地，后来没有指令，我们照样前赴后继。现在，要讨论每个人犯下的罪行是非常棘手的事。专门去向某个人请求道歉吧，这也不顶用，事先就知道是白费劲。

"我觉得图西人的表情掩藏了他们的指责心理，因为他们受到过严厉的训诫。现在这样平安共处，我觉得很自在。"

潘克拉斯：

"在狱中时，很多凶手都不服输，都不承认屠杀失败。有些著名人士对昔日在内罗毕或巴黎漂亮街区的气质风度深以为憾。他们毫无痛苦，除了对过去的追思，他们希望动乱，才好回到国内。这就是那些持否定态度的人。

"如果不刻意破坏，真相从来就假不了。确实如此，在山区，在刚果难民营，很多胡图人被爱国阵线的士兵枪杀。很多胡图人在狱中得了致命的疾病。但是他们的损失没法和图西人的损失相提并论。胡图人没有在清除计划中被系统性地斩首，他们没有看到婴儿径直被抛到墙上，或者母亲被砍断双腿。我们今天很清楚，我们不像幸存者那么弱势，那么深受创伤。

"那些持否定态度的人在煽动仇恨的火焰，他们想给共处的人们制造麻烦，从而等待有利可图的机会。他们想对幸存者煽风点火，想破坏和平共处的环境。"

埃利：

"害怕受到虐待，这就是和解的敌人。哈比亚利马纳总统家族宣称，如果图西人重新掌权，胡图人将像祖辈在王政时期那样受苦受难，他们会被迫去做苦力，而得不到任何回报或收成。他们将看到庄稼地变成牧场，而不敢贸然挥动棍子去驱赶。因此，他们决定要清除图西人。这已经过去了。

"现在，新的形势还不错，没有谁胆敢声称要虐待敌对的民族。幸存者不会忘记屠杀事件，这也可以理解。我呢，我做了坏事，我该被枪毙。我在监狱中非常害怕，最后我还是被赦免了。我希望和邻居们和解。"

菲尔让斯：

"和解是非常有益的政策。我们都很满意。但是，如果新政府不够强势，如果乌干达或刚果的战争影响到了卢旺达，如果白人又回来制造麻烦，那么这和解政策将非常脆弱。很多人还有所保留。他们显得很沉默，不想散布仇恨。但是，他们不种地了。"

"……
你们抱怨什么
生活就是生活
在那边，你们梦想什么？

吃饱饭
睡好觉
爱我所爱
吃饭，睡觉，恋爱
你们已经拥有
从你回来的时候
故事
就已经了结
大家开心点
故事，不过是一时
现在
是新的生活
为什么还要回到从前？

走出历史
开始新的生活
你们试试看吧。"

——夏洛特·德尔博（Charlotte Delbo）
《衡量我们的日子，奥斯威辛及其后》
(*Mesure de nos jours. Auschwitz et après.*)

玛丽-路易斯：

"是的，我们承受着和解的担子，我们努力战胜自我，免得再给自己增加沉重的负担。和解？我不能给这个词准确地下定义。共处也算是和解的一种形式吧，但却不敢想象对未来的信心。有时候，我碰见陌生人，观察他的举止、他的富态、他的五官，我心想：这位先生嘛，要是当年也身陷沼泽之中，不知道会被多么残忍地杀害啊？

"当年，我家里多么兴旺。老公身体强壮，广受赞誉，他名叫莱昂纳尔。我负责打理两家商店，还有庄稼地，生活真的很好。后来，我差点丢了性命，我躲在一个坑里，最后虽然死里逃生，但是却一无所有了。我接受了这第二次生命，不过真让人生厌，我同意和胡图人平安共处，但是我拒绝和他们交朋友。说实话，我想保护自己，不想让敌人占了便宜，因为如果他看到我弱小的话，他就高兴。和解，这和从前一样，谁也不能指望什么，就连他们自己也是如此。"

贝尔特：

"胡图人不明白，我们需要了解情况。他们没有受到破坏，还能全家团聚，他们觉得已经接受了再教育。他们利用了特赦和公审大会。他们表现得有点可耻，只不过是为了过关而已，而且他们在撒谎。

"有些人口口声声已经改邪归正，还有人看你的时候凶神恶煞、咬牙切齿。我们从来就不胆怯，尤其是对一名被强奸过的妇女而言。当我看到一位农民肩上扛着锋利的大刀往家赶的时候，我就控制着不让自己跑。我们习惯了。一切都可以学习，尤其是像和解政策这种强制性的东西。

"我们很少谈起过去。不是说忘记了，而是时间久了，感觉慢慢好一点了。但是，当出现干旱的时候，当没有钱的时候，当食品稀少的时候，恐惧感又登门而来……当愁眉苦脸的时候，当土地没有收成只给人们增添麻烦的时候，当没有亲人可以帮助你的时候，所有关于屠杀的记忆又一一浮现，让人心忧。

"我不觉得下一代人会比我们和解得更好，因为曾经发生的事情和父母的讲述会对孩子们产生很大影响。对于一位母亲来说，需要痛苦地面对过去，善意地教育孩子关于过去发生的一切。也许等所有的幸存者都死了之后吧。"

安热莉克：

"国家大力构建新的生活。当大家发现不能再互相残杀，不能再吵吵闹闹的时候，就选择了适度遗忘。本性维系着我们的关系。胡图人说要为人和气，图西人也表现得很通融。命运又开始继续自己的旅程，但战争却是无声的。"

让内特：

"当局决定不再给囚犯增加痛苦，因为囚犯从痛苦中找不到好处，神父也是如此。这让我很奇怪，但是生活别无选择。只有当局能够保护我。我呢，因为我太弱小了，也不能惩罚坏人，我只有选择原谅。我们服从，我们好心地接受。当然，如果干旱或疾病又让我们勾起大屠杀的回忆，那得另当别论。"

让维耶：

"谁都可以改变，我们也可以。如果没有忘记我们的亲人，没有忘记他们被杀害的方式，改变也并不可耻。如果生活还不错，胡图人干下的坏事也就显得没那么严重。有人又养起了奶牛，有人收成很好，有人又结婚生子，对他们来说，苦已经受完了，回忆不会有更大的刺激。但是对于60岁的老母亲来说，无儿无女，孤苦伶仃，还得自己去打水，在她面前提'和解'有什么用呢。"

西尔维：

"为什么不能和解呢？我觉得可以。和解得跟从前一样啊，这绝对不可能。但是为什么不能和解到80%呢？那剩下的20%，就是信任。至于其他的情绪嘛，还过得去，往前走就行了。

"以前，我对恐惧特别敏感。当我看见凶手的时候，就想起死去的父母，想起我失去的一切。我之前已经说过：如果老是想着屠杀带来的恐惧，那绝对会丧失所有的希望。我们成功挽救回来的东西，也将全部散失。我希望未来能够幸福。我不想总是怀恨在心，而让自己郁郁而终。一名从种族屠杀中幸存下来的孤儿，他没有父亲，没有亲人，没有住处，没有工作，他不能考虑任何的和解事宜；同样，一位老母亲也是如此。我身体没毛病，孩子们都很可爱，我还可以走动走动，说说话。我的生活曾经被扼杀，但是我绝对要继续自己的生活。虽然我对别人已经没有了信任感，对自己却还是充满了信心。"

伊诺桑：

"我相信和解，但首先是和自己和解。第一天早晨，我从窗户看到邻居拿着枪跑了出来。我知道他在找我。我躲了起来，太太去了教堂。我们从此再也没有见过面，我像犯了错似的苟活于世。过了这么多年，我相信自己之所以当时没有去教堂，完全靠的是运气，而不是别的东西。与自己和解得越好，也就越想与他人和解。我再婚了。再苦再难，我的第二位太太都支持我。现在，我又有了四个孩子，走在街上别人也对我很热情，我是学校校长，同事们也尊敬我，这都是和解的迹象。

"至于与胡图人的和解，如果要与他们通婚，互赠奶牛，在聊天中彼此欣赏，这是想也不敢想的事情。他们杀人时眼睛都不眨一下，从没有思考过任何问题。这是最异乎寻常的。比如这些问题：如果我杀了人，能解决我的问题吗？某一天，我是否会想起在泥沼中被杀害的邻居呢？如果这样杀人的话，到时候会不会也轮到我的头上？不，绝对不能，他们没有想过这些问题，我们是不能习惯这一点的。

"但接近胡图人却是必须的。说到底,图西人也并没想独霸整个国家,没有胡图人,他们也很难维持下去。胡图人挥刀砍向图西人的时候,他们也挥刀砍向了大自然。我是农民的儿子,我知道,对于图西人的繁荣富足来说,胡图人是不可缺少的。胡图人更加强壮,干起活来更加勇猛,他们与土地更为融洽,他们对付恶劣天气也更大胆,他们骨子里流着农民的血液。当干旱袭来时,每天早上,他们可以步行五公里或更远的路到湿润的沼泽地种庄稼。

"图西人的土地将变成牧场,土地荒芜,市场萧条,打架斗殴也会接踵而来,因为图西人之间也开始变得狡猾。土地荒废,游牧生活,饥荒,中世纪。

"胡图人需要图西人给他们供应肉和奶,而且他们不如图西人聪明,善于制订各种计划安排,当然大屠杀计划除外。但是,图西人更依赖无与伦比的胡图族劳动力。

"图西幸存者没有任何未来,作为他们中间的一员,我可以这么讲。再过三四十年,就没人谈起他们了,就是不病死,他们也老死了。当然他们还有孩子,但孩子们嘛,他们会怎么看待父辈身上的包袱呢?他们是否会承受这一重负?幸存者本人对往事的哀怨,现在已经与十年前大不相同。他们承受了这一切,他们很温顺,他们重复那些善意的话语,他们慢慢疗治失望的心情。

"那些不属于幸存者的图西人,那些流亡的图西人,他们要求永不复仇。他们知道自己最聪明,他们表现得很有耐心,也不找胡图人麻烦。在基加利更是如此,那里有更多温和的胡图人,还可以和他们坦诚相见。流亡的图西人什么也没有忘记,逃亡的疯狂、流浪的艰辛、家人的屠杀,如此种种,他们既不是叛徒,也没有忘恩负义。但他们将这次大屠杀视为人祸也比较合适。历史上的一次恐怖事件,却需要人们做那么多的努力,来消弭灾难肆虐的痕迹。他们发明了和解政策，因为在卢旺达，七成都是胡图人。

"他们拿起屠刀制造了大屠杀，之后还占绝对多数，真是很恐怖。

"和解是共享信任的共享。和解政策是公平地共享怀疑。"

克洛迪娜：

"人们安居乐业，但实质上，他们互不来往。这样的气氛不是刻意营造出来的。在两个阵营里，大家都警惕着危险。大家可以表现得和和气气，举止谦恭，可以说说话，需要的时候也可以合作。但是要相信他们，这是不可想象的。和解是国家政策。大家都害怕，只好服从，只好接受，免得自己在生活中遭遇麻烦。

"人不可能永远抛弃自己的本性。我们也怀念过去经历过的某些东西。作为农民，你就想富足；作为母亲，你就想多生孩子；作为妻子，你就想上得了厅堂。这就是为什么我接受和凶手们一起在山区生活的原因。这是一种选择，多少有点强制的意味。"

68
曾经美好的日子

清晨阳光普照,已经颇有些热气,在卡恩泽恩泽地区的纳尔逊·曼德拉小学,当锣声响起的时候,多少贫困乡村和郊区的教师,如果看到孩子们开始上课的情景,都免不了会连连叹息。

这面锣——实际上是挂在架子上的一面锡板——挂在院子正中间,旁边是旗杆,旗帜迎风招展。院子三面有三栋砖房。在上面不远处,靠近欧也妮家的地方,那是初中部教室;下面是小学部;后面是三个大炉灶,三口硕大的铁锅,每天上午,厨娘们都忙着为700名学生准备中午吃的粥;前面是校长办公室那间小房子。

每天早上,伊诺桑·鲁维利利扎从尼亚马塔搭自行车的士(晚上,他坐在长椅上喝啤酒,然后招停过路的小货车)来上班,进门就把公文包放到办公桌上,然后赶紧顶替还没有来的老师,跑到挤满学生的院子里,拿起锤子。听到锣声,学生们都跟奥运短跑选手似的,迅速停下游戏,朝教室飞跑,然后排队进入,女教师握着教棍看着他们,眼神又严肃又活泼。每个学生都把双手扶在前面同学的肩上,他们高高低低,身材相差悬殊,这也是屠杀事件留下的后遗症。喧哗声渐渐低下去了，笑声也消失了，孩子们的身影也安定下来了。他们唱着歌，往教室里走去，女教师们抚摩着他们长着卷发的脑袋。

但是，没必要幻想这个校园的美好明天。学生成年的时候，照样挡不住冲突和战争。伊尼亚斯和让－巴蒂斯特，伊诺桑和约瑟夫－德西雷，皮奥和贝尔特，他们都曾经使用过同样的长椅，但多年之后，他们还是义无反顾地拿起大刀前赴后继地上路了。

琅琅书声响了起来，伊诺桑在厨房铁锅上面闻了闻高粱饭的味道，问了问世界粮食计划署的供应情况，听了听学生家长们的意见请求。他本人不上课，但他每个周末都要去给大学生上一天课。伊诺桑将知识和思想世界看得很理想化。因为没有书，他也不能阅读其他东西，但一旦读过的，他都过目不忘。他让人给他寄幼儿心理或教育学方面的法国教材，即使到了酒吧里，他也还不忘教育的老本行，他高谈阔论，夹杂着夸张的手势，如果有人反对他，他则有所收敛，如果有人取笑他的反教权主义，他就越说越起劲儿。

我们第一次见面时，他正站在中心十字路口的金合欢树下，为刚刚碰到的朋友改一页东西。他总爱充当公共写手，帮助别人回信，每当需要写信的时候，他就跑进文具店，买好所需的散页纸张，然后一挥而就，毫不犹豫，毫无涂改。

他好为人师。在公审大会预备阶段，他骑着摩托车跑遍了布盖塞拉的村村寨寨，到学校和监狱组织培训活动。在基本戈镇议员的竞选活动中，他到大树下为男男女女演讲，后来获得了议员的席位。但是，他害怕权力，从不反对权力，有时对权力有恐惧感，因为就像他所说的那样："凶手们过去了。白人也走了。当局留了下来。"

有时候是因为碰见熟人，有时候是因为兴之所至，总之他去过所有的酒吧，从基本戈菲菲那最简陋的酒吧到尼亚马塔罗斯那最堂皇的酒吧，都留下了他的身影。他不是说"我到酒吧去逛一圈"，而是说"我到酒吧去对付对付"。

他敬重教师这个职业，也喜欢别人对他这个身份的尊重。在路上、森林里、院子里，他不会错过与孩子对话的任何机会，极富耐心地教导他们。他性格很急，常常焦虑，心思敏感，但是和孩子们一接触，扮演起老师的角色，他马上就心平气和。不管是大屠杀，还是昔日的纷扰，抑或是今天很多人慕名向他请求，都没有改变他当老师的命运。

当然，这是因为他以前的生活非常充实。

伊诺桑：

"小时候，我会在假期中帮爸爸干活。我跟着他下地，但不和他一起回家，我可以在地里待上半天。劳动，很好玩的。

"小时候，大概四五岁的样子，我陪着父母，在旁边照看年幼的弟弟妹妹，我还不能锄地，但是我喜欢观察。后来，大概11岁时，我开始跟着父母锄地。我干活是一把好手，干自家地里的活儿，也帮邻居家干活。今天，他们来五六个人给我们家干活；明天，我们又去给他们家干活。非常有意思。几个人同时劳动，很大一块地，很快就播完种了，长出来之后就会有好收成。播完种之后，妇女们就准备高粱酒，大家开始喝酒，男人们一起聊天，孩子们在旁边听着，好温馨。

"我父母是从鲁亨盖里那边来到基本戈的。他们从土著福利基金会手里获得了两公顷的土地，外加一栋小房子。弱不禁风的土坯房一年后就倒塌了，我们又盖了这个地区典型的土墙铁板顶房。父母种粮食，种高粱、玉米、豆子；当然也有绿色的香蕉，因为要制作香蕉酒，香蕉对卢旺达农民来说非常重要。咖啡是必不可少的，因为1905年比利时法律规定所有土地拥有者必须在道路旁种植300

株咖啡树。我们家养了四头奶牛，我记得。

"我在求加罗学校念的小学。每天天刚亮，我就洗漱完毕，带上一小袋食物上路了，和山里的孩子们结伴走上5公里路，有时候我们有10到15人。上课一直上到下午4点，算数、法语，全部都是法语教学，还有宗教，因为我们必须是基督徒。学校有个篮球，大家都想在学校打打球，至少每年得有一次机会。我们还玩一些当地的游戏，用香蕉叶子啊、杆子啊什么的。

"晚上，大概5点左右，我去沼泽地给家里打水。挖个坑，用草把水滤一滤，然后装满铁桶。沼泽地里，可以看到猴子、野猪、乌龟、蟒蛇。父亲从来不打猎，因为他出生的鲁亨盖里地区没有打猎的传统。母亲生火做饭，每天都吃豆子，到季节的时候就吃红薯和木薯。桌上从来就没见过肉，除了新年之外。

"我们养奶牛，出产牛奶，还有厩肥，如果突然有什么急用，还可以卖钱。我们在灌木林里放奶牛，放山羊，我们在里面玩游戏，捉迷藏，用藤条荡秋千。我们玩柔道，非常有意思。当然，和所有的小孩子一样，有时候也打架斗殴，或者过家家。到人家地里去偷木薯，悄悄地烤来吃。大家很开心。

"晚上，我们就唱歌，听各种故事和催眠曲。如果爸爸挣了点钱，他就会直接去酒吧，我们也巴不得，这样就由妈妈讲故事了。她知道很多寓言、神话，人变成了动物，或动物变成了人，我想就跟你们那里的传说一样，她会很多寓言和儿歌。爸爸在家的时候，他和所有的农民一样，似乎总在操心，他睡觉了，妈妈还得好好照顾他。那时候，都是老妈妈们讲故事，压根没有收音机可听。

"有时候，我去尼亚马塔卖咖啡，这日子，我得跟着爸爸一起去，他可以到批发商那里领现金，可以买衬衫、文具或糖果。星期六不上学，有时候我陪妈妈去赶集，我们进行实物交易，或者庆祝神圣的日子，如圣诞等。市场很大，好几千人，大家都来自很远的地方，市场比现在繁荣得多。我们吃完牛奶面包，然后就观看过往的汽车。所有童年的记忆都很美好。我们家的香蕉能够自给自足，每当爸爸取出本地土酒时，气氛总是很热烈。

"在学校里，我很聪明。各门功课都是第一。同学和老师都佩服我。爸爸知道我在班上没有对手，他经常用自己的方式来鼓励我，给我塞点糖果啊，早上我来不及吃饭的话就尽量给我送饭啊，等等。妈妈性格很好，爸爸很老实，不像别人那么带着农民气。跟小学里的孩子们相比，我是幸运的；但是，后来与中学的孩子们，与那些出身好的孩子们，我就没法比了。

"我在里利马高中念的书，后来上了比温巴师范学校。开学那天，我骑着爸爸的自行车到了里利马。后来，我经常扒装运木炭的货车，有时候顶着行李步行。从灌木林中抄近道，也要走四个小时的路。有时候会碰到大象、羚羊、猴子，我还看见过狮子。我各门功课都很优秀，但大学朝我关上了大门，因为它只向富人或总统家族的人敞开。一个农家孩子绝不可能排在镇长或区长家孩子的前面。不管是胡图人还是图西人，小乡巴佬始终就得排在小城里人的后面，这是广播上反复强调的政府法则。虽然我成绩很好，也只能选择两种职业：教师，很受尊重；农艺师，有公家免费的摩托。

"很小的时候，我就发现作为图西人的不正常现象。晚上聊天时，大人们经常讲述他们怎么从鲁亨盖里被赶走，他们谈起被解职的长官，谈起暗杀、棒击、焚烧，我们则在黑暗中专心听着。我们唱图西族国王的悲歌，我们听图西族的传说。图西人擅长唱歌谣和讲笑话，尤其是当喝上几杯小酒之后，来得非常随意，非常讲究。奶牛让图西人非凡绝伦。他们是牧民，喜欢牛奶。胡图族呢，他们吃起饭来更讲究质量和数量，因为他们干活很辛苦。但至于牛奶，这属于图西族。

"一方面，确实如此，我们为图西族而自豪，因为这代表尊贵、节制，也可以说是高雅。图西族身材更加颀长，皮肤更加细腻，偏淡红色，尤其是女孩子总是更美丽，即使她们看起来很胖很黑也是如此。另一方面，又不完全如此，我们感觉很不自在，因为我们经历过大屠杀，我们知道自己曾经遭受狡诈的威胁，我们应该把这份自豪感藏起来，不要刺激胡图人。在外面表现得谦虚点，在家里表现得强势点，这就是我们的性格。我们感觉高人一等，而且连续坐了四个多世纪的王位，这让我们很多人可以暗自吹嘘几下，但是，我们其实很心虚。

"胡图人和图西人曾经和平相处，但实质上他们互相害怕，不想真心实意地平安共处。例如，他们从来不通婚，从来不住在同一座山上。为了娶回一名图西族太太，胡图族富人——如让-巴蒂斯特·穆兰吉拉——得走100多公里山路。他们之间也互相帮助，一起喝酒，但各自都抱有怨望，怀有仇恨。坏话可以说出来，怀疑却深藏不露。

"小时候，当卡伊班达（Kayibanda）总统被推翻之后，我经历了第一次恐怖时期。那一天，广播上播放着赤裸裸的血腥威胁，大家50个人围成一圈，中间那人拿着收音机。只见卡盖拉河对岸火光四起。我只有九岁，像所有图西族小孩子一样，我已经懂得提高警惕，这一恐怖经历，我从此再也不能忘记。

"从师范学校毕业后，我开始在家乡基本戈山区做老师。我不用脸朝黄土背朝天地种庄稼了，这是教育给我的回报，这让人羡慕。在基本戈，人家的房舍零零落落，散布在繁茂的热带灌木林中。罗斯，也就是我前妻，住得离我们家不远。一开始，罗斯是我的学生，后来她到刚果求学。回来之后，她出类拔萃，我们从小就认识，如今又一起工作，彼此建立了友谊。她很有教养，聪明、博学。她父亲是学校校长。而且，她还出过远门。罗斯，我很欣赏她，爱慕她，我们发生了关系，她很快怀孕了。我们匆匆忙忙结了婚，因为她父亲很生气，以前在山区这是很不光彩的事情。我到基本戈下了彩礼，婚礼在县里面举行，我们在文化中心搞了庆典。客人们都送了礼，大家一起吃饭，唱歌。

"罗斯的父亲对我这个女婿左右看不顺眼。这位先生名气很大，他仔细权衡了女儿的优点，在我们那山区一带可谓凤毛麟角。之前，他在当地放过几次风声，想给女儿找个上流人家，他可不希望找个小教书匠做女婿，当然这也可以理解。但是事已至此，他对我倒也不坏。我们还是一起教书，一起担心着大屠杀的发生，那是大屠杀发生前的1993年。

"父母家已经非常拥挤，我和罗斯住进了加塔雷街区的一套两居室，那是尼亚马塔的教师小区。第一个月领工资后，我买了辆自行车，骑着车去基本戈上班。我们很快就生下了长子，虽然恐怖的威胁无处不在，但是生活非常幸福。罗斯和我，我们彼此非常相爱。年轻的时候，我想她。我现在还想着她，而且越来越经常地想她。生活改变了一切，只有这感情依旧不变，她一直在我的记忆中。以前，我觉得对罗斯的怀念早晚会变淡。但根本不是的，现在，逐渐淡忘的是大屠杀，而不是她。

"我越来越经常地想到我们，大概每周有两次。我仿佛看到我们在基本戈，在学校里，在林间小道上。我仿佛又看见我们在尼亚马塔的小家中，想象我们在一起是如何恩爱甜蜜。"

69
从那边带回了什么？

阿方斯：

"出狱的时候，我害怕看到幸存者。自己慢慢有了勇气，敢接近他们了，在忏悔自己行为的过程中，我感受到更人性化的东西。我不再是此前的阿方斯，当然也有点负面的改变。这段阴暗的日子改变了我的想法。在这痛苦的几年中，年纪也逐渐大了。牢狱损害了我集中思考问题的能力。

"就像我曾经跟您说过的那样，有人嘲讽你，有人指责你，这比让你拿起屠刀还难受。对于没有与我们为伍的人来说，很难理解这种情况，现在这种感受让我备受折磨。

"我杀过人，坐过牢，我很害怕。害怕邪恶，这种恐惧感与我形影不离。但是，我在经济上的变化更大。我失去了财富，不能再像以前那样讨价还价，做决定之前总是望而却步，我不能再大手大脚地花钱，我不能再雇人干活。在生意上，我不如从前么有魄力。我感觉很不自在。我怀念一去不复返的昔日荣华。"

潘克拉斯：

"我觉得，跟屠杀前相比，我成了一个更好的潘克拉斯，因为我知道曾经的我是什么模样，我知道自己是多么贪婪和血腥。但是，我已经改邪归正。因为这些糟糕的经历，我现在已成为更好的人，我知道自己已与邪恶决裂。

"我曾经与同伴们一道野蛮残暴，我曾经服从过恐怖的当局，我曾经挥舞着大刀参加过屠杀大军。我一无所有地回到了家园，我明白了干坏事带来的恼人后果。

"不管怎样，我的性格还是相似的。我从前很虔诚，是个好小伙儿；我现在更加虔诚，是个更好的小伙儿，就这样。如果可以说的话，邪恶已经让我脱胎换骨。"

菲尔让斯：

"我不会想到屠杀的大军，不大会想到被我杀掉的那些人。我会想起自己当时的野蛮状态。这让我很难平静。人都有邪恶的倾向，但往往并不自知。如果有恐怖的统治当局推波助澜，如果害怕军人，如果听到讹诈，人可能很快就会改变方向。人可能表现得非常野蛮，但自己浑然不觉。

"邪恶主宰了我：狂喝啤酒，早晚都大吃牛肉，平白无故地杀图西人，二话不说，见人就杀，除了有时候开几句黄色玩笑，或者庆贺自己大功告成。

"毫不手软地杀人，根本不在乎污泥和鲜血弄脏了自己。想都不想地杀人，不管是为谁而杀人，不管为什么而杀人，现在，对参加过屠杀的人来说，这些问题总是挥之不去。"

皮奥：

"没有谁生来就可恶。爱国阵线的进攻，图西族传统的恶意，让我们惊慌万分。我艳羡财富。我受了政客们的怂恿。

"我在里利马跟您说过：我这个凶手犯过错，杀过人，但是我并不了解他的心狠手辣。我承认我的错误，但是我不了解这个拿着大刀在沼泽地里飞跑的人可恶的一面。其实，不用耍什么把戏，不用说什么谎言，我知道这就是我本人。

"但我是个好同志。从前在学校、球队、酒吧，我都品行端正。现在，我还是以前那个人，甚至是一个更好的人。我和图西族女子结了婚。关于屠杀的聒噪对我的心理有益无害。我想突破这个不幸的阶段,我可以耐心地等待被原谅的时日。总之，和图西人平安相处，我不认为有何不妥。"

伊尼亚斯：

"我年纪大了，贫困潦倒，也少不了后悔。我觉得自己四面受敌。以前，我还算平衡。聊起天来还算心平气和，也没有太多烦恼，日子富裕，生活平静。烟草收成很好，售价很高，我的名声一直远播到了基加利。但是，这些都不复存在了。

"现在，种植烟草让人疲惫不堪，钱也到不了我手上，与以前相比心有余而力不足。儿子们吵吵嚷嚷要分地，女儿们也找后妈寻衅滋事。胡图人批评我在公审大会上说了实话，图西人看我的眼神就像在谴责我的罪行。在这种天翻地覆的境遇里，我看到了自己痛苦的心灵。"

　　……一天早上
　　一名小孩送给我鲜花
　　一朵他为我
　　采摘的鲜花
　　他亲吻了这朵花

然后送给了我
希望我也亲吻它
他朝我微笑
这是在西西里岛
一名甘草色般的小孩
没有不能痊愈的伤口
我自言自语道
这一天
我默念了好几遍
还不足以让我全然信服

——夏洛特·德尔博
《衡量我们的日子,奥斯威辛及其后》

玛丽-路易斯:

"没有,从我逃到布隆迪之后,就没有什么怪癖了,除了震耳欲聋的响声和哭声让我非常害怕之外。但是,我的生命中失去了很多东西。过去,我非常受尊重,住的房子宽敞明亮,什么也不缺。我已经告诉过您,我藏身在胡图邻家的狗窝里,就躺在狗屎上面。短短三天,我已经颜面扫地。

"说实话,我曾经很难受。现在,污辱已经不再纠缠我了,讲出来也没有什么放不开的。我的尊严、我的地位,已经离我而去。但是,人的尊严将我重新带回到了生活之中。不是非常幸福的人生,却是活得其所的人生,我从中可以吸取动力,以免露出负面影响的痕迹。

"我不断给自己打气,感觉生活重新扬起了风帆。在逃亡布隆迪期间,我觉得自己失去了一切,以后的日子一无所有,但我没有气馁，我想着以后要和幸存者一起生活。我不断地想：活下去，不管在什么地方，不管用什么活法，再苦再难也无所谓，只要能够和幸存者一起生活。没有了丈夫，没有了孩子，没有了大家庭中人前人后的日子，如此而已。我给自己的唯一承诺就是：将来做幸存小孩子的妈妈。

"很体面的诺言。您在我家里都看见过他们，他们不断成长：咪咪、让·保尔，还有小伙伴们。看着他们围着桌子说笑，他们那么可爱，我无比幸福。朋友们来看我，好心接受我的建议，我就会忘记过去，我感觉非常幸福。我们聊天，交流信息，开开玩笑。感觉非常温馨。我不再向往财富，也不再考虑要出人头地啊、成功啊什么的。我喜欢与人分享，我比从前更喜欢友爱的生活。但是，幸福嘛，从今以后，这太复杂了。"

伊诺桑：

"我变了。屠杀之后两个月，我踩中了地雷。现在，我跑不快了，有时候在家里也很害怕。屠杀期间，我整天四处逃命，跟羚羊无二；现在，我再也不能应对这样的威胁。当然，如果卢旺达再来一次大屠杀，这是不可思议的。'当然''不可思议'，这些词在非洲意味着什么？这自然会让我担忧。

"回忆被追杀的经历并无大碍。和那些很想了解大屠杀的外国人讨论，出于方便的原因，描述那些饱受污辱的情景并不在话下。说实话，那时候，我没有受什么污辱。很多同胞都受辱而死，尤其是那些不想将缠腰布挽到肚子上狂奔的老母亲，那些拒绝爬到地里找木薯吃的老父亲。

"我没有受辱，压根就没有。生活给了我猎物般的命运，也就是说要争取还是要放弃。对所有人来说都是一样的命运，大家受到的妨碍真是太相似了。在卡云巴山，我们东弯西拐，耗费了所有的精力疲于奔命，根本没有余力想那些开不了口的问题。我们知道我们都将死亡，可还是要不停地逃跑。

"只是到了后来，我才觉得耻辱，从森林中出来回到了社会上。那段生活留下的怪癖：不洗衣服，胡乱睡觉。我发现孩子们看着我，他们以前都认识我这个有身份的老师，他们看着我爬到树上摘香蕉，手握着红薯吃得津津有味。或者，突然俯下身去，当着行人的面喝坑中的水。虽然我觉得羞耻，却不能掩饰这些怪癖。我来到了基加利，在路边踩中了地雷。没错，我受了伤，大难不死。我觉得自己方方面面都遭到背叛，有种一无是处的感觉。

"对我来说，生活太可恨了，真的，我后悔自己当时跑得那么快，躲过了好多次死的机会。我孤独地过了四年，独自一人，甚至连做饭的女人都没有。早上起来，我就等着晚上喝酒，我自饮自酌。星期六洗衣服、三条裤子、三件衬衫，用手搓搓了事。我受了刺激，什么也不想，什么也不抱怨。很多女子同情我，说要帮助我，我感觉她们是在嘲笑我。有些朋友想安慰我，我也离得远远的。说实话，我觉得自己一蹶不振，被人遗弃了，但实际并非如此。

"现在，出现了一种更具背叛性的侮辱。看到富裕的胡图族家庭，看到凶手们开始卖命地劳动，看到他们开荒，收成不错。看到胡图人即将就学或享受好的条件，看到他们星期天穿得体体面面，看到婚礼的队伍非常隆重，我心想：当时，我们跑得那么起劲儿，为什么现在落伍了，沦落到这般田地？我们没有发展，收成很差，缺衣少食。每天早上，我们都在证明自己对生活的那份忠诚，到了晚上已经筋疲力尽，为什么对我们的回报却如此之少？为什么富裕迟迟不登我们的家门？类似这些问题让我内心很受侮辱。

"我多少恢复了信心。我管着一所学校，新娶的太太给我生了孩子，有人请我喝啤酒，一起讨论项目，有人请我参加婚礼，还有人送了我三头奶牛。但是,我没有什么精神上的收获,在精神上,这次屠杀没有带给我什么东西,没有任何有益的教训。我所获得的,大概就是一点仇恨,如果可以这么说的话。以前,我和其他图西人一样信任胡图人。现在不是了……说实话,我很难大声表达我所感受的真相。

"如果说有点小收获,那就是关于人的看法和怀疑。一方面,我们自以为和某人是好友,互相赠送奶牛,谈起话来像亲兄弟一样,最后他却拿起刀来杀你。另一方面,我们以为遭到遗弃,日子过得一塌糊涂,有位女子同意和你结婚,虽然她知道你一无所有,甚至连勇气也丧失殆尽。你很不幸,一无所有,具有攻击性,这时候她来安抚你,让你重整旗鼓。这是个教训:人的重要性是看不见的,人带给你的失望或满足更是看不见的。

"我还是有点运气。我逃了出来,后来的太太埃皮法妮也很支持我,我已经跟您讲过。在尼亚马塔,我注意保护自己,我不害怕和别人来往。现在,我很受尊重。我已经不像从前那个自卑的图西小教书匠了,要是在以前,可能干完活儿后顶多和农民们喝喝香蕉酒,一辈子也不会下山来。

"但是我性格变了。我没有以前那么开朗,那么爱开玩笑,那么有韧劲了。我容易急躁,还说蠢话。该善良还是该可恶,我拿捏不准。我不修边幅。我开始琢磨一些小项目,没有深思熟虑就浅尝辄止。在自己的孤岛上过一天算一天,所谓形象得体,我觉得没有什么意义。有人提醒我的时候,我回答说:'你想让我干吗,让别人失望吗?我可不操这心了。'

"我放下了那些在卡云巴山养成的怪癖。我带回了一些决定,有些决定我还在遵守,如不再踏进教堂半步。有些决定我已经放弃,如不再和胡图人说话。

"我带回了极大的好奇心。以前,当谈起筹划大屠杀的传言时,我们都不相信，我们想，我们这些乡巴佬的生活被清楚地划定了界限。我们可以相信有小规模的灾难，不相信会有如此大的动乱。昔日的天真，让我很难受。

"经过屠杀之后，我的理论发生了改变，我不再像从前那样信服哲学思想，我开始警惕传统的观点，我不再遵守逻辑。我学会接受不可思议，接受各种惊奇，学会格外警醒地思考。在所有的思想后面，我都做好了会有背叛的准备。没有任何解释可以让我满意。警惕刺激了好奇心。我始终想知道表象背后的东西。"

昂格勒贝：

"以前，我喜欢读书、看报、娱乐、打乒乓球；不喜欢足球，而是乒乓球，我打得很好，很专业。我时不时也会喜欢上女孩子，我喜欢漂亮衣服，我照镜子的时候，还不忘来一句：'你太帅了！'我很幸福，而现在，这一切都那么遥远。

"我在基加利和杜阿拉当过工程师，我做过项目经理，我设计过图纸。后来，我回到卡延济（Kayenzi）附近的家乡。我和父亲、母亲、妹妹一起生活；哥哥们在城里上班。我们什么都不缺。奶牛、果树——现在，您在房屋四周还可以看到——茂盛的棕榈林。生活优裕。我们很幸福，不知道贫穷为何物。

"以前，我不大喝酒；现在，喝酒是因为无所事事。屠杀之后，我的心理发生了很大改变，我难以承受。兄弟姐妹都被杀害。在沼泽地密林里，我差点就像动物一样死去。侮辱嘛，没有，我不觉得侮辱，我太惊慌了，和其他人一样非常害怕屠刀。我吃生的东西，在泥浆里睡觉。我不知道该向谁祈祷，也不管那么多，只想一死了之。结果却意外生还。

"逃命出来以后，我的状态可以说很不好。我失去了家人，没有太太，没有子女，田地荒芜，或者由不认识的人在耕种。过往的身影，在我看来有如幽灵。我非常孤独。我想种地，但只有两公顷大的土地，气候又干旱，又没有女人打帮手。我放弃了农活，连基本的生活需求也满足不了。

"现在，我什么也干不了。我49岁了，要钱没钱，要工作没工作，也没人看得上我。甚至家里的树和屋顶的铁板都已经变卖，用来支付酒钱。我太孤单了。我不知道自己的根基在哪里。在哪里困了就在哪里睡，有时候露天而眠。我总是交不上好运。我躲过了屠杀，每天早上活着醒来，男人的欲望在体内不断涌动。我懂经典作品，懂几何学，但我越来越悲观。到底怎么回事？怎么也开心不起来。干事总是虎头蛇尾。我身强力壮，却无力将任何一个小项目坚持到底。那些指责我的人，我能躲就躲；那些能让我回想起昔日生活的人，我倒是乐于奉陪。我听不进忠告，害怕嘲讽，害怕谴责。我不想继续浑浑噩噩。我整日价四处溜达，碰见理解我的人，还可以和他喝上三五杯，聊起来也很投机。

"每天5点钟，我就早早起床。这是童年时期养成的习惯，上小学之前，我得赶着奶牛到沼泽地饮水。现在虽然无所事事，5点钟后却怎么也睡不着，我害怕做噩梦。起床后就径直出门。有人说闲话，说我起那么早，不过是为了喝免费的香蕉酒，这时候当天的酒刚刚蒸馏完毕。这都是风言风语。5点钟，我还不会喝酒，但是我要去散步，喝酒之前，我得仔细想想所有这一切。"

西尔维·乌姆比耶伊：

"我曾经拥有一切，什么也不缺，而这一切宛如过眼云烟——我的父母、他们的爱、他们的建议、我的朋友、我的财产、我的工作。有一阵子，我对什么都提不起兴趣。后来，我重新找到了希望。又有了勇气，又有了兴趣。我喜欢音乐，吃得也不错，照旧能睡。也可以打扮打扮，散散步，我喜欢与他人交流，和朋友聚会。逃到布隆迪的时候，我失去了激情；现在，我又有了活力，有了饱满的激情。我的生活，可谓困难与希望并存。我知道，我可以找身边人帮助我，所有的小问题都能够解决。我等待着，我很平静。我还活着，我不能厌倦生活，怎么可能呢？幸福，为什么没有？独自心安理得吧。"

贝尔特：

"在沼泽地，我们过着猪一样的日子，我们保留着那段生活的印迹。当然，我们不会重新开始，但是我们知道，我们曾经经历过。我们不再像从前那样看待这段动物般的生活。我们带回来了一些小小的怪癖，比如：喝水的时候不那么讲究，煮饭的时候不那么细心，吃饭的时候狼吞虎咽，或者在众目睽睽下吃饭。

"时间久了，小毛病渐渐改掉了，我几乎感觉不到它们的影响。但是，回忆也取决于现在的生活。如果活得痛苦，如果孤独和干旱让人信心全无，我们就不觉得是幸存者，不觉得是幸运儿。如果五谷丰登，如果不用为衣食操心，我们就会觉得舒服得多，更像活着的人。

"在沼泽地里，凶手对我们极尽侮辱。因为藏在纸莎草中的人很多，我们不会觉得那是直接针对自己一个人。我们感受到的主要是危险。危险已经将侮辱的感觉从心中涤荡而去。说实话，当时那见不得人的生活，现在我并不觉得受到侮辱，除了听到凶手们的嘲讽和持否定论调者的谎言之外。

"我呢，幸运的是没有被强奸。我不会因此而感到羞愧。但是也有别的尴尬，而且一直都存在，这就是孤独。我已经认不出发生屠杀前我还是姑娘时的样子。大屠杀之后，我觉得非常孤单，只有绝望将我无情地包围。我觉得自己是唯一感到孤独的人。我想只有我自己能够理解我所经历的境况。就是在幸存者当中，即使我那些命运不济的好女伴，她们也不能成为我的知心朋友。我唯一的朋友就是我这凄凉的身躯。

"从前，跟所有的卢旺达小孩子一样，我会想到善与恶。我相信可歌可泣的努力，相信恰当得体的举止，相信人间的正道。在沼泽地里，在一个屠刀飞舞的早晨，我明白，这些信仰都可能灰飞烟灭：如道德、奖赏，以及与此相辅相成或相得益彰的利益和快乐。从今以后，我对道德、说教以及高尚的说辞都多了个心眼儿。

"我知道，这次大屠杀是独一无二的，我不懂历史，我不知道怎么来看待其严重性。我受到了冲击。从您上次来过之后，我不知道还能给您说些什么。对于您所提出的关于大屠杀的新问题，我不知道还能作何回答？我可以更加从容地回忆屠杀。我不能成天在恐慌中度日。我不想逃避平日里的人们。但是，我觉得回忆非常危险。我从前的生活已经终结。新的生活已重新启动，开始了新的方向。前一次生命中的所有期待，在第二次生命中再也找不到了。

"我父母养了10头奶牛，还打理着一个茂密的香蕉园，每次从市场回来，他们都在桌子上点钱。家里有11个孩子，开始学着辛苦地干农活，这是个大家庭。我们从收音机里听戏、听音乐，还可以到富裕的邻居家过夜。父母很疼我。我在班上是第一名，父母希望给我支付足够的费用，让我读中学，我本应该读完中学，然后到吉塔拉马或基加利去念书，我将像很多妇女那样活得很体面。

"现在，我每天起床后就烧火做饭，喂孩子；我的思想已经模糊不清。我的内心中常常仇恨与恐惧交织。有时候，我真的想挑衅，我觉得自己与快乐无缘。接纳一个丈夫，开始幸福的生活，我还看不到这些。

"我不想结婚，这就是没有追求者的真正原因。作为大难不死的孤儿，要选择一个好丈夫是非常痛苦的事情。如果他自身没有问题，但是不理解你，这行不通；如果他理解你，自身却有很多问题，这也好不到哪里去。如果他担心你有问题，做不了模范妻子，他也会退避三舍。批评可能会来自四面八方。在卢旺达，如果两口子吵架，总是双方家庭出面解决。自己无亲无靠地嫁给一个男人，这是很危险的，没有亲人，也就没有温馨的港湾，没有妈妈的臂膀，也就没有休憩的怀抱。我太冲动了，我忍受得太多，不敢贸然接受男人的抚慰，我觉得自己已经无可救药。我宁愿女人独自忧伤，当然可以私下生子，因为这是任何女人都不能放弃的。

"在沼泽地里，我们说如果大难不死的话，以后就不卖鸡了，免得让其成为人们的口中之食。我们没有遵守诺言，看到细嫩的鸡肉，谁还管那么多啊。我呢，我喜欢成熟的香蕉，但是我再也不会吃了；现在，听收音机的时候，音乐和戏剧再没有快乐可言。当时，我们还做过承诺，说如果侥幸逃生，那么就啥也不嫌弃，我的意思是说，什么都不会拒绝。这是第一个被遗忘的诺言。"

弗朗辛：

"未婚夫娶了我，也没有别的私心杂念。我又生了几个漂亮孩子。年纪大了，伤口也慢慢愈合。河边的草长势很好，牲口也长得壮，平日里相安无事，公房区的邻居们都很融洽。生活对我还算宽容。即使我感觉舒了口气，但我从来就没有真正平静下来。

"说到底，我也是的，感觉被命运推着走。曾经以为在纸莎草中必死无疑，到处都是泥泞，旁边挤满了人，大家都毫无例外地躺着，经历过这些的人会始终焦虑不安。为什么焦虑？我说不上来，就是对我自己，我也不知道如何表达。如果说这个人内心坦然接受了自己的结局，如果说他在某个阶段觉得再也挺不过去，如果说他觉得内心已经干涸，那么他绝对忘不掉这一切。说实话，如果说他有那么一会儿甚至已经灵魂出窍，那么对他来说，要重新找回生命则是难上加难。"

卢旺达大屠杀年表

1921年　由比利时委任统治。

1931年　身份证上开始注明民族，一直沿用到1994年。

1959年　最后一任图西族国王穆塔拉三世鲁达西格瓦蹊跷死亡。胡图族农民起义反抗，引发数百万图西人出逃。

1961年　胡图族政党取得立法选举的胜利。

1962年　卢旺达宣告独立。

1973年　朱韦纳尔·哈比亚利马纳发动军事政变，他将在之后20年间担任总统。

1990年　卢旺达爱国阵线在与卢旺达政府军的战争中取得初步胜利。

1993年　卢旺达政府和卢旺达爱国阵线签署《阿鲁沙协定》。

1994年

　4月6日20时　朱韦纳尔·哈比亚利马纳总统在基加利机场上空遇难身亡，嫌疑犯和事故经过至今仍有争论。

　4月7日上午　民主人士开始陆续被杀害，包括胡图族女总理阿加特·乌维林吉伊马纳（Agathe Uwilingiyimana）；爱国阵线军队立刻向卢旺达境内进发。联攻派民兵入侵首都基加利部分街区。大屠杀暴发并将持续100多天。

6月22日　"绿松石行动"开始。在大屠杀结束之后，增派的联合国维和部队还未到达，法国军队受联合国委派进入卢旺达西北部地区建立一片安全的中立地带，称为"绿松石地带"。这项模棱两可的行动（不知道是为了保护普通人，还是为了放走大屠杀的领导者和民兵部队）一直备受争论。行动于8月21日结束。

7月4日　爱国阵线夺取首都基加利市中心。

7月15日　50万胡图族难民进入刚果。在接下来的几个星期中，还有三倍之多的难民陆续来到刚果东部的难民营。

10月3日　联合国安理会确认前胡图族政权在卢旺达发动的屠杀为种族灭绝。

1996年11月　卢旺达爱国阵线反攻进入刚果东部，杀死了上万名胡图族难民。200万难民返回卢旺达。

1997年5月17日　卢旺达军队在刚果将胜利战线推进1,500公里，蒙博托·塞塞·塞科（Mobutu Sese Seko）出逃，洛朗−德西雷·卡比拉（Laurent-Désiré Kabila）在金沙萨掌权。

2001年3月　颁布关于格察察法庭司法权限的法律。

2002年1月1日　卢旺达共和国宣告卢旺达爱国阵线的领导人保罗·卡加梅执掌政权。

2003年1月1日　颁发关于大屠杀罪犯的总统令，释放年长和生病的囚犯；对于认罪已被接受并已在狱中服刑过半的第二类和第三类罪犯（无特殊责任的杀手和共犯），实行有条件释放，附带每周三天的劳动改造。

2006年　在基加利成立调查委员会，调查法国在种族灭绝中所扮演

卢旺达大屠杀年表

的角色。而当年11月，调查朱韦纳尔·哈比亚利马纳总统被害一案的法官布吕吉埃（Bruguière）指控时任总统保罗·卡加梅的亲信，并下令逮捕九名高官，其中甚至包括国防部长雅姆·卡巴雷贝（James Kabarebe）。

尼亚马塔地区

1959年　躲避鲁亨盖里杀戮的图西族难民渡过尼亚巴隆戈河来到这里。

1963年　开始大规模出现军人对图西人的杀戮。

1973年　大批胡图人来到这里，以躲避干旱和贫穷。陆续发生新的杀戮。

1994年

4月7日至8日　小规模冲突爆发，最终割裂了在山上生活的这两个群体。

4月11日　在四天的观望之后，加科军营的军队开始在尼亚马塔进行有计划的屠杀。在山上的村子里，当地政府召集农民们一起袭击图西族群体。

4月14日　用砍刀实施的屠杀持续了两天，约5,000名图西人在尼亚马塔教堂里遇难。

4月15日　在距离尼亚马塔不到30公里的尼塔拉马教堂中，约5,000名图西人遇难。

4月16日　开始在幸存者躲藏的尼扬维扎沼泽中和卡云巴山上发动有组织的猎杀行动。

5月12日　卢旺达爱国阵线逼近，开始听到其枪炮声。上万名胡图人拖家带口踏上吉塔拉马的道路，向刚果逃亡。尼亚马塔的种族灭绝行动结束。

5月14日　卢旺达爱国阵线到达，开始搜救沼泽地中的幸存者。

50,000具尸体横陈于教堂中、沼泽地里和卡云巴山林中。

2002年8月　格察察法庭开始启动。

2003年5月5日　小团体的大部分杀人犯回到了自己的土地上。

理想国译丛
imaginist [MIRROR]

001 没有宽恕就没有未来
[南非]德斯蒙德·图图 著

002 漫漫自由路：曼德拉自传
[南非]纳尔逊·曼德拉 著

003 断臂上的花朵：人生与法律的奇幻炼金术
[南非]奥比·萨克斯 著

004 历史的终结与最后的人
[美]弗朗西斯·福山 著

005 政治秩序的起源：从前人类时代到法国大革命
[美]弗朗西斯·福山 著

006 事实即颠覆：无以名之的十年的政治写作
[英]蒂莫西·加顿艾什 著

007 苏联的最后一天：莫斯科，1991年12月25日
[爱尔兰]康纳·奥克莱利 著

008 耳语者：斯大林时代苏联的私人生活
[英]奥兰多·费吉斯 著

009 零年：1945，现代世界诞生的时刻
[荷]伊恩·布鲁玛 著

010 大断裂：人类本性与社会秩序的重建
[美]弗朗西斯·福山 著

011 政治秩序与政治衰败：从工业革命到民主全球化
[美]弗朗西斯·福山 著

012 罪孽的报应：德国和日本的战争记忆
[荷]伊恩·布鲁玛 著

013 档案：一部个人史
[英]蒂莫西·加顿艾什 著

014 布达佩斯往事：冷战时期一个东欧家庭的秘密档案
[美]卡蒂·马顿 著

015 古拉格之恋：一个爱情与求生的真实故事
[英]奥兰多·费吉斯 著

016 信任：社会美德与创造经济繁荣
[美]弗朗西斯·福山 著

017 奥斯维辛：一部历史
[英]劳伦斯·里斯 著

018 活着回来的男人：一个普通日本兵的二战及战后生命史
[日]小熊英二 著

019 我们的后人类未来：生物科技革命的后果
[美]弗朗西斯·福山 著

020 奥斯曼帝国的衰亡：一战中东，1914—1920
[英]尤金·罗根 著

021 国家构建：21世纪的国家治理与世界秩序
[美]弗朗西斯·福山 著

022 战争、枪炮与选票
[英]保罗·科利尔 著

023 金与铁：俾斯麦、布莱希罗德与德意志帝国的建立
[美]弗里茨·斯特恩 著

024 创造日本：1853—1964
[荷]伊恩·布鲁玛 著

025 娜塔莎之舞：俄罗斯文化史
[英]奥兰多·费吉斯 著

026 日本之镜：日本文化中的英雄与恶人
[荷]伊恩·布鲁玛 著

027 教宗与墨索里尼：庇护十一世与法西斯崛起秘史
[美]大卫·I.科泽 著

028 明治天皇：1852—1912
[美]唐纳德·基恩 著

029 八月炮火
[美]巴巴拉·W.塔奇曼 著

030 资本之都：21世纪德里的美好与野蛮
[英]拉纳·达斯古普塔 著

031 回访历史：新东欧之旅
[美]伊娃·霍夫曼 著

032 克里米亚战争：被遗忘的帝国博弈
[英]奥兰多·费吉斯 著

033 拉丁美洲被切开的血管
[乌拉圭]爱德华多·加莱亚诺 著

034 不敢懈怠：曼德拉的总统岁月
[南非]纳尔逊·曼德拉、曼迪拉·蓝加 著

035 圣经与利剑：英国和巴勒斯坦——从青铜时代到贝尔福宣言
[美]巴巴拉·W.塔奇曼 著

036 战争时期日本精神史：1931—1945
[日]鹤见俊辅 著

037 印尼 Etc.：众神遗落的珍珠
[英]伊丽莎白·皮萨尼 著

038 第三帝国的到来
[英]理查德·J.埃文斯 著

039 当权的第三帝国
[英]理查德·J.埃文斯 著

040	战时的第三帝国
	[英]理查德·J. 埃文斯 著
041	耶路撒冷之前的艾希曼：平庸面具下的大屠杀刽子手
	[德]贝蒂娜·施汤内特 著
042	残酷剧场：艺术、电影与战争阴影
	[荷]伊恩·布鲁玛 著
043	资本主义的未来
	[英]保罗·科利尔 著
044	救赎者：拉丁美洲的面孔与思想
	[墨]恩里克·克劳泽 著
045	滔天洪水：第一次世界大战与全球秩序的重建
	[英]亚当·图兹 著
046	风雨横渡：英国、奴隶和美国革命
	[英]西蒙·沙玛 著
047	崩盘：全球金融危机如何重塑世界
	[英]亚当·图兹 著
048	西方政治传统：近代自由主义之发展
	[美]弗雷德里克·沃特金斯 著
049	美国的反智传统
	[美]理查德·霍夫施塔特 著
050	东京绮梦：日本最后的前卫年代
	[荷]伊恩·布鲁玛 著
051	身份政治：对尊严与认同的渴求
	[美]弗朗西斯·福山 著
052	漫长的战败：日本的文化创伤、记忆与认同
	[美]桥本明子 著
053	与屠刀为邻：幸存者、刽子手与卢旺达大屠杀的记忆
	[法]让·哈茨菲尔德 著